U0616164

旅游管理与规划创新研究

——旅游与国土资源学院科研教研论文

（第一辑）

主　编　王　宁

副主编　张维贵　余　新　郭阳旭

西南交通大学出版社

·成都·

图书在版编目（CIP）数据

旅游管理与规划创新研究：旅游与国土资源学院科研教研论文. 第一辑 / 王宁主编. —成都：西南交通大学出版社，2018.5

ISBN 978-7-5643-5972-0

Ⅰ. ①旅⋯ Ⅱ. ①王⋯ Ⅲ. ①旅游经济 – 经济管理 – 文集 Ⅳ. ①F590-53

中国版本图书馆 CIP 数据核字（2017）第 317344 号

旅游管理与规划创新研究

——旅游与国土资源学院科研教研论文

（第一辑）

主编　王　宁

责任编辑　李　伟
特邀编辑　张芬红
封面设计　严春艳

出版发行　西南交通大学出版社
　　　　　（四川省成都市二环路北一段 111 号
　　　　　西南交通大学创新大厦 21 楼）
邮政编码　610031
发行部电话　028-87600564　028-87600533
网址　http://www.xnjdcbs.com
印刷　四川煤田地质制图印刷厂

成品尺寸　210 mm × 285 mm
印张　15.5
字数　502 千
版次　2018 年 5 月第 1 版
印次　2018 年 5 月第 1 次
定价　79.00 元
书号　ISBN 978-7-5643-5972-0

前　言

重庆工商大学旅游与国土资源学院始于1992年9月29日成立的重庆商学院现代秘书系及1993年7月成立的渝州大学三峡经济系。1997年10月10日，重庆商学院现代秘书系更名为旅游管理系；1999年9月，渝州大学三峡经济系更名为管理学二系，2000年4月更名为旅游学系。2002年6月6日，重庆商学院与渝州大学两校合并，正式挂牌成立重庆工商大学，2002年9月进行了院、系和学科专业归并调整，成立旅游学院。随着学院专业发展及规模扩大，2009年4月8日，旅游学院更名为旅游与国土资源学院。

学院现有旅游管理系、酒店管理系、城乡规划系、土地管理系4个系，设有旅游管理、酒店管理、人文地理与城乡规划、土地资源管理4个本科专业，1个"国际旅游"特色实验班和1个"希尔顿班"。拥有旅游管理学、资源科学与工程两个硕士点及MBA（旅游管理）、MPA（国土资源管理）两个专业硕士招生方向。同时，设有休闲与旅游规划研究中心、国土资源研究中心、空间信息技术研究所3个科研平台。现有教职员工61人，其中教授9人、副教授22人，兼职教授及客座教授近20人，院内外硕士生导师17名。在校全日制本科学生1200余人，硕士研究生15人，留学生9人。

学院加强学科专业建设，扎实推进"本科教学质量与教学改革工程"，近三年获得省（市）级教学质量工程项目6项。学院秉承"'知识+能力+素质'三位一体"的教育教学理念，实施"三个课堂联动"的创新人才培养模式，在旅游管理和酒店管理专业高年级推行"3+2"工学交互教学改革（即3天在学校课程理论学习，2天在企业顶岗实训）；加强人文地理与城乡规划和土地资源管理专业的校外实习基地建设，教育教学与人才培养成效显著。学院积极推进教育教学国际化发展，先后与博茨瓦纳大学、泰国皇家理工大学、澳大利亚国际商会、希尔顿全球（大中华区）等海外高校和机构建立了长期稳定的交流合作关系，已陆续实施了学生国（境）外交换学习、游学、工作实习等项目；连续3年招收外国留学硕士生9人。

现在中国特色社会主义已步入新时代，这是决胜全面建成小康社会，进而全面建设社会主义现代化强国的时代。当前，我国社会主要矛盾已经转化为人民日益增长的美好生活需要和不平衡不充分的发展之间的矛盾。随着大众旅游时代的到来；随着国家把旅游业确定为战略性产业和人民群众更加满意的现代服务业；随着我国城市化、城乡统筹发展步伐的加快，以及新农村建设和土地使用制度改革的深入；随着国家乡村振兴战略、区域协调发展战略的实施；随着创新型国家建设的加快；旅游管理、酒店管理、资源环境与城乡规划管理、土地资源管理等领域急需大量具有创新精神和实践能力的高级专门人才，因此这些专业具有广阔的发展前景。

在迈向中国特色社会主义新时代的历史时期，学院师生面向未来，面向时代，砥砺奋进，创新争先，围绕专业教育与学科建设中的学术问题、教改经验展开全面学习、研究，形成《旅游管理与规划创新研究》。尽管论文稚嫩，但这毕竟是学院教师终身学习、实干创新迈出的第一步。我们期待更为美好的第二步、第三步……，以《旅游管理与规划创新研究》文集，留下重庆工商大学旅游与国土资源学院进入新时代的科学研究、教改创新的美好记忆。

编 者

2017 年 10 月 28 日

目　录

教研论文

科研论文

教研论文

人文地理与城乡规划专业控制性详细规划课程教学研究

曹珂　肖竞

摘　要：本文以重庆工商大学人文地理与城乡规划专业为例，从人文地理与城乡规划专业特点、城市发展对控制性详细规划的编制要求等方面探讨了在人文地理专业背景下，城乡规划中控制性详细规划课程教学的针对性方法与内容，为相关院校控制性详细规划课程教学提供方法基础。

关键词：人文地理；城乡规划；控制性详细规划；教学研究

一、引　言

控制性详细规划这一规划类型在我国城乡规划体系中是重要的操作、管理环节之一，因此在理学人文地理与城乡规划专业与工学城乡规划专业的教学体系中，该规划类型的相关课程也是至关重要的专业主干课程之一。为此，本文结合人文地理学科与建筑学科背景下城乡规划专业人才培养的宗旨，从人文地理与城乡规划专业整体课程设置的内容入手，以重庆工商大学旅游与国土学院控制性详细规划课程的教学经验为案例，探究人文地理专业背景下，城乡规划中控制性详细规划课程教学的针对性方法与内容，以提高相关课程的教学质量。

二、人文地理与城乡规划专业的特点

《普通高等学校本科专业目录》（简称《目录》）于 1998 年被教育部颁布，《目录》在地理学学科下新增设置了资源环境与城乡规划管理专业。截至 2011 年，全国开设该专业的高校达 160 多所，成为我国发展最快的本科专业之一。2012 年 9 月，教育部又将资源环境与城乡规划管理专业拆分为自然地理与资源环境以及人文地理与城乡规划两个专业[1]。其中，人文地理与城乡规划专业的设置旨在从地理学的综合性与区域性出发，依托人文地理学师资和学科优势，培养既具有地理学素养，又具有动手能力的城市规划人才[2]；但该专业相较于工科院校以建筑学为基础发展出的城乡规划专业，对人才的培养方向又略有不同。具体表现在其人才培养目标定位、课程体系结构差异、学生修养素质要求三个方面。

（一）人才培养目标定位

人文地理与城乡规划专业涉及地理、人文、城乡规划建设、地理信息系统管理等多个学科门类及领域，是为了适应近年来我国城市发展、房地产开发及旅游需求增长等方面飞速发展而形成的专业。该专业依托地理科学类学科扎实的建设基础与办学特色，同时结合城乡规划专业的学科内容，为我国快速城市化发展期提供了广泛的专业化人才。通常作为理科背景的地方院校，应用型人才的培养是该类院校城乡规划专业的办学目标。而在学生未来的城乡规划职业实践中，设计与规划管理是两个最为重要的工作内容，所以人文地理与城乡规划专业人才培养的定位目标则是：为服务区域经济发展，培养具有规划创新性的应用型人才。学生通过该专业的学习可以掌握人文地理与城乡规划的基本理论、方法和技能；了解相关专业的理论前沿、应用前景；同时具备对中小城镇进行规划设计的技能。毕业后，学生主要面向地方城乡建设、国土规划、土地管理、企事业单位部门从事城乡规划管理，亦可沿人文地理学、土地资源管理、城乡规划等专业继续深造，这与以工科建筑学专业为背景的城乡规划学科有一定差异。

（二）课程体系结构差异

目前，人文地理与城乡规划、城乡规划、建筑学、风景园林、道路交通运输工程等专业都设置有城乡规划专业方面的课程教学。纵观多所高校城乡规划专业开设的历史背景，基本可以归纳为两个学科背景：一是依托于地理学、生态环境等专业的理科背景；二是以建筑学的工科为背景。在不同学科背景下，教授学生的知识结构不同，因而课程体系亦有差异。具体而言，人文地理学科以研究地球表层各种人文现象与人类活动发生发展过程、动态演化特征及其地域分异规律为主，其核心内容在于研究人地关系的地域系统[3-5]，课程内容中有城乡规划专业的基础理论和实践创新支撑，可引导学生从多维度、多视角、多层次认知城乡，科学规划城乡[6]。而传统依托于建筑学发展而来的城乡规划专业则更多地强调工程规划设计的能力培养，其专业教学多以相关规划理论及工程规划实践为主。因此，通过对两个专业学科背景的比较可以发现，人文地理与城乡规划专业课程体系的设置更充分体现出规划教育跨学科、宽视野、重实践的特征，该专业以地理学、社会学、城乡规划学、建筑学、生态学、景观学、沟通与协调能力培养，现代职业素养和创新训练为基础教学内容；与此同时，在教学内容方面，该专业还兼顾了部分设计，突出实践性和创新性的城乡规划专业课程，在各教学层次上严格把关教学过程、保证教学质量，并充分考虑社会变化及规划行业的发展需求，与时俱进地调整教学内容和教学方法。

（三）学生修养素质要求

钱学森先生曾经指出地理科学不是一门学科，而是一个学科体系，包括工程技术、技术科学和基础科学三个层次[7]。在该地理学科体系下提出的人文地理与城乡规划专业是地理学与城乡规划学两大学科交叉结合而成的学科体系，其理科类课程在教学过程中占有一定比重。这种学科交叉的培养无疑对学生认识、解决问题的研究视角、思维方式、技术方法都带来极大的影响。一般来说，相对于工科建筑背景的城乡规划教育，理科地理背景的学生更具有较强的分析研究能力和文字组织能力，具有研究型人才特点，但相对来说，图面表达和工程设计能力较弱[8]。但这并不妨碍该专业背景下的学生今后从事城乡规划专业的相关工作，该类学生可以在工作研究中结合地理学的思维方式，运用地理学的技术方法，形成自己的研究优势；同时，这种教育培养方式还能按照规划学科与实际发展的需要，强化规划学科多实践、重操作的要求，以灵活的专业方向设置与调整结构，这也体现出学科发展上人才素质要求的与时俱进。

三、城市发展对控制性详细规划的新要求

伴随我国城镇化进程的加快，地方政府发展方向、土地开发模式以及城建管理制度与方法都不断变化。在此背景下，传统控制性详细规划方法逐渐变得难以适应现代城镇规划建设与管理的需求。因此，在规划编制、管理与未来发展等方面，当前城镇化的发展形势都要求控制性详细规划需在理论与方法层面做出相应的转变和调整。

（一）编制层面

在规划编制层面，我国目前的规划编制体系以总体规划为纲领，以控制性详细规划为具体内容。在规划编制与管理的流程中，总体规划提出纲领性要求，控制性详细规划则负责总规意图的落地与实施，是最具可操作性的规划手段[9]。伴随我国市场经济体制改革的深入发展，政府机构的职能正逐渐由直接管治转向间接调控，由市场主导走向市场监督，由公共管理走向公共服务[10]。上述规划行政管理方向与

重点的转向，决定了市场行为需要通过更为精细的法规条例作为管理、操作的支撑[11]。因此，控制性详细规划的地位与作用将逐渐伴随政府职能的转变而变得日益重要，而在控制性详细规划课程教学与内容设置上，我们应充分认识上述形势。

（二）管理层面

近年来，在信息化、全球化、城镇化浪潮下，我国各地城镇发展进入了总体转型时期[12]，导致控制性详细规划编制、实施的宏观制度环境发生了巨大变化，而服务于大规模城镇建设的控制性详细规划编制动力也处于转向、变化之中。面对政府管治行为企业化、土地开发方式复杂化、规划管理程序制度化等当前新的形势变化，传统控制性详细规划在编制组织、规范标准、用地管控措施、技术方法等方面均出现了一些问题，难以适应当前的发展需求[13]。上述控制性详细规划编制管理层面的问题与《城乡规划法》修订实施后控制性详细规划日益提高的法律地位相互矛盾，必将引发其运行机制和技术体系的变革，并最终要求控制性详细规划课程教学与模式的更新。

（三）发展趋势

最后，从控制性详细规划编制的发展趋势来看，当前形势下，我国市场经济的发展程度使控制性详细规划在协调城市土地开发问题背后不同社会群体经济利益平衡的问题上发挥了更充分的作用，而不只单纯作为一种城市景观、视觉美感控制的工具[14]。在此背景下，控制性详细规划逐渐成为引发社会各方广泛关注的重要方面[15]。由此可见，控制性详细规划的公共政策属性已经愈发凸显，这也为该课程教学在人才培养目标上从形态规划技能向综合价值认知转变，在教学内容上引入社会学、管理学和政策科学等相关学科知识提出了更高的要求。

四、地理学科背景下控制性详细规划课程教学的思考

传统的城乡规划学长期作为建筑学一级学科下的二级学科，经过多年发展，伴随社会学、经济学、地理学等学科知识的拓展，现代城乡规划学已经成为一门在研究内容、对象与方法上系统、综合，并与建筑学有着截然不同的独立学科。而在城乡规划学发展、蜕变的过程中，地理学发挥的作用尤其突出，并逐步形成两大学科相结合的教学模式①。为此，下面将结合笔者在重庆工商大学的教学实践，提出地理学科背景下控制性详细规划课程教学的思考。

（一）教学理念上编制思维与调解思维的兼顾

一直以来，控制性详细规划在教学环节中一直被作为一种调控土地开发的规划技术来定位。在教学目标上侧重其编制方法，在教学内容方面则聚焦于土地性质确定、地块指标预测、道路交通规划以及公共设施配套等技术方面的内容。这种工程技术导向的教学状况为我国长期计划经济思维发展下的产物，即将城乡规划作为一种工程技术手段。然而，当前城市发展问题已变得日益复杂化，单纯的工程技术手段已无法解决错综复杂的社会问题，控制性详细规划的公共政策属性愈发突出[15]。在此背景下，关于规划方案背后的利益群体诉求的分析与协调比控制性详细规划编制本身更为重要，其作为城市公共政策的属性也更加明显[15]，局限于工程技术思维的传统控制性详细规划教学逐渐变得无法满足当前实践的需要。因此，在理念与目标上，当前城乡规划院校的控制性详细规划教学应逐渐加强地理学分析方法与规划学设计方法的结合，突出规划编制与利益调解兼顾的教学思路。拥有地理学科背景的院校，更应当立足学科自身优势，结合地理学视角，强调对学生归纳分析、模拟评价等方面能力与技术等的综合培养，在控制性详细规划设计编制的数据采集、数据分析、预测评价等环节突出地理学类学科的优势。

---

① 例如，美国加州大学洛杉矶分校（UCLA）和伊利诺斯大学芝加哥分校（UIC）的城市规划专业教学，已将基于地理学的 GIS 作为必修课程。

（二）教学内容上设计方法与分析理论的并重

在快速城镇化的增量发展阶段，我国城乡规划专业教育的重点落脚于城市空间形态设计能力的培养上。这一人才培养思路直接导致了传统控制性详细规划教学重设计、轻理论的教授方向，使学生在对控制性详细规划基础理论理解、掌握并不充分的情况下就急于进入控制性详细规划设计中，只学会控制性详细规划的编制流程、编制方法与成果内容，而对编制控制性详细规划的目的、意义以及如何用相应的规划控制手段调节现实经济社会中的各种问题毫无概念。这种只知其然，却不知所以然的教学方式必然导致学生工作后规划编制的各种问题。因此，在教学内容上，应运用地理学科方法，强调对客观分析能力的训练，增强规划的科学性。具体而言，可在规划理论教学的基础上，引入地理学人地关系以及时间动态性分析思路。在技术手段上，综合教授空间数据、社会数据统计分析方法以及各种仿真模拟与评价技术，使上述方法、技术能够融入学生分析、解决实际城乡规划问题的教学过程中。

（三）教学方法上启发式教学模式

在我国城镇化转型阶段，控制性详细规划的基础理论仍处于发展、完善的过程之中[15]。因此，控制性详细规划教学在方法上应更多采取启发式教学模式，将动态变化的知识传授给学生，而不应采用一次性灌输的填鸭方式。具体而言，控制性详细规划编制是规划管理的政策依据，需通过土地开发利益权属辨析制定适宜的利益分配、协调方案，而非简单的物质空间形态设计。简单地将其当作空间形体美学和视觉效果控制下分割地块、建设开发强度的操作方式是违背土地市场客观规律的[14]。因此，控制性详细规划课程设计的教学重点应落脚于培养学生的分析思维与处理、应对社会经济问题能力的方向上，强调对学生价值判断、利益协调等方面能力的训练；需要学生走出教室，结合相关调研与调解工作，增强实际分析问题的能力。启发式教学方法正好有利于通过培养学生的自主学习意识，促进其对知识的理解和消化，激发学生的学习兴趣，使其对城市控制性详细规划的管理方式及控制内容产生深入的理解与认识。

（四）教学软件上多工具穿插并用

如何实现对用地的有效控制，增加规划成果的实效性是衡量一个控制性详细规划成功与否的关键。城乡规划重逻辑推理，理性分析是逻辑推导的重要依据。因此，控制性详细规划的分析重点不仅在于怎样解决问题，更重要的是弄清为什么要解决相应的问题。地理学分析工具正好提供了切实的分析思路与方法。随着对城乡规划本质问题认知的不断升华，地理学中政治、经济、文化、生态等研究视角与分析方法对分析城镇空间形成的原因、完善管理城市空间手段将起到重要作用[16]。因此，除要求学生掌握基本的控规编制软件，如 CAD、湘源控规之外，也应引导学生将本学科城乡规划学生熟练掌握的 RS、GIS 等地理学技术手段运用于控制性详细规划编制的前期分析和实施过程的动态监控中。通过要求学生对多工具软件的穿插并用，既可大大增强规划方案的科学性、合理性，又可有效提升规划管理科学化水平，这将有助于学生提高未来规划中的综合能力，使其规划设计方案更为完善、规范，更加科学量化和富有效率，从而更好地服务于社会与经济发展。

五、结　语

控制性详细规划是城乡规划设计与规划管理工作的重心，一直受到规划管理部门和设计院所的重视。对于理科背景下的规划院系而言，既有控制性详细规划课程作为城市规划中的一门重要的专业课程开设，其过分借鉴工科院校做法而忽视理科专业背景，以致理论教学与实践教学难以融合，课程流于形式，在课程目标、计划、组织与设施方式以及相应考核与评价标准等方面均存在一定问题。因此，作为理科背景的地方院校，应有的放矢地培养学生的规划设计能力和思维创新能力，并在此基础上逐步提高方案表现与规划设计的综合能力，为日后的规划实践工作奠定坚实的基础，其控制性详细规划教学模式改革的研究因而也具有重要的现实意义。

参考文献

[1]　中华人民共和国教育部高等教育司. 普通高等学校本科专业目录和专业介绍（2012 年）[M]. 北京：高等教育出版社，2012：134-139.

[2]　陈为忠. 资源环境与城乡规划管理专业建设的学科路径及其优化——以人文地理学为例[J]. 地理教育，2010（11）：58-59.

[3]　陆大道. 关于地理学的"人-地系统"理论研究[J]. 地理研究，2002，21（2）：135-139.

[4]　中国地理学会. 地理科学学科发展报告（2006 – 2007）[M]. 北京：中国科学技术出版社，2007：111-147.

[5]　毛汉英. 人地系统与区域持续发展[M]. 北京：中国科学技术出版社，1995：48-60.

[6]　郑德高，张京祥，黄贤金，等. 城乡规划教育体系构建及与规划实践的关系[J]. 规划师，2011（12）：8-9.

[7]　钱学森. 关于地学的发展问题[J]. 地理学报，1989（3）：257-261.

[8]　阎瑾，赵红红. 浅议工科院校城市规划专业培养重点及方法[J]. 规划师，2005（3）：52-54.

[9]　仇保兴. 城市经营、城市管治和城市规划的变革[J]. 城市规划，2004，28（2）：8-22.

[10]　吴晓勤，高冰松，汪坚强. 控制性详细规划编制技术探索 ——以《安徽省城市控制性详细规划编制规范》为例[J]. 城市规划，2009，33（3）：37-43.

[11]　郝寿义. 中国城市化快速发展期城市规划体系建设[M]. 武汉：华中科技大学出版社，2005：13.

[12]　张京祥，罗震东，何建颐. 体制转型与中国城市空间重构[M]. 南京：东南大学出版社，2007：20-27.

[13]　汪坚强. 迈向有效的整体性控制 ——转型期控制性详细规划制度改革探索[J]. 城市规划，2009，33（10）：60-68.

[14]　孙晖，梁江. 控制性详细规划应当控制什么 ——美国地方规划法规的启示[J]. 城市规划，2000，24（5）：19-21.

[15]　颜丽杰.《城乡规划法》之后的控制性详细规划 ——从科学技术与公共政策的分化谈控制性详细规划的困惑与出路[J]. 城市规划，2008，32（11）：46-50.

[16]　吴志强，于泓. 城市规划学科的发展方向[J]. 城市规划学刊，2005（6）：2-9.

作者简介

　　曹珂，1981 年生，女，河北人，博士，重庆工商大学旅游与国土资源学院讲师；研究方向：城市设计、旧城更新（重庆 400067）。

　　肖竞，1981 年生，男，重庆人，博士，重庆大学城乡规划学博士后流动站，重庆大学建筑城规学院讲师；研究方向：城市文化与城市历史建成环境（重庆 400045）。

酒店管理本科专业应用型人才培养模式探讨

——以旅游与国土资源学院酒店管理专业为例

曹 扬

摘 要： 随着我国旅游业的快速发展，酒店行业对于应用型人才的需求日益迫切。旅游与国土资源学院酒店管理专业开办以来，进行了酒店管理专业应用型人才培养模式的探索，并总结与积累了一些经验，在优化师资结构、构建课程体系、推进校企合作办学及强化实践教学等方面取得了一定的成果。在此基础上，初步形成了以"素能结合、理实一体、学创合一"为特色的人才培养模式。

关键词： 酒店管理专业；应用型人才；培养模式

高等酒店管理专业人才培养模式创新一直是旅游教育改革的热门话题。目前，国内一些从事酒店教育的研究人员和专业教师提出了"三位一体模式""双创模式""特色化模式""产学研合作模式""订单式培养模式"等多种模式，分别从工作过程的技能化要求、产学合作、学科体系等方面对酒店人才培养进行了探讨，这对酒店人才培养创新具有实际指导作用。伴随着酒店行业对酒店人才的需求，酒店高等职业教育得到了蓬勃发展，学界对酒店高等职业教育人才培养模式的探讨与实践也取得了突破性的进展，而酒店管理本科教育却面临较为尴尬的境地，对本科专业人才培养模式的研究仅侧重于面上的、定性的研究，提出的模式明显缺乏特色和操作性。

2015 年 10 月 21 日，教育部、国家发改委、财政部三部委联合发布《关于引导部分地方普通本科高校向应用型转变的指导意见》，提出建立以提高实践能力为引领的人才培养流程，建立产教融合、协同育人的人才培养模式等为主要内容的转型发展任务。2016 年 10 月，重庆市教育委员会、重庆市财政局发布的《关于引导市属高校向应用型转变的意见》（渝教计〔2015〕15 号），进一步明确了转型的主要目标和实施路径，细化了主要任务。

重庆工商大学旅游与国土资源学院结合酒店管理专业人才培养模式的实际情况，积极响应并大力推动酒店管理专业向应用型专业转型。在转型过程中，进行了酒店管理专业应用型人才培养模式的探索，并总结与积累了一些经验，取得了一定的成果。

一、优化师资结构，培养高素质的教师队伍

1. 提升教师的学历层次，提高教师队伍素质

一是积极鼓励专业教师不断提升自我，重点鼓励和引导有基础的年轻教师在职攻读博士学位。二是充分利用学校引进高层次人才的优惠政策，大力吸引具有博士研究生以上学历学位或高级职称的人员来我院任教。对于专业建设急需的高层次人才，从提供科研启动费、住房和经济补贴等方面，为引进人才搭建较好的科研平台。三是建立专业带头人和骨干教师培养、选拔和奖励制度。对专业带头人和骨干教师给予重点扶持，在福利待遇、工作条件、实践锻炼条件、培训机会等方面予以支持。

2. 采取"送出去""引进来"等形式，培养"双师型"教师队伍

一是"送出去"，将本专业教师分期分批输送到国内外知名旅游院校，就专业信息、专业建设、学生培养等方面进行深入、广泛的交流；与重庆希尔顿酒店、威斯汀酒店、喜来登酒店等行业内人士进行广泛接触，相互交流与学习；同时，鼓励专业教师在酒店行业内挂职锻炼，提高教师的实践知识水平和实际操作能力，做到学以致用，实践与教学互补。二是"请进来"，利用酒店管理行业的社会资源建设实践性师资队伍，主要通过聘请一些酒店的高、中层管理人员为我院专家、专业顾问，每年定期到学校给酒店管理专业的学生举

行专业讲座和交流。比如，我院与希尔顿全球签约，开办的"希尔顿班"，就由本专业的教师与希尔顿酒店相关人员共同进行授课。兼职教师队伍的建设，提高了本专业的教学质量，优化了师资队伍。

二、构建适应社会需求的课程教学体系，突显酒店管理专业特色

旅游与国土资源学院酒店管理专业以社会和市场需求为导向，以培养适应国际、国内酒店业发展需要，能够在国内外高端酒店、豪华邮轮、精品民宿、专业网站、教育机构等众多领域从事服务与管理工作的国际化、应用型中高级人才为培养目标。围绕该培养目标，在总结已有多年教学改革经验的基础上，根据社会对酒店管理专业的人才需求和学校的特色定位进行分析和研讨，构建一个能反映"知识、能力、素质"结构的课程体系，显现应用型人才培养的基本特征，突出酒店管理专业特色的新模式。

1. 完善理论课程体系模块

酒店管理专业本科课程结构设置体现了通识教育与专业教育的有机结合，同时还凸显了本专业的特色。通过相关核心课程的学习奠定坚实的理论基础，又结合专业特色开设专业必修课与选修课，以提高学生在酒店管理专业领域的专业理论与实践操作能力。

课程体系共分为五大模块：

（1）公共基础理论课模块，主要包括马克思主义基本原理、毛泽东思想概论、中国近现代史纲要等政治与思想品德课，以及大学英语、计算机技术基础、程序设计基础、微积分、概率论与数理统计、线性代数、应用文写作、体育等课程。

（2）学科基础课模块，主要包括西方经济学、管理学、会计学、统计学、经济法、服务心理学、休闲学概论等课程。

（3）专业核心课模块，主要包括饭店营销学、饭店智能化管理、饭店财务管理、服务经济学、饭店房务管理、饭店餐饮管理及实作、饭店人力资源管理、饭店经营战略、饭店收益管理等课程。

（4）专业选修课模块，主要包括现代高尔夫经营管理学、中外民俗、客源国概况、饭店市场调查预测、饭店市场调查预测实作、饭店服务礼仪、饭店星级评定标准与办法、饭店政策与法规、饭店公共关系管理、饭店筹备管理、豪华邮轮经营管理、食品营养与卫生控制、饭店英语、会展会务经营与管理、饭店服务及质量管理、饭店集团化经营与管理、酒品与饮料、饭店设备管理、饭店督导学、饭店宴会服务与管理、饭店培训学等课程。

（5）文化素质课模块，主要在于拓展学生的知识面，训练学生思维，优化知识结构，增强综合素质，主要涉及哲学导论、信息技术通论、国学经典导读，以及人文社会科学、自然科学、心理健康、素质拓展培训和创新创业教育等方面的课程。

2. 开设课堂实验教学课程

结合理论教学需要开设了对应的实验教学内容，主要有大学计算机基础实验、管理学、会计学、酒店智能化管理、酒店市场调查与预测、宴会筹划与管理、葡萄酒文化与鉴赏（英语）、酒品与饮料（英语）、创业团队与经营管理。其中大学计算机基础实验、管理学、会计学主要是根据专业基础课教学内容而设置的实验课程，酒店智能化管理、酒店市场调查与预测、宴会筹划与管理、创业团队与经营管理等实验课程是根据专业主干课和选修课而开设的实验课程，从而构建了从基础训练到专业创新和专业综合能力提高的实验教学体系，旨在提高学生的定性、定量分析能力，实现了对学生由浅入深的教学与培养。

三、加强校企合作办学，积极开展多层次、多领域、多方位的对外交流

通过在校内外建立实习实训基地、订单培养等形式，加强与酒店企业合作，为推动实践教学的发展和拓宽学生就业渠道创造良好的条件。

在实习实训基地建设方面，校内与希尔顿全球共同建立了"希尔顿文化教室"和"旅游与酒店综合实训室"，校外建立希尔顿酒店、喜来登酒店等实习基地。在实习基地利用方面，我院酒店管理专业相继

与希尔顿酒店、万达艾美酒店等五星级酒店联手推出为期每届 5 个月（前两个月在学校上课、后 3 个月在酒店实作）的"3+2"工学交替项目，所有酒店管理学生均按培养方案要求参与该项目，实现校企互补双赢，为学生课程教学增加鲜活的企业实践。

为培养适应高级酒店的综合性酒店管理实战型人才，我院与希尔顿全球签约，开办"希尔顿班"，每年希尔顿全球都将在我校酒店管理专业挑选约 40 名学业顶尖的学生，对其进行严格的实地职业培训。在整个课程学习中，这些学生将获得在希尔顿全球旗下产业全职实习的机会，从而积累为期 12 个月的工作经验，并对其理论知识学习进行补充和巩固。此外，希尔顿全球还为学员提供了专门设置的课程，以帮助他们在未来酒店行业的工作中取得成功，如客座讲座和实地考察等。表现优异的学生毕业后还有机会获得在希尔顿全球工作的机会。

同时，为使学生具备国际化酒店服务与管理标准化职业素养，积极开展与国际企业的合作交流，先后与澳大利亚国际商会、喜达屋酒店集团等国际机构建立了合作关系，实施了学生短期交流学习、海外工作实习等项目，派出学生赴国外学习或工作实习；或通过外聘国际专家、双语教学等环节进行国际化教学试点，加强与国外大学合作，目前已与美国韦德恩大学签订"酒店管理硕士直通车"项目，为学生创造一个具有国际视野的学习环境。

四、不断改进教学方法，实施整体情境化教学

酒店管理专业充分考虑专业特色并结合现在大学生的特点，积极探索教学手段和方式的创新。主要举措如下：

1. 有效利用现代教学设备设施

酒店管理专业所有课程均制作电子课件，并不断完善更新，做到图文并茂，重点突出，从视觉上改变简单的文字课件模式，提升课件本身的吸引力和关注力。此外，充分利用其他现代教学设备设施，利用影像资料、录音资料、模拟教学设备、慕课等，不断丰富课堂教学手段，使授课手段更加多元化和丰富多彩。

2. 加强互动教学环节

酒店管理专业教学环节采用启发式、案例教学、主题讨论、学生授课等方式，部分教师阶段性听取学生对教师授课内容及方式的意见和建议，合理改进教学手段和方式。强调教师指导下的学生学习主动性和自主性，教学互补，培养学生独立思考问题的能力，激发学生的学习热情和积极性。利用小论文、策划书、制作并分析调查问卷等形式，实际锻炼学生分析思考以及解决问题的能力。

3. 实施整体情景化教学

根据课程特点，采用情景教学。如酒店礼仪课程，在教学环节中，教师进行各种礼仪规范的讲解后，安排学生进行礼仪的实作训练；饭店英语课程，模拟酒店经营管理场景，组织学生进行角色扮演，开展专业英语的口语练习和对话；酒店人力资源管理课程，教学中，进行模拟招聘等情景教学，开展职场招聘等仿真训练，并总结优点和不足；酒品与饮料课程，现场展示不同的红酒，让学生先对其外观进行了解、评价，然后通过适量的品评等环节加深对红酒知识的印象，掌握相关知识。

4. 利用社会资源开展教学

首先，利用业界资源，不断提升办学条件，其中最有成效的是与希尔顿全球合作。比如，学校和希尔顿全球合作开办"希尔顿文化教室"和"旅游与酒店综合实训室"，使酒店管理专业实训获得保障；其次，邀请政界、学界及业界精英为学生开展各种专题讲座，介绍相关政策、前沿理论、业界动态，学生获益匪浅。

五、强化学生实践教学管理，完善实践教学内容与体系

酒店管理专业是一门实践性很强并与社会联系紧密的专业，为保证本专业高素质应用型人才培养目标的落实，经过近年来积累和探索，目前已经初步建立了从"酒店认知实习—创新创业实践—3+2 专项实习—毕业实习"的多层次实践教学体系，从一年级的参观体验到三年级的"3+2"顶岗实习，通过由

浅入深、循序渐进的方法，使学生的专业知识和技能迅速提高，在四年级毕业实习时已能独当一面，初步进入酒店管理层。

总体来讲，酒店管理专业的实习实践教学分为三个层次：基础层次、提高层次和发展层次。

1. 基础层次，重点放在课程教学内容的改革调整上

增加了部分专业素质课程供学生选修，在一些专业必修课程和部分选修课程中增加了案例教学，这些课程包括酒店市场营销学、饭店人力资源管理等。针对一些与行业实践关联大，需要增加感性认识以消化相关理论的专业课程，安排专业课程认知见习。这些课程包括酒店管理概论、酒店前厅管理、酒店餐饮管理等。另外，积极引导学生考取饭店职业经理人等资格证书。

2. 提高层次，加强校内实训和校外的定岗实习管理

这一层次主要分两个阶段进行，第一阶段：校内模拟岗位实习、实验室实训。这是与各类理论课教学密切相关、衔接紧密的实践教学环节。课堂讲授的理论和对真实场景的描述可以迅速通过校内实验室的模拟得到理解和确认。第二阶段：校外高星级酒店岗位实习（又称顶岗实习），这是在模拟岗位实习的基础上，通过在校外酒店企业的实际岗位实习，学习和掌握相关技能。学院推行专业特有的"3+2"工学交替实践教学模式（即大三下期学生前两个月在学校进行专业课程的理论学习，后三个月在实习酒店顶岗实习），并就理论与实践一体化教学、工学交替、校企联合办学育人等方面进行更深层次的探索。

3. 发展层次，规范毕业实习和毕业论文的管理

主要包括较长时间的酒店毕业实习和行业综合实习及毕业论文设计与写作。其对应的功能是使学生能较全面地接触酒店行业和企业，熟悉和掌握酒店大多数岗位的服务操作技能、流程和相关管理经验、技巧、思想等，同时熟悉行业运行的一般规律与流程，能独立处理经营中常见的突发事件和矛盾，并具有发现问题、提出建设性建议的能力。毕业实习属于行业综合实习。这是在所有专业课程学习结束后进行的更加开放的校外实习过程，实习地点和单位既有本市的，又包括部分旅游业相对发达和成熟的地区，部分学生甚至可赴海外实习。实践岗位则覆盖了酒店业企业的大多数岗位。学生可以通过这一阶段的实践较全面地检验所学的理论知识，提高行业适应能力。具体形式根据学生的意愿分集中安排和分散实习进行。

学生毕业论文工作是培养学生理论联系实际、实事求是的科学态度，较强的实践动手能力，与时俱进的创新精神的集中实践性教学环节，同时也是对教学单位实施专业教学计划成效的全面检验。从人才培养环节来说，毕业论文（设计）则是专业实践的最高阶段，也是学生完成理论—实践—理论循环的认识和理解过程。毕业论文或设计的选题要求和学生综合实践的过程及专业理论密切相关，并与毕业实习（行业综合实习）同步启动。为确保毕业论文工作的规范性和毕业论文的质量，我院酒店管理专业成立了本科生毕业论文工作指导委员会，制定了《毕业论文（设计）实施细则》等管理文件，拟定了酒店管理专业本科毕业论文工作的主要程序，并严格按此程序操作。

尽管我院在酒店管理专业应用型人才培养模式探索和实践的过程中取得了一些成果，但也遇到了许多亟待解决的问题，还需要不断完善人才培养方案、创新教学模式，完善专业课程体系和实践教学体系，体现专业人才培养特色。同时，还需要更深入地研究产教融合模式的理论体系精髓，需要更市场化地尝试应用型培养模式的有效实现形式，总结、突破实际操作层面上的瓶颈，走出一条可行的产教融合的酒店管理本科专业应用型人才培养模式的创新之路。

参考文献

[1]　陈保平，叶庆华，左仲明. 酒店管理专业应用型人才培养模式与方案研究 ——以池州学院为例[J]. 池州学院学报，2010，24（6）：129-133.

作者简介

曹扬，汉，1972 年 11 月生，重庆工商大学旅游与国土资源副教授，硕士；研究方向：区域旅游经济和旅游产业政策。

应用型民办本科高校思政课教学改革探究

——以重庆工商大学融智学院为例

常晓薇

摘　要： 作为我国高等教育扩招的产物，民办本科高校为我国改革开放时期的建设培育了大批优秀人才，但由于受学校办学方向限制，思政课教学仍存在很大的问题。本文结合教学改革，就应用型民办本科高校当前思政课教学状况，民办高校在思政课教学建设方面重视不够，民办高校在人才培养方面对思政课投入不均衡，教师队伍建设滞后成为制约民办本科高校发展的瓶颈等问题，提出民办高校思政课教学建设的对策和具体的教学教改模式。

关键词： 应用型民办本科高校；思政课教学；教学改革

一、引　言

民办高校是我国高等教育扩招政策的产物，也是我国改革开放的一大成果，至今有近30年的历史，为我国的改革开放事业培育了大批优秀人才，其办学经验不断成熟，育人质量也不断提高。随着社会的转型、经济的发展、改革的力度不断加深，民办高校通过不断的教学改革探索，已取得显著成效。作为应用型民办本科高校，由于所处的地位、办学理念和培养目标不同，面对新局势和新要求，及十八大提出要全面实施素质教育，深化教育领域综合改革。根据2005年初《〈中共中央宣传部教育部关于进一步加强和改进高等学校思想政治理论课的意见〉实施方案》《国家中长期教育改革和发展规划纲要（2010—2020年）》《国家中长期人才发展规划纲要（2010—2020年）》，着力提高教育质量，培养学生的社会责任感、创新精神和实践能力。在此背景下，高校思政课建设要想适应新时期跨越式发展，仍突显诸多问题。

由于应用型本科培养的宗旨不同于学术型本科，第一，其培养目标是培养以各行各业中应用科学理论从事高技术专业工作的应用型专门人才为主要任务，属于"理论应用型"人才；第二，培养规格一是知识结构以行业需求为本位，二是能力结构以面向行业培养学生综合运用理论知识和方法解决实际问题的综合能力和实践能力为主，同时培养学生要有较强的技术创新能力，三是素质结构（主要指的是个性素质）以具备更强的社会能力，如语言表达能力、自我表现力、团队精神、协调能力、交际能力以及考虑问题的周密性等；第三，教学体系以适应行业需要为目标来组织教学，以"理论应用"为主旨来构建课程和教学内容体系，培养学生应用科学理论解决实际问题的综合能力和实践能力。

本文基于应用型民办本科高校的这些特征及当前思政课教学状况、存在问题及原因分析，以重庆工商大学融智学院思政课教学改革为例提出应用型民办本科高校思政课教学建设的一些探索。

二、应用型民办本科高校当前思政课教学状况及问题

（一）民办本科高校当前思政课教学状况

由于民办本科高校多数以应用型经管类专业为主，以就业为导向，受市场需求的控制，因此很少有开设思政类方向的专业，这就导致思政课在这类高校中被冷落和边缘化。但作为本科类院校又必须要开设此类课程，尤其十八大以来更加重视高校思政课教学的建设。为了适应新时期、新局势的发展变化，民办本科高校思政课一直在不断进行教学改革，目前为止，许多民办高校在思政课教学改革方面已探索出一些适合此类学校的思政课教学模式。

（二）民办本科高校当前思政课教学存在的问题

现有应用型民办本科高校思政课教学模式改革还存在一些问题与不足，主要表现在以下三个方面：

第一，民办高校在思政教学建设方面重视不够。随着高校竞争性不断加剧，生源减少导致许多民办本科高校的生存压力骤增。对绝大多数民办本科高校而言，学费收入是办学经费的主要或全部来源，充足的生源是其生存的基础。21世纪初，我国高中毕业生人数出现下降趋势，高校之间的生源竞争日趋激烈，民办本科高校生源减少的问题已显现明显，这对其生存带来巨大压力。在这种大的背景下，致使民办本科高校为了迎合社会人才的需求，在人才培养上呈现不平衡发展的模式：只注重专业课的建设，而忽略思想道德综合素质的教育。

第二，民办高校在人才培养方面对思政课投入不均衡。人才培养是高等学校的根本任务和中心工作，但由于种种原因，民办高校在教学经费上投入不均衡。不少民办本科高校的办学条件及教学实训条件急需补充和更新，在专业课建设经费的投资没有充足的保障下，对思政课教学的投资更是微乎其微。同时，投资集团领导及管理阶层在思政教学上投入的精力和重视程度也远不及公办高校。

第三，教师队伍建设滞后制约着民办本科高校发展。目前，多数民办本科高校为了节约成本，无视高校教育教学规律，师资结构严重失衡，专职教师少，兼职教师比例过高，高职称的更是稀缺，多数依托公办高校。少数民办本科高校虽已逐步建立起自有的师资队伍，但由于受多种因素影响，导致教师在民办高校就职中没有安全感、归属感，专职教师稳定性很差，致使民办高校成为公办院校的优秀教师培养基地。加之学校在职业教育理念的导向下发展目标和人才培养方案不断调整，使教师对新环境、新文化的适应融合，对学校新的办学目标和办学要求的适应融合，教师之间人际关系的适应融合等长期处于不断更新的环节。另外，不少民办本科院校为了节约成本，增加收益，大量扩招，增加教学班级，这使得原本数量就相对缺少的思政课教师要承担更多的教学工作量。大量的教学工作使得思政课教师没有足够的精力去做科研，但却要承担同样的科研工作量，思政课教师也就难有时间和精力去组织教学和进行教学改革。另外，现有的思政课教师本身也缺乏教学实践经验，由他们来指导学生的校内外理论教学和实践活动也难以取得良好的效果，以致大多数民办高校仍实行专兼结合，兼职为主的教师聘用制度。

三、思想政治理论课教学的保障及措施

鉴于思政课教学在整个教学体系中具有的重要地位和作用，我们须采取有效措施，切实抓好民办本科高校思政课教学，必须要加强以下几点措施保障。

（一）政府及职能部门监管力度需加强，给予公平对待

民办高校虽然有其特殊性，但与公办学校有着共同的使命、宗旨。对国家民族而言，民办高校同样担负着培养中国特色的社会主义事业可靠接班人和合格建设者的重要职责，这样不仅对大学生系统传授思想政治理论知识，增强大学生的综合素质，更有利于学校良好发展。因此，各级政府及相关职能部门应当同等对待民办与公办高校，同样重视民办高校的思想政治理论课教育教学，要求和约束民办高校全面贯彻国家的教育方针。从实际工作情况来看，对民办高校医疗、养老、失业保险等制度落实到位；对民办高校思想政治理论课教师的业务进修、职称评定等制定有效的监督机制；对民办高校思想政治理论课教师展示才能，实现自身价值给予良好的环境保证。

（二）高校内部要建立健全各项规章制度，实现科学管理

民办高校的管理，学校内部应重视各项规章制度的制定和实施，关于思想政治理论课的教育教学和队伍建设，同样需要规章制度的保障。就思想政治理论课教师队伍建设而言，应完善选聘用人制度，可参照公办高校标准，但还要结合学校自身的综合特征，对知识结构、工作能力及语言文字表达能力要有明确的要求，管理人才要从中共党员、责任心强、具有丰富的教学经验、较强的科研创新力工作经验和

较强的组织管理能力的高素质、高学历人群中选拔；还应建立培训进修机制，不断提高教师的素质和能力；在建立健全考核激励制度方面，除学校考核外，还可以发挥思政课教学部门和学生在考核中的作用，做到奖罚分明。

（三）切实加强对思政课教师的素质培训，提高教师能力

思政课教师的水平和能力直接决定了思政课理论和实践教学的教学效果。教学能力和水平的提高只能来源于教师不断自主学习、教学实践和社会实践。一方面，要注意系统地不断提高思政课教师思想品德、职业道德、理论素养和社会实践能力，才能真正使思政课教学取得预期的效果。另一方面，要加强同其他院校，特别是有相同专业背景并有成功经验的院校探讨学习适应本校发展的教学模式。思政课的终极目的是德育，这就决定了思政课教师不仅业务水平高，个人素养也不容忽视。如此，学生的人文素质和科学素质才能和谐发展，"育人"工作才有望落到实处。

（四）落实经费投入，建立稳定的思政课实践基地

"巧妇难为无米之炊"，经费不足、教学安排困难一直以来是广大师生在组织社会实践时所面临的首要难题。为此，学校应重视思政课实践教学，协调各部门的工作，设立实践教学多项经费，用于支付专家指导、专题报告、爱国主义教育参观、社会调研等项目的有关费用。实践教学基地是实施思政课教学的一个重要的场所，我们应充分利用学校原有的教学实习和社会实践基地进行思政课社会实践，同时，也应充分利用学校所在地及周边城市改革开放、现代化建设和革命历史时期遗留的相对丰富的教学资源；联系企业，建立长期的校企实践基地，使与学校培养专业相关的企业单位成为思政课校外实践基地，让学生有机会真正接触实际的岗位工作，有利于他们理论知识转化为实际体验，为思政课实践教学开展提供更便利的平台。

（五）思政部门对实践教学加强制度建设，明确教学要求，规范教学环节

思政课实践教学是思政课教学的一个重要环节，因此要同理论教学一样制订教学计划和具体的实践规划。这样才可以克服实践教学的盲目性，保证实践教学的有序进行，确保实践教学的质量。因此作为实践教学的直接监管部门，思政部必须提出实践教学环节的具体要求，拟订关于实践教学的规章制度，对实践教学环节的工作量核算、成果评价标准、成绩的考核办法、经费来源、人员安排、部门协调以及教学目的都要做出明确规定，制定教学大纲和实践教学指南，使之制度化、规范化。

四、建立相对较完善的思政课教学模式体系

从社会和企业对应用型人才需求出发，重庆工商大学融智学院作为经管类民办高校，充分依托学院在应用型学科的办学优势和特色，思政课教学通过理论、实践、网络等一系列立体化教学活动，形成思政课以"一中心（马克思主义中国化的三大理论成果）、三开展（开展马克思主义人生观、价值观、道德观和法制观教育，开展中国近现代史的教育，开展党的路线、方针和政策的教育）"的主导体系。通过多年的探索实践，我院思政课教学模式已形成比较成熟的教学"2+1"体系，教学模式探索中思政课并非是孤立的实施，课堂教学形成内在的统一联系，实践课充分与学团办、学工部、各专业系部和社会实践基地紧密结合，理论课程内容根据专业微调，实践任务根据专业下达，形成具有民办高校特色的"三个课堂"（见图1：第一课堂，以理论为主，注重理论基础知识讲授；第二课堂，以校内实践为平台，注重素质养成；第三课堂，与学工部结合，以校外实践基地为依托，注重内力提升）联动教学模式。课程教学实现"四双"（双堂：理论课堂和实践课堂；双标：理论课程标准和实践课程标准；双师：校内理论老师和校外实践指导老师；双考核：理论考核和实践考核）模式。为贯彻实施寓教于"行"的教学过程和教学方法，笔者多年来对实践教学模式做了一些探索与尝试。

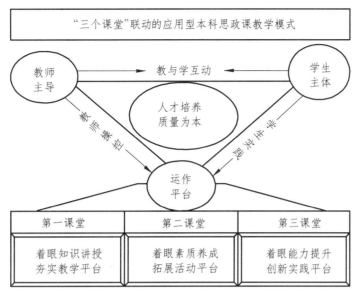

图1 "三个课堂"联动教学模式研究

（一）理论体系的建设

主要以《马克思主义基本原理概论》来作为马克思主义哲学和科学世界观理论指导；以《中国近现代史纲要》为历史支撑（以强有力的中国近现代史为理论史实证明中国为什么走社会主义道路，为何是中国共产党领导？）；以《思想道德修养与法律基础》和《毛泽东思想和中国特色社会主义理论体系概论》传承、发扬和创新，以爱国主义为核心弘扬民族精神和时代精神的健康、积极、向上的中国特色社会主义核心价值观；以《形势与政策》当前热点问题解析；以党课、团课进行综合理论问题深层次探讨；以思政讲座、报告会使学生得到更深层次的亲身感染。

（二）校内外实践教学体系建设

建设校内外实践体系，主要有以下具体内容：一是校内实践教学体系，如"青年马克思主义者培养工程"活动、思想政治理论课课程实践、"七一建党"晚会、感动校园人物评选、学生家长两地书、"改革开放"成果摄影展、与专业相结合的社会实践调查报告、"新生杯"辩论赛、"播种道义，收获温馨"德育情景剧活动、模拟法庭等；二是校外实践体系，如校外校企结合实践基地、义工·青年志愿者服务、大学生素质拓展社会实践等。

（三）运用多媒体教学，充分利用优秀的影视资源

现代教育技术的发展，也为思政课教学提供了更现代的教学技术和方法，很大程度改变了过去思政课教学"一支笔、一张嘴、一本书"的课堂灌输式的教学模式，其最大的特点就是具有综合性和交互性，将文字、图片、声音、视频等多种素材进行"有机"集成，可以形象而生动地展现教学内容，全方位刺激学生的视听感官，变抽象为形象，变静态为动态，使学生对知识的掌握更加直观、更加透彻。思政课在多媒体教学中，不能忽视优秀影视资源的作用，如《走进毛泽东》《永远的邓小平》《大国崛起》《正道沧桑——社会主义500年》《辉煌中国》等。影片拍摄得既具有历史感，以史实说话，又气势宏伟，使学生直观而系统地感受到社会主义社会发展的历程，中国如何进行马克思主义中国化的灵活运用并取得伟大理论和实践成果。实践证明，多媒体教学手段加之优秀的影视作品对大学生在思政课教学方面起到很好的效果和强烈的教育启迪作用，使大学生有所感，有所思，从中领略到人生的真谛。

（四）建立多元考核制度

思政课教学不仅是传授知识和"灌输"思想政治观念，更重要的是培养学生的思辨能力、实践能力、

良好的行为品质和解决问题的能力，这与素质教育的内在要求是一致的。但在考试的形式和评估手段上，以往的考核方式过于单一，仅仅以最后的一张考卷分数定论。学生中普遍存在理论课不重视，实践课趋于形式，考试前临时"背高分"的现象，这在很大程度上影响了思政课真正的教学宗旨和教学效果，既不利于学生实践行为和行为品质的培养，也不利于整个学校的大学生综合素质的培养。为了改变这种单一的考试方式，加大学生在学习过程中的总体情况和学习能力在成绩中的权重，把学生平时的出勤、课堂表现、读书笔记、社会调查报告、课外实践等逐一量化，都纳入评价体系中，全面考核学生的自主性学习、研究性学习的情况，真正让思想政治理论课入脑入心，使考试真正成为激励学生学习的手段。在评阅学生撰写的社会实践总结报告时，要坚决防止拼凑抄袭现象，问题一经发现，严肃处理，对不合格者要求在下一年重新参加思政课社会实践。

总之，增强思想政治理论课教学的有效性，是思想政治理论课教师一项长期的工作，也是关系到民办高校能否长存发展的决定因素之一，即需要政府职能部门强有力的支持，更需要学校和教师的重视。无论学校还是思政教师都应一直努力，力争使这门课程在新时期、新时代背景下成为大学生终身受益的科学"三观"价值导向和人生指南，为社会输送真正的高品质的综合型应用人才，如此，才能实现开设思想政治理论课的教育教学的真正目的。

参考文献

[1] 潘懋元，吴玫. 高等学校分类与定位问题[J]. 复旦教育论坛，2003（3）：5-9.

[2] 靳辉明. 关于开设"马克思主义基本原理"课的几点思考[J]. 思想理论教育导刊，2005（8）：15-16.

[3] 沙健孙. 关于开设"中国近现代史纲要"课程的若干思考[J]. 思想理论教育导刊，2005（6）：12.

[4] 徐理勤，顾建民. 应用型本科人才培养模式及其运行条件探讨[J]. 高教探索，2007（2）：57-60.

[5] 张泳. 应用型本科院校师资队伍建设的回溯、反思与展望[J]. 黑龙江高教研究，2014（2）：75-78.

[6] 王利军.关于思想政治理论课教学的几点反思[J]. 黑龙江高教研究，2014（3）：131-133.

[7] 加快建设人才强国[N]. 人民日报，2010-5-27（1）.

[8] 秦红霞. 论新建本科院校的青年教师师资建设[J]. 湖北经济学院学报(人文社会科学版)，2011(11)：127- 128.

[9] 教育部社会科学司 2014 年工作要点教社科司函〔2010〕25 号 http：//www.moe.edu.cn/publicfiles/business/htmlfiles/moe/A13_ndgzyd/201005/87416.html.

[10] 中共重庆市委教育工委关于转发教育部社科司《高校思想政治理论课贯彻党的十八大精神教学建议》的通知，发布机构：重庆市教委http：//www.cq.gov.cn/publicinfo/web/views/Show!detail.action?sid=1096905.

作者简介

常晓薇（1976—），安徽颍州区人，硕士，副教授；研究方向：思想政治教育。

城市规划原理虚拟仿真实验教学探讨

李　斌

摘　要： 虚拟仿真实验教学是高等教育信息化建设和实验教学示范中心建设的重要内容，是学科专业与信息技术深度融合的产物。"虚拟仿真实验教学依托虚拟现实和多媒体技术"等软件以及"人机交互、数据库和网络通信"等技术构建高度仿真的虚拟实验环境和实验对象，学生在虚拟环境中开展实验达到教学大纲所要求的教学效果，以全面提高学生创新精神和实践能力。由于城市规划原理实验课程教学内容包括了城市用地的空间分析、城市规划设计的可视化等，为开展虚拟仿真实验教学提供了条件。

关键词： 虚拟仿真实验；城市规划原理；教学探讨

一、虚拟仿真实验教学的内涵

1. 虚拟仿真

虚拟仿真是我国学者对"Virtual Reality（简称 VR）"的翻译，也称"虚拟现实"。诸多研究者无论是从用户体验的角度，还是从技术范围的角度，都对虚拟仿真的定义做出了具体的界定。其中，我国学者赵士滨给出了较为全面、规范的定义。他认为，虚拟现实是一种可以创建和体验虚拟世界的计算机系统。它是由计算机生成的，通过视、听、触觉等作用于使用者，使之产生身临其境的交互式视景的仿真。

2. 虚拟仿真教学

从广义上讲，在虚拟环境中进行的一切教与学的交互活动都可以称为虚拟仿真教学。从狭义上讲，虚拟仿真教学是一种新型的教学形式，它是利用虚拟仿真技术，模拟一个逼真的虚拟学习环境，调动学生视觉、听觉、触觉等各种感官接受、处理、反馈与学习有关的信息，从而激发学生的学习兴趣和创新意识，开展自主探索、勇于创新的学习活动。本文主要从狭义的概念上来讨论城市规划原理虚拟仿真教学的必要性、教学内容、教学手段等。

二、城市规划原理虚拟仿真实验教学的现实需要

城市规划原理是城乡规划学、人文地理与城乡规划、建筑学、风景园林、土地资源管理等专业的核心课程，其实验课程是理论联系实际、提高学生实践能力的主要途径。

1. 是市场需求为导向的人才培养模式的要求

伴随着地理信息技术（GIS）、遥感技术（RS）与全球定位系统技术（PS）的集成（3S 技术），可对各种空间信息和环境信息进行快速、机动、准确、可靠的收集、处理与更新，在城市发展过程中具有广阔的应用前景。3S 技术在城市规划工作的空间分析、生态模拟、虚拟现实等中不断得到应用，在国家提出的规划"一张图""多规融合"的逐步实施背景下，城市规划工作的综合性将会越来越强，同时，随着城市规划可操作性越来越高，规划方案三维展现，对规划成果及方案进行真三维描述和表现的 GIS 与虚拟仿真技术的三维可视化已成为趋势。因此，人文地理与城乡规划的人才培养尤其是实战综合能力和以现实为导向的可操作性方案的制作，将是未来市场对本专业的人才培养的要求所在。

2. 是提高专业实践综合能力的重要途径

如今的城市规划工作越来越综合，学生需要对每个工作环节进行通盘考虑，需要学生在 3S 技术的支持下：第一步，对城市用地条件进行评价，第二步，对城市土地利用规划，第三步，城市规划设计等，

即"城市土地条件评价—城市土地利用规划—城市规划设计"，这种综合式的实验操作训练，既是促进学生专业综合知识运用的重要手段，可促进碎片化专业课程理论的整合，也是拓展学生专业视野、提高学生实战能力的重要途径。目前只是基于各自课程的知识点设置了部分演示性的课程实验，远不能达到学生通过实验对城市规划基本原理、工作流程、规划内容等的理解及认识，达不到学生通过虚拟进入城市空间，对城市土地的地形、地貌、生态等地理环境的感性认知，更不能实现学生一站式、通盘式、人机交互式地进行专业训练。

3. 是提高专业实验课程教学质量为目标的必要手段

城市规划原理虚拟仿真实验教学可以使抽象的概念、理论直观化、形象化，方便学生对抽象概念的理解，从而提高师生之间的教学沟通效率。更重要的是，通过虚拟现实技术可以提高学生对土地空间尺度、土地地形地貌信息等地理空间的现实信息、生态空间等的感性认识，还可以提高学生方案设计的严谨性和可实施性。目前，城市规划设计还只停留在平面图的布局与设计中，不能完全在立体空间中构想城市，然而，通过应用虚拟现实技术的人机交互方式，将设计作品通过屏幕展示，模拟设计场景，进行方案的直观感受和比较，更有效地提高学生设计能力和学习效率，通过虚拟现实技术对学生在学习过程中所提出的各种假设进行模拟，直接观察到这一假设所产生的结果或效果，激发学生的创造性思维，培养学生的创新能力。

三、城市规划原理虚拟仿真实验教学设计

1. 课程目的

城市规划原理实验是基于城市规划原理而单独开设的一门核心实验课程，其教学目的在于：一是在对城市规划的基本原理、规划设计的原则和方法的具体应用的基础上，达到理论与实践的结合，使学生加深对理论的理解，通过项目式训练，提高实践能力和综合运用的能力；二是课程以真实案例数据为基础，重点在于现代科技手段和大数据在城市规划中的运用，通过 3S 技术（GIS、RS 及 GPS）虚拟场景、要素、空间，依托 SU 和 Lumion 软件，实现城市规划成果的可视化。通过以上两个阶段的训练，一方面强化学生的专业技能，熟悉城市规划编制的综合内容与一般流程，另一方面，使学生掌握基于 3S 技术在城市规划运用及其规划成果的可视化的方法。

2. 教学内容

（1）实验项目一：城市人口规模预测实验。

内容：城市人口的统计方法；人口规模预测的方法；城市规划期末人口预测。

重点：人口规模预测的时间序列法。

难点：城市规划期末人口规模与城市用地规模。

（2）实验项目二：城市用地条件的可视化实验。

内容：城市用地地形数据的获取；城市用地地形数据的处理；城市用地地形数据的导入；城市用地地形数据的矫正；城市用地三维地形高程生成；城市用地坡向坡度生成；城市用地三维地形与遥感影像蒙皮可视化。

重点：城市用地地形数据获取；城市用地地形数据处理；城市用地三维地形高程生成等。

难点：城市用地地形数据的矫正；城市用地三维地形与遥感影像蒙皮可视化。

（3）实验项目三：城市用地总体规划实验。

内容：城市用地条件可视化与用地总体布局；城市用地规模的确定；城市用地地形图的 CAD 导入；城市结构和城市道路骨架的确定；城市用地的功能组织。

重点：城市用地规模的确定；城市用地地形图的 CAD 导入；城市结构和城市道路骨架的确定。

难点：城市结构和城市道路骨架的确定；城市用地的功能组织。

（4）实验项目四：城市道路交通规划设计实验。

内容：城市道路网的确定；城市道路断面形式的确定；城市道路竖向规划。

重点：城市道路网的确定；城市道路断面形式的确定；城市道路竖向规划。

难点：城市道路网的确定；城市道路竖向规划。

（5）实验项目五：居住区规划平面可视化实验。

内容：规划地块地形图的 CAD 导入；居住区结构的确定；住宅、绿地、道路及公共设施布局；CAD 成果导入 PS 处理。

重点：住宅、绿地、道路及公共设施布局。

难点：居住区规划设计的思路；CAD 成果导入 PS 处理。

（6）实验项目六：城市规划三维可视化实验。

内容：SU 软件的使用；居住区规划设计总平图的 SU 导入；建模与居住区三维可视化。

重点：居住区规划设计总平图的 SU 导入；建模与居住区三维可视化。

难点：建模与居住区三维可视化。

（7）实验项目七：城市规划动画可视化实验。

内容：Lumion 的使用；居住区三维可视化的动画 Lumion 导入；城市规划成果的动画可视化。

重点：居住区三维可视化的动画 Lumion 导入；城市规划成果的动画可视化。

难点：城市规划成果的动画可视化。

3．教学要求

（1）实验方式：以个人实验结合小组实验进行。

（2）实验软件：本实验所需的软件是 arcgis9.3 及以上版本，CAD2010 及以上版本，SU6.0 及以上版本，PS10.0 及以上版本，各软件最好为汉化版本，以方便学生能够识别与认清有关操作。该软件可以兼容 Win XP 以上的系统。

4．实验考核

（1）考核方式：考查。

（2）考核方法：平时出勤及表现+平时实验项目+期末综合实验项目。

（3）成绩评定：本课程采用平时考核和期末综合实验项目考核综合评定学生成绩。

平时成绩=（7 个实验项目随机抽取 2 个取平均分）×70%+出勤及回答问题等×30%。

期末成绩=综合实验项目文本图册×50% + 汇报演示×50%。

总评成绩=期末成绩×60%+平时成绩 40%。

参考文献

[1] 薛云，龙岳红，张维. 测绘虚拟仿真实验教学中心建设的探索与实践[J]. 科技展望，2017（24）.

[2] 周世杰，吉家成，王华. 虚拟仿真实验教学中心建设与实践[J]. 计算机教育，2015（09）.

[3] 蔡卫国. 虚拟仿真技术在机械工程实验教学中的应用[J]. 实验技术与管理，2011（08）.

作者简介

李斌（1976—），男，系主任，副教授，主要从事土地利用与城乡规划方面的研究。

人文地理与城乡规划专业村镇规划原理
应用型课程转型路径探讨

李 斌　罗光莲

摘　要： 随着高等教育规模的扩张，高校毕业生在就业人口中的比例日益扩大，面对国家教育结构调整和综合改革的新要求，面对高等工程教育近十年来存在的"实践性教育"不足的问题，目前在全国开展的MOOC教学、虚拟仿真实验教学等改革已经从第一阶段的学科专业"面"上的改革实践进入了更具体、更核心的第二阶段的"课程教学"的"点"上的教学改革实践。本文针对人文地理与城乡规划专业的特点和人才培养定位，提出对村镇规划原理与实务课程进行应用型课程的改革实践。

关键词： 应用性课程；转型路径；村镇规划原理

一、课程转型的背景及必要性

在精英高等教育阶段，毛入学率极低，就业人口中高校毕业生的比例也极低，精英高等教育阶段培养的基本上是学科型（或者学术型）人才，而非应用型人才。在大众高等教育阶段，应用型人才的培养必须是多样的。随着高等教育规模的扩张，高校毕业生在就业人口中的比例日益扩大，绝大多数毕业生必须在各行各业的第一线岗位中寻找就业机会，从事的职业基本上都与具体的实际问题相关。高校就要根据社会需求设置多种多样的专业，培养多品种的应用型人才。目前，面对国家教育结构调整和综合改革（特别是高等教育分类管理和工程教育向应用型改革的试点战略研究）的新要求，面对高等工程教育近十年来存在的"实践性教育"不足的问题，在全国开展的MOOC教学、虚拟仿真实验教学等改革已经从第一阶段的学科专业"面"上的改革实践进入了更具体、更核心的第二阶段的"课程教学"的"点"上的教学改革实践的新形势，在对人文地理与城乡规划专业所涉及的相关专业核心课程进行充分梳理和分析研究的基础上，提出对村镇规划原理与实务课程进行应用型课程的改革实践。

二、村镇规划原理应用型课程转型的条件

1. 该课程应用性强，为课程转型提供了基础

人文地理与城乡规划专业是在我国资源环境、城镇化及区域发展等问题突出的背景下，以地理学、城乡规划学、环境学、经济学、管理学等多学科为基础，培养具有基本理论素养、应用能力、创新精神、竞争意识与综合素质高的理工结合型高级应用型人才的应用性专业；毕业生能够从事城乡规划与设计、土地利用与开发、旅游规划与开发等相关领域工作。新形势下，本专业坚持"夯基础、重交叉、强实践、促创新"的人才培养理念，紧密结合我国生态文明建设与城乡规划管理发展趋势，注重学生在城乡规划的空间功能布局、项目策划、投资估算、规划制图等应用能力的培养。

2. 专业错位发展，为课程转型提供了空间

人文地理与城乡规划专业与国内同类专业错位发展，着力培养应用型规划人才。随着乡村休闲和古村落保护时代的到来，多年以来，本专业紧紧围绕宽口径、厚基础的培养模式，区别于工科城市规划专业侧重的形态设计和以传统地理为背景的城乡规划研究，与同类专业错位发展，着力培养应用型规划人

才。积极从城乡规划的空间功能布局、项目策划、投资估算等确立本专业的应用性特色。围绕如何更好地培养出城乡规划所需的应用型技术人才，尤其是培养山地型村镇规划应用型人才，如何更好地实现本专业在学科建设和人才培养方面的应用，在大量调研、科学论证、积极创新等方面进行大量探索性的实践，在人才培养、科学研究、产学研合作、师资队伍、办学条件建设以及内部管理制度建设等各方面都取得了可喜的成绩和进步。

3．村镇规划人才市场需求量大，为课程转型提供了前提

人文地理与城乡专业属于理工结合的应用型专业。该专业自开办以来，为规划领域培养了大批所需的规划应用型人才，为城乡规划事业，特别是为城乡规划人才培养了一大批现场应用型工程师，毕业学生得到了用人单位的好评，毕业生分布于规划局、规划咨询公司等。目前，中国的城市规划正转型存量规划或精细规划，随着乡村休闲时代的崛起，大规模的城市规划业务转向了乡村规划业务。

三、村镇规划原理应用型课程转型的思路

1．深化人才培养模式改革

依据"人文地理与城乡规划专业培养方案"中人才培养的目标、要求以及人才培养模式的需求，进一步更新教学理念，牢固确立培养应用型规划人才的办学思路，坚定应用型人才的培养理念及人才培养定位，为此，通过将人文地理与城乡规划专业的专业核心课程——村镇规划原理与实务课程转型为应用型课程，作为继续深化改革的契机，进一步开展人才培养模式的改革实践，从而实现对人才培养模式的深入改革。具体有如下措施：

（1）以应用型为主导的人才培养模式为目标。

实现由学校单一主体培养人才到校企双主体（多主体）培养人才的转变。积极加大和巩固与政府、企业合作办学，以现实项目为导向的实践教学和实习实践。

（2）以服务城乡规划和区域社会经济发展为导向。

以服务区域社会经济发展为导向，做到学校人才培养与规划行业、城乡区域社会经济发展对接，专业设置与人才需求对接，与地方社会经济发展重点对接，把人才培养规格与工作岗位职责对接。

（3）以地方和企业参与制定人才培养方案为纽带。

通过校地合作、校企合作，积极邀请地方和企业参与人文地理与城乡规划专业培养方案的制定，强化技术理论、注重技术应用、突出实践教学，在人才的培养过程中，充分体现校地合作、校企合作。通过建立校企合作联盟，探索校企间人才培养、科研开发等多方位的共赢合作模式。吸收企业及行业专家加入专业应用型人才培养的教育教学指导委员会，参与其制订应用型人文地理与城乡规划专业的发展规划、人才培养目标与人才培养方案的指导工作；从企业聘任部分资深专家作为学校师资参与专业技能教学；将地方政府和城乡规划咨询公司的项目转化为课程学习的综合学习目标，以实现培养社会急需的应用型人才的目的。

（4）由"教"转向"学、做"为主，实现课程转型突破口。

结合"村镇规划理论与实务应用型课程"的需求，转变教育教学方式，实现由教师以"教"为主到以学生"学、做"为主的转变。通过基于问题的学习、项目及案例教学、师生互动主题研讨等教学方式的改变，达到着力培养学生自主学习的能力及发现问题、解决问题和创新思维的能力。

（5）以单一考核方式向多元考核方式转变为手段。

单一的教学方式决定了单一的考核方式。在村镇规划原理与实务应用型转变中，要积极转变学生的考核方式，实现由单一的、一次性考核学生知识为主向知识与技能并重的多形式、多阶段、多模式考核方式的转变。为配合课程教学内容及教学模式的改变，对学生的考核内容、考核方式相应地也进行改革。例如，在进行以案例式教学和现实项目为教学内容的同时，可以开展小组式学习方式，对学生学习效果

的考核可通过团队完成村镇规划项目的方案和图件为基础，同时对小组每个学生进行其综合运用所学知识和能力、与人沟通和交流能力、团队协作能力等多方面能力的考核，以及学生对方案的汇报能力与项目业主的沟通能力，突出学生的城乡规划的实践能力。

2. 优化课程内容

紧紧围绕人文地理与城乡规划专业培养方案为依据，按照村镇规划原理与实务作为核心课程的要求，课程优化要遵照以下几个方面开展。

（1）优化课程内容的设置模式和课程内容的设置。

以应用型课程要突出专业实战和现实市场需要，将目前课程教学计划中的以理论研究为主的教学为出发点的课程内容设置改变为以市场需求和理论研究相结合的课程内容设置模式。以实际应用为导向、职业需求为目标，深化课程内容与生产实际应用的对接，注重课程内容对行业及区域产业结构调整升级的价值贡献，推进课程及学科专业的集群建设，以着重反映产业技术进步和市场需求为第一要务对课程内容的设置进行优化。

（2）理论研究与应用性课程教学内容的有机结合。

"科教融合"是国家高等教育的导向，应用型课程要积极结合理论研究与教学实践相融合的教学转变，强调理论性与应用性课程的有机结合，突出案例教学和现实实践项目研究；教学过程重视运用团队学习、案例分析、现场研究、虚拟仿真实验教学等方法。

（3）课程教学内容以村镇规划项目为载体的形式设置。

结合任课教师的纵向和横向科研项目，积极推进科研成果成为优质的应用型课程教学资源。课程教学的内容、达到的教学目的、教学顺序的安排、教学效果的检验等围绕村镇规划项目来进行设置与检验，并使其有效地贯穿于整个课程教学的全过程中，使学生在村镇规划环境中接受熏陶，激发学习兴趣，增强规划意识，提升规划素质和能力。

（4）创建虚实结合的虚拟仿真课程教学平台。

积极结合人文地理与城乡规划专业在建的三门虚拟仿真实验课程教学平台，积极利用现代教育技术开展应用型教学手段，激发规划专业学生的规划兴趣，营造使学生成才的规划行业环境。

3. 夯实实习基地实践教学与理论教学融合的举措

应用型课程教学的关键在于：要处理好理论教学与实践教学的矛盾。因此，在村镇规划原理与实务教学过程中，要积极以村镇规划项目为核心，倒推总结村镇规划的基本原理，强化课堂理论与现场应用的实践性教学环节，并将部分课堂理论教学内容移到实验室、虚拟仿真实验教学平台及规划项目现场，以构建综合性的课程授课内容及实现课堂、实验室、实习中心三位一体的教学环境，达到现场应用与课堂理论教学充分融合，实现训练并提高学生对知识综合应用的能力。

4. 积极推进课程教学理念的全球化视野

在我国城乡规划理念转变的关键时期，乡村休闲时代到来和乡村传统文化保护规划被重视，尤其是十九大提出振兴乡村战略，因此村镇规划要积极借鉴先进的规划理念及欧美和日韩乡村规划的经验与成果，在条件允许的情况下，积极与国外高校开展合作与交流，学习国外在新农村规划与保护运动中取得的经验和做法。通过学校支持、项目支持及个人统筹等各方创造条件，在课程建设第三阶段推举课程组一至两人出境参加村镇规划学术交流与教学经验交流学习。

参考文献

[1]　高林. 应用性本科教育导论[M]. 北京：科学出版社，2006：110-171.

[2]　朱方来. 中德应用型人才培养模式的比较研究与实践[M]. 北京：清华大学出版社，2014：2-25.

[3]　马建荣. 论应用型本科人才培养目标下的课程教学设计 —— 从学科逻辑向问题逻辑转化的视角[J]. 中国高教研究，2011（4）：89-90.

作者简介

李　斌（1976—），男，系主任，副教授，主要从事土地利用与城乡规划方面的研究。

罗光莲（1975—），男，副教授，注册城市规划师，主要从事土地规划、旅游规划、城乡规划及投资咨询研究。

"翻转课堂"和"对分课堂"相结合的混合教学新模式在"景观规划设计实验"课程中的应用研究

李 琴

摘 要： "翻转课堂"是由教师制作教学视频，学生在上课之前观看学习视频，在自学中找出问题，然后教师和学生在课堂上进行面对面交流的一种课堂模式。"对分课堂"是把一半课堂时间分配给教师讲授，一半课堂时间分配给学生讨论，师生对分课堂时间。"翻转课堂"和"对分课堂"相结合的混合教学新模式在"景观规划设计实验"课程中的应用，是从课前、课中、课后的教学环节实现从教师为主体到学生为主体的转变，以调动学生的学习内驱力，提高学生学习的兴趣，取得好的教学效果，加快实验课程教学模式创新改革的步伐。

关键词： 翻转课堂；对分课堂；教学新模式；景观规划设计实验课程

近年来，中国高校课堂问题不断，学生逃课、上课不听课等现象屡见不鲜[1-3]。研究中国高校课堂现象发现，中国高校虽然拥有丰富的教学资源、高科技的教学工具，但是课堂依旧是以传统课堂，即满堂灌填鸭式的课堂教学模式为主[4-6]。传统课堂教学模式是由教师课堂讲授，学生课后复习两个阶段构成，师生交互很少，教师充当的是知识的传播者，力求在课堂上讲得清清楚楚，而学生往往则是被动地接受知识，没有激发学生的学习内驱力[7-9]。这种教条式的灌输知识的教学模式既违背了学生的心理认知规律，也忽略了学生对新知识学习的主观能动性，不仅造成了课堂的索然无味，也容易引发学生的逆反、厌学情绪，更难以调动学生的学习兴趣。因此，高校课堂教学模式改革目前已经到了非改不可的阶段。

一、问题的提出："景观规划设计实验"课程课堂教学模式现存问题

"景观规划设计实验"课程课堂教学模式目前仍然使用的是传统课堂教学模式，现存问题如下：首先，因为学生是小班制分组合作式实验，在实作过程中，学生之间需要展开充分讨论，但受限于课时不够以及课堂教学模式单一，往往无法实现。其次，学生因为在课前未预习，基本是在课堂上才开始了解实验项目流程，所以项目构思方案往往需要在课后以作业的方式才能完成，但是课后教师和学生又很难有机会交流沟通，所以主要靠学生自己完成学习内化的过程。最后，学生提交作品给教师，教师不能及时对学生的作品进行现场点评，指导效果并不好。而从实际情况来看，学生成绩分化也较大，学习能力强的学生接受效果较好，学习能力一般的学生，效果就很不理想。

二、理念的引入："翻转课堂"模式与"对分课堂"模式

"翻转课堂"最初起源于美国，是由教师制作教学视频，学生在上课之前观看学习视频，在自学中找出问题，然后教师和学生在课堂上进行面对面交流的一种新型课堂模式。这种新型的课堂模式有别于传统教师为主导的教学模式，会极大地调动学生的参与积极性，课堂回到以学生为本位的形式，有效地促进了师生之间的互动，学习效果较好。传统的教学方式是课堂讲解加上课后作业，"翻转课堂"的教学方式是课前学习加上课堂讨论；传统课堂上，教师是知识的传播者、课堂的管理者，学生是被动的接受者；在"翻转课堂"上，教师是学习的促进者，学生是主动的研究者。目前，南京大学张金磊对 Robert Talbert 的"翻转课堂"模式结构图进行了完善，并将信息技术活动学习作为"翻转课堂教学模式的关键点"（2012年）；北京大学现代教育技术中心汪琼教授，在中国大学 MOOC 网站中开设了一门翻转课堂教学法的课

程（2014 年）；西北大学现代教育技术中心郭佳设计了基于 Canvas（学习管理系统）的翻转课堂教学模式，并进行了对比研究实验和教学效果分析等。

除了"翻转课堂"之外，近两年在国内又兴起了另一种课堂教学模式"对分课堂"。"对分课堂"是 2014 年由我国复旦大学张学新教授首创的一种新型教学模式，从 2014 年 9 月起，对分课堂开始推广，迅速得到全国众多教师的认可。"对分课堂"是把一半课堂时间分配给教师讲授，一半课堂时间分配给学生讨论，师生对分课堂时间。"对分课堂"最大的创新点在于教师讲授之后，学生自行在课后花时间学习内化，然后学生会再回到课堂中讨论。

三、"翻转课堂"和"对分课堂"相结合的混合教学新模式

利用网络在线学习平台进行"翻转课堂"和"对分课堂"混合教学新模式有四个关键环节。

1. 微课视频的制作和上传

这部分可以由教师自己制作一部分短小精悍的微课视频上传，也可以由教师进行网络搜索链接或上传精品微课视频。这是翻转课堂的基础。

2. 学习指南（学习任务单）的下达

翻转课堂中非常重要的一个方面就是学生需要在课前进行自学。而自学不应该是盲目的，需要依靠教师下达的学习任务单，学习任务单可以和微课相结合使用，让学生明白在课前需要完成什么学习任务。

3. 个性化测评

学生在课前需要把课前完成的初稿作品反馈上传到在线学习平台，教师在课前及时掌握学生课前学习的情况，这样有利于教师在课堂上因材施教（涉及教师二次备课）。

4. 课堂的"翻转"和"对分"

"翻转"：有别于传统，它是把一些知识放在课前自学的微课中，在课堂上，学生汇报、讨论；教师主要帮助学生内化学习。"对分"：前一半的课堂时间交给学生对自己课前作品进行汇报和讨论交流 —— 学生自行内化，后一半的课堂时间交给教师讲授重要知识点、总结答疑，进行个别现场辅导 —— 教师帮助学生内化。

四、"翻转课堂"和"对分课堂"相结合的混合教学新模式在"景观规划设计实验"课程中的应用

（一）"翻转课堂"和"对分课堂"相结合的混合教学新模式设计（见图1）

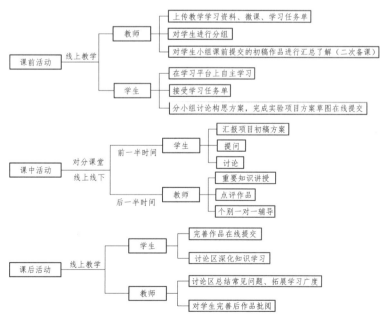

图 1　"翻转课堂"和"对分课堂"相结合的混合教学新模式

（二）课前、课中、课后的教学环节设计

1. 课前活动

（1）教师 —— 课前充分准备。

首先，教师需要在课前把教学课程资源上传到在线学习平台，在网络教学在线学习平台上构建设计合适的教学内容，包括实验项目库、实验案例库、实验课程学习、实验软件、实验教学设计、互动交流几个板块。其中实验课程学习包括课程介绍、教学大纲、教学日历、教师信息、答疑讨论区、课程作业、常见问题、微视频。具体的实验项目会具体到实验目的和任务、实验内容及要求、实验基本步骤等，学生在课前通过网络在线学习平台就能够对实验的项目进行提前学习。

其次，教师会在课前在网络教学在线学习平台的通知栏中发布具体课前学习任务单，提出学习任务目标和要求，并把学生进行分组。

最后，教师在课前对学生上传的项目初稿方案进行问题汇总，得到及时反馈，方便在课堂上因材施教（需要二次备课）。

（2）学生 —— 课前完成基本知识点认知。

学生接受学习任务后，在网络在线学习平台上进行相关内容自学，然后分小组进行同学间的主动讨论交流，随后到校园实地进行勘查，最后构思草图，并上传构思草图方案。

2. 课中活动

课堂活动是整个教学环节中非常重要的部分，属于线上线下混合式教学，属于"翻转课堂"和"对分课堂"紧密结合的部分。把课堂时间对分，前半部分时间交给学生，后半部分时间交给教师。

（1）学生 —— 学生自行完成内化。

学生在课堂上汇报小组课前完成的项目方案初稿，并提出问题，同学间就各组项目方案充分讨论 —— 学生自行完成内化。

（2）教师 —— 帮助学生完成内化。

首先，教师在课前已经了解掌握学生在课前的自学情况，可以在课前进行及时反馈性二次备课，及时调整讲授内容，更能因材施教，讲授重要知识点。

其次，教师当场点评学生初稿作品，有利于学生后期修改完善作品。

再次，现场对学生作品进行答疑和个别辅导。

3. 课后活动

课后活动属于学生深化学习环节。

（1）学生 —— 继续深化学习。

学生课后修改完善作品，将修改后的作品上传到网络在线学习平台，在网络在线学习平台讨论区讨论交流，继续深化学习。

（2）教师 —— 拓展教学广度。

教师在线批阅学生作品，在网络在线学习平台上总结常见问题及答案，拓展教学广度。

五、结 论

根据 1956 年布鲁姆教育目标分类法，认知领域的教育目标可以分为从低到高 6 个层次，即知道（知识）、领会（理解）、应用、分析、综合、评价。"翻转课堂"和"对分课堂"相结合的混合教学新模式是学生课前先自学学习任务单（知识、理解、应用），在课堂上，对分课堂时间，学生汇报、讨论（理解、应用、分析、综合、评价）；教师总结、答疑、辅导。教师参与到教育目标的较高较难的层次中，能把教师的指导作用发挥得最好。

"景观规划设计实验"是一门实践性非常强的应用型实验课程，探索实验课教学新模式对培养应用型人才尤为重要。"翻转课堂"和"对分课堂"相结合的混合教学新模式，从课前、课中、课后的教学环节实现从教师为主体到学生为主体的转变，以调动学生的学习内驱力，提高学生的学习兴趣，取得好的教

学效果，加快实验课程教学模式创新改革的步伐。

参考文献

[1]　王本成，宋丽丽. 浅谈"翻转课堂"教学模式[J]. 课程教育研究，2014（24）：41-42.

[2]　周本海. 浅析高校翻转课堂教学模式[J]. 新课程：中，2014（12）.

[3]　陈颂，王静，董玉晶，等. 浅谈翻转课堂对高校教学的影响[J]. 中国校外教育旬刊，2016（z1）.

[4]　张海霞. 浅谈翻转课堂在高校公共教学中的应用[J]. 读天下，2017（5）.

[5]　胡佳应. 翻转课堂教学法在高校"管理学"教学中的应用[J]. 课程教育研究：学法教法研究，2016(33)：167-168.

[6]　李艳坤. 基于翻转课堂的"现代教育技术"公共课实践教学实证研究[J]. 唐山师范学院学报，2014(5)：99-102.

[7]　张小敏，郝丽亚. 浅谈对分课堂教学模式在外科护理学实训课中的应用[J]. 中国继续医学教育，2017，9(14)：64-66.

[8]　田青. 对分课堂教学模式及其优势分析[J]. 文理导航旬刊，2016（7）.

[9]　周雨青，万书玉."互联网+"背景下的课堂教学 ——基于慕课、微课、翻转课堂的分析与思考[J]. 中国教育信息化，2016（2）：10-12.

作者简介

李琴，女，汉族，四川省南充市人，1979 年 11 月生，硕士，讲师；研究方向：园林景观规划设计、园林植物造景设计。

"学生专题讲座"的实验研究

——以"资源学概论"课程为例

李雪花

摘　要： 我国《中长期教育改革和发展规划纲要》中明确坚持以人为本、全面实施素质教育为教育改革发展的战略主题。而课堂教学是实施素质教育的主渠道，也是实施素质教育的关键。本文以"资源学概论"课程实践为例，探讨学生专题讲座教学方法的概念、具体实施步骤、优点以及实施过程中应注意的事项。

关键词： 课堂教学；学生专题讲座；实验研究

一、引　言

中共中央、国务院于 2010 年全面部署实施我国《中长期教育改革和发展规划纲要（2010—2020 年）》，确定了坚持以人为本、全面实施素质教育为教育改革发展的战略主题，全面提高教育质量为高等教育发展的核心任务，强调人才培养在高校工作中的中心地位，着力培养信念执着、品德优良、知识丰富、本领过硬的高素质专门人才和拔尖创新人才。简而言之，必须将具有创新能力的高素质人才作为高校人才培养的目标。课堂教学是实施素质教育的主渠道，也是实施素质教育的关键。然而目前在我国高校课堂教育中，表面浅层次的知识灌输和记忆式的教学方式仍相当盛行，教育并未充分注意培养学生的文化素质、专业素质和创新能力。因此，迫切需要对课堂教学中实施素质教育的方法进行研究和探索。

"资源学概论"是人文地理与城乡规划管理专业的一门导论性课程，授课时间安排在所有专业课的最前面，是学生接触的第一门专业课程。刚入学不久的大学生往往对自己所学的专业（特别是中学时期未接触过的专业）不甚了解，甚至一无所知，在这种背景下，作为导论性课程，除了承担本课程的教学内容外，还要承担起学生对专业从陌生到熟悉、从茫然到产生兴趣的责任。可以说导论性课程教学效果的好坏直接影响学生对专业的认知、兴趣及是否有志于将所学专业作为未来职业生涯的依托等。导论性课程的内容通常涉及面广、概括性强，强调对某一专业从科学性、系统性和完整性方面进行介绍，而很少涉及与专业密切相关的前沿、热点、重点、难点问题。为了使导论性课程能够调动学生学习本专业的学习自主性和主动性，引导学生进入相关专业领域，除了通过课程学习系统掌握本专业的基本知识、理论及学习方法外，更应注重探究学科的前沿、重点、难点、热点等问题，由此激发学生的探究欲望，激活学生的思维，培养学生热爱专业、热爱科学、追求真理的科学素质教育。因此必须在课堂正常教学的基础上，指导学生大量开展相关专业内容的课外阅读，了解最新理论研究动态，跟踪学科的最新发展和最新应用。为此有必要把课外阅读引入到课堂教学中来，而融案例教学法、反学为教法、课堂辩论法和多媒体教学法于一体的"学生专题讲座"就是非常有效的一种教学方法。

二、什么是"学生专题讲座"？

"学生专题讲座"，是指课前老师布置若干与本课程相关的热点、前沿等专题，将学生分成若干组，每一组选择一个专题，利用课余时间收集资料，归纳、总结、分析、研究，并制作多媒体课件，由小组推荐表达能力较强的学生上讲台向全体师生进行试验性讲授，讲授完师生提问，由讲授人或小组其他成员进行解答，教师和学生按事先制定的评分标准共同打分评比，最后由教师（或教师与学生共同）进行总结、评价的一种教学方法。

本教学方法包括6个环节，即专题的设计；学生分组和选题；收集、分析资料，拟定讲座提纲；制作多媒体课件；课堂汇报与问答交流；评分与总结。笔者在"资源学概论"本科课堂教学过程中采用学生专题讲座进行教学方法创新探索，普遍受到了学生的欢迎，并取得了良好的教学效果。

1. 专题的设计

此方法的关键是专题的设计，专题的优劣直接决定本教学方法的效能。专题就是问题，问题是思考的起点，学生只有在确定了问题是什么之后才能有的放矢地进行探究。因此，教师一定要围绕专业密切相关的前沿、热点、重点、难点等精心设计，问题具有新颖性、开放性且有一定的难度，最好没有现成的答案，这样有利于激发学生的探究欲望。比如，对于"土地资源"部分，可以选择新生事物——重庆"地票"交易制度。重庆地票交易制度是对我国土地制度的一次新探索，既然是新生事物，肯定面临很多障碍和困境。通过本专题的讲座，学生了解什么是地票、地票是怎么产生的、地票交易制度能够解决哪些现实问题、进一步思考如何解决困境、是否适合在全国范围内推行、如果推行、政府应该怎么做，等等。此外，还要了解我国现行土地管理的政策、制度、法律以及存在的现实问题。"资源学概论"部分章节可设计的专题题目见表1。

表1　部分章节专题题目

章	专　　题	章	专　　题
土地资源	重庆地票制度；农村土地三权分离下农用地流转问题	水资源	如何建设节水型社会
生物资源	我国自然保护区建设与保护	旅游资源	旅游景区门票涨价问题
海洋资源	海水养殖与海洋牧场；南海海洋权益探讨	矿产资源	我国稀土定价权缺失与对策建议；钢铁行业产能过剩问题
能源资源	能源消耗与减排；煤炭如何去产能；我国核能面临的挑战	资源安全	中国粮食安全问题

2. 学生分组和选题

为了充分调动全班同学的参与性和学习主动性，培养学生的团队合作精神，把学生分组，并选出组长。一个自然班可以分为6~7组，每组6~7个成员为佳。组长根据各成员的特长分配任务，制定时间表，组织讨论。通过成员的分工协作，可以在比较短的时间内高质量完成。为了各组之间公平起见，建议抽签选题。

3. 收集、分析、整理资料，拟定讲座提纲

小组根据专题开始收集资料，一方面通过实地参观调查、采访、问卷等获得一手资料，另一方面通过从图书馆、报刊、互联网、电视收集视频、图片、文字等二手资料，教师适当地推荐相关书籍、专业期刊、网址等供学生查阅。小组成员共同对所收集的大量信息进行分类、对比分析、思考，最终拟定讲座的提纲。这一过程非常有利于培养学生的专业文献检索阅读能力、专业想象能力、思维能力、运用知识能力、自主学习能力、创新能力等。

4. 制作多媒体课件

通过制作课件，让学生把收集的文字、图片、视频、声音等多种信息能够有机组合起来，紧紧围绕问题的核心，突出重点，把知识形象化、具体化、简单化、动态化、通俗化。一方面让学生从技术角度学会如何制作多媒体课件，另一方面有助于学生把繁杂的信息通过整理提炼，用有限的幻灯片把要阐述的内容表达出来，为最终的课堂讲座或者讲演提供最有力的帮助。

5. 课堂汇报与问答交流

选一位表达能力强、思维敏捷的人上讲台把小组分析、总结、思考的最终成果面向全体同学进行讲演。讲演尽量做到有条不紊、生动形象、激情高昂。这样不仅能够准确地传达要表述的内容，而且也比较容易引起全班同学的注意力，活跃整个课堂的教学氛围，起到事半功倍的效果。

汇报结束后由其他组的同学和老师进行提问。问答环节中鼓励学生大胆充分表达自己的看法，引发思想的碰撞，促成他们对本专题理论认识的深入思考。比如，重庆地票交易制度专题中，很多学生本身就是重庆农村的，对本专题非常感兴趣，提的问题很具体，也比较专业、深入。如一亩（约 666.67 m²）宅基地复垦后农民到底能够获得多少钱，需要走哪些程序，这种重庆地票交易是否适合在全国范围内推广，政府部门怎么做，等等。通过本专题的讨论研究不仅让学生了解重庆土地相关政策和法律等专业知识，还可以由他们向亲朋好友传达相关信息，为进一步推广地票交易制度起到推波助澜的作用。在课堂实践中，问、答比较精彩时全班同学会以热烈的掌声鼓励，这对提问题、回答问题的学生来讲是一份认可、一份赞美、一份欣赏、一份鼓励，有可能仅仅这一次触动可能会影响他们的一辈子，会促进不断地学习，不断提高专业综合素质。

6. 评分与总结

为了公平、公正，首先制定评分指标体系和评分标准。制定指标体系和评分标准可以与学生共同制定。选取四个指标，如内容的架构、幻灯片制作、上台汇报、问答交流。评分标准一定与学生的实际水平相结合，如果标准过高，会造成分数太低，会打击学生的积极性。打分不是目的，目的是通过讲座让学生学会主动学习、积极思考的能力。其次，由教师和各组组长共同打分，给予学生更多的发言权。再次，组长和成员根据本组的平均分，在平均值不变的情况下根据每个成员的表现和贡献分别打分。以往以小组为单位进行课堂讨论或者完成报告等过程中由于没有这种差别打分机制，部分同学有了坐享其成、不劳而获的心态，达不到调动全部学生自主学习和创新的能力。最后，教师必须对讲座的各个环节进行评价和总结，鼓励与肯定，及时发现问题、总结经验等，这样能很好地激发学生继续学习和探讨的动力。总结中尽量避免给出所谓的"标准答案"，因为所有的"标准答案"，都是建立在已知的确定的事实之上，都是过去的事情，而不是对未知事物的探索。这容易扼杀学生的独立思考能力和创新能力。很多问题都是引导学生从不同角度去感知体悟，形成自己独特的认识，不然又会回到应试教育的模式。

三、学生专题讲座教学方法的优点

1. 注重培养学生的自主学习能力，促进学生掌握正确的学习方法

传统的教学方法过分强调教学活动过程中教师的主体地位，学生始终处于被动接受，教师向学生单向的满堂灌输没有真正内化成学生自己的才能，最终导致教、学脱节，有教无学。而今科学技术迅速发展，知识爆炸，原有知识的使用寿命大为减少，大学阶段只能完成人的一生获取知识的很小一部分，不管学校和学生如何努力，如果仅仅是传授现有知识，则四年的本科专业知识训练是很难让学生终身受益的。因此高等教育更为关注的是学生的自主学习能力培养。苏联教育学家苏霍姆林斯基曾经说过："教育的真谛在于教会学生学习"也就是让学生会学，提高自主学习能力，养成终身学习的良好品行，不断适应瞬息万变的信息时代。学生专题讲座中先是教师精心设计的专题激发了学生的探究欲望，一旦激发探究欲望，学生会自觉地通过多渠道获取信息，自主地进行有效信息筛选和辨别伪知识去除，自主思考、探究形成新的理解和认识。这样不仅强化了学生的自主学习能力，在教师的引导下学会了如何学习，学会了解决问题的先进方法，可促进学生掌握正确的学习方法。

2. 有利于培养学生的知识应用能力和创新能力

从查阅大量文献资料到分析资料、整理资料、拟定提纲、问答环节等，可全面训练学生的专业文献检索能力、阅读能力、综合分析能力和知识应用能力，更可喜的是可大大提高学生的研究能力和创新能力。分析、整理、问答过程是"重新发现"与"重新组合"理论知识的过程，是引导学生自主探究和体验知识的发生与创造的过程，通过鼓励学生质疑批评和发表独立见解，培养学生的创新思维和创新能力。

3. 有利于培养学生分工协作的团队精神和沟通能力

每个专题讲座需要多个环节才能完成，其工作量大，从专题讲座提纲的提炼、PPT 的内容技术上的设计到汇报材料的准备、即兴回答问题环节的准备等都需要小组成员经多次相互商讨，逐步达成共识。在这种合作中，小组成员之间会产生不同的看法或者不同的建议，而正是这些不同的观点的辩论和交锋，

加深了学生对知识的了解和掌握，培养了说服、沟通能力。小组成员除了集中大家智慧完成完整的专题讲座外，还要发挥每个人的特长，这种"学习共同体"的形式不仅使学生产生了一种通力合作后的集体荣誉感，而且还有更大的收获，即在合作中学会了互相包容和互相欣赏。此外，通过合理的评分约束机制，促使小组成员的每个人做到分工协作。课堂教学中发现团队合作比较好的小组往往准备得比较充分，问题的核心把握比较好，研究得比较深，形成了自己的观点，并且从整个过程来看，学生显得非常自信。

4. 课外学习的成果纳入课堂教学中来，使课外学习更加具有目的性和实效性

一方面，教师通过学生课外准备的多个环节的指导，逐步帮助学生实现思维方式和学习方法的转变，最终引导学生如何学习，使学生的课外学习有了明确的目的性和方法。跨越课堂教学和课外学习的人为界限，以课堂教学引导课外学习，以课外学习支持课堂学习。另一方面，本教学方法是让每一组准备不同的专题，每一组学生除了本组的专题有了较多思考和收获外，可以通过听其他组的汇报和提问等方式加深学生对相关问题的思考、理解。这样对一个教学班来讲，可以用最少的时间探讨若干个热点、前沿问题，并且组与组之间可以共享各自的研究成果，由此大大提高了课外学习的质和量，提高了课外学习的实效性。通过本教学方法把课堂教学延伸到课外，通过更多文献查找、分析、总结、研究等过程充实课程的内容，让学生接触学科最新研究动态。

四、"学生专题讲座"在课堂教学实施中的注意事项

1. 注意教师的指导

对专业文献检索、讲座提纲的提炼和多媒体课件的制作环节必须有教师的指导。刚进大学校门的学生对计算机的熟悉更多来自游戏和聊天软件等，对专业文献及专业文献的检索、阅读等基本不了解。由此，教师有必要向学生演示如何利用高校独有的网络资源学习专业文献的检索、阅读等，让学生尽早接触这些知识，为以后自我学习提供良好的学习路径。提炼提纲过程中教师应该适当给予指导，毕竟他们第一次接触，学生对整个专题的把握不到位，有可能仅仅罗列知识，没有更多让人思考的、前瞻性的内涵，而失去专题讲座的实际意义。多媒体课件制作中如果学生还没有学这门课程，专业教师不仅要从技术上指导制作方法，而且要从专业角度对课件内容的编排等方面给予指导。

2. 注意时间、讲座次数、学生人数的安排

首先，整个系列讲座要有个明确的时间安排表，尽量安排在学期中间，每次讲座要安排一节课的时间且安排在相关章节的最后。学生汇报 10 ~ 15 分钟，提问回答环节安排 5 ~ 10 分钟，总结打分 5 ~ 10 分钟，每次最好控制在 30 分钟左右。通过合理的时间安排主要是让学生能够集中精力充分准备专题，做到有备而来，另外尽量给出充足的时间，让学生畅所欲言，充分展示自己的劳动成果，享受学习的成果，体验成功的快乐。其次，讲座次数安排 6 次左右；最后，课程选课人数限制在一个自然班大约 45 人。高校扩招以来很多高校采取合班化教学，学生人数少者 80 人，多者 100 人，甚至有些班达到 200 人左右。由于人多，教学过程中很难做到师生之间、生生之间进行充分交流和互动。而讲座是以组为单位，如果组的成员过多，容易造成混乱、偷懒等现象，达不到讲座最初设想的目标。

3. 注意讲座成绩占学生总成绩的比重

往往很多学校学生总成绩中期末考试成绩的权重值很高，有些达到80%，这样一来又进入到应试教育的模式中，学生就会出现平常不听课，到期末考试时集中突击复习，最后考试完了，也没有学到多少知识，知识根本没有内化为学生的专业素质。为了重视学生参与到课堂中来，参与到课外学习中，在课程考核办法上也应做相应的改革。如期末考试的成绩可占总成绩的50%左右，专题讲座占30%，其他平时成绩占20%。

参考文献

[1]   陈佑清. 论"素质"概念的规定及其特性[J]. 南京师大学报（社会科学版），1999（1）：71-77.

［2］　吴彩斌，徐朝亮，聂发辉，等. 素质教育课堂之实践与思考[J]. 教育理论与实践，2005（9）：46-48.

［3］　张永辉，孟全省. 探究式学习方法在高校经济管理类课程教学中的运用 ——以"国际金融"课程教学创新为例[J]. 高教论坛，2010（4）：77-80.

［4］　王苊. 对高校课堂教学延伸的思考[J]. 宿州教育学院学报，2009（1）：88-97.

［5］　叶志明. 课程教学中应该教给学生什么[J]. 中国高等教育，2012（19）：42-44.

［6］　刘承焜. 促进大学生自主学习的教学模式探究[J]. 中国高等教育，2011（17）：58-59.

［7］　胡亚民. 以生为本探索体验式教学的本科人才培养改革[J]. 中国高等教育，2011（18）：38-39.

［8］　田建国. 大学应深入研究并践行素质教育[J]. 国内高等教育教学研究动态，2011（15）：1.

［9］　曾楚清. 探究式课堂教学的几个误区及其纠正策略[J]. 学科教育，2004（2）：24-27.

作者简介

李雪花（1971—），女，黑龙江省尚志人，硕士，副教授，主要从事旅游经济与资源学领域的研究。

中国旅游地理教学探讨

刘冰彬

摘　要：中国旅游地理是旅游管理的专业基础课，是从地理学的角度来研究中国各类旅游资源，研究中国发展旅游的地理环境和地理特征，研究中国旅游区（点）布局等问题，从而为正确评价我国旅游资源，并加以开发利用建设旅游区提供科学依据。这是一门知识性较强的课程，本文结合笔者多年教学实践经验，就如何搞好中国旅游地理教学，提高学生学习热情、兴趣谈谈自己的一些看法。

关键词：中国旅游地理；教学方法；课堂活动

一、认识学习中国旅游地理的重要性，提高学习热情

中国旅游地理是旅游管理专业的基础课，属地理学的一个分支学科，是大一新生的一门专业必修课，新生入校即马上进入这门课程的学习。由于是文理兼收，近一半的学生来自高中的理科学生，因地理不属理科高考科目，导致很多理科生对地理不熟、不甚了解。进入大学，有些学生认为中国旅游地理不重要，对其缺乏学习的热情，缺少兴趣。为了教学的完成及学生兴趣的培养，首先要让学生认识到该学科的重要性和作用，认识到中国旅游地理的学习对于旅游从业者的有用性，以提高学生的学习热情。

在教学中先从中国旅游地理的实用性出发，让学生认识其重要性和作用。如对旅游管理工作的指导、旅游路线设计、旅游景区开发利用等方面让学生了解，通过这些内容的学习，可让旅游从业者在旅游管理工作当中更好地认清自己的身份；旅游交通的学习为设计旅游路线提供了必要的依据，这也是旅游从业者需要具备的能力；旅游资源价值的认识为景区开发利用奠定基础等。学生一旦认识到了中国旅游地理的学习对以后从业的重要性和有用性，学习热情会大大提高，学习主动性也会大大增强，这样有利于搞好教学和达到良好的教学效果。

二、授课中运用多种教学方法，提高教学质量

中国旅游地理涉及的知识面广，知识点多而分散，需要记忆的内容太多，为了让学生在学习过程中熟记知识点，课堂上采用多种教学方法，让学生感兴趣，提高熟记知识的能力。

1. 图示法

图示法是中国旅游地理教学中常用的一种方法，可以利用地图、景点图片把相关内容落实到图上，更清楚明了，学生边听教师讲述，边看图，可强化记忆，达到更好的学习效果。如讲解旅游资源分布规律时，可在黑板上手绘地图，帮助学生更好地理解；讲授我国岩溶地貌旅游资源时，可利用地形图让学生一目了然我国岩溶地貌资源的分布，从而理解旅游发展的地理背景；景点讲解时可运用景点图片。目前，大多数知名景点的图片都可以在网上找到，或者平时多积累相关景点的图片、照片，也可让学生自行搜集一些相关图片，通过漂亮的图片，书本上的文字也就很好理解了，还有助于记忆。

2. 案例分析法

案例分析法就是在教师指导下，根据教学目标和内容的需求，采用案例组织学生进行学习、研究、锻炼能力的方法，也是考查学生学习成绩与能力的方法。如在讲授旅游交通内容时，以重庆武隆交通的历史变迁来看武隆旅游的发展，通过这个案例的学习让学生认识到交通的发展对旅游的重要性和意义。

3. 实地考察法

实地考察作为课堂教学的补充和延伸，是不可替代和不可缺少的基本方法。把学生带到野外让其亲

临其境进行观察、判断和体验，一方面可以加强课堂讲授知识的理解，对加深记忆很有帮助；另一方面可以使学生把书本里和课堂中学到的理论知识转化为实践能力。我们可以利用一些机会来让学生完成实地考察，从而更感性地认知旅游。在大一第一学期设置旅游认知实习实践，尽管是一个综合性的实习，中国旅游地理课程的实践完全可以利用这次机会让学生实地去感知，主要是利用周末一天的时间，选择近郊有特色的旅游地，开展一天实践考察。从线路的设计、时间安排、景点导游、资源分布等方面让学生全面了解旅游，也更进一步加深对旅游的认识。虽然时间短，但效果不错，对旅游观的树立及旅游管理专业的认知有重要的意义。我们还把学校作为一个旅游景点进行实地考察，近年来，高校旅游已经成为一个新兴旅游项目，高校以优美的环境、浓厚的文化底蕴吸引着众多青少年，所以，指导学生把自己熟悉的校园作为一个旅游景点，设计游览路线、解说词等，让学生学会善于发现自己身边的旅游资源，描述身边美景，也培养了学生的爱校之情。

三、组织一些课堂活动，提升学生的学习兴趣

在课堂讲授中组织一些课堂活动，转换角色，有助于活跃课堂气氛，提升学生的学习兴趣。

1. 介绍自己家乡或者自己熟悉的旅游地（景点）

在讲到旅游资源章节时，组织学生讲解自己家乡或自己熟悉的旅游地（景点）。每次上课前10分钟，先由1~2个同学上台，一边展示自己制作的关于家乡旅游资源的PPT，一边讲述。学生首先要在课后收集相关材料，通过筛选留下有用的资料，并制作时长5分钟的PPT，以在课堂上展示。这种活动既锻炼学生收集、整理资料的动手能力，又达到了锻炼口才、胆量的能力。一开始主动要求上台讲解的同学较少，即使上台也比较拘谨。随着活动的开展，同学们的主动性越来越高，课堂气氛也越来越活跃。同学们在这种活跃的氛围中更易于学习和记忆。

2. 观看旅游风光短片

中国旅游地理涉及的知识，特别是旅游资源，更多的是感性的认识。作为"象牙塔"里的学生，经历了紧张的高中阶段，才踏入大学，大部分学生没时间、没机会走入旅游地去实地感知。鉴于此，在课堂上涉及相关内容，如学习中国古典园林、长城等旅游资源时会给学生观看旅游风光短片，让学生能更感性地认识旅游资源；在观看风光短片的同时还可设计一些问题让学生带着问题去看、去思考。

3. 搜集资料，展示各地旅游特色

中国地大物博，地理背景具有差异性和丰富性，正是这种差异性和丰富性导致每一个区域各具特色。学习旅游地理分区时，主要让学生自己收集资料，在此基础上分析每一区旅游发展的特色。让学生分小组，每组选择一个区，搜集该区旅游地（点）及其开发利用情况的资料，然后整理，每小组派出成员向班里的同学进行各种形式展示。学生可通过网络或图书找出一些图片、录像或名歌，向同学们展示，边展示边讲述。通过学生自己动手搜集组织材料，学生熟悉并掌握了各大区旅游资源和旅游发展的概况以及各区旅游特色，清楚各区旅游发展的大方向，同时，这也培养了团队合作精神和学习兴趣。

参考文献

[1]　刘振礼，王兵. 新编中国旅游地理[M]. 5版. 天津：南开大学出版社，2015，6.

[2]　庞规荃. 中国旅游地理[M]. 北京：旅游教育出版社，2003，9.

[3]　黎遗业. 高职高专"中国旅游地理"课程教学研究[J]. 重庆科技学院学报（社会科学版），2008：6.

[4]　黄秋兰. "中国旅游地理"教学实践初探[J]. 旅游职业教育与研究，2003.

作者简介

刘冰彬，女，（1970—），理学学士，讲师，主要从事旅游资源、旅游地理领域的研究。

对高校本科旅游管理专业校外实践教学的几点思考

毛　勇

摘　要： 实践教学是本科旅游管理专业培养的重要一环，校外实践教学又是实践教学的核心，对学生技能与综合素质的提升作用更为直接和关键，但校外实践教学一直存在计划与实际脱节、管理疏漏、学生认识不足等问题，因此，需要从计划制订、内容设计、过程监管、合作深化等方面予以改进提高。

关键词： 旅游管理专业；校外实践教学；思考

当前，旅游业在我国快速发展，已真正成为大众化市场，但同时居高不下的旅游不满与投诉也表明现在的旅游配套与供给发展相对落后，企业管理与服务水平已跟不上市场的需求。尽管现阶段的旅游人才培养与教育已得到足够重视，但所培养人才的社会与行业适应性并不高，以本科培养为例，学生知识结构偏重理论，实践技能有限，进入企业后，需要较长的时间来适应岗位，理论知识也无法得到升华。因此，强化实践教学，重视人才培养的综合能力提升是目前旅游人才培养中需要解决的关键问题。本文以重庆工商大学旅游管理专业本科教育为例，着重分析旅游管理专业校外实践教学对人才培养的重要性以及存在的问题，并结合多年的实际与经验提出改进对策。

一、校外实践教学与专业实践教学及专业理论教学之间的关系

1. 校外实践教学与专业实践教学之间的关系

从多数高校的做法来看，实践教学已经是一个较完整的体系，它包含了学生在校内、校外的多环节实践教学内容，本文认为，该专业的实践环节实际应涵盖三个层次和若干环节，即：

（1）基础层次。具体包括专业实践性素质课程、专业课程案例教学、课程实践教学（设计）、针对课程的专业认知性实习和为取得相应的职业、技术等级资格证书而设置的培训内容；其对应的功能是使学生获得一般的通用性的实践知识，并具备从事旅游业所需的基本实践知识和素质。此阶段学生获得的仅仅是相关实践知识而非技能，但它是学生继续深化理论学习和岗位实习的前提和基础。

（2）提高层次。校内模拟岗位实习和校外旅游企业岗位实习，分别为该层次的第一阶段和第二阶段；其对应的功能是从模拟环境（第一阶段）到真实的企业运营环境（第二阶段），使学生逐步获得旅游企业某一或某几个具体岗位的实际服务操作技能，基本具备独立上岗的能力。

（3）发展层次。主要包括较长时间的企业毕业实习和行业综合实习及毕业论文设计与写作；其对应的功能是使学生能较全面地接触旅游行业和企业，熟悉和掌握某类旅游企业（饭店、旅行社或旅游景区等）大多数岗位的服务操作技能、流程和企业相关管理经验、技巧、思想等，同时熟悉旅游行业运行的一般规律与流程，能独立处理经营中常见的突发事件和矛盾，并具有发现问题、提出建设性建议的能力。

显然，校外实践教学在体系中属于第二、三个环节的一部分，与校内实践教学互补穿插，单一的校外或校内实践教学都不能帮助学生获得完整的综合实践能力。

2. 校外实践教学与专业理论教学之间的关系

现代旅游业的发展越来越要求旅游人才的培养，对应用性技能的关注，其实践提高环节，包括各类校外、校内实践教学环节都具有相对独立的专业学习目标和贡献，它和理论学习共同构成了旅游管理专业的综合教学体系，并最终成为学生综合素质与能力提高的保证（见图1）。

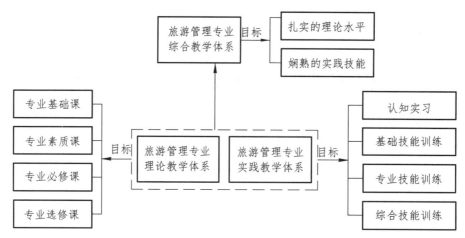

图1 旅游管理专业理论教学与实践教学的关系

二、校外实践教学对整体人才培养的重要意义

校外企业实践是专业实践教学的核心，一方面，校外企业具有旅游行业的真实环境，与市场紧密相连，可以使学生得到全方位的锻炼和提高；另一方面，大部分学校实践教学资源紧张，设施设备落后，而且，在旅游本科教师队伍中双师型人才严重不足。因此，与校外企业建立产学合作协议，利用外部资源强化专业实践对专业人才培养具有重要意义。

1. 校外实践学习可以更好地深化和巩固学生对专业理论知识的理解和掌握

旅游理论是对实践的总结和提炼，但由于服务行业的特点（面对面的对客服务），这种总结和提炼更为抽象、含糊和不精确（这也是现行旅游理论不成熟、分歧大的重要原因）。离开了特定的行业服务背景仅仅去认识这些理论都是困难的。通过不同层次的校外实践学习，学生可以获得必要的感性认识和过程体验，为专业理论的理解和掌握提供更多的信息支撑，帮助强化和巩固理论。

2. 校外实践学习可以激发和培养专业及行业兴趣

从重庆工商大学旅游与国土资源学院旅游管理专业近些年的情况来看，学生较早、较多地接触校外专业实践（含参观性见习），则专业兴趣相对较高，就业中从事旅游行业的比率也较大，反之，则较低。我院本科2000级以前的学生培养过程中，安排的实践教学环节均涵盖了校内课程实践、野外旅游体验性实践、企业岗位综合性实践及其他分散的校外实践性环节，且实行全过程监控。事后的统计表明，学生的专业认同度接近7成，初次就业中旅游行业占近5成。从2001级开始，由于非典原因，开始取消了二年级下学期的野外旅游体验，其他校外实践教学环节时间也有缩减，加之部分课程的实践教学内容因课程教学时数整体缩水，均不同程度被削减或取消，学生课程学习的兴趣、效果受到较大影响，专业认同度也较低，抽样显示仅在5成左右。2001、2002级学生初次在旅游行业的就业率仅3成左右。不仅如此，相关任课教师的积极性也颇受影响。但从2007年开始，学院稳步推进了校外"3+2"专业实习，学生的校外实践得到了基本保障，校外实践学习的机会和时间增加，随之而来的是学生的职业兴趣和认同度也明显增加，一批学生在企业实习期间就与酒店达成了未来的就业意向。

3. 校外实践能更好地帮助学生熟悉和掌握必要的服务和管理技能，提高行业适应能力和就业率

实践教学的直接目的就是帮助学生掌握专业实践技能，能独立操作，缩短从学生到员工的转换过程。而这些专业技能的获得主要是通过校外企业的真实工作环境实现的。企业囿于人力成本竞争的压力而越来越不情愿花大量的时间和金钱去培训那些毫无经验或仅具备有限技能的旅游专业大学生，而宁愿把目标转向那些在技能方面训练有素的技校生。因此，学校组织的校外专业实践教学就在学生的职前培训中充当了重要的而且是不可替代的角色。这一环节的缺失或被弱化就可能因旅游这一特殊的行业而使得扎实的本科理论教学在现实中显得毫无优势，甚至使学生产生一种错误的心理定式——非管理岗位不就业，

而极不愿从服务一线岗位做起。

4. 校外实践学习最利于提高学生的综合素质和社会适应能力

校外专业实践的过程也是学生以职业角色与行业和社会接触的过程，在各类人际交往和问题的处理中，学生的心理、思维、处世能力、社会阅历、举止仪态乃至个人气质都会发生有益的变化和提高，因而十分有益于综合素质的提高，增强学生的社会适应能力。

5. 校外实践学习还有利于充分利用社会资源，弥补校内资源的不足

高校办学资源的严重不足已是一个不争的事实，特别是旅游专业对教学硬件设施的现代化要求高，教学资源投入量大，一般高校很难利用校内资源配置达到合理的办学条件。因此，旅游相关专业必须借力社会和行业的资源优势，通过实践教学活动多层次开拓校企合作，充分利用社会资源改善高校的专业办学条件，实现高校与企业的优势互补，协同发展。

三、当前校外实践教学的现状与问题

由于学校、企业、教师、学生对高校实践教学在认识上的差异和利益上的冲突，尤其是在实践教学活动中的沟通与管理不力，使旅游专业的校外实践教学活动存在大量的现实问题。

1. 实践教学计划的操作性不强

学校制订旅游专业实践教学计划时往往立足于专业理论教学，作为对专业学科建设和理论教学体系的有益补充。实践教学活动作为旅游专业整体教学活动的重要组成部分，其地位在专业教学中一直从属于课堂理论教学。这种认识上的偏差和观念上的错误造成旅游专业实践教学计划只具有象征意义和理论研讨价值，没有合理体现实践教学活动是旅游专业素质教育的重要环节和毕业学生顺应社会真实需求的应有作用。同时，旅游专业实践教学计划的制订，没有广泛征求社会、企业、学生、教师的有益建议，主观性较强，一厢情愿的意图十分明显。这种没有兼顾学校、企业、学生、教师等各参与方的根本利益和现实需求的实践计划，其指导性、实用性势必大打折扣。在实施过程中计划的操作性、可行性也会因得不到各参与方的大力支持和积极配合而受到极大的制约。

2. 对校外实践教学活动的管理松懈

校外实践目前有集中和分散两种方式，我院采取了先集中后分散的方式。集中实习虽然统一安排了实习活动，各小组有专业教师指导，但实际过程中，学校与企业的沟通、教师与企业的沟通、教师对学生的指导管理、企业对学生的指导、学生与企业的配合都存在诸多问题。责、权、利关系不明确，尤其是学生角色调整与态度转变以及学校、学生、旅游企业三方利益的协调一直是制约实践教学活动开展的最大障碍。分散式由学生自主联系实习单位进行实习，没有明确的教师指导，学生的实际学习过程处于无监督状态，实习效果自然难以保障。

3. 校外实习单位管理与责任意识缺失

实习单位是学生进行实践活动的基地，对学生的技能素质与身心成长影响很大。由于实习学生具有双重身份，在企业中是一个特殊群体，加之学生的服从意识和行为表现的稳定性较差，对企业的日常管理是一大挑战。但多数企业并未认识到或者是重视这一特殊性，也没有特别的管理和指导计划，仍按普通员工来要求和管理实习生，很少关注实习生作为学生的个性需要和实际心理承受能力与适应能力。或者是一部分企业干脆采取松散式管理，对学生在实习期间的表现要求很低，对实习过程中出现的问题也基本不和校方沟通，实习效果大打折扣。

4. 学生的观念、意识与态度存在较大偏差

首先，学生对校外实践的认识存在较大偏差，认为校外实践可有可无，校外实践不如专业理论课程重要，或者认为只要实习时间够了，实习效果并不重要，也不会影响毕业等。其次，在由学生向员工的角色转换的过程中，学生的自我管理、约束力差，主动意识不强，责任性差，对企业工作的强度和工作时间的连续性、不规律性认识不足，对学校和老师的依赖性大，怕辛苦、图舒适的心态普遍存在，更有甚者，部分学生家长的想法也与学生一致，这更增加了校外实践教学推进的难度。

四、加强校外实践教学的几点具体途径与方法

1. 寻求校企持久、深度的合作，建立战略合作伙伴关系

拥有固定的、合作良好的校外实践基地是实施校外实践教学的前提和基础。在以往的合作中，校方往往比较"死"：制度死、计划死，而企业方则比较"活"，他们希望能和学校有较灵活的合作，以便能适应旅游市场的变化。因此必须寻求一条可行的途径促成校企的持久合作。首先，一个基本原则是"双赢""互利"。所以，需要找出校企双方的利益诉求点。旅游企业考虑的主要有三点：其一是希望用学生这一相对低成本的人力资源获得理想的利润；其二是希望学校能在旅游接待旺季补充其人手的不足；其三是希望能在双方的合作中发现人才，今后能为企业所用。学校方考虑的重点则集中在如何利用企业的设施设备、场所等资源使学生的实践能力得到提高，以及如何让学生尽快适应行业和社会，提高就业率。此外，企业需要学校的理论支持，学校双师型教师队伍的培养建设则需要企业提供更多的机会。校企双方存在诸多的利益共同点，互补性强，存在长期合作的基础，如果学校能在合作中充分考虑企业的利益，并针对旅游业淡旺季明显的特点适度地调整教学计划和学制，尽可能满足企业在旺季时对人力的需求，校企双方就能形成一种持久的战略合作、伙伴式的关系。另外，校企合作还应是一种深度的合作。校企之间除了学生纯专业实践层面的合作外，还应在学生就业、教学计划的制订、课题研究、对外形象的宣传、人员培训等诸多方面展开合作，实现校企资源共享，合作升级，共同受益，通过双方深度交流，建立战略合作伙伴关系。

2. 精心设计实践教学计划与内容，突出可操作性和实用性

校外实践教学的效果与实践教学计划、内容的设计安排密切相关。首先，实践教学计划的制订既要考虑专业理论和整体方案的要求，又要充分征求社会、企业、作为实习主体的学生和参与指导的教师的有益意见，突出可操作性和实用性。其次，旅游本科层面的校外企业实践在内容上应涵盖服务技能训练、管理方法与技巧训练、经营思想与观念的学习以及处世能力训练等四大领域，并制订出可行的实践计划及内容大纲，指导每次的实践教学，其关系如图2所示。

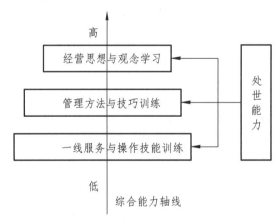

图 2　校外实践教学内容体系

3. 强化实践过程与现场管理，确保实践教学的质量

专业实践是一个连续的过程，即计划准备阶段、上岗实习阶段、实习结束后总结阶段。在计划准备阶段，指导教师应精心制订详细的实习计划、要求和标准，学生则应从专业知识、心理心态等方面做好准备，确保实习的最佳状态。上岗实习阶段是整个实践过程的核心环节，直接决定了实践效果，因此其间的管理非常关键。在以往的实践中，常常是非现场管理（教师在学校的遥控管理和指导）替代了现场管理，实践中产生的问题常常被忽视或搁置，严重影响实践的效果。对于集中实践环节，学校必须安排指导教师实施不间断现场管理和指导。所谓现场管理，是指学校指导教师亲临实习现场对整个实践过程进行指导、管理和控制。

4. 重视实践五方关系的处理，增进相互理解，培育责任意识

校外企业实践教学涉及实习单位、学校、教师、学生和实习单位员工五方，愉快融洽的五方关系是实践教学效果的保证，也是可持续实践教学的要求。通常在这一问题上学校只注重校企双方的关系，并将其等同于签订合作协议，忽视了双方日常关系的维持与管理，也忽视了五方之间其他两两关系的处理。实际上，校企关系是基础，因此首先应处理好校企关系，签订互惠互利的合作协议，这仅仅是双方良好关系的开端，作为校方应主动发展和管理与实习单位的日常关系，强化双方的伙伴关系、战略关系、一体关系，培育企业的责任意识，多开展学生实习之外的课题研究、人员培训等多角度、多层次合作。在此基础上，积极建立和发展学生和实习单位、学生和员工、指导教师和实习单位、指导教师和员工、指导教师和学生之间的工作和生活关系，加强沟通、理解，增进和谐，最终促成实习学生具有主人翁意识，实习单位和员工也能主动帮助实习学生提高、发展的双赢局面。

5. 落实实践总结和成绩考核管理，固化校外实践教学成果并形成经验

首先，实践总结是实践过程的升华阶段，实习学生应重点就实习过程中涉及的理论与实践结合的问题及相关体会进行自我总结，学会将实践问题提升、转化为理论，并运用理论指导实践的方法。学校则应就每次实践教学的过程及结果进行整体总结，汇集每次发生的问题及经验，研究改进的策略，并及时就此结果反馈给实习单位（这一点很重要），以推进双方的进一步合作。其次，考核不到位是学生不重视实践教学和实践教学效果不理想的重要原因之一。实践教学的考核制度是搞好实践教学的重要手段，也是培养应用型人才的有效杠杆。每次较长的实践环节结束后，应及时严格考核，落实实习学分的评定，并与学生的评优、毕业考评直接挂钩。

参考文献

[1]　董志文，董效臣. 高校旅游管理专业实践教学改革探讨[J]. 山东省青年管理干部学院学报，2005（1）：99-101.

[2]　李红，韩力军，郜振廷. 高校旅游管理专业实践教学的运行模式及实施对策研究[J]. 商业经济，2004（9）：117-119.

[3]　段光达. 关于旅游与酒店管理专业教学改革的几点思考[J]. 黑龙江高教研究，2002（3）：89-90.

[4]　李炯华，从丽，宋洪波. 基于CBE模式的旅游管理专业实践教学体系构建[J]，实验技术与管理，2011（3）：235-238，243.

[5]　刘颖. 高效旅游管理专业实践教学体系构建的思考[J]. 吉林工程技术师范学院学报，2010（5）：29-32.

作者简介

毛勇，男，1968年5月，旅游管理硕士，副教授，重庆工商大学旅游与国土资源学院旅游系教师。

全域智慧旅游建设下旅游管理专业
实践教学体系的构建

孙 峰

摘 要： 当前全域智慧旅游建设（通过全域旅游理念的导入、新技术的应用和新模式的形成，最终改善环境）背景下，旅游管理专业职业能力需具备计算机编程、通信技术的使用能力，为此教学目标、教学内容、教学管理、教学保障等需要系统创新。文章对当前全域智慧旅游建设下旅游管理专业教学改革提供参考。

关键词： 全域智慧旅游；旅游管理实践教学体系；构建

一、引 言

闻名世界的未来学家约翰·奈斯比特在《大趋势》中曾预言："电信通信、信息技术和旅游业将成为21世纪服务行业中经济发展的原动力"，但是这三者的有机结合即旅游智慧化将成为一股更为强大的力量。国家旅游局2017年10月8日晚间发布了《2017年国庆中秋假日旅游市场情况总结》，据国家旅游局数据中心综合测算，本次假日期间，全国共接待国内游客7.05亿人次，实现国内旅游收入5 836亿元，按可比口径前7天与2016年同比计算，分别增长11.9%和13.9%。旅游快速发展过程中面临的各种问题，包括交通拥堵、环境保护、节能降耗、强迫购物、突发事件等，这些问题需要整体考虑、各方参与、综合治理，这对智能建设的系统性提出了更高的要求。旅游发展信息化建设本身存在问题。由于省市甚至国家层面的顶层设计缺失，以往的信息化建设以部门（企业）为主体，纵向信息系统较为发达、横向整合不够，因而各自为政、重复建设和"信息孤岛"等情况较为严重，地理信息、人口信息、征信体系、交通信息相互独立，导致对旅游运行的信息采集和分析不够完整、不够精准、不够一致、不够及时等问题，影响了信息化建设的成效。

二、全域智慧旅游建设

（一）全域旅游

所谓"全域旅游"，是指各行业积极融入其中，各部门齐抓共管，全体居民共同参与，充分利用目的地全部的吸引物要素，为前来旅游的游客提供全过程、全时空的体验产品，从而全面地满足游客的全方位体验需求。"全域旅游"所追求的，不再停留在旅游人次的增长上，而是旅游质量的提升，追求的是旅游对人们生活品质提升的意义，追求的是旅游在人们新财富革命中的价值。

相应地，全域旅游目的地就是指全域范围内一切可以利用的旅游吸引物都被开发形成吸引旅游者的吸引节点、旅游整体形象突出、旅游设施服务完备、旅游业态丰富多样、能吸引相当规模的旅游者的综合性区域空间，是以全域旅游理念打造的全新目的地。

全域旅游强调居民与游客的融合，目标是让旅游目的地真正成为居民的家园、游客的"家园"。在全域旅游战略中，居民是"家园"的主人，游客也是这个"家园"中本来的一分子。在全域旅游目的地空间中，各个产业通过适当的方式进行了有效融合，使旅游业成为该区域空间内的产业融合的"触媒"和"融头"。

全域旅游理念的核心："四新"（见图1）。一是全新的资源观。在全新的资源观上，不仅是旅游吸引物的类型需要从自然的、人文的类型再进一步扩张到社会的旅游吸引物，还需要将吸引物自身与吸引物所处环境结合在一起。二是全新的产品观。全域旅游的产品观就不仅仅是要包括吸引物、吸引物所在的环境，还需要包括吸引物所处环境中的居民，目的地的文化不仅体现在建筑上、文物上，同时也体现在当地居民的交流语言、生活态度、行为方式、文化取向上，居民的参与是全新产品观的重要体现，居民对所居城市的记忆和体验是游客感受目的地的重要媒介和信息来源。三是全新的产业观。全域旅游概念中，旅游的发展在产业融合中共同发展，形成了产业之间的交叉，互相渗透，聚变反应创造形成了全新的产业，比如旅游与农业的交叉融合形成的观光农业，文化与旅游的渗透融合形成的主题文化酒店，旅游与食品饮料行业中的酿酒业的聚变融合形成的情感产业。四是全新的市场观。市场主体也不局限于外来的基于旅游目的游客，也包括内在的基于休闲需求的居民。

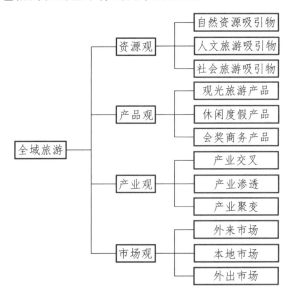

图1　全域旅游"四新"理念图

全域旅游工作把握的重点。在工作内容上，要实现领域拓展与服务跟进并举。在工作路径上，要实现产业增长与体制突破并举。在工作效果上，要实现旅游发展与作用发挥并举。在工作方式上，要实现典型示范与全面推动并举。

（二）智慧旅游建设

智慧旅游指利用云计算、移动通信、关联数据等信息技术，实现"人"与"技术"的互动，强调游客的"感知、体验"。融合旅游管理、产业、服务、信息资源等，并且打通各个环节，实现智慧旅游过程一体化的运营模式，用数字化管理代替人工管理或是经验管理，实现精确数据管控和信息差异化服务。

智慧旅游建设。在原有的旅游业发展的基础上，借助信息化技术、智慧管理思路将旅游业发展依托的基础加以完善，产业系统加以划分，内容加以补充，提出一种新的旅游转型模式，带动城市的建设和发展。

智慧旅游与智慧旅游建设的区别与联系。静态和动态。前者是一个名词，强调的是其概念，是一种意识形态，将此种意识带入理解的范围，而后者是一个动词，强调的是其运用和效果，指出可以实现建设这一动态。理论和方法。前者是理论基础，后者起源于两种产业融合的构想，在此构想下，各地进行了实践和实施，形成了智慧旅游建设的方法。被动和主动。前者需要被知晓、被理解，智慧旅游的认知主要依靠政府会议、论坛的宣传，大多停留在口号阶段，实现和运用则是依靠政府响应此概念后，针对自身旅游业进行的调整和改革，在这一过程中，大量的实体案例和具体措施出现，真正实现了转型。这是一个主动的过程。主动的政府已经往前一步，优先实现了概念的运用，并创新发展，为自身的旅游业注入了新的活力。

智慧旅游建设的主要技术。信息技术作为智慧城市的基础设施，最核心的技术是物联网、云计算、移动通信、数据关联等技术，这些技术都属于平台性的包含众多技术分支的总体性描述。

国外智慧旅游建设。从国际上来看，自20世纪60年代开始，信息技术经历了3次大的创新和发展：第一次是20世纪60年代至80年代初，主要代表技术是个人计算机，在此基础上旅游业出现了以GDS系统为代表的，以提高行业运行效率为目的的信息化起步；第二次是80年代至21世纪初，主要代表技术是互联网技术，与旅游业结合产生了在线旅游为首的一系列旅游服务创新，加速推动了传统旅游业向现代服务业转型升级的进程；而近几年兴起的物联网技术，可以认为是信息技术的第三次浪潮，物联网、云计算、下一代通信网络、高性能信息处理、智能数据挖掘等现代信息技术，融合应用于旅游体验、产业发展、行政管理等方面，形成可服务于公众、企业、政府的一种全新的智慧型旅游业态，智慧旅游发展的技术基础已经具备，如美国RFID手腕带系统、欧洲部分国家交通无线数据通信网、韩国首尔搜索应用服务系统、新加坡"智慧旅游计划"等。

国内智慧旅游建设。国内旅游信息化前进的脚步开始于20世纪80年代，经历了内部信息管理和简单发布的起步阶段，这一阶段互联网应用尚未普及，信息化站点的建设主要用于进行内部信息化管理。10年之后，旅游信息化网络开始覆盖并且逐渐普及基于互联网的应用服务，能够为游客提供一些基本的单一事件的在线服务，如订票、订房等服务并提供电子支付，但系统建设的实用规模小、功能单一，缺乏互动性。进入21世纪，旅游信息化集成的阶段开始到来，这一时期智能终端成为主流，旅游在线预订、网上支付、网络营销以及在线服务等业务得到前所未有的蓬勃发展，原来单一的功能服务逐步向多种功能集成服务转变。

国内智慧旅游建设起初也是由政府大力倡导，旅游城市注意到了这种新型的转型方式，立即突破了概念的范围，且在自身的城市进行了实践与探索。这些行动推动了智慧旅游建设的过程，开花结果，并迅速在全国各地，尤其是旅游发达的省份迅速发展。

"智慧旅游概念"阶段。时间范围为2009年初至2010年第一批智慧旅游城市公布。2011年，18个城市入选首批"国家智慧旅游试点城市"，分别是江苏、北京、武汉、成都、南京、福州、大连、厦门、苏州、黄山、温州、烟台、无锡、常州、南通、扬州、镇江和武夷山。在国内，镇江作为第一批智慧旅游入选城市，首先提出了智慧旅游的实施方法，并带动了周边城市。随后上海、杭州、南京等城市也实现了智慧旅游建设。随着新概念的普及和推动，一大批具有示范作用、引领性强的优秀旅游城市，开始在智慧旅游的舞台上大显身手，如以无锡为首的"智慧旅游联盟"形成。2011年国家旅游局提出了要用未来10年的时间，以信息化促进旅游业的发展和转型升级。无锡提出了"感知中国心"的理论，第一次发挥物联网和互联网"两网"优势，而在这些城市如点点繁星照亮夜空的同时，国家旅游局也对"智慧旅游城市"试点工作进行了部署，并且开始大力推进工作。

"智慧旅游兴起"阶段。时间范围为2011年末至2012年第二批智慧旅游城市公布。2011年初，天津、广州、杭州、青岛、长春、郑州、太原、昆明、贵阳、宁波、秦皇岛、湘潭、牡丹江、铜仁成为第二批智慧旅游入选城市。第二批的审评工作具有关键的意义，是对第一批智慧旅游城市的成果审查，也对各旅游城市的建设提出了硬性的要求，入选是一种肯定，同时也是一种要求，此后以北京、上海、南京为首的一大批城市开始出台相关政策，尝试在空白的领域内建立系统体系，规划发展目标。这一年，有关全国的"智慧旅游会议及论坛"也如雨后春笋般兴起，交流之风盛行。但美中不足的是依然停留在认识和理解的阶段，虽有一些城市刚刚建立运营体系，但未能分晓其效果。各省市出台的针对本地区、本行业的一些方案计划，其可行性也尚未明确。北京 2012 年 5 月制定的《北京智慧旅游行动计划纲要（2012—2015）》，相对而言是比较完善的，其间提出建立"智慧景区"的总体规划和规范，以及"智慧北京、便利旅游"的发展目标并且将目标分为若干步骤，建立三大智慧旅游体系，推动 9 个智慧旅游系统建设、60 多个智慧旅游项目的具体工作指标等。成都市拟定"成都智慧旅游"建设的项目策划，打造"一个平台、三大体系"等。

"智慧旅游"大力发展阶段。2014 年被确定为中国智慧旅游年。旅游主题将游离的概念之间进一步落实，民间及游客也慢慢知晓，了解这一新兴旅游转型模式。播种了 3、4 年的种子，终于落地开花，朝着实践成果的方向转化发展。此时人们对智慧旅游建设也从认识阶段，提升到了认知、感知阶段。

全域智慧旅游建设通过新理念（全域旅游）的导入、新技术（云计算、物联网、移动通信、关联数据技术等）的应用和新模式的形成，使旅游开发的全时空、旅游活动的全过程、旅游经营的全流程和旅游服务的全链条产生智慧效应，创造智慧价值，实现旅游生活便捷，实现互动体验，使旅游企业健康发展，旅游管理科学高效，最终改善自然环境和人文环境。

三、全域智慧旅游建设下旅游管理专业实践教学体系的构建

（一）旅游管理教育体系的基本架构

旅游管理教育体系包括理论教学体系和实践教学体系。实践教学体系以职业能力为逻辑起点，制定教学目标，为了达到教学目标安排教学内容体系、教学管理体系、教学保障体系；同时按照职业能力要求由教师开展实践教学活动。当然，整个教学体系受到外部环境影响。当前，旅游管理专业在全域智慧旅游建设下，将通信技术、云计算、物联网等技术的掌握程度纳入职业能力范畴，使旅游管理实践教学体系发生较大变化，如图 2 所示。

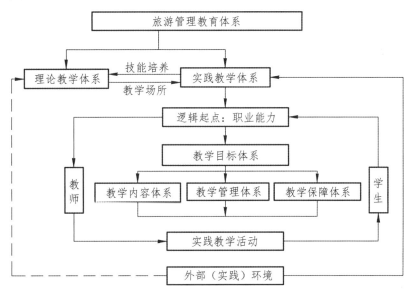

图 2　旅游管理教育体系

（二）旅游管理专业实践教学体系的构建

从旅游管理本科应用性的本质属性和历史使命来讲，为社会培养旅游技能型人才是其根本的办学目标，必须紧紧围绕"能力本位"来设计实践教学体系，只有如此，技能型人才的培训流程和质量才能得以保证。

1. 旅游管理专业职业能力的研究

在当前全域智慧旅游建设背景下，旅游管理本科职业能力标准，作为实践教学体系制定的起点和依据（见表1）。

表 1　旅游管理本科职业能力标准分解图

能力类别	一级指标	二级指标
基础能力	听、说、写语言表达能力	①中、英文语言组织能力；②语音、语速、语调运用能力；③英语听说能力；③中、英文应用文写作能力
	现代化办公能力	①各种办公软件运用、编辑、处理能力；②正确使用电话、打印机、复印机、传真机的能力
	知识信息能力	了解各行各业基本信息的能力
	公关礼仪能力	①商务公关能力；②服务公关能力；③营销公关能力；④商务吃、穿、行、访、谈、送能力；⑤商务应急处理能力
	认知能力	①观察能力；②理解能力；③倾听能力；④应变能力；⑤情感控制和表现能力；⑥集中和分配注意力能力；⑦学习能力；⑧创新能力
	法律能力	①理解常用法律基本常识能力；②理解掌握旅游酒店专业法律
专业技能能力	开业筹备能力	①市场调研能力；②部门配置和人员数量策划能力；③开业培训规划；④各部门协调能力；⑤人力资源管理能力
	市场策划能力	①市场信息的收集与分析；②市场营销、公关策略的构思与生成；③策划方案的撰写；④策划方案的执行
	经营管理能力	①计划、组织、决策、执行、协调能力；②人力资源管理能力；③市场调研能力；④营销能力；⑤质量控制与管理能力；⑥财务管理能力；⑦安全控制与管理能力；⑧专业信息管理软件应用能力
	酒店服务与管理能力	前厅服务与管理能力：①大厅礼宾接待服务与管理能力；②前台接待服务与管理能力；③电话总机及商务中心服务与管理能力；④前台销售管理能力；⑤处理宾客投诉能力
		客房服务与管理能力：①客房日常清洁保养服务与管理能力；②饭店公共区域清洁保养服务与管理能力；③客房设备应用与管理能力；④客房物品管理能力；⑤布件管理与控制能力；⑥客房产品的设计能力；⑦对客服务能力
		餐饮服务与管理能力：①餐饮设备与设计基础能力；②酒店信息管理软件应用能力；③菜单筹划与设计能力；④食品原料的采购、验收与储藏管理能力；⑤厨房生产管理能力；⑥中、西餐客服与管理能力；⑦宴会服务与管理能力；⑧鸡尾酒与调酒服务能力；⑨酒吧经营管理能力
	旅行社经营管理能力	①旅游线路设计能力；②旅游团队组织能力；③基本带团技能；④处理宾客投诉及紧急事件能力
	旅游资源开发与规划能力	①旅游资源的调研能力；②旅游资源的评估能力；③旅游资源的规划能力
	旅游景区经营管理能力	①景区规划能力；②景区开发能力；③景区经营管理能力；④处理宾客投诉及紧急事件处理能力
	信息技术掌握能力	①云计算技术；②通信技术；③物联网技术
素质拓展能力	对不同职业岗位的适应能力	①拓展基础文化知识；②了解相关专业的基础知识；③具备健康的心理

2. 旅游管理专业实践教学体系

在全域旅游建设背景下，信息技术在旅游实践中不断反馈，使实践教学体系不断修改完善，这是一个良性动态的过程，如图3所示。

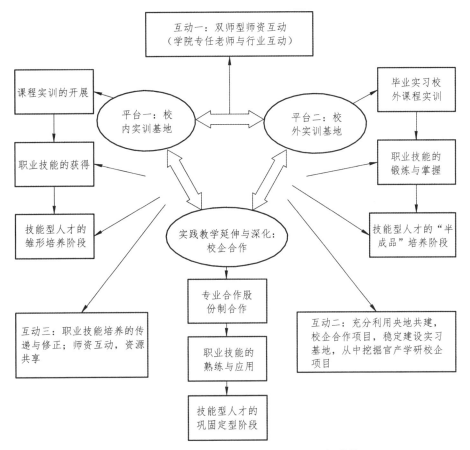

图 3　全域旅游建设下旅游管理专业实践教学体系

三、结　论

本文在传统旅游管理实践教学体系的基础上，构建了全域旅游建设背景下旅游管理实践教学体系，该体系充分考虑了信息技术的影响，能在一定程度上改进旅游管理实践教学。

参考文献

［1］　叶铁伟. 智慧旅游：旅游业的第二次革命（上）[J]. 中国旅游报，2011（11）：1-2.

［2］　张凌云，刘敏. 智慧旅游的基本概念与理论体系[J]. 旅游学刊，2012.

［3］　谢坚. "智慧旅游"建设浅析[J]. 信息系统工程，2012.

［4］　范云峰. 智慧旅游的构成价值与发展趋势[J]. 重庆社会科学，2011.

［5］　谭佳. 高校旅游管理专业的实践教学课程体系建设探究[J]. 读天下，2017（1）：146.

［6］　宿爱云，胡小海. 基于模糊综合评价法的高校旅游管理专业实践教学体系满意度研究[J]. 内蒙古师范大学学报：教育科学版，2016（6）：136-142.

［7］　赵萃. 高职院校旅游管理专业一体化实践教学体系改革研究[J]. 旅游纵览（下半月），2015（1）：260-263.

［8］　祝招玲，钱璐. 地方高校旅游管理专业实践教学改革对策研究[J]. 对外经贸，2014（3）：146-147.

作者简介

孙峰（1979—），男，安徽阜南人，博士研究生，主要从事生态旅游、高校教学的研究。

高校教学评价现状调查报告
——以"大学生职业生涯规划"课程为例

王飞飞

一、研究背景

21世纪的世界正经历着全方位的变化，经济全球化、文化多元化、现代与后现代的交织、个体主体性的不断张扬等构成了生动的世界图景，所有这些都对高校教学带来前所未有的挑战。作为教学理论与实践研究的重要内容，教学评价如何应对这些挑战，如何在教学改革和发展中发挥应有的作用，是值得认真研究的课题。

从最初源于课程评价的外部评估，到当前大规模标准化水平测试，终结性评价长期主导着教学评估实践。然而，传统终结性评价只是对教学效果的结论性评价，无法指出教学中存在的优势和不足，也无法为后续的教学指出明确的方向。20世纪60年代以来，终结性评价对教学的负面反馈作用逐渐引起学术界的重视，前哈佛学院院长Lewis指出，评价学生学习与发展的制度直接与考分挂钩，脱离了真正的知识，抹杀了学生努力的意义。近年来，国际学者与教育管理者开始关注形成性评价工具的开发与应用。在英美等教育发达地区，政府已经开始推广形成性评价的应用与研究。2005—2006年，英格兰75%的中学都选择参加了政府资助的形成性评价。美国各州在联邦政府和州政府财政拨款的资助下，几乎所有州都在不同程度上将形成性评价工具应用于教学中。2009年，世界高等教育大会指出"日益扩大的入学机会对高等教育质量提出了挑战，质量的实现既要求建立各种质量保障体系，形成多种评价模式。"形成性评价得到国际范围的重视。

科学的评价是提高质量的关键。没有科学的评价，就没有科学的管理；没有科学的评价，就没有科学的决策。《国家中长期教育改革与发展规划纲要》（第三十三条）指出，"改进教育教学评价。根据培养目标和人才理念，建立科学、多样的评价标准。"教学评价日益成为教育界关注的焦点，通过教学评价提高教学质量日渐成为大家的共识。随着教学评价改革的进展，教学评价方式、评价内容和评价标准都得到了很大的改善，但大学教学评价实践中，评价去个性化和去时间化现象依然很严重。绝大部分教师在对学生课程学习进行评价时，未能结合具体教学过程考核学生的成长和进步，只是凭借通常经验将平时成绩与期末考核按照20%和80%的比例分割进行期末考核，这种评价不能适应学生作为学习主体发展的需求，不能彰显教与学的过程性和发展性，长此以往，必然会导致学生的个性和学习积极性泯灭其中，人到课堂心未到，造成"平时上课玩手机，考前一周搞突击"的大学课堂现状，造成学生主体能动性的缺失；同样导致课程教师教学激情的丧失，教师难以在学生的进步过程中获得价值感、存在感以及供自身不断提升的反馈信息，"上课-命题-阅卷"，日复一日年复一年沦为教书匠，丧失职业荣誉感，产生职业倦怠。

二、调查实施

调查所采用的问卷共15题，其中1~4是人口统计特征题项，第5题涉及评价对象，第6题设计评价主体，第7~9题是评价方式，第10~14题是评价内容，第15题是开放式问题，收集来自学生的评价改进建议。

以重庆工商大学已经完成"大学生职业生涯规划"课程的学生为调查对象，本次调查的样本量是277人，其中男生54人，女生223人（见图1）。

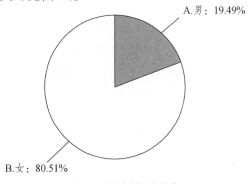

图1　样本性别分布

三、调查结果及分析

（一）人口统计特征分析

这次抽样的大学生专业分布如图2所示，人文社会科学类专业占87.73%，理工科占12.27%，这种比例分布，虽然文理科学生比例差距比较大，但是与我校经管类专业为主的学科背景基本相符。

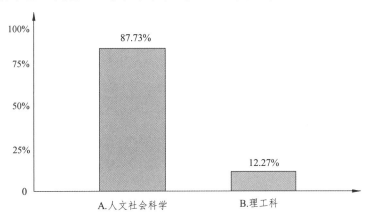

图2　样本专业分布

为了了解学生的各类作答是否受自身的性格特征影响，问卷设计性格类题项。从图3可以看出，学生的性格分布基本呈正态分布，特别内向和特别外向的学生较少，比较外向的同学占36.87%，介于外向和内向之间的占33.57%，比较内向的同学占24.55%，这说明接受调查的大学生总体而言性格不极端。

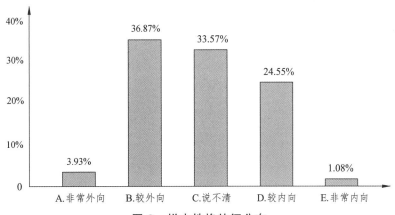

图3　样本性格特征分布

（二）评价对象

从图 4 中可以看出，对于当代大学生而言，他们在"大学生职业生涯规划"课程中有着主要的课程期许 ——67.15% 的学生希望通过这门课程学习职业生涯规划的操作技能，18% 左右的学生希望借此课程了解职业生涯规划的相关理论，11% 左右的学生仅仅是想通过课程获得相应的学分。看来大多数的学习态度比较正向，接近 80% 的同学希望通过课程学习相关的理论和操作技能。

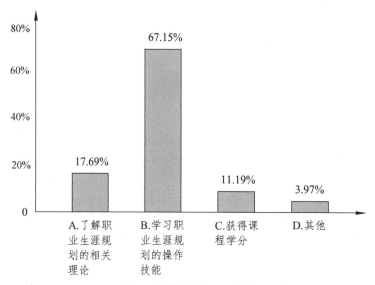

图 4　大学生的课程期待

（三）评价主体

对于学习"大学生职业生涯规划"课程的大学生而言，绝大多数学生（90.25%）都非常了解这门课程成绩是由任课教师进行评定（见图 5）。但是从图 6 可以看出，他们期望自己的职业生涯规划来自专业教师（50.18%）和企业管理人员（38.99%）的评价和指导，这个数据表达了评价对象期待评价实施者更专业且有一线实践经验的愿望。

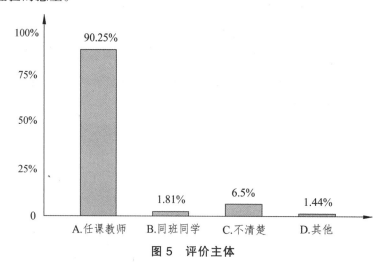

图 5　评价主体

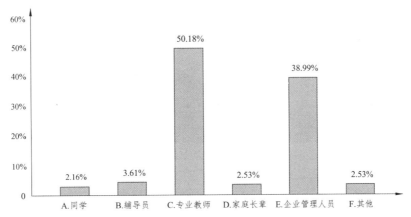

图6　大学生希望自己的职业规划书获得哪些人的指导

（四）评价方式、评价内容

从评价方式而言，绝大多数同学们（94.22%）都对该课程的评价方式非常清楚，是"平时成绩+期末综合成绩"的方式（见图7）。

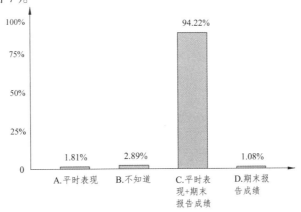

图7　期末总评的评价方式

而对于评价内容而言，42.6%的同学认为课堂发言决定了平时成绩，另有28.52%和25.99%的同学分别觉得平时作业和出勤情况决定了平时成绩（见图8）。在期末成绩的评定上，同学们似乎没有像平时成绩一样的分歧，绝大多数同学（91.34%）认为职业生涯规划书或创业计划书的质量决定了期末成绩（见图9）。而正是对评价方式的了解，接近 20% 的同学会花费 4 天及以上的时间完成课程作业，接近一半的同学（48.01%）选择耗时 2~3 天完成这项期末课程作业。只有 28.88% 的同学会只花费半天时间完成自己的职业生涯规划书，不到4%的同学只花费 2 个小时左右完成职业生涯规划书或者创业计划书（见图10）。

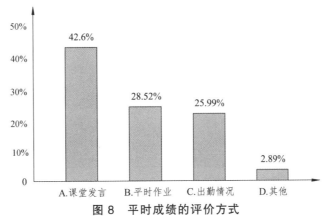

图8　平时成绩的评价方式

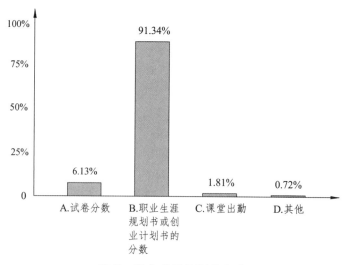

图 9 期末成绩的评价方式

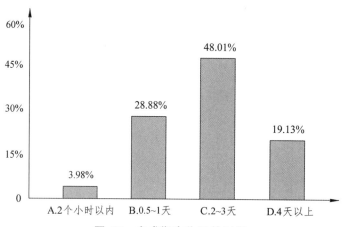

图 10 完成期末作品的时间

评价并不是仅仅为了定级，评价的目的和落脚点应该不断改进。在当前大学校园的各个课程评价中，有多少期末试卷或者期末论文在完成了定级打分的功能后，仍然对学生在作品中的表现进行点评、反馈、指导，从而形成一个动态循环的闭合评价环呢？事实不容乐观，本次调查显示 66.79% 的同学在大学生职业生涯规划课程中上交职业生涯规划书或者创业计划书后，并没有获得任课教师的点评、修改或意见反馈，这对于学生调整、修订自己的作品不利（见图 11）。也正因为如此，当被问及对自己的期末作品是否满意时，很满意的学生只占 3.61%，比较满意的占 48%，对自己的作品不置可否或者不满意、很不满意的占近一半（见图 12）。

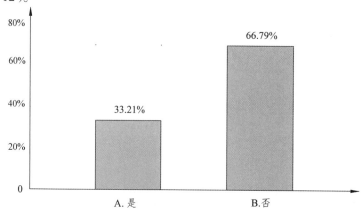

图 11 期末作品是否得到点评、修改或反馈

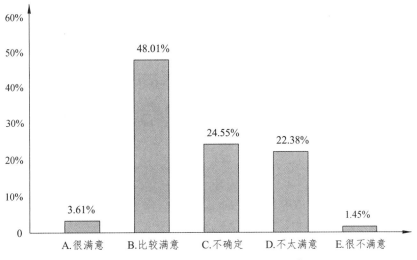

图 12　对自己的期末作品是否满意

（五）改进建议

鉴于这种课程评价的现状，课题组设计了一个开放式题目，收集同学们对大学生职业生涯规划课程评价方式的建议，一共有 58 名同学留下文字性建议。其中，25%的学生建议更多实际操作的授课内容，8.6%的同学建议任课教师应该对规划书等作品给予反馈；5%的同学希望有相对应专业的企业职场人士对他们的期末作品提供针对性的建议；5%的同学建议采用多元评价的方式，平时成绩的比重可更大一点；另有 3.4%的同学建议课程内容要加强理论深度。

三、结　论

以"大学生职业生涯规划"课程为例，通过调查研究发现，目前高校的课程评价存在以下几个方面的问题：评价主体单一，主要是任课教师；评价方式保守，主要是平时成绩+期末成绩；评价反馈欠缺，没有形成闭合的反馈修正循环系统。

参考文献

[1]　吴凡. 我国研究型大学课程目标与课程评价问题研究 ——基于"985 工程"高校大学生学习经验调查[J]. 中国高教研究，2017（10）：98-102.

[2]　钱小龙，盖瑞·马特金. 加州大学欧文分校本科生课程评价研究[J]. 现代大学教育，2016（06）：60-67.

[3]　王雪，梁中贤. 结构学分：高校基础外语课程评价方式探索[J]. 黑龙江高教研究，2014（06）：174-176.

[4]　林静. 形成性评价在高校课程评价中的应用[J]. 现代教育管理，2011（09）：66-68.

作者简介

王飞飞（1982.10— ），女，湖北钟祥人，博士，主要研究方向为教育心理、服务心理等。

高等教育国际化发展背景下的旅游管理类专业转型发展战略思考

王　宁

摘　要： 走国际化发展道路是高等教育旅游管理类专业提升专业竞争力的需要，也是未来发展的必然选择。本文以高等教育国际化概念、衡量标准解读为切入点，以重庆工商大学旅游与国土资源学院为研究个案，论述了旅游管理类专业国际化发展的必要性和可行性，提出了合理规划、重点突破、资源整合、统筹发展的战略思路，指出旅游管理类专业国际化发展应通过合作办学、参与国际教育市场、互派交换学生与访问学者、国际学术研究合作等路径，并应解决政策与资金支持、国际师资队伍建设两个关键问题才能得以实现。

关键词： 旅游管理类专业；国际化；发展战略；实施路径

一、引　言

随着经济全球化进程的加快，知识经济的蓬勃发展，特别是信息高速公路的建设，教育成为国家竞争力的要素，许多国家把高等教育发展视为增强综合国力的重要决策。高等教育被 WTO 纳入服务贸易总协定 GATS，跨国办学和大规模留学潮以及国际间高等教育的合作与交流日益扩大，这一切使高等教育国际化的趋势不可阻挡。

中国加入全球化程度越来越深，高等教育走国际化发展道路才能适应全球化趋势。国际人才全球流动日趋频繁，中国要建设成为人力资源强国，高等教育必须扩大国际交流，增强国际教育市场和国际人才争夺能力，包括对国际生源市场、留学生和高端人才的争夺。

2010 年，《国家中长期教育发展规划纲要》和《重庆市教育规划纲要》都分别将高等教育国际化发展作为战略目标之一，我国高等教育国际化发展的趋势十分明显。

二、高等教育国际化的认识

1. 高等教育国际化与国际化人才

联合国教科文组织（UNESCO）所属的国际大学联合会（IAU）对高等教育国际化的定义是："高等教育国际化是把跨国界、跨文化的观点和氛围与大学的教学、科研和社会服务等主要功能相结合的过程。"因此，高等教育国际化就是在国际意识和开放观念指导下，通过开展国际性的双边或多边交流合作而不断促进对国际社会的理解，提高国际学术地位，参与国际教育事务，促进高等教育改革与发展的动态发展过程。

而国际化人才，是指具有高素质、跨文化交际能力、具备国际视野、通晓国际规则、能参与国际事务和国际竞争的人才。

2. 高等教育国际化的意义

高等教育国际化应该是一种双向的交流与合作。这种双向的交流与合作，不仅有利于提高我国的教育教学水平，也为更多的学生接受高等教育创造了条件，从而弥补了国家教育资源的不足，为我国高等教育大众化做出了贡献。

双向的交流与合作除了带来先进科技知识外，还给我们带来现代高等教育和教学管理观念、模式及一些国际通用的标准、质量评估方法和考试模式。这些有利于我们学习国外先进科技知识和高校管理方式，推动我们的高等教育的现代化改革。

双向留学的规模扩大，为我们走向世界创造了良机，既为外国人学习中国的科技文明成果提供了途径，也为我国的文化科技知识走向世界开辟了道路。

双向的交流与合作有利于将我们的学生培养成为真正的国际化人才，这对于我国建设成为人力资源强国，提高国家竞争力，具有十分重要的意义。

3. 高等教育国际化的衡量指标

（1）国际化的办学理念和教育观念。衡量高等教育是否具有国际性，首先是看一所大学是否具有国际化的办学理念和教育观念。即注重和支持跨文化的国际观点、文化氛围和精神气质，树立全球意识。

（2）国际化的人才培养目标。国际化的高等教育，其人才培养目标是培养发展学生新知识、新技能和态度，使之具备国际视野，成为国际化人才。

（3）国际课程。国际课程是培养学生从事国际职业的课程，是融合了国际视野和跨文化理念的课程内容和教学方法，能够通过构建有效的学术环境来满足来自不同文化背景的学习者的学习需要提供支持。

（4）国际师资。具有国际知识和国际经验的教师，他们可以直接推动教学和科研的国际化发展。

（5）国际学生。包括为攻读学位的留学生、为获得文化经验和语言能力的国际交换生，其数量在一所国际性大学的学生总数中要占有相当的比例。

（6）外语教学与外语学习。外语教学与外语学习是衡量高等教育国际化的重要指标之一。外语是国际化课程讲授和学习特定的相互交流沟通问题，培养跨文化交流与处事技能的必要工具和手段。

三、我院旅游管理类专业国际化转型发展的必要性和可行性

1. 国际化转型发展的必要性

随着国际旅游业的发展，中国成为全球最大的旅游客源国和第三大旅游目的地国。国际市场对旅游管理类专业人才需求量剧增。因此，旅游管理类专业本科教育国际化发展就显得十分必要。

旅游业开放性、外向性的行业特征决定了旅游学科专业开放性、外向性的学科专业特性。社会、行业对旅游与酒店管理专业国际化人才的需求日益高涨。旅游高等教育必须树立国际化的办学理念和教育观念，注重和支持跨文化的国际观点、文化氛围和精神气质，树立全球意识。培养发展学生新知识、新技能和态度，使之具备高素质、具备国际视野、通晓国际规则、能参与国际事务和国际竞争，成为国际化旅游与酒店管理专业人才，走国际化发展道路是旅游管理类专业提升专业竞争力的需要，也是未来发展的必然选择。

2. 国际化转型发展的可行性

我院国际化发展起步较早。早在2009年，我院开始启动了"国际学生交换学习"项目，先后接纳了来自博茨瓦纳、泰国等国家的国际交换生。2012年我院与希尔顿全球合作，开设酒店管理"希尔顿班"。2013年开始开设"国际旅游特色实验班"。2013年开始招收旅游管理硕士研究生留学生，已毕业一届3人，目前在校学习硕士研究生留学生9人，分别来自泰国、肯尼亚、博茨瓦纳、法国等国家。2016年开始招收旅游、酒店管理本科留学生，分别来自泰国、肯尼亚。这些使我院积累了一定的留学生教育教学经验。

早在2005年，为适应国际化发展需要，我院启动了专业课程"双语"教学，开设了"双语"课程，目前已开设"双语"课程7门，其中旅游学概论（双语）获批为重庆市级"双语教学示范课程"。2014年我院启动了"国际化课程建设计划"，编制了国际化课程建设规划，首批建设课程6门。2016年启动第二批国际化课程建设（4门），完成了课程建设的课程简介、课程教学大纲、课程讲义的编写和课程课件制作，其中3门课程经过几年的建设应用，于2017年出版国际化课程教材3部。

国际化师资方面，我院先后有11位教师参加了出国培训或研修学习，拥有2名海归博士，有4位教师本科是英语专业毕业，先后聘请了2名外教。目前我院能够承担国际化专业课程全英文授课的教师共

有 6 人。通过整合全校师资、外教和合作伙伴希尔顿全球资源，初步形成了由 11 人组成的具有一定实力的国际化专业课程师资队伍（其中，院内教师 6 人、校内教师 2 人、外教 1 人、希尔顿全球教师 2 人）。

学生国际交流方面，自 2011 年以来先后派出海外实习学生 5 批次 22 人次，国外高校交换生 30 人次。

此外，我院与希尔顿全球合作共建了实践基地（2011 年获批市级"大学生校外实践教育基地"），与斯里兰卡 HTCey Leisure 旅游公司合作建立了旅游管理海外实习基地，与美国韦德恩大学签订了教育合作"酒店管理硕士直通车"项目协议。我院旅游管理类专业本科教育国际化转型发展的基本条件初步具备。

四、我院旅游管理类专业本科教育国际化发展

1. 发展思路

（1）科学管理、合理规划。

完整科学的管理体系和规划是确保有效实施旅游管理类专业本科教育国际化发展的坚实基础，统一规划并由学校、国际合作与交流处和学院共同形成的三位一体的保障体系在处理有关国际化发展的相关事务中发挥着不可或缺和至关重要的作用。

（2）重点突破，避免全面开花。

在国际化进程中，根据自己的现实基础和优势，以及国际学生的实际需求，选择具有一定基础和优势的酒店管理专业、旅游管理专业，先行试点突破，有序进行，逐步增加国际合作项目，扩大国际合作范围，避免一拥而上全面开花，既不能形成竞争优势，又会造成资源的浪费。

（3）资源整合，统筹发展。

一是学科专业的整合，将旅游管理专业和酒店管理专业整合为"国际旅游与酒店管理"的留学生学历教育本科专业，为留学生及来我校交换学习的国际交换生提供全英文授课课程。

二是充分整合全院及全校的师资、课程、设施设备等资源，统筹调配，分类设置形成课程体系。形成由公共课、跨文化课、学科基础科、专业课、希尔顿专项课程、实习实践课等构成的留学生学历教育"国际旅游与酒店管理"本科专业的课程体系。

2. 实施路径

高等教育国际化的主要目的是为国家培养高素质能参与国际竞争的人才。因此必须以国家利益、民族利益为基点，以中国国情为结合点的洋为中用的过程，而不是全盘西化的过程。高等教育国际化及国际化人才培养，可以通过以下途径实施：

（1）合作办学。

通过与国外高校合作办学，深化与泰国皇家理工大学（RMUTL）合作的倒"2+2"模式、与美国韦德恩大学（Widener University）合作的"硕士直通车"项目、与希尔顿全球（Hilton Worldwide）合作的"希尔顿班"项目，共同培养，实现教育资源的国际共享。

（2）参与国际教育市场。

通过"国际旅游与酒店管理"的留学生学历教育本科专业的实施，加强国际交流与合作，积极主动融入国际教育事务，增强国际教育市场争夺能力，包括对国际生源市场和留学生的争夺。

（3）互派交换学生和访问学者。

他山之石，可以攻玉。通过互派交换学生和访问学者学习国际上先进的科技知识及传授知识的手段，学习先进的教学方法以及高效率的高等教育管理模式。

（4）开展研究项目合作与参加国际学术会议。

通过开展研究项目合作、参加国际学术会议等多种渠道加强国际间交流和合作，能直接推动教师融入国际科学研究交流，提高我院旅游管理类专业的国际学术地位，提升学院的国际竞争力。

3. 两个关键问题

（1）政策与资金支持。

推动我院旅游管理类专业本科教育国际化发展的进程，政策和资金的支持至关重要，在政策指导下

通过设置奖学金对国际留学生直接进行资助，以设置项目专项基金的方式支持课程建设、教材建设、师资培养、外聘教师、实习基地建设、国际交流、项目管理等。

（2）国际师资队伍建设。

教师是教学理念的具体实行者，我院旅游管理类专业本科教育国际化发展必须首先实现师资队伍的国际化，要培养具有国际视野和国际教育理念的教师，强化教师的外语水平和专业国际化成长，丰富教师的国际知识和经验，这样才能实现国际化的办学理念。因而必须要加大国际师资队伍培养和建设的支持及经费投入力度，通过选拔和挖掘现有教师尤其是青年教师中有潜力、有外语基础的骨干，大规模派往海外进行培训、进修或攻读学位；鼓励和支持教师申请访问学者；引进和招聘国际人才等措施和途径，形成国际师资队伍。

参考文献

[1]　陈学飞. 高等教育国际化 ——从历史到理论到策略[J]. 上海高教研究，1997（11）.

[2]　中国高等教育学会引进国外智力工作分会. 大学国际化理论与实践[M]. 北京：北京大学出版社，2007：11.

作者简介

王宁，男，生于 1964 年 4 月，重庆合川人，理学硕士，重庆工商大学旅游与国土资源学院副院长，教授，硕士生导师；研究方向：内河游轮（艇）旅游与游轮（艇）经济、区域旅游开发与规划。

角色互换教学法在"旅游市场营销"教学中的探索与实践

王志芬

摘　要：在信息爆炸的时代，大学课堂对学生的吸引力已受到冲击，如何引导学生的学习兴趣，是大学授课中需要探索的永恒课题。朱思文等[1]对角色互换教学法在旅游市场营销学中的应用进行过实证研究，证实是一种行之有效的方法，笔者在旅游市场营销学的教学中也尝试过该种教学方法，从实践中获得了一些启示。

关键词：角色互换教学法；旅游市场营销；探索与实践

一、什么是角色互换

中国传统的教育模式，主要是以教师讲学生听为主的"填鸭式"教育方式，在这种教学方式下，学生在课堂上几乎不用进行主动的思考，只需要被动接受就可以了。长此以往，学生不能形成积极主动思考的习惯，在众人面前表达自己的想法和观点也感到害羞。

为了解决以上问题，一些教育工作者提出了一种新的教学方法，即角色互换教学法。角色互换教学法就是根据教学大纲所规定的教学目的和要求，由学生充当教师的角色来讲解部分教学内容，由教师充当学生的角色来聆听讲解并提问，最后由教师和学生共同进行讨论的一种教学方法。这种教学方法可以给学生很大的自主空间，充分提高学生在教学活动中的积极性和参与性，让学生由被动学习转变为主动学习，同时，还可以锻炼学生的语言表达能力、组织能力和应变能力，从而取得良好的教学效果。

二、角色互换教学法在旅游市场营销课程教学中的实践

当然，角色互换教学法并不是任何课程都适用，有学者认为它比较适用于概念类的教学，以及内容比较有规律性的教学活动，在管理类、语言类、体育、音乐和舞蹈等课程教学中效果相对明显[1]。

根据旅游市场营销课程的特点，旅游市场营销的基本理论部分对于初学者而言，还不能领会理论的基本要旨，因此不适合学生讲解。旅游市场营销中 STP 战略部分也是课程中非常重要的部分，理解上不能出现偏差，这部分显然也不适合交给学生讲解。只有营销策略部分，在学生平时的生活中有接触，也比较直观，因此可以考虑将其中的某些知识交给学生讲解。

旅游市场营销教学中角色互换教学法的实施步骤如下：

（1）沟通。角色互换教学需要在课程进行了 2 次以上之后与学生讨论，将这一教学方法的设想与学生进行沟通交流，征求学生的意见和建议。

（2）课程内容细化分块。将适合学生讲授部分的课程内容进行分块，比如将营销策略部分分为旅游产品、旅游销售渠道、旅游促销等几大知识板块。

（3）学生分组。根据班里学生总人数的规模，一般以不超过 4 人为宜，基本以寝室为单位构成学习小组，方便学生对讲解内容进行沟通和协调以及工作分工配合。因为人数太多会存在某些学生"搭便车"的情况。另外，每个组由学生自主推出负责的同学。

（4）随机抽取知识点。分组完成后，由各小组抽取分好的知识板块，一个小组负责一个板块，小组内部的分工合作由小组负责的同学分配完成。

（5）学生备课。每组同学在明确了自己所要讲解的教学内容之后，通过图书馆、网络、期刊等渠道查找和收集相关的参考资料，小组成员就具体讲解哪些内容、采用什么教学方法、怎么进行教学内容安排等问题进行讨论，在讨论后确定具体的教学内容和教学方法，最后制作课件。

（6）学生讲课。小组讲课是每个同学都讲还是派代表由学生自行选择，可以每组派代表讲解教学内容，小组内成员进行补充和说明，讲解的时间要控制在一定的范围之内。

（7）提问。讲解完后，其他学生提问，由小组成员进行回答，这类似于论文答辩。

（8）教师点评。学生讲解完后，学习并没有结束，教师应及时对学生的讲解进行总结和点评，对学生在讲解过程中所忽略的知识点进行补充，对教学内容中的重点和难点问题进行深入阐述，对学生在讲解过程中不正确的理解和观点要纠正。

三、旅游市场营销应用角色互换教学法需注意的问题

1. 该方法不适宜在教学活动刚开始的阶段进行

因为在开始阶段，学生对课程并不了解，需要教师对课程有一个整体的介绍和讲解，并逐步引发学生对课程学习的兴趣。笔者的实践是在课程进行了 2/3 的时候进行的，往往这个时候学生对该门课程的主要内容有了一定的认识，具有了该门课程的思维意识，能主动关注旅游行业的营销现象，因此在这个时候让他们来讲，更能激发他们的学习兴趣，也能更好地将他们在学习过程中的收获和心得进行分享。

2. 避免将"难、重、疑"交给学生讲解

由于学生对知识的把握程度有限，故只能将少部分相对简单的教学内容交由学生讲解。为了保持学生的新鲜感和保证课程的教学质量，不能将大量的教学内容交由学生讲解，只能让他们讲解少部分相对简单的教学内容。若由学生承担知识难点，由于吃不透，学生对知识点不熟悉，就容易产生照本宣科的现象，影响课堂效果和大家学习的积极性。根据有些学者的建议，角色互换教学法在一门课程的教学过程中建议使用次数不能超过总课时的 1/10。

3. 切实发挥教师的作用

互动教学法，并不是教师偷懒的一种方式，恰恰相反，它对教师的要求会更高。

教师首先应在学生准备讲解内容的过程中对学生给予充分的指导和帮助，在学生讲解后，进行必要的补充和完善。一方面，由于学生自身心理素质、表达能力和知识结构水平的制约，对教学内容的把握和表达可能存在一定的问题；另一方面，学生几乎没有教学经历，对教学节奏可能把握不好，对教学中的重点和难点也可能把握不好，对某些知识点的理解可能不到位或者有偏差。因此，在学生准备讲解内容的过程中，教师要给予充分的指导和帮助，在学生讲解之后，要对某些重要或比较困难的知识点进行补充讲解。因此，学生讲课的整个过程，教师应该全程记录，哪个知识点讲错是及时纠正还是等学生讲完纠正，哪个部分应该"讲学互动"活跃课堂气氛，教师都应该把握好时机，及时引导。

4. 多种教学方法并用

角色互换教学法还应该与案例教学法、情景模拟法等其他教学方法结合使用。尽管角色互换教学法有自己独特的优点，但该方法的应用效果会受到学生自身素质的限制，因此，在旅游市场营销课程教学过程中，可以将该方法与其他教学方法结合起来使用，这样才能取得更好的教学效果。

参考文献

[1] 朱思文，彭慧，刘自球，等. 市场营销学角色互换教学法的实证分析[J]. 湖南财经高等专科学校学报，2009（4）.

[2] 石美玉、孙梦阳. 旅游市场营销[M]. 北京：北京大学出版社，2013.

作者简介

王志芬（1971.2—），璧山人，重庆工商大学旅游学院，讲师。

国内高校休闲学课程教学中存在的问题及对策
——以重庆工商大学为例

许 曦

摘 要: 文章回顾总结了重庆工商大学休闲学课程的教学发展历程及存在的问题,并结合教学实际,对未来如何改进该课程的教学内容和方法,提出了自己的一些思考。

关键词: 休闲学;课程教学;问题;对策

19 世纪 40 年代以来,西方发达国家相继完成了工业化,逐步进入后工业化时代。随着科技的迅猛发展,生产率的不断提高,人们的休闲时间、收入也在不断增加,休闲作为不可阻挡的历史潮流正不断向广度、深度发展。早在十多年前,未来学家格雷厄姆就曾预言:人类在经历了由农业、工业、信息业拉动的几次发展高峰后,最迟必将在 2015 年前后迈过信息时代,进入"休闲时代",休闲将成为人类社会重要的组成部分,"休闲经济"将成为新世纪带动全球经济发展的第一引擎。十多年过去了,格雷厄姆的预言变成了现实,今天休闲产业、休闲经济已成为许多国家的支柱产业和先导产业,为休闲而进行的各类生产活动和服务活动正日益成为经济繁荣的重要因素。

以中国为例,据《2011 年中国休闲发展报告》(休闲绿皮书)显示,2010 年中国国内居民的休闲消费规模大致为 21 959 亿元,相当于社会消费品零售总额的 14.2%,相当于 GDP 的 5.51%。而在理论界,近年来传统的旅游行业也越来越多地被归入了休闲经济、休闲产业范畴之中。如今,再提旅游,再单纯就旅游谈旅游已变得"落伍",如何在大休闲的视野下看旅游,如何将旅游提升到休闲层面,将其看作大众娱乐、闲暇时间的管理手段,正成为研究的热点。

正是在这样一种背景下,2010 年,重庆工商大学旅游与国土资源学院进行了相关课程改革调整,为本科生开设了"休闲学"课程。笔者从课程开设之日起,就一直是该课程的主讲教师,在多年的教学探索实践中,摸索出一些经验,但也深切体会到教学中存在诸多问题。本文即着眼于此,在回顾总结了"休闲学"课程教学发展历程和存在问题的基础上,结合教学实际,对未来如何改进该课程的教学内容和方法,提出了自己的一些思考。

一、我校"休闲学"课程教学开展状况

2010 年,我校开设"休闲学"课程,该课程最初是在旅游与国土资源学院内,作为旅游管理专业本科生的专业选修课出现,课时设定为 32 学时。2013 年,专业课程调整后,该课程被确定为旅游管理专业的专业主干课,课时增加到 48 学时,另外,该课程还作为专业选修课从 2015 年起在经济学院的会展经济专业中开设,课时仍为 32 学时。但无论是作为选修课还是专业主干课,无论课时数是 32 还是 48,其课程性质都基本定义为理论课,没有专门的实践课时安排。在教材方面,课程先后选用了马勇主编的《休闲学概论》和章海荣著的《休闲学概论》,这两本教材的内容也主要针对本科教学,理论性较强。而在实际教学过程中,尽管教师在课堂上灵活运用了案例教学、多媒体试听教学、课堂讨论、课程作业等多种教学手段,但大多数情况下还是理论与实践一把抓,老师讲的时候多,学生练的时间少,教学中的实践教学环节比较薄弱。

二、我校"休闲学概论"课程教学中存在的主要问题

1. 课程内容庞杂，教材的选择余地小

"休闲学"是旅游管理专业的主干课，在开课之初就被赋予了很重的职责。但作为主讲教师，在备课准备过程中，笔者始终有些困惑，不知道是应该将休闲作为一种社会现象，多从社会学、心理学、哲学方面切入，去研究休闲的特征、作用、功能、动机、障碍、过程，研究它与工作、组织、家庭的关系，将其开成一门"基础休闲学"课，还是多从经济学角度入手，将休闲视为一种经济现象，研究休闲的经济投入产出、休闲产品的供给与需求及休闲经济战略、政策、规划等问题，将其演化为"休闲经济学"课，或是多从企业管理角度入手，侧重从企业或项目等微观角度阐述休闲服务业的构成、休闲经营与管理，将其开成"休闲产业管理"课。而国内现有的课程教材，除了前文提到的两本外，主要还有李仲广、卢昌崇的《基础休闲学》，魏小安的《中国休闲经济》，楼嘉军的《休闲新论》，卿前龙的《休闲服务与休闲服务业发展》，郭鲁芳的《休闲经济学：休闲消费的经济分析》，魏翔的《休闲经济与管理》等少数几本，这几本书也是各有侧重，且出版时间较早，发行量不大。因此，不同的主讲教师只能根据自己的专长和喜好选择讲授内容，讲授内容庞杂，难以统一，大纲无法确定。

2. 课程开设院校少，相关的教学交流活动缺乏

2000 年前后，国内一些高校的旅游院系开始相继引入休闲学相关课程，并组建成立旅游与休闲专业。2002 年，北京旅游学院设立休闲管理系；同年中山大学在重建地理科学与规划学院时，也在旅游发展与规划研究中心基础上成立了旅游与休闲学系；杭州商学院旅游学院把休闲学纳入旅游管理专业的本科课程之中；东北财经大学、厦门大学等也在研究生课程中渗透了休闲学内容；2008 年，浙江大学在哲学一级学科下设置了国内第一个休闲学博士点和硕士点，并开始招生。近年来各高校成立的休闲科研学术机构大致有 20 多个。但从总体上看，较之于其他学科、课程，目前，国内开设休闲学课程和专业的高校还是偏少，课程名称、课程性质及归属专业院系差异很大，各省区乃至全国的课程主讲教师数量也偏少，相关的教学内容、教学方法等研讨和交流活动难以开展，通过开展课程教研教改活动促进课程教学效果和教学质量的提高更是无从谈起。

3. 教学方式单一，学生的参与度不高

如前文所述，目前我校"休闲学"课程的教学方式主要以课堂老师讲授为主，以书本为中心，以教师为主体。课程课时基本都是理论教学课时，没有系统完善的实践环节设计。课程讲授时，虽也有案例分析、课堂讨论，但安排较为随意，加之学校教室资源紧张，这门课多是大班授课，每堂课上课人数多在 80 人以上，大范围深入的讨论活动也难以实施开展，因此，教学方式较为单一呆板，教师与学生之间缺乏互动沟通，学生处于被动学习状态，积极性、能动性未发挥出来，课堂参与度不高。另外，目前该课程的考核方式以期末的一次性闭卷考试为主，考试内容也主要是基础理论，较强调知识性，而对学生相关综合能力的考核较少。

三、未来课程改进的相关对策

1. 整合教学内容，明确理论课程的教学内容板块

针对前面所述课程内容庞杂的问题，在明确课程性质（重庆工商大学旅游管理专业本科生的专业主干课）的基础上，结合主讲教师的研究方向和专长，未来可考虑将该课程的授课内容确定为四大块——休闲现象与休闲基础理论、休闲需求与休闲消费、休闲供给与休闲产业、休闲管理与休闲教育。其中，① 休闲现象与休闲基础理论，主要包括中外休闲发展历史，休闲的概念、性质、作用、功能，国内外主要休闲理论，此版块内容设置旨在让学生了解休闲有关的基本概念，熟悉国内外休闲理论的发展脉络和基本观点。② 休闲需求与休闲消费，主要包括休闲需求、休闲动机与障碍、休闲消费的基本特征和行为特点、休闲消费的群体特征等，此版块内容旨在让学生了解和熟悉休闲消费的含义及休闲产业服务对象的基本特性。③ 休闲供给与休闲产业，主要包括休闲资源的概念、分类，休闲资源的评价、开发，各类

休闲供给组织，休闲四大支柱产业发展专题等，该版块内容设置旨在让学生了解和掌握由公共部门、商业机构和志愿者组织等构成的休闲供应系统，熟悉休闲活动的类型和各类休闲组织，明了休闲产业的构成及发展状况。④ 休闲管理与休闲教育，主要包括休闲与政府、休闲与教育，该版块内容的设置是为了让学生掌握闲暇基本理论与个人闲暇时间的配置，懂得处理平衡休闲与工作的关系，并对政府的休闲管理方式和相关政策了然于心。

2. 引进主题、项目模式，探索多元化教学方法

课堂教学过程是教师与学生的双向沟通交流过程，在其中应强调教师的主导地位，学生的主体地位，充分调动学生的主动性与积极性，引导学生参与到课堂中来。为此，结合课程性质，根据各教学章节内容，未来休闲学课可尝试推行"阅读式教学模式""讨论探究式教学模式""主题项目推进型教学模式"等课堂教学模式。例如，在讲到国内外主要休闲理论这部分内容时，可及时向学生推荐相关阅读书目，并合理安排授课时间，带领学生一起研读经典理论著作；在讲到休闲消费的影响因素时，可通过提问讨论方式引导学生自行归纳总结出影响人类闲暇时间、收入及个人闲暇时间、收入需要的主要因素。

而所谓主题项目推进型教学模式，顾名思义，是先由老师将某些课程章节内容设计为有特定主题的项目，然后布置给学生，让学生积极参与，围绕主题预习教材，并调动查阅搜集各种网上及图书资料自学，再在课堂上分享成果，展开集体讨论研修的过程，是一种更强调学生主体性，以学生自学研修讲授为主的教学方法。未来休闲学课可在休闲教育、休闲产业中的休闲与旅游部分设计 1~2 个主题，逐步尝试推行这种教学模式。当然，主题的选择要考虑学生的兴趣、知识水平、相关学习技能和课程时间安排。但这种教学方法的运用对提高学生的课堂参与性与积极性，培养学生的独立思考能力、创新能力和实际解决问题的能力都会有极大的帮助，应该是未来课堂教学的主流。

3. 改革课程考核内容及方法，强化能力培养

课程考试是教学过程中至关重要的环节，它不仅是检验学生学习成果的重要手段和方法，也是评判学校教学质量与人才培养质量的重要依据。党的十八届五中全会指出，创新是引领发展的第一动力，要把创新摆在国家发展全局的核心位置。教育更是如此，努力培养具有扎实的学科知识、超强的实践能力和较高综合素质的创新性人才是 21 世纪高校人才培养的终极目标。因此，对高校课程考核内容方式的安排应高度重视，要以检测学生"知识、技能、素质、创新"等多方面能力为目的，要既能考出学生真正的知识水平和能力，又能为课程的教学起到一定的导向作用。

因此，就"休闲学"课程而言，未来在考核内容上，要改变以往侧重考核基本知识、理论、技能的简单理解、掌握和应用，偏重试卷的客观题，注重答案的规范化、标准化的现状，重新修订考试大纲，尽量减少死记硬背的知识点，增加非标准化考试的内容和比例，强化考试内容、题型与答案的主观性、发散性、求异性、创新性特点，要以培养激发学生的创新意识、创新精神、创新能力为目的，为学生自由发挥提供必要的条件和充足的空间。在考核方法上，要改变期末一张卷的传统考核方法，按照以能力考核为主的原则，采取多种形式相结合的综合考试办法，将闭卷考试与开卷考试、课程论文撰写相结合，阶段性考核与期末考核相结合。加强过程性考核力度，重视过程性学习评价与考核，灵活采用多种考核形式（包括平时的读书笔记、调查报告、课程设计等），形成集学科知识、实践能力、基本素质、综合创新因素为一体的课程考核体系。

总之，尽管"休闲学"课程开设时间尚短，相关的教学经验不足，教学研讨开展不充分，而且，从课程性质看，还是要以理论教学内容为主。但在课程内容安排、课堂教学方式的采用和相关考核方式的改进方面，教师和主管部门还是大有可为。

参考文献

[1] 周运瑜. 主题教学法在"休闲学概论"课程中的实施初探[J]. 高等教育，2016（11）.

[2] 唐湘辉. 高校"休闲产业管理"课程教学双轨运行模式研究[J]. 山东高等研究，2014（9）.

［3］　杨思林，王大伟，唐丽琼，等."双创"背景下高校课程考试改革的思考[J].教育教学论坛，2016（46）.

［4］　于巧娥，王林毅.创新型人才培养与课程考试改革的实践研究[J].教育评论，2016（6）.

作者简介

许曦（1973—），女，重庆工商大学旅游与国土资源学院副教授，经济学硕士，主要从事旅游企业管理与旅游文化研究。

导游自由执业背景下"导游业务"课程改革探讨

许 颖

摘 要："导游业务"是高校旅游管理专业的基础课程，也是旅游管理专业最具职业特征的课程之一。本文结合导游自由执业的背景，讨论本科"导游业务"课程的改革思路。首先授课目的应当由"考取导游证"转变为"培养优秀导游"；其次应以提高学生文化素质和旅游专业素质以及提高服务技巧为授课的主要内容，在教学方法上加强实验室与实地训练相结合，采用小班教学以及鼓励学生参加各种比赛，以赛促学，任课教师应深入行业内部加强行业联系。

关键词：导游自由执业；课程改革；课程定位；教学方法

近年来，由于导游、游客结构变化，旅行社职位多样化等原因，导致旅游管理本科生对毕业后从事导游工作缺乏兴趣，"导游业务"课程面临着尴尬的局面。部分高校在培养计划中削减"导游业务"课时，甚至考虑取消课程。2016年5月9日，国家旅游局面向9个省市旅游委（局）下发《国家旅游局关于开展导游自由执业试点工作的通知》，从5月起在全国9个省市旅游委（局）正式启动线上线下相结合的导游自由执业试点工作。虽然目前只在9个省市试点，但导游自由执业将是导游工作的发展趋势，给导游职业带来新的发展机会。导游的自由执业，也可以让旅游管理本科生重新审视这一职业，获得新的职业发展前景。相应地，高校"导游业务"课程也应当进行革新以适应新的形势。

一、重新定位授课目的

导游是旅游业中的典型工种，自我国高校开设旅游管理本科专业以来，"导游业务"一直是专业基础课程。随着导游资格考试影响的扩大，各开设旅游管理专业的高校逐渐把"导游业务"课程作为帮助学生通过导游证考试的手段。但对旅游管理专业的本科生来说，导游资格考试并不算难度很高的考试，以通过考试为导向的授课目的，大大降低了学生的学习兴趣。其次，由于导游工作处于旅游服务链的末端，旅游产品前期出现的问题需要由导游来承担，在利益分配上也得不到保障，这也使得本科生不愿意从事导游工作，并无考取导游证的意愿。如果以考试为导向，将使"导游业务"课程仅仅成为学生获取学分的手段。

根据《导游自由执业试点管理办法（试行）》，导游自由执业包括线上导游自由执业和线下导游自由执业两种方式。线上导游自由执业是指导游向通过网络平台预约其服务的消费者提供单项讲解或向导服务，并通过第三方支付平台收取导游服务费的执业方式；线下导游自由执业是指导游向通过旅游集散中心、旅游咨询中心、A级景区游客服务中心等机构预约其服务的消费者提供单项讲解或向导服务，并通过第三方支付平台收取导游服务费的执业方式。导游自由执业打破以前导游由旅行社委派的方式，转变为直接面对游客，导游对各项服务明码标价，获取报酬。导游通过优质服务建立口碑，获得客源，并且效益会直接体现到导游本人身上，这就重新定义了导游在利益链上的地位，导游工作的吸引力将增大。

但同时也应看到，无论是通过线上的网络平台还是线下的旅游集散中心等，导游本质上都是直接面对游客，游客对导游的评价也会通过平台等公之于众，如果素质和能力不高，导游很难有上团机会。因此，针对本科学生，"导游业务"的授课目的应当由"考取导游证"转变为"培养优秀导游"。如果在教学过程中仅以通过导游证为目的，学生学完课程后充其量只是帮助他们拿到上岗证，而以"培养优秀导游"为目标，才能凸显本科生的优势。同时，"成为优秀导游"，才更符合本科生的职业定位。

二、改革课程内容

《导游自由执业试点管理办法（试行）》第十八条规定，自由执业的导游不得从事讲解、向导以外的其他业务。这一规定的初衷是为了避免自由执业的导游变成一个微型旅行社，违规进行组团等业务的操作。表面上看自由执业后的导游与传统的导游服务相比任务更简单，但实际并非如此。在具体操作中，导游的工作范围远远超过这两项。传统导游接受旅行社委派，按照接待计划组织参观游览，只需执行计划即可。而自由执业的导游在服务过程中，除向导和讲解外，必然还涉及行程建议、生活照料、旅游协助等，这对导游的专业素质、综合素质提出更高的要求。目前"导游业务"课程的授课内容，主要针对团体包价游团队的服务进行建构，但近年散客比例已超过团队，使自由执业的导游更多地面对散客服务。因此，为适应新形势，课程内容改革也势在必行。

课程内容的改革涉及两方面的内容，一是提高学生的文化素质和旅游管理专业素质，二是提高服务技巧。随着全社会文化素质的提高，资讯的日益发达，游客选择导游并不会只满足于带领完成行程、讲解一些随处可查阅到的背景资料，而是希望导游能够增加旅程的趣味性、体验性和知识性。游客通过线上线下平台自主选择导游的方式，将会把这种需求更明确地落实到导游个人身上，就需要导游具备更高的专业素质。"导游业务"课程本身一般不涉及文化内容的传授，但旅游管理专业的课程体系中涉及旅游美学、民俗学、中国旅游地理等文化类课程，授课时加强与这类课程的横向沟通，可以弥补这一不足。此外，还应开设专题性课程，如重庆的旅游管理本科可开设"重庆导游"等课程。需要注意的是，开设这类课程的目的并非是简单的知识传递，而是帮助学生建立知识体系，指导学生作为导游应从哪些方面储备知识，今后学生无论在何地从事导游工作都能迅速完成知识的积累。导游的行程建议等服务，基础也来自旅行社经营管理、旅游产品设计等课程。因此，导游业务在授课过程中应当注意各课程的呼应与融会贯通。其次，提高服务技巧主要是指服务的个性化。导游工作技能经过多年积累，在团队服务的标准化方面已比较完善，传统的导游业务教材也是以此为基础建构的课程内容，教师一般也以此体系进行讲授。但在导游自由执业的新形势下，服务的个性化已成为导游工作必须面对的问题。在课程内容上，应当增加各类特殊游客和专项目的游客的服务技巧等内容，如定制旅游游客、高端游客、残疾人游客等。同时，应结合学生的特征，帮助学生发现自身的长处与兴趣，指明今后在服务的个性化、知识的个性化等方面的自我培养方向和方式。

三、改进教学方法

教学方法的改革不仅是"导游业务"，也是任何一门课程都在探讨和思索的问题。"导游业务"在多年的教学实践中，课堂讨论、案例教学、模拟训练已较成熟地运用到授课过程中。在导游自由执业对导游素质和能力提出更高要求的背景下，还需进一步改进教学方法。

第一，实验室与实地训练相结合。近年来各大高校的实验室建设力度都比较大，旅游管理专业也往往建有导游实训室等实验室。实验室内有比较完善的模拟设备、视听设备和学习软件，对学习有较大的促进作用。但导游业务不同于其他课程，更强调操作性，而且导游工作过程中面对的场景更加复杂，除与相关业务对象打交道外，还涉及具体的地理环境，这是再强大的实验设备都无法模拟的。在以往的教学中也发现，学生即使在实验室内能较好地进行操作，但一到室外，面对各种干扰的时候，往往大失水准。因此，除实验室训练外，针对导游业务的特殊性，还应加强实地训练。如可设计一条一日游或半日游线路，将任务按服务过程分解成若干段，学生在实地分组完成，教师现场进行指导和总结。这样，学生才能真正体会实际的工作场景，在今后的工作中才不会犯错，也为成为一名优秀导游打下坚实的基础。

第二，小班教学。目前高校一般一级学生至少有两个班，教师通常采用合班授课，这种上大课的方式无论教师多么努力，也不可能兼顾到每个学生。如前所述，在导游自由执业的背景下，导游的个性化服务非常重要，教师在授课中应当逐步帮助学生发现自身的长处，指导学生扬长避短地建立自己的导游风格，如果是大班教学，显然不可能达到这一目的。因此，导游业务应避免合班，而采用小班教学的方式。

第三，以赛促学。旅游管理专业本科生在校期间，实际上有机会参加各类导游技能大赛，除全国导游大赛、各省市的导游大赛外，还有全国旅游院校服务技能大赛等赛事。甚至一些院校自己也会举办导游大赛。与职业院校学生高涨的参赛热情相比，旅游管理本科学生参赛积极性往往不够高。这一方面是因为学生认为今后不从事导游工作，所以不愿参赛；另一方面，教师、学院对学生参赛鼓励也不够。导游大赛可以提高参赛选手的潜力，提高其业务技能，是培养优秀导游的重要途径，旅游业中也一直有"以赛促训"的传统。导游业务的教学也应利用各类大赛机会"以赛促学"。凡有省级以上赛事，首先应组织全部学生进行培训和选拔，选取优秀学生参赛，未能入选的学生也应由任课教师组织起来，通过网络等媒介，全程关注赛事，同时按赛事进程对学生进行培训，这样就相当于所有学生都参加完一次比赛。这种教学方式一来可以提高学生的学习兴趣，二来传统授课内容也是很好的补充。

四、加强行业联系

目前，各高校旅游管理专业大多与行业有较密切的联系，但这种联系往往是管理层面的，如学生实习基地的建设、兼职教师的聘任等。此处的行业联系是指导游业务任课教师应切实深入行业内部，了解一线情况。当然，这里也并不是指任课教师要去一线带团。亲自带团固然是最直接的方式，但高等教育毕竟不同于职业教育，学生需要学习的不仅是技术，而更应当上升到艺术层面。教师也不仅仅是传递一般操作技能，而是在了解行业人才需求的基础上，有针对性地培养学生。因此，更恰当的方式应当是到导游协会、景区讲解部门挂职，参与线上平台的建设等，这样既不与行业现状脱节，又能从行业管理层面掌握人才需求动态。

导游自由执业刚刚试行，尚未在全国开展，但导游自由执业将是未来发展的趋势。"导游业务"课程应当调整课程内容和教学方法以适应新形势，学生也才能真正从课程中受益。

参考文献

[1] 吴莹. 导游服务网络平台对导游执业的影响[J]. 山西煤炭管理干部学院学报，2016，29（4）：195-196.

[2] 李琼. 自由执业背景下导游职业能力培养研究[J]. 教育观察，2007，6（2）：90-91.

[3] 李平，王红林. 自由执业背景下导游管理模式与制度研究[J]. 无锡商业职业技术学院学报，2017，17（2）：44-48.

作者简介

许颖（1972—），女，讲师，硕士；研究方向为旅行社经营管理与旅游文化影响。

高校学生"被动思考"能力提升的教学路径思考

杨卫东

摘　要：针对中国高校学生厌学、惰学情绪严重的现实，本文从提升学生思维能力为切入点，从教学环节入手，探讨如何调动学生学习的积极性、主动性，对学生进行思维能力的各种训练和培养，并提出了各种相关的保障。

关键词：被动思考；高校；学生；教学

一、问题的提出

当今社会，随着浮躁之风盛行，号称"象牙塔"的大学校园也被波及，浮躁的校园似乎真的难以再安放下平静的书桌，相当一部分学生的急功近利之心日盛，学生学习的主要目的是每门课程考核能够通过，能够拿到毕业证就行，"混毕业"成为不少高校学子的众生相，也成为当代中国高等教育的悲哀。而"混毕业"的学生进入职场，往往眼高手低，基层工作不愿意做，稍微具备一定要求的工作又不会做，学生抱怨，社会同样也在抱怨，抱怨这些拿着被国家权威机关承认文凭的学生，拿的是真正的"假文凭"。

面对种种针对学生和高校的质疑，高校其实也是满腹心酸。大学教育与其他教育的重要区别之处在于，强调对学生思维能力的培养，其显著的职责和功能之一就是真正培养具备一定独立思考能力、有一定创新思维能力的人才，让学生进入职场和社会后，面对各种问题，能够直面思考并提出恰当的解决方案，这些也是每一所负责任的大学办学的核心宗旨之一。思维决定行动，行动决定结果，高校教育的初心没变，改变的是环境和学生。学生普遍不爱学习，更不主动思考，学生的思维能力普遍偏低，这些已经成为摆在中国高校教育面前的一个重大问题和课题，高校和主管部门也想了各种办法，督促学生学习，严格学分制度和考试制度，鼓励教师进行各种教学研究和改革，探讨各种调动学生学习主动性和热情性的方式方法，但收效不大。对此窘境，本文认为，与其一味想办法提升学生的主动性和积极性，不如提升学生"被动思考"的能力，先被动，当被动成为一种习惯，其实也就成了主动。文章仅从教学这一环节入手，探讨如何提升学生的思考能力。

二、提升学生"被动思考"能力的教学手段和措施

"被动思考"的核心和关键是思考，基于提升学生思维能力的目标，结合课堂内外，采用以下教学手段和方法：

1. 读书训练

该训练主要针对一些学科前沿理论书籍和学术研究刊物，根据学生课余时间的多少，教师指定书目或文献，要求学生在课余时间完成对这些书目的阅读，并完成一定字数的读书笔记或读后感，上交教师后，教师进行分数评定并指出其中的优劣之处，对于学生有独立思考并形成独立见解的，予以充分肯定和表扬。

2. 模拟授课

该方式在课堂进行，教师指定某课程的某些章节，由学生进行备课和授课，每个学生授课时间以10分钟为单位，要求每个学生必须在规定时间内完成自己应该完成的指定授课内容，鼓励学生进行授课内容和方式的创新，讲清楚所授课内容部分的重点和难点，学生完成授课部分内容后，由其他学生进行点

评，教师进行总结，并给出相应分数。

3. 小组辩论

根据实际情况，该方式在课堂内或课余时间进行，教师指定或由学生提出辩论选题，学生自由组队或由教师指定分组进行辩论。辩论主席由学生轮流担任，在条件许可的情况下，辩论小组的每个成员轮流担任辩论队角色，让每个学生体验不同的辩手角色，体会不同角色的思考问题重点和发言重点，如此次辩论的 1 辩，下次辩论充当 2 辩，以此类推。小组辩论时，其他轮空的小组成员与教师一起担任评委，由学生和老师对辩论的结果进行共同打分，学生点评，教师总结。

4. 实地调研

根据课程性质，选取恰当的调研项目，由学生在指定的时间内完成调研，并完成调研报告。实地调研，根据调研项目的内容单一或复杂程度，由学生独立完成或组队完成，对组队完成的调研报告，小组成员标注出每部分完成人员的名单，教师根据该部分的写作情况，给予对应学生相应的分数。

5. 现场教学

根据课程性质，选取恰当的课程实施现场教学。对于有技能需求的现场教学，可以请经验丰富的技师或师傅进行指导。现场教学不一定非要到校外或相关组织、企业，可以在校园内诸如实验室或校园内其他合适场所进行。现场教学的重点，鼓励学生提问或解决现场出现的各种问题。

三、实施保障

以上教学手段和方法，旨在促进学生进行积极的思考，这些手段和方式的实施，其结果最终均以分数的方式体现，要使之真正行之有效，必须有相关的支撑性制度或措施作为保障，主要保障措施如下：

1. 教育主管部门考核制度改革

中国教育部及下级所属教育部门每年针对各个高校考核的重要内容，是根据各个高校应届毕业生的毕业率、学位授予率以及就业率等，划拨该校下届学生的招生指标，而学校招生的多少直接关系到学校的生存和发展。基于此，高校为了招生指标而完成的毕业率和就业率两个关键指标，其实客观上是有水分的，显然包括不合格的学生进入社会，这样很容易形成恶性循环。教育主管部门需要认真思考这个问题，不以毕业率等考核学校，而是鼓励高校，严控质量关，严把毕业关，以质量考核替代数量考核。

2. 学校实行严格意义的学分制

严格意义的学分制能够得以真正实施的基础和前提是教育主管部门针对高校的考核制度能够实现，在此基础之上，各高校才能真正实行严格的学分制，保证学生质量。学校实施严格意义的学分制，每一个学分都具备含金量，只要学生能在规定的时间段内完成所修专业应具备的学分，就准予毕业，包括提前毕业、正常毕业和延迟毕业。实施真正意义的学分制，其核心是学生所获得的学分应该有对应的质量要求。

3. 严格考核制度

严格的考核制度，主要针对教师的考核内容及评分、学生考试纪律。不论何种形式的考核方式，教师考核学生的内容需要做到难易恰当，不过分简单，也不宜过难，教师针对考核结果，不打人情分，不打关系分，评分结果有据可查，有据可依。

4. 实施灵活的考试考核方式

学校授权，允许教师根据课程性质实施不同的考核方式。加大平时成绩和学生实际运用所学的能力在学生所学课程考核结果中的比例，提升学生平时学习的主动性和积极性。针对不同的课程性质，采取口试、笔试（含闭卷考试、开卷考试、课程论文或调研报告等）、技能操作及综合考核评分等合适的考核模式。

5. 教师自我素养的提升

教学手段和方式的改革，对教师自身素养提出了相应要求。对旨在提升学生思维能力所有训练的恰当评价及评分，来自教师对所涉相应环节、相关内容的掌握和把控。基于此，教师需要不断加强自身的学习，提升自我素养，方能在实施环节中做到游刃有余。

四、结　论

　　针对高校学生的学习现状，对其进行"被动思考"能力提升的教学手段和方式，最终目的是希望调动学生的学习主动性和积极性，让学生养成主动思考的习惯，并最终提升其思考问题、解决问题的能力，提升其核心竞争力，培养合格学生、优秀学生，当然这些学生最终需要得到社会的检验和承认。另外，基于学生"被动思考"能力提升的这些手段和方式的有效采用，需要多方支持、配合与改革，是一个系统工程。在具体实施的过程中，可能会面临一些问题，这些问题如何解决，是另外需要讨论的问题。

参考文献

[1]　纪兆华，廉福生，张晓华，等. 大学生创新思维能力培养研究[J]. 科技资讯，2017，15（2）：221.

[2]　赵婷婷，杨翎. 大学生学习成果评价：五种思维能力测试的对比分析[J]. 中国高教研究，2017（3）：49-55.

[3]　丁中建. 理论教学中培养大学生工程思维能力的探索[J]. 滁州学院学报，2016，18（5）：121-123.

[4]　马燕娜. 在阅读中培养大学生审辩思维能力初探[J]. 大学教育，2016（1）：46-47.

[5]　张萍. 创新人才培养视域下大学生逻辑思维能力培养路径探究[J]. 黑龙江高教研究，2016（1）：134-136.

作者简介

杨卫东（1970—），男，眉山人，讲师，研究方向为旅游文化。

旅游英语的词法、句法及修辞特征的教学探讨
—— 以旅游广告英语为例

杨　雁

摘　要: 现代旅游经济的发展推动了旅游英语的普及运用。作为旅游管理专业的核心课程,旅游英语的教学方法的探讨和改革愈发重要。本文以旅游广告为例,分析了旅游英语的词法、句法和修辞特征,探讨旅游英语的课堂教学。

关键词: 旅游英语;广告英语;词法;句法;修辞

作为旅游管理专业的核心主干课程,"旅游英语"开设了两个学期,分成"旅游英语 I"和"旅游英语 II"两门课程,共 6 个学分,64 课时,是旅游学院旅游管理专业的一门非常重要的专业课程。由于旅游管理专业学生的英语水平有限,学习比较吃力。同时,教师面对这一内容众多的复杂课程力不从心。为了更好地指导教学,帮助学生理解和学习,本文以旅游广告英语为例,通过大量的酒店、旅行社、景点、租车公司、保险公司等旅游产业相关行业的旅游广告实例,分析旅游英语的词法、句法和修辞特征,帮助学生更好地理解和掌握此门课程知识。

一、词法特点

作为传播信息的手段,广告用语必须简洁、生动、形象,富于感情色彩和感染力。因此旅游广告英语的词汇与普通英语有着较大的区别,主要表现在以下 3 个方面:

(一)人称代词

广告宣传是一种劝说活动,因此要注意"Who says""to whom""what""how",即"谁说""对谁说""说什么""怎么说"。旅游广告是旅游商为向旅游者宣传推销产品而做的。广告英语中广告商、消费者多用人称代词 WE/YOU 及相应的物主代词 OUR/YOUR 来指代。从心理学的角度来分析,我们发现,人称代词的使用,增加了广告的人情味。旅游商以第一人称自居,"我""我们"这些词可以给顾客一种承诺,让他们觉得这是一个可信任的机构;同时还可以给客人带来亲切感,缩短了两者之间的距离,有助于实现人际功能。有时,第二人称也常使用,听上去像在跟你轻言细语地讨论问题,给人一种温馨的感觉。第三人称是不能使用的,因为它的劝说效果是最弱的。

(1) We are in the pleasing Business.——Diton car renting Company.
您的愉快,我的天职。——迪登出租汽车公司。
(2) We Are Good,not Fancy.——New Century Hotel.
卓而不俗。——新世纪酒店集团。
(3) Beyond Your Imagination.——Korea Airlines.
您意想不到的。——大韩航空公司。
(4) You're better off under the Umbrella.——Travelers Insurance.
在"伞"的保护下,你会更加舒适。——旅行保险公司。
(5) We are your homes in Japan——Dai-Ichi Hotels.
我们是你在日本的家。——戴艾奇饭店。

（二）形容词

旅游广告的目的是推销商品，因此，选词大多是褒义的赞美之词。形容词是一种开放性词类，可以对名词起修饰、描绘作用。广告文体中广泛使用的形容词是描述性的，对产品的评价是主观而不是精确的，但能引起联想，激发旅游者的感情或欲望。广告中大量使用描写性形容词代替有条理的客观证明，一方面反映了广告语言的易读原则，另一方面也显示了广告语言倾向性的感情色彩，为广告语言增添了极大的魅力。

广告中使用的形容词虽然难以尽数，但还是可以发现一些经常使用的形容词。语言学家 G. N. Leech 曾对广告选词做过调查，按使用频率的大小排列，名列前 20 名的形容词如下：

① new 新的；② good/better/best 好的；③ free 免费的；④ fresh 新鲜的；⑤ dilicious 美味的；⑥ luxurious 豪华的；⑦ sure 肯定的；⑧ clean 干净的；⑨ wonderful 棒极了；⑩ special 特殊的；⑪ 11.only 唯一的；⑫ fine 可爱的；⑬ big 大的；⑭ great 宏伟的；⑮ real 真实的；⑯ easy 容易的；⑰ bright 明亮的；⑱ extra 额外的；⑲ safe 安全的；⑳ rich 丰富的。

形容词的比较级和最高级的出现率很高。因为它们具有比较性质，可以迎合消费者以货比货的心理。

（1）The Great Celebration! ——The World's Fair in new Orleans.

盛大的庆典! ——新奥尔良世界博览会。

（2）You'll take a shine to the special privileges of the Regency Terrace. ——Hyatt Regency.

下榻凯悦饭店，请您尽情享受特权。——凯悦饭店。

（3）New Hawaii. ——Haddon Tours.

全新的夏威夷。 ——哈登旅行社。

（4）The World's First Choice. ——Holiday Inn.

世界的首选。 ——假日饭店。

（5）The view in Singapore from the world's tallest hotel. ——Westin Hotels &Resorts.

从世界最高的饭店里鸟瞰新加坡。——威斯丁饭店。

（6）Kodiak Alaska's most mystical isle. ——Kodiak Island.

科帝克，阿拉斯加最神秘的岛屿。——科帝克岛旅游。

（三）动词

旅游广告的目的就是劝说人们购买旅游产品。行为动词有生命和活力的感觉，可以让消费者的思想运动起来，并形成行动。因此，为使广告语言简洁生动，内容一目了然，常使用一些单音节动词。它们词意繁多，用法灵活多变，是日常生活中使用最多、意义最明确的词语，符合简练、通俗、朗朗上口的特点。

G.N.Leech 在他的《Advertising in English》一书中指出下列动词最为常用：

① take 带走；② feel 感觉；③ give 给予；④ have 拥有；⑤ see 看见；⑥ buy 购买；⑦ come 到来；⑧ go 去往；⑨ know 明白；⑩ keep 保持；⑪ look 看望；⑫ need 需要；⑬ love or like 喜爱；⑭ stay 停留；⑮ get 得到；⑯ book 预订；⑰ start 开始；⑱ taste 品尝；⑲ help 帮助。

一般现在时是动词最常用的时态。它表示一贯性的动作和状态，最适宜表现产品的稳定性，使其产生持久的印象，令人放心，从而促使公众做出积极的反映。此外，使用主动语态也是广告语言的一大特点。它结构简单，并能使广告更具有直接性，更有力量。

（1）We love to fly and it shows. ——Delta Airlines.

我们喜爱飞行。的确如此。——三角航空公司。

（2）Feel the Hyatt touch. ——Hyatt Hotel.

感受凯悦风情。——凯悦饭店。

（3）Take me to the Hilton. ——Hilton Hotel.

请带我到希尔顿饭店。——希尔顿饭店。

（4）Visit Malaysia. ——Ministry of Culture and Tourism of Malaysia.

到马来西亚一游。 ——马来西亚国家旅游局。

（5）Under the right conditions，water can help light a fire. ——Hyatt Resorts.

在适宜的情境下，水也能助燃。 ——凯悦度假饭店。

（6）You've got China with American Express. ——American Express.

拥有运通卡，游遍全中国。 ——美国运通卡公司。

二、句法特点

广告语言要求简洁明了，引人入胜。因此，广告文体与其他文体相比，在句法上有其鲜明和独特的特点。

（一）多用简单句

旅游广告是向大众传递旅游产品信息，刺激消费的一种手段。语言应简明扼要，通俗易懂，亲切自然，一下就能抓住人们的视线和听觉，引起人们的兴趣。简单句短小精悍，结构简单，语句干练，表意明确，具有明显的强调功能。连续使用简单句还能产生铿锵有力、干脆利落的表达效果。

（1）Britain. It's time. ——Ministry of Tourism of UK.

旅游英国，正当其时。 ——英国旅游管理局。

（2）Some people just know how to fly. ——Northwest Airlines.

有些人就是懂得怎么飞。 ——美国西北航空公司。

（3）Yes，the Philippines. Now! ——Ministry of Tourism of the Philippines.

是的，菲律宾群岛。现在！ ——菲律宾国家旅游局。

（4）You don't just rent a car. You rent a company. ——Hezi car renting company.

你不仅租了一辆车，你租了一家公司。 ——美国赫兹出租汽车公司。

（二）频繁使用疑问句和祈使句

疑问句是根据旅游产品的特点和旅游者的心理来设问作答的，重点突出，针对性强，具有选择消费者的定位作用。特定的商品要求特定的消费者，疑问句易于激发起人们的反映，能选出商品潜在的消费者并吸引他们：读完问题，回答"是"的读者就是广告寻找的消费者，从而自然地引出所推销的旅游产品。

（1）Travelling abroad？Use Visa. All you need. ——Visa Card.

要出国旅游吗？请用维萨卡。满足一切所需。——维萨卡公司。

祈使句本身含有请求、命令、叮嘱、号召人们做某事的意义。旅游广告的目的是劝说，敦促旅游者采取行动，或接受某些观点。所以祈使句具有强烈的推销力量。实践证明，大量使用直接的规劝，有助于使旅游者产生购买行为。

（2）Welcome to Asiana. Fly tomorrow.——Asiana Airlines.

欢迎乘坐亚太航空公司班机。明天就飞行。——亚太航空公司。

（3）Relax with confidence.——Holiday Inn.

信心十足的放松。——假日饭店。

（4）Stay with someone you know. ——Holiday Inn.

跟你熟悉的人同住。 ——假日饭店。

（5）Discover Bermuda's beautiful little secret. ——Bermuda Island.

发现百慕大岛美丽的小秘密。 ——百慕大岛旅游。

（6）Book Spain in minutes. ——Melia Hotels.

即刻预订西班牙旅游。 ——美丽亚饭店。

（三）大量采用省略句

广告需要在有限的时间、空间和费用内达到最佳的宣传效果。因此为了实现广告信息的有效传播，广告语言必须精炼扼要，以尽可能少的文字表达最丰富的信息内容。省略句结构紧凑，表意突出，能受到言简意赅的强烈效果。因此广告文体可大量运用省略句。它可以省略主语、谓语或其他成分，甚至仅以一个词为一个句子，即所谓的独词句，使关键词语显得十分突出，从而形成一种精炼、醒目、口语化的语言特点。

（1）Only Malaysia... ——Ministry of Tourism of Malaysia.

只有马来西亚…… ——马来西亚国家旅游局。

（2）See Australia at its very best... ——Pioneer Express.

观看盛季的澳大利亚…… ——先锋快车公司。

（3）City of gold. ——Ministry of Tourism of Melbourne.

黄金之都。 ——澳大利亚墨尔本旅游局。

（4）City of Culture. ——Ministry of Tourism of Macao.

文化之都。 ——澳门旅游局。

（5）A world of comfort. ——Japan Airlines.

充满舒适和温馨的世界。 ——日本航空公司。

还有一种描写式广告文案，是以其生动细腻的描绘刻画达到激发人们基本情感和欲望的一种广告文体。如果描绘得亲切感人，会给人们一个鲜明的形象和深刻的印象。

（6）Bask in the warmth of the Philippines.

Bask...indulge...luxuriate...

In beautiful whitesand beaches...Breathtaking scenic wonders...world-class facilities and efficient service.

But best of all，bask in the special warmth and comfort that is uniquely，wonderfully Filipino.

美丽的白色沙滩上……沐浴在金色的阳光里……恣情嬉戏……尽情享受……；美妙的风景，激动人心的奇观……；世界一流的设施，高效的服务。

不仅这些，最令人神往的是，你可以享受到菲律宾带给你的独有的温暖、热情与舒适。

三、修辞特点

修辞是增强语言表达效果的有力武器。成功的修辞能切合内容的主题和情景，提高语言文字的表达力，呈现出一种动人的艺术魅力。因此，广告商常常灵活采用现代英语中不同的修辞手法增强广告语言的生动性、艺术性和感染力。

（一）大量采用反复，以强化广告的宣传效应

反复运用可以加强语势强化旋律，以抒发强烈的感情，表达深刻的思想，增强语言节奏感。因此，重复现象在英语广告中极为普遍。它可使广告看来醒目，听来悦耳，读来上口，进一步增强了广告行文的气势，创造某种气氛，从而达到向读者宣传广告内容，诱发消费者的兴趣和购买的目的。

（1）Free hotel! Free meals! Free transfers! For a free "stay-on-the-way" in Amsterdam，you can rely on KIM.——KIM Travel Service.

免费的住宿！免费的餐饮！免费的交通！免费的中转阿姆斯特丹！一切尽在 KIM 旅行社——KIM 旅游公司。

（2）A touch of elegance. A touch of fragrance. ——Asiana Airlines.

些许的优雅。些许的芳香。 ——亚太航空公司。

（3）Looking to our land and discover us. We are strong. We are free. We are Alberta. ——Alberta Island.

请到我们的土地上来找寻。我们强壮。我们自由。我们是阿尔巴特。 ——阿尔巴特旅游地。

（二）频繁使用对比，增强广告的客观性

对比运用在广告英语中可将事物进行比较，借以突出两者的共同点和不同点，帮助广告突出产品质量，巧妙地贬低对手，抬高自己，使其优越性跃然眼前。

（1）We're not the only Airline to claim great service. Just the only one to prove it. ——Delta Airlines.

我们不是唯一的一家号称优质服务的航空公司。我们只是唯一的一家以行动证明的航空公司。——三角航空公司。

（2）There is no service like our service. ——Shanghai Jin Jiang Foreign Service Company.

前所未有的服务。 ——上海锦江对外服务公司。

（3）Like no other place in the orient. ——Manila Hotel.

东方独秀。 ——马尼拉饭店。

有一些旅游广告喜欢使用形容词最高级把自己和竞争对手区分开来。

（4）World's most refreshing Airline. ——Swiss Airlines.

世界上最爽的航空公司。 ——瑞士航空公司。

（5）The world's most preferred card. ——Visa Card.

世界上最受欢迎的信用卡。 ——维萨卡。

（三）偏爱使用韵格，使广告具有可读性

英语是一种韵律十分丰富的语言，韵格在诗歌、谚语中的运用十分普遍。在广告英语中，如能巧妙地加以利用，不仅使广告语言读来音韵和谐，优美动听，还能产生节奏感，音调铿锵有力，朗朗上口，便于记忆，增强广告语言的表现力和感染力，给人以深刻印象。

（1）The wonder down under.——Ministry of Tourism of Australia.

天下奇观。——澳大利亚旅游局。

（2）A passion for perfection.——Lufhansa Airlines.

追求完美。——德国汉莎航空公司。

（3）Mexico，non-stop.

It'll make your grin grow gringo.

…British Airways.

有了从伦敦直飞墨西哥的班机，大家都感到高兴愉快（grin grow）。

该广告巧妙地用了一个发音与 grin grow 相似的词 gringo，它本是一个贬义词，原指生活在拉美、西班牙等国的英美人，此刻将这一词巧妙地运用在这里，不仅收到一种音韵上的独特艺术效果，而且还给广告增添了几分幽默，具有一种强烈的感染力。

（四）多用比喻，增强广告的表达功能

比喻是广告英语中常见的修辞手法，包括明喻、暗喻和引喻等。运用比喻手法可使描绘的事物形象生动，赢得好感，易于接受。

明喻的使用在于可以更鲜明、更简洁、更生动地描述事物，可以用简单、具体的形象化描述说明抽象、复杂的概念。

（1）Smooth as silk. ——Tai Airlines.

像丝绸一样平滑。 ——泰国航空公司。

这广告一语双关，既让人想到飞机的安全平稳，又让人想到东方丝绸的精美和东方文化的神秘。

（2）Like a good neighbor, state tour insurance is there. ——State Tour Insurance.

像一位好邻居，州旅游保险公司为你服务。 ——州旅游保险公司。

广告将保险公司比喻为好邻居。圣经中有"爱邻如己"之说，在中国也有"远亲不如近邻"的说法。现有州旅游保险公司为邻，随时为你服务，不禁让人感觉亲切友好。

暗喻的作用与明喻是一样的，只是不直接使用比喻词。它也是用生动、具体、简单、熟悉的东西来比喻抽象、深奥、复杂的陌生事物，从而更形象、深刻地说明事物，力求达到贴切、新颖、创新的表达效果。

（1）The jewel of Asia. ——Korea Airlines.

亚洲瑰宝。 ——韩亚航空公司。

（2）Creating a new dynasty. ——China Airlines.

再造一个新的空中王朝。 ——中国航空公司。

在现代广告中，广告商常引用一些历史人物、文学作品等来增强广告的注目价值，刺激消费者的虚荣心，满足人们的好奇心，怂恿人们购买产品。

（3）Kangaroo Island...you can escape from the rush of life and become a modern Crusoe.

在袋鼠岛……你能逃避喧嚣的尘世，成为现代的鲁滨孙。

用词准确、造句洗练、修辞手法独到的旅游英语，既能突出高品位的文化氛围，又能准确地表达需求，沟通交流。教师在课堂教学中，总结分析出这一实用性英语特点的教学方法，能帮助旅游管理专业的学生，掌握好旅游英语的词法、句法和修辞特点，提高英语交际能力，为未来的旅游职业发展打下坚实基础。

参考文献

[1] 杨雁. 广告文体语言的句法和词法特征[J]. 重庆理工大学学报，2009（03）.

[2] 宋永燕. 浅谈旅游英语的语言特点[J]. 中国商论，2012（34）.

[3] 赵静. 广告英语[M]. 北京：外语教学与研究出版社，2015.

[4] 朱葆琛. 实用旅游英语[M]. 北京：旅游教育出版社，2016.

作者简介

杨雁（1967—），女，重庆工商大学旅游学院副教授，硕士，研究方向为旅游双语教学。

测量学实验教学过程管理与效果评价研究

臧亚君

摘　要： 本文针对当前测量学实验教学过程管理中存在的问题，提出了基于过程管理的实验教学模式，提炼过程管理的各个环节，加强相互之间的联系，丰富过程考核的形式，增强学生的实践能力，从而最终提升实验教学质量。同时，本文从改革旧的实验课教学过程管理的"三段式"模式作为突破口，通过建立更加科学合理的实验课教学过程管理模式，对学生形成导向和牵引的力量，通过严格的考核评价方法，对学生产生激励和鞭策的督促作用，用完整的教学手段刺激教学对象产生相应的反应和行为，本文可以为非测量专业测量学课程改革提供一定的借鉴经验。

关键词： 测量学；实验教学；过程管理；效果评价

随着我国教学改革的不断强化和深入，实验环节越来越受到高校的重视，其中测量学就是一门理论和技术相结合、实践性很强的课程，并且测量学课程教学成果的好坏，很大程度上取决于教学实验、实习质量的高低。因此在测量学的教学安排中，实验和实习的课时占总课时的 2/3 以上，并且实践教学改革在测量学课程改革中显得相当重要。

但我校的测量学实验实行的课程过程管理模式仍旧是实验预习+实验指导+实验报告，使得学生倦于思考，主动学习意识不足，影响了实验课的教学质量。针对此问题，本文以改善测量学实验教学效果、提高测量学实验教学质量为目标，把改革旧的测量学实验课程教学过程管理体系和旧的测量学实验质量评价体系作为突破口，通过建立更加科学合理的实验课教学过程管理模式，对学生形成导向和牵引的力量；通过建立完善的实验课质量评价体系，对教师及学生产生激励和鞭策的督促作用。

一、传统非测绘专业测量学实践教学模式存在的问题

近几年来，对非测绘专业的测量教学改革讨论比较多，并且也推动了测量学在教学内容、教学手段方面的更新，但是对于测量实践教学方面的改革研究相对偏少。随着素质教育的深入，以及测绘新技术的发展，测量实践教学的内容、方法和手段也应该得到更新和发展。

当前许多高校实行的实验课教学过程管理模式，依然是几十年不变的"预习报告、实验指导、总结报告"这样的"三段式"，在这种模式下，预习报告和总结报告更多地变成了通过抄袭而完成的疲于应付的形式报告，实验指导则变成倦于思考的学生习惯依赖的"拐棍"。现实验课教学过程管理存在的主要的问题体现在以下几个方面：

（1）实验教学中只针对个别环节进行管理。实验教学是由一系列教学阶段组成的，包括实验大纲制定、实验准备、实验讲授、实验操作、实验报告、实验考核等过程，教学质量的好坏取决于每个具体教学过程的质量，只有切实提高每个教学过程（环节）的质量，才能够保证整个实验教学的质量。

（2）实验教学过程管理实时性不强。当前实验过程考核的途径多种多样，常用的方法有教师在操作实验前查看预习报告、实验过程中作个别指导记录、实验结束时检查实验数据并签字等。这些手段都属于事后管理，没有在实验环节过程中进行随机性地抽查，而是在每个环节结束时才进行考核，这就给学生提供了很好的抄袭和作弊条件，对督促学生在实验中进行独立地理性思维又显捉襟见肘。

（3）实验教学各环节相互联系甚少，过程管理不连续。实验教学是一个系统工程，每个环节之间都有着千丝万缕的联系，或互为因果，或相互补充。传统的实验教学过程管理在对实验过程进行考核时，各环节之间的联系甚少，例如，实验预习管理，当预习通过后，在预习阶段呈现出的问题在后续的实验

操作或实验考核中并无体现。

（4）实验教学过程管理中考核方式单一。当前实验教学过程管理最为常用的一种方式就是抽题考核，在考核过程中，抽取的试题基本相同，实验报告内容基本相同，为学生抄袭、替考提供了条件，不利于发挥学生的逻辑思维和创造性思维，也不利于培养学生的实验能力和科研能力。

因而，对这些问题均有待进行专门的研究，以实现对人才培养模式的进一步完善，从而适应新时期对创新型人才培养的需要。

二、测量学实验课程教学过程管理模式研究

针对当前我校测量学实验教学过程管理中存在的问题，本文提出了基于过程管理的实验教学模式，旨在提炼过程管理的各个环节，加强相互之间的联系，丰富过程考核的形式，增强学生的实践能力，提升实验教学质量；并且经研究，初步建立了基于实验教学过程管理的自我完善、自我约束的实验教学质量监控与保障体系，目的在于完善新形势下测量学实验教学体系，完善现有测量学实验教学制度，增强学生动手能力和创新意识，培养创新型人才。

实验教学的过程管理是实验教学管理的重要组成部分，是实现实验教学目标和实验教学改革的前提和保证，而实验效果评价从某种意义而言也是实验教学过程管理延伸的一部分。因此，本文基于教学过程管理，从实验教学的准备、实验教学的组织与实施、实验教学质量的评价3个方面进行了研究，并初步形成一系列的研究成果，在本校的测量学实验教学过程中进行了推广。

1. 测量学实验教学准备阶段的研究

（1）教师的准备工作。

① 本校测量学实验教学内容的优化定位。

按照非测绘专业的生产实践和测绘科学的发展，测量学科正朝着数字化、信息化、智能化、自动化方向发展，实践教学内容应充分考虑内容的基础性、针对性、实用性和先进性，教学中应加强测绘新技术、新成果在学科中的应用，取消或者弱化某些传统而又逐渐被淘汰的实验项目，如小平板仪测图、钢尺量距、机械求积仪测面积等，增加电子经纬仪测角、GPS控制测量、光电测距、全站仪数字测图等实验实习项目。实验中，对不同专业的实践教学内容适当调整，这样会取得更好的效果，调整后的各专业测量学实验项目及实验学时数如表1所示。

表1　不同专业测量学实验项目一览表

测量学实验项目	资源环境与城乡规划管理专业（实验学时数）	土地资源管理专业（实验学时数）	工程管理专业（实验学时数）
水准仪的认识与使用	2	2	2
闭合水准路线测量	2	2	2
四等水准测量			2
经纬仪的认识与使用	2	2	2
电子经纬仪测角	2	2	2
光电测距	2	2	2
全站仪的使用	2	2	2
全站仪坐标测量	2	2	2
GPS控制测量	2	2	
地籍图测绘		2	
全站仪测设坐标	2		2
水准仪测设高程			2
碎部测量及CASS软件练习	2	2	
总学时数	20	20	20

② 测量学实验指导书的配套改革。

教学条件中的测量学实验指导书的配套改革，应该与管理措施改革形成无缝对接。制度及考核办法是实验课过程管理模式的外在表现形式，而实验指导书的编写则应体现出过程管理模式的内涵，它是管理模式得以实施的基础。实验指导书不仅要对实验原理、方法、仪器的操作等进行较为详细的介绍，还要从实验操作者的视角出发，对有关故障的分析与排除、实验技巧和应关注的实验现象等问题进行充分介绍。

由课题负责人主编的《测量学实验指导》实验教材正在紧张编写过程中，很快能出版。该书在新的测量学实验指导书中进行了系列改革，原来的实验指导书仅编写了实验的目的、任务及时间安排，实验所用数据记录表格靠指导教师临时发放，学生实验中应注意的事项和问题、仪器设备的借还制度均没有编入。为了适应新的教学方法，培养学生独立完成实验的能力，在新的测量学实验指导书中编入以下内容：① 测量实验的组织、学生的分组情况和组长负责制；② 仪器设备的借还制度和损坏赔偿制度；③ 仪器使用的详细操作步骤；④ 使用仪器设备时应注意的事项；⑤ 实验中如何减小测量误差；⑥ 实验报告所用表格；⑦ 实验成果整理时应注意的问题；⑧ 实验成绩的考核办法。实验指导书原来每组一份，而现在每人一份。除此之外，在测量学实验指导书中每章还编入作业，让学生通过实验和作业进一步巩固所学理论知识。使用新的实验指导书，既可以培养学生独立完成测量实验的能力，又能减轻指导教师的负担，并且把学生的实验与作业汇集成册，使教师能随时了解每个学生对测量学内容的掌握情况。

（2）学生的准备工作。

在本文调研过程中发现，多数学生没有在实验前主动预习的习惯，从而在实验课中不能有效把握实验的关键。在测量学实验教学创新中，为使学生在实验课中得到同一的学习水平以实施规模教学，根据大学生的学习能力，着重强调学生的实验前预习，并加强对学生课前预习质量的评估，为使这种教学评估具有可操作性，在课程改革过程中创新性地提出要求，在实验课前提交预习报告，督促学生进行实验课预习和总结，培养学生的学习主动性，促使学生课前达到同一学习水平，在有限的时间内有效实施规模教学。通过将此次创新应用于实践表明，实验课前预习报告在本校以"地图学与测量学"为专业基础课程的2015级土地资源管理专业中，有效提高了课程的教学质量。测量学实验课前预习报告实施过程见表2。

表 2 测量学实验课前预习报告实施过程表

步骤	内　容	步骤	内　容
1	在实验课前一次教学中，教师根据已构建的实验课程内容体系布置实验任务，要求学生通过预习撰写实验课前预习报告	4	实验开始前，教师结合学生课前预习情况进行有针对性的实验讲解，尤其是针对学生实验预习报告中反馈的不足或错误进行重点讲解
2	学生依据实验课的先验知识体系，按照实验任务安排，利用现有的课程资源进行学习，包括课程教材、实验教材、教学网站中课程内容体系、课件等进行自主学习或合作学习，将学习结果形成实验课前预习报告	5	学生结合自己实验预习情况在教师指导下进行实验
3	学生在实验课前预定时间（预定时间视实验人员多少而定，课程改革时针对 35～40 人的实验小组，要求课前 35 min 提交），实验指导教师进行评阅	6	学生根据实验过程、操作、数据等对实验进行总结，重构知识体系，完成实验报告后提交指导教师，指导教师依据学生提交的实验报告再评估，以提高后期实验课程的教学质量

2. 测量学实验教学组织与实施阶段的研究

随着学生人数的增加，我校仪器数量与学生使用频率的矛盾越来越严重，很多时候没有时间容许学生在课堂之外再从实验室外借仪器进行实验，所以必须严格控制重测补测学生量。针对本校的这一现状问题，对8个容易重测补测实验教学过程中的重难点逐一分析研究，找出每个实验的关键技术控制点，从而大大减少重测补测实验的现象，具体情况见表3。

表3　八大测量实验关键技术控制点

测量学实验项目	实验要求或目的	关键技术控制点
水准仪的构造与使用	掌握水准仪的构造及使用，练习水准尺读数的方法	掌握水准仪的读数方法以及视差的消除措施
闭合水准路线测量	高差闭合差符合限差容许值	监督每个组第一站的测量工作程序是否合格；每一站让两个同学各自单独读数
四等水准测量	练习双面水准尺进行四等测量的观测、记录、计算，并掌握测站与水准测量路线的检核方法	单站测量程序不出错；单站计算数据符合要求；单站问题没有解决时不允许挪动仪器和水准尺
经纬仪的构造与使用	掌握经纬仪的构造及使用	掌握经纬仪的对中整平技巧、瞄准技巧和读数方法
角度测量	使用经纬仪测量水平角及竖直角，并满足测角技术指标	对中整平的时间；角度读数的准确率
全站仪的构造与使用	掌握全站仪的基本构造和基本功能的操作	掌握测距功能和坐标功能的实现过程
全站仪导线测量	掌握方位角定向和坐标定向法	指导教师在第一站检查每个组方位角定向是否正确；第二站检查每个组的坐标定向是否正确
经纬仪测绘成图	掌握经纬仪测绘地形图的方法	掌握经纬仪上下丝测距原理和操作；掌握如何把地面点按照一定的比例尺绘制到图纸上

三、测量学实验教学质量评价的研究

实验教学质量的评价是实验教学质量监控的重要组成部分，也是本文的一个重要研究部分，因为通过测量学实验教学质量的评价，可以较准确地掌握实验教学的实际状况，发现存在的问题，并通过对评价信息的分析与研究，采取相应的改进措施，提高测量学实验教学质量。因此，本文把建立尽可能科学合理的实验评价考核制度，作为实验课教学过程管理模式的一个核心问题来抓，即把实验教学质量的评价作为实验教学过程管理延伸的一部分来研究，本评价从对教师的评价和对学生的评价两个方面来研究，取得了如下初步研究成果。

1. 对教师的评价

本文研究制定的评价体系中对教师的评价内容，主要包括教师的教学态度、教学能力、教学内容、教学方法、教学组织和教学效果等方面。经研究确定的教师评价体系的比例构成如表4所示。

表4　教师评价指标体系构成

评价内容	具体评价指标	所占比例
教学态度	治学严谨	2%
	善于与学生沟通	4%
	备课充分	6%
教学能力	实验设计能力	20%
	实验教学实施组织能力	20%
	实验教学反思能力	10%
教学效果	学生正确理解	10%
	学生能形成知识体系	10%
	学生能提出技术创新性问题	8%
	考试成绩分布合理	10%
合计		100%

具体来看，对教师进行的教学质量评价可采用学生评价、教学督导专家评价、实验教学管理部门（我校经管中心）评价和自我评价等方法相结合，各个评价渠道所占的百分比分别为30%、20%、20%、20%。

2. 对学生的评价

对学生实验技能的考核是提高测量学实验教学效果的重要环节。但是，测量学实验的课时偏少，而参与实验的学生数众多，在实验现场对学生进行逐一考核显然是很不现实的。在这种情况下，"抽查考核"的形式是唯一可行的途径。"抽查考核"应建立在学生基本掌握实验技能的基础上，可安排在每次实验课的后半段。为了不影响学生实验任务的开展进度，实验现场的技能考核可以结合学生操作的实际情况进行。考核对象应尽可能分布均匀，即每个小组至少应有一人参与考核。而具体到每个小组中的考核对象时，应本着"随机选取"的原则，以达到督促学生自觉参与实验锻炼的目的。考核内容应注重学生"基本能力"的考查，不宜过于复杂。例如对于常规的测量仪器操作相关的实验项目，可设计成表5所示的考核项目。

表 5　常规测量项目技能考核内容

实验项目名称	基本技能考核项目	考核内容
水准仪的构造与使用	DS3 水准仪的安置	水准仪"粗平、瞄准、精平、读数"等基本操作方法与步骤
四等水准测量	一测站水准测量操作	一测站黑红双面尺读数过程中的仪器操作、读数与计算等测量技能
经纬仪的构造与使用	DJ6 电子经纬仪的安置	经纬仪对中、整平的操作方法与步骤，包括瞄准目标及读数规范性的考核
角度测量	测回法、方向法测水平角	两种方法测量水平角的操作方法与步骤，包括度盘配置、目标点的测量顺序、读数与计算等内容
全站仪的构造与使用	拓普康全站仪的安置	在坐标采集中全站仪测距功能和坐标功能实现的具体过程

同时，制定了技能操作综合测试标准，如表6所示，即为水平角观测的考评标准。这些测试标准督促学生自我训练、自我测试，从理论概念到解决实际问题，从方法步骤到实际操作，全面系统得到锻炼、提高和升华。

表 6　经纬仪操作及水平角观测考核标准

考核项目	考核内容	技术要求	成绩评定（t 为实验时间，min）
经纬仪安置	安置经纬仪 DJ6 对中整平 找准目标 读取水平度盘读数	对中误差 ≤3 mm 水准气泡偏离<1 格 找准目标准确 读数正确	优 $t<4$ 良 $4<t<7$ 及格 $7<t<10$ 不及格 $t>10$
水平角观测 （方向观测法一测回）	选定一测站三个方向 按方向观测法观测 完成观测记录计算 计算出正确角值	按方向观测法观测 观测程序正确 记录计算正确 限差符合要求	优 $t<5$ 良 $5<t<15$ 及格 $15<t<20$ 不及格 $t>20$

经过多年的教学实践，还总结了一套综合考虑各个因素的客观的考核方法，包括经纬仪和水准仪操作考核（见表7）、全站仪地形图测绘考核（见表8）及实习总成绩的评定（见表9）。

表 7　经纬仪和水准仪操作考核评分标准

考核项目	仪器安置	观测方法与精度	观测时间	记录与计算	合计
所占比例	20%	30%	30%	20%	100%

表 8　地形图测绘操作考核评分标准

考核项目	仪器安置	观测方法与精度	观测时间	合计
所占比例	20%	40%	40%	100%

表 9　实习总成绩评定标准

考核项目	经纬仪考核	水准仪考核	地形图测绘	实习报告	实习口头答辩	实习态度（包括出勤情况）	合计
所占比例	20%	20%	20%	20%	10%	10%	100%

四、结　论

测量学实验是一个综合性的学习过程，学生可以通过测量实验把测量学理论课中学到的知识和能力集中表现出来，是理论和实践相结合的具体表现。同时，测量学实验也能培养学生提高适应艰苦环境的能力和相互合作的团队精神，是素质教育的一种体现。实践证明，实验教学改革是培养面向 21 世纪社会发展急需的有用人才之重要途径，今后还应不断完善实验内容，引进新知识，扩大考核范围，将实验教学与理论教学紧密联系起来，重视实验方法创新，使实验教学真正发挥出应有的作用。

今后，测量学实验实践教学改革进一步发展的方向，可以围绕实验内容的整合和实习基地的建设两个方面来进行：

（1）减少验证性实验比例，增加改进性、设计性、综合性实验内容的比例，提高实验课总学时数，突出能力培养。

（2）大力建设校外实习基地，建立参观实习基地，结合实习完成某项生产任务，进一步提供学生解决实际问题的能力。同时教学实习内容也应进一步结合教师专业，并与相应的科研、生产和社会实践相结合，在具体项目、任务中进行综合实践。

参考文献

[1]　汪祖民. 对非测绘专业测量学课程教学改革的探讨[J]. 测绘通报，2002（8）：59-60.

[2]　高井祥. 测量学[M]. 徐州：中国矿业大学出版社，2003.

[3]　殷耀国，等. 实习场地的形式及其对实习教学的影响[J]. 测绘通报，1998（11）：37-38.

[4]　周新力，等. 对测量学课程实践教学环节的探索[J]. 北京测绘，2005（3）：59-60.

[5]　王铁生，等. 非测绘专业测量学实践教学环节的改革与探索[J]. 矿山测量，2006（2）.

[6]　谭光营，等. 农业院校"测量学"实践教学改革初探[J]. 海洋测绘，2003（4）：63-95.

[7]　董斌，等. 非测绘专业测量学实践教学改革研究[J]. 中国农业，2005（1）：34-35.

[8]　曾振华等. 浅谈测量实验教学[J]. 科技情报开发与经济，2006（7）：266-267.

[9]　聂启祥. 非测绘类专业测量实践教学改革探讨[J]. 华东交通大学学报，2005（6）：65-67.

[5]　徐汉涛，等. 因地制宜改革测量学实习教学[J]. 高等建筑教育，2001（2）：45-46.

[6]　熊顺，张卫柱，徐道柱，等. 基于地理空间认知的本体语义信息转换[J]. 测绘科学与工程，2012（1）：10-15.

[7]　熊顺，张卫柱. 属性语义信息转换及其精度评估[C]. 全国博士生学术论坛文集，2011.

[8]　王家耀，孙群，王光霞，等. 地图学[D]. 郑州：信息工程大学测绘学院，2003.

[9]　华一新，吴升，赵军喜，等. 地理信息系统原理与技术[M]. 北京：解放军出版社，2001.

作者简介

臧亚君（1976—），女，山东德州人，重庆工商大学旅游与国土资源学院城乡规划教研室，副教授，博士，主要从事国土资源规划管理、国土开发整治、地质灾害防治与评估、地质环境恢复治理等方面的研究。

科研论文

美国文化景观遗产保护特点及其启示①

曹珂 肖竞

摘　要："文化景观"（Cultural Landscape）遗产作为一种结合人文与自然，侧重于地域景观、历史空间、文化场所等多种范畴的遗产对象进一步丰富了人们对历史遗产的认识。文化景观不仅是人类文化遗产的重要组成部分，也是当前和未来历史遗产保护的一个重要发展方向。本文结合美国在文化景观遗产保护方面的相关经验与探索，对文化景观遗产的内涵进行重新审视。

关键词：遗产保护；文化景观；类型构成；保护与发展

一、文化景观遗产概念的提出

文化景观（Cultural Landscape）本是源自西方文化地理学界的概念，在文化地理学、景观生态学、人类生态学等学科中都有着悠久的研究历史。[1]但随着 1992 年世界遗产委员会将其纳入世界遗产的概念范畴，"文化景观遗产"作为一种新的遗产对象，重新引起了学界的兴趣与重视。[2-3]

（一）20 世纪遗产保护观念的转变

20 世纪以来，人类对历史遗产保护的观念不断深化和完善，如从单个的文物古迹到整体的城市环境，从有形的物质实体到无形的文化遗产。基于对文化多样性的认识，遗产保护的对象逐渐拓展到多种范畴的空间、景观对象。正如 Bernard M. Feilden 所言："今天，文化遗产的概念有着更广泛的意涵"。[4]

由于历史遗产是一个庞杂的概念，而且具有显著的地域特性，因此各国对历史遗产的分类不尽相同。但总的来看，世界范围内对遗产构成的认识基本上可以分为自然遗产和文化遗产两大类，而文化遗产又分为有形文化遗产和无形文化遗产。随着对历史遗产认识的深入，人们逐渐意识到一些遗产类型既难以完全泾渭分明地归入"文化"和"自然"这两大范畴中，同时又兼具"有形"与"无形"的特征（如聚落景观）。因此，自 20 世纪 80 年代以后，"文化景观"的概念应运而生。它作为一种特殊的遗产类型，不再沿用"自然-文化""有形-无形"二元对立的分类方式，而是对既有历史遗产构成体系的补充和完善。[5]

（二）文化景观遗产概念的正式提出

1992 年，世界遗产委员会将"文化景观"正式列入世界遗产的范畴，规定这类遗产地由国际自然与自然资源保护联合会（IUCN）和国际文物古迹理事会（ICOMOS）两个国际机构共同审议。它代表了《保护世界文化和自然遗产公约》中第一条所表述的"自然与人类的共同作品，它表现出人化的自然所显示出来的一种文化性，也指人类为某种实践的需要有意识地用自然所创造的景象。"[6]其后，美国国家公园

---

① 重庆市社会科学规划项目（批准号：2016BS083）、国家自然科学基金资助项目（批准号：51608063）、中国博士后科学基金项目（2017T100679）、中国博士后科学基金项目（2016M602653）资助。

管理局（National Park Service，NPS）①也对"文化景观"这一概念进行了界定，指出它是代表"一个联系着历史事件、人物、活动或显示了传统的美学和文化价值，包含着文化和自然资源的地段或区域。"[7]学者 Catherine Howett 进一步对此解释道："受保护的历史文化景观不是一件仅供观赏的艺术品，它像当代的环境一样具有一定的功能，我们能够自由的进入并与之融合。"[8]

（三）文化景观遗产在世界遗产体系中的位置

在世界遗产的五大类型中，文化遗产、自然遗产、自然和文化双遗产共属同一体系。而 20 世纪 90年代增补的"文化景观"与"人类口头遗产和非物质遗产代表作"②则分属独立体系，拥有独立的评价、登录标准。目前全球已有 66 处文化景观列入世界遗产，但"文化景观"所登录的遗产对象却又与文化、自然和双遗产这一体系呈现出交集关系（见图 1）。[9]

由此可见，"文化景观"在世界遗产体系中并非是一个全新的遗产分支，而更多的是一种对传统遗产概念的发展与重新认识，是对传统遗产类型之间一些无法界定的模糊区域的界定和对以前遗产保护工作中未充分认识到的领域的拓展，它强调了人与生存环境之间一种无法割舍的精神联系。正如 Ken Taylor 所言："它反映了人类与所处环境之间的关系，而这种关系则是人类智力和文化的基础"。[10]

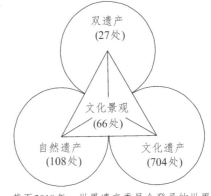

注：截至2010年，世界遗产委员会登录的世界遗产共911处，文化景观66处，两者呈交集关系。

图 1 文化景观与世界遗产名录的关系

二、美国遗产保护发展及文化景观保护运动的兴起

作为一种反映人与环境互动关系的遗产对象，文化景观的确是一种全新的思维与视野。然而也正因为此，其必然呈现出多重的文化属性，每个国家和民族都会因其自生的历史文化发展轨迹而衍生出不同的文化景观类型与保护路径。[11]自 19 世纪的民间团体自发保护运动，到 20 世纪美国国家公园局的诞生，再至 20 世纪 80 年代文化景观遗产保护的实践，美国的遗产保护从历史的纪念到生态的保育再到人类文明传承，走过了漫长的发展历程。这一演变过程，反映出美国遗产保护观念的基本走向，也为我们认知文化景观遗产在美国遗产保护体系中的价值与作用提供了重要的线索。

（一）历史纪念导向的民间遗产保护

美国的遗产保护始于 19 世纪中期，最初的保护力量来自民间。1853 年，为保护乔治·华盛顿在弗农山庄（Mount Vernon）的居住地（见图 2）③，康宁汉姆（Ann Pamela Cunningham）发起的"保护弗农山庄住宅妇女联合会"（Mount Vernon Ladies' Association of the Union）成为美国历史上第一个遗产保护民间团体。[12]在该组织的影响下，

图 2 华盛顿故居弗农山庄（Mount Vernon）

---

① 美国国家公园管理局（National Park Service）于 1916 年 8 月 25 日根据美国国会的相关法案成立，隶属于美国内政部，主要负责美国境内的国家公园、国家历史遗迹、历史公园等自然及历史保护遗产的保护与运营。

② 两者为遗产委员会随着对遗产概念认识的不断深入，分别于 1992 年和 1997 年增补的遗产类型。

③ 1853 年，康宁汉姆就发起了名为"保护弗农山庄住宅妇女联合会"的妇女志愿团体。弗农山庄住宅是乔治·华盛顿的居住地，1850 年后，出于华盛顿的后人无力维持，也无法从政府获得整修的费用，因此决定变卖房产，唯一的条件就是购买者必须将房产作为历史遗迹进行保护。康宁汉姆得知后，便号召公众为保护弗农山庄住宅进行募捐。1853年，她组织成立了"保护弗农山庄住宅妇女联合会"，在该组织的努力下，她成功地游说募捐了大量资金，并利用这些资金，买下了弗农山庄住宅及其周围的地产，并对住宅和周围的环境进行了修缮和维护。如今，弗农山庄住宅已成为维吉尼亚州著名的旅游景点。

"维吉尼亚古迹保护协会"（the Association for the Preservation of Virginia Antiquities）、"圣安东尼奥历史保护协会"（San Antonio Conservation Society）等其他民间保护团体相继开始成立，在全美产生了广泛影响。与此相应，这一时期美国遗产保护的对象主要聚焦在华盛顿、杰斐逊、林肯等历史名人的故居与独立战争期间重要的历史建筑①上，以此作为纪念和教化后人的场所。

美国早期这种以历史纪念为导向，以中产阶级为主体的公众参与式遗产保护的兴起，有其特殊的政治、历史背景：对于由移民发展、经过独立战争建国的美国人而言，迫切需要通过对本土偶像的建立来确立国家认同感。[13]因此，对于那些对这段历史具有纪念性质的建筑而言，其空间与所承载的历史信息直观地契合了先期国民与保护者的精神需求，从国家和民族的视角来看，这种遗产保护的价值观在当时的美国是一种普遍倾向。

（二）从自然遗产保护到美国国家公园局的建立

除对历史古迹的保护外，在自然遗产保护方面，美国当属世界上行动较早的国家之一。美国对"自然遗产"的全面关注，始于边疆风情画家乔治·卡特林（George Catlin）提出的"国家公园"理念。1832年，乔治·卡特林在前往达科他州写生的路上，看到西部发展对美国西部自然生态及印第安人文化生态造成的破坏，心怀忧虑，于是在自己的日记中记录下这样的心情："如果政府能以某种强制性保护政策介入，保护这里的原住民文化及原始自然景观，人们便可以永久地欣赏到这个壮观的自然公园。"于是，"国家公园"的概念由此而生。这一想法获得了许多环保人士与旅游业者的支持，在这些群体共同的推动下，1872年，美国国会通过了批准建立世界上第一个国家公园——黄石国家公园（Yellowstone National Park）（见图3）的法案②。随后，美国政府于1916年设立了美国国家公园管理局（NPS），正式将自然遗产的保护工作列入政府议事日程。[14]

图3　美国黄石国家公园

美国国家公园局（NPS）的建立，标志着美国进入到公共机构统一负责全国的遗产保护事物的时代③。另一方面，在此之后，美国遗产保护也逐渐走上了法制化轨道。美国先后于1935年、1966年、1969年、1979年，分别通过立法的方式确立了对各种历史遗址、建筑及其周边环境的保护④，这些法案与原则至今影响着美国遗产保护的各类实践。

（三）文化景观遗产保护的兴起

第二次世界大战之后，美国经济迅速步入高速发展期，大规模的城市与公路建设使国家的自然与遗产资源受到巨大的破坏⑤。于是，人们逐渐认识到，对自然与遗产资源的保护，不应被动地局限于对遗产对象的保护，而更应融入城市发展中，对社会发展观念进行引导。于是，从20世纪60年代开始，美国遗产保护工作开始调整战略，保护研究人员在保护与发展之间摸索新的路径。

20世纪80年代初，在生物多样性理论的引导下，美国遗产保护实践已不再局限于建筑、历史街区和历史园林，而是扩展到更广阔的景观保护领域。国家公园体系也逐渐扩充为由"国家湖滨、海滨""国

---

① 例如，波士顿市民对作为美国独立战争的导火索波士顿茶叶事件的策划地的波士顿旧南会堂（Old South Meetinghouse）的保护。

② 法案对建立国家公园的目的作了以下陈述：黄石公园"为了人民的利益被批准成为公众的公园及娱乐场所"，同时也是"为了使她所有的树木、矿石的沉积物、自然奇观和风景，以及其他景物都保持现有的自然状态而免于破坏"。

③ 美国国家公园管理局也是美国负责文化景观遗产保护的主要机构。

④ 1935年颁布《历史遗址与建筑法》（The Historic Sites and Building Act, 1935），1966年颁布《国家历史保护法》（The National Historic Preservation Act, 1966），1969年颁布《国家环境政策法》（National Environmental Policy Act, 1969），1979年颁布《考古资源保护法》（Archaeological Resources Protection Act, 1979）。

⑤ 当时，由交通部提出的州际公路施工方案和由住宅与城市发展局提出的旧城改造方案对美国文化遗产带来灾难性影响。伴随着这两个方案的出台和随之而来的城市建设、机场建设、交通设施建设的大规模启动，许多历史建筑都受到了不同程度的冲击。

家景观大道""国家保留地、休闲地""国家荒野与风景河流"等自然景观与"国家纪念战场""国家历史公园""国家历史街区"等人文景观构成的综合系统。

因此，在1992年"文化景观"遗产的精神和概念得到世界遗产委员会正式阐释和定义后。在美国，《内政部长的历史遗产保护标准》也得到了补充和扩展，"文化景观处置导则"[7]被纳入这一体系中。从此，美国遗产保护的范围与概念得到了拓展，导则中区分了4种文化景观的类型并给予明确的定义：文化人类学景观（Ethnographic landscape）、历史设计景观（Historic designed landscape）、历史乡土景观（Historic vernacular landscape）、历史场所（Historic site）。

由于文化景观的保护能更好地反映出大规模、丰富的历史积淀和动态的社会与自然互动过程，其保护主张与原则逐渐成为美国当下遗产保护的主流理念。[15-17]

三、美国文化景观的类型划分及其保护特点

对于文化景观的概念界定与类型划分，世界遗产委员会（World Heritage Committee）和美国国家公园管理局（National Park Service）等组织和机构都曾开展了系统的研究工作。

（一）世界遗产委员会的划分标准

按照世界遗产委员会公布的《实施世界遗产保护的操作导则》（Operational Guidelines for the Implementation of the World Heritage Convention），文化景观可以分为三个主要类别：

（1）设计的景观（Designed landscape）：由人类设计和创造的景观，包括出于审美原因建造的花园和园林景观，它们常常与宗教或其他纪念性建筑和建筑群相联系。

（2）进化而形成的景观（Organically evolving）：起源于一项社会、经济、管理或宗教要求的历史景观，在不断调整回应自然、社会环境的过程中逐渐发展起来，成为现在的形态。进化而形成的景观具体又可分为两个子类别：

连续景观（landscape continuous）：它既担任当代社会的积极角色，也与传统生活方式紧密联系，其进化过程仍在发展之中，如传统种植园。

残留（或称化石）景观（landscape fossil）：其进化过程在过去某一时刻终止了，或是突然的，或是经历了一段时期的，然而其重要的独特外貌仍可从物态形式中看出，如古文化遗址。

（3）关联性景观（Associative landscape）：也称为复合景观，此类景观的文化意义取决于自然要素与人类宗教、艺术或历史文化的关联性，多为经人工护养的自然胜境，如风景区、宗教圣地。

（二）美国国家公园管理局的划分标准及其保护方法

在美国，根据1966年颁布的《国家历史保护法》（The National Historic Preservation Act，1966），美国的历史遗产主要分为五大类，即历史建筑（building）、历史街区（district）、遗物（object）、古迹遗址（site）、历史构筑物（structure）。文化景观（Cultural Landscape）遗产并不在这五类之中。但由于对传统五种遗产类型的保护逐渐陷入"使自身局限于对保护对象客体的聚焦中"，难以适应经济社会的发展；于是，文化景观作为一种"与环境、城市与社会相关的活态保护对象"逐渐弥补了传统遗产分类的缺陷，成为美国新近的遗产保护对象。美国国家公园管理局（NPS）根据其所管辖的文化景观的特征，明确地将其划分为四种类型：

（1）文化人类学景观（Ethnographic landscape）：人类与其生存的自然和文化资源共同构成的景观结构。例如，代表美国内湖航运文化的伊利运河伊利诺伊和密歇根运河国家遗产廊道（Illinois & Michigan National Heritage Corridor，1984）（见图4）。①需要特别强调的是，美国对文化人类学景观的定义，决定

---

① 伊利运河是一条影响美国历史的航道，它经由哈德逊河在奥尔巴尼将五大湖与纽约连为一体。运河总长度达363英里（约584 km），缩短了原来绕过阿巴拉契亚山脉的莫霍克河的航程，而且是第一条将美国西部水域同大西洋相连的水道。该工程始于1817年并于1825年竣工，运河的修建成功将纽约带入了商业中心并促进了美国运河的开掘。1984年，该运河流域被国会指定为美国第一条遗产廊道。

了此类景观所涉及的空间范围通常较大，涉及跨行政区域的遗产资源管理与保护。因此，美国国家公园局通常采取的保护模式是遗产廊道（Heritage corridor）[1]和遗产区域（Heritage Area）的保护方法，采取区域战略化的协作模式，将区域经济、生态保护与文化遗产保护结合起来。通常，此类文化景观的保护会梳理出一个文化主题，结合此文化人类学主题结合具体遗产地进行资料收集/展示与景观再造的设计，通过对廊道和区域内节点的逐一打造，形成完整的文化线索。与此类似的遗产保护案例还有宾夕法尼亚州西南工业遗产线路——进步之路（Southwestern Pennsylvania Industrial Heritage Route-Path of Progress，1988）以及 Shenandoah 峡谷战场国家历史委托地区（Shenandoah Valley Battlefields National Historic District Commission，1996）。

图 4　伊利运河国家遗产廊道

（2）历史设计景观（Historic designed landscape）：由历史上的建筑师、工程师等有意识地按照当时的设计法则建造，能够反映传统形式的人工景观。例如，美国南卡州的米德尔顿（middleton）种植园。该种植园位于阿什利河岸，占地 6 500 英亩（约 2 630 公顷），由米德尔顿家族于 1741 年建立，是美国最古老的自然种植园之一。种植园核心的部分是由历史老宅、坚固的院落和花园组成的 110 英亩（约 44.5 公顷）的国家历史遗迹，迄今已经有两个半世纪的历史。该种植园代表了历史时期的园艺设计技术与风格，符合美国国家公园管理局关于历史设计景观的定义，因此被管理局作为文化景观保护起来。

国家公园局对历史设计景观的保护，通常采取"建筑博物馆"（Building Museum）或露天博物馆的保护模式。此概念起源于 19 世纪末 20 世纪初[2]，1920 年代在美国密歇根州的绿野村（Greenfield Village）建设中得到了推广[3]，通常通过对历史建、构筑物的保护，历史设计景观的恢复，历史设计图纸及相关资料的收集与展示，来重现历史传统建造与风景园林景观形式及其审美价值取向。目前米德尔顿故居的老宅便被作为历史博物馆使用，并收藏了 1741—1880 年间米德尔顿家族的家具、绘画、图书、文档等资料（见图 5）。

---

① 欧洲一些国家也将此种模式称为文化路线（Cultural Routes）。

② 1891 年，瑞典人 ArturHazelius 在斯堪森（Skansen）买下了一大块土地，按照传统习俗和人类学指导原则，在保证材料、美学和乡土特征真实的基础上，重建了 150 栋从全瑞典收集的乡村民居，以及能代表斯堪森的那维亚半岛乡村生活和劳动景观的构筑物，形成了世界上第一个露天聚落博物馆 Skansen Open-air Museum。

③ 工业家亨利·福特在 1919—1927 年出资兴建的密歇根州的绿野村（Greenfield Village）。该村包含有 80 栋曾建造在不同时期、不同地点的美国历史建筑，福特将这些建筑搬迁到一起形成绿野村。

图 5　美国南卡州查尔斯顿米德尔顿（middleton）种植园保护现状及其历史资料

（3）历史乡土景观（Historic vernacular landscape）：被场所的使用者通过他们的行为塑造而成的景观，它反映了所属社区的文化和社会特征，社会职能在这种景观中扮演了重要角色。例如，美国宾夕法尼亚州的 Amish 聚居地便属于典型的历史乡土景观。

宾夕法尼亚州的 Amish 人是德国移民的后裔，在如今美国这样一个物质文明高度发达的社会里仍一直按照其古老的传统习俗生活着。在他们的生活中没有任何现代化的东西，他们在自己的小农场里劳作，男耕女织，过着自给自足的简单生活（见图 6）。历史乡土景观正是通过以上这些综合因素得以呈现，其价值特色主要在于原生生活状态的真实，因此美国国家公园局对此类文化景观的保护多采取生态博物馆（Ecomuseum）的保护发展模式。"生态博物馆"的概念最初由法国人乔治·亨利·理维埃于 1970 年代提出，这种保护方式要求当地人"不仅帮助创办博物馆，而且将自己的生活展示其中"，它不仅强调环境和地域文化多样性的主题，同时也使乡土景观的保护服务于当代，它既承担阐释地方历史的任务，也参与了地方未来的创造。

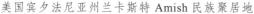

美国宾夕法尼亚州兰卡斯特 Amish 民族聚居地　　　　保持传统生活方式的 Amish 民族

图 6　美国 Amish 民族及其传统生活方式

（4）历史场所（Historic site）：联系着历史事件、人物、活动的遗存环境，如历史街区、历史遗址等，较有代表性的如马丁·路德·金国家历史遗址保护区。

马丁·路德·金（Dr. Martin Luther King）国家历史遗址保护区设立于 1980 年。它由马丁·路德·金故居、墓地、埃比尼泽浸信会教堂、展览中心等人文景观共同组成（见图 7）。由于历史场所大多分布于城市社区之中，且其历史背景通常具有重大社会价值，对社区再造与族群认知有着重要的意义。因此，美国国家公园局通常将历史场所景观保护与社区（邻里）博物馆（Community Museum/Neighborhood Museum）建设联立进行。社区（邻里）博物馆的概念产生于第二次世界大战以后，涉及遗产保护的公众参与（这在美国有着传统的群众基础）以及人们对日常生活遗迹的社会学解释与对城市历史文脉的认知，并逐渐成为社会力量有意识地用历史来阐释当代主张的途径之一。

（a）历史遗址保护区入口标识　　　（b）埃比尼泽浸信会教堂　　　（c）马丁·路德·金夫妇合葬墓

图 7　马丁·路德·金国家历史遗址保护区组图

（三）不同视角的归指 —— 两种分类方式内在逻辑综合分析

出于不同的目的与文化背景，世界遗产委员会与美国国家公园局先后制定了各自的文化景观分类标准。从两者的对比中，我们不难看出其不同的逻辑归指。

1. 基于理念传播的遗产委员会分类方式

世界遗产委员会（UWHC）①在 1994 版《实施世界遗产保护的操作导则》中将文化景观遗产分为设计的景观（Designed landscape）、进化形成景观（Organically evolving）以及关联性景观（Associative landscape）三大主要类别。[18]从这种划分可以看出：世纪遗产委员会的标准旨在引导世界各国从艺术设计、社会文化与精神理念三个层面去理解文化景观遗产的概念；与其将之作为一种分类方式，倒不如视作一种登录准则，或者看作一种基于文化景观理念的遗产内涵释义②。但就遗产对象自身的特点而言，上述三种人文相度应是融为一体的。因此，世界遗产委员会的划分标准在具体的地域文化背景中容易使人逻辑混淆，不具备实践的可操作性。[19]

2. 基于实用视角的美国国家公园管理局分类方式

针对世界遗产委员会分类标准的上述问题，美国国家公园管理局（NPS）于 1995 年，根据美国文化的特点，在通过的《内政部历史遗产保护处理措施标准》中将美国文化景观遗产划分为了文化人类学景观（Ethnographic landscape）、历史设计景观（Historic designed landscape）、历史乡土景观（Historic vernacular landscape）、历史场所（Historic site）四种类型。这种分类方式凸显了美国文化的实用主义③特征：按照上述四种方式划分的遗产对象分别可用作美国文明进程的佐证④、艺术研究的史料⑤，以及社区凝聚的触媒和历史事件的纪念等对其现代文明具有实用价值的文化资源。因此，美国国家公园管理局的标准可看作一种本着分类发展、利用的思路所制定的实用主义划分方式。它将文化景观所体现的文化内涵作为分类的依据和标准，以景观表达的文化内容为线索，便于人们对文化景观内涵的理解。同时，它对文化景观的分类管理，填补了原有遗产保护领域的缺失，将印第安人保留地、少数民族聚居地、南方种植园景观、中西部大牧场景观等具有历史文化意义但在过去的遗产体系中没有相应位置的遗产类型纳入保护体系中，取得了显著成效。[20-23]

---

① 即 World Heritage Committee，成立于 1976 年 11 月，为联合国教科文组织下辖负责世界文化与自然遗产保护的专门机构。

② 世界遗产委员会意在通过文化景观分类标准中的具体描述，进一步阐释世界遗产的价值内涵。

③ 实用主义（Pragmatism）为产生于 19 世纪 70 年代的现代哲学派别，在著名哲学家、教育家约翰·杜威（John Dewey，1859—1952）等创始人的大力推广下，逐渐成为 20 世纪美国的主流意识，对该国法律、政治、教育、社会、宗教和艺术领域均产生了较大影响。

④ 用以支撑其文明存在的合理性。

⑤ 或作为现代设计的灵感来源。

四、美国文化景观保护对我国遗产保护的启示

伴随着城市化的持续推进，我国各地城镇逐渐丧失了传统的因地制宜、随形就势的营建理念，形成"风格雷同、规划设计缺乏地方特色、自然遗产和文化遗产受到破坏"[24]的局面，进而危及城镇历史文脉的传承与地域特色的延续，也影响到人居环境的可持续发展。在此背景下，我国既有的城市保护与更新理论在快速城市化的实践中，始终未能很好地解决历史文脉承续与人地和谐的精神内涵发扬的问题。因此，我们迫切需要新的思路与方法以指导历史城镇的保护与更新，"保存土地利用的历史和遗迹、维持生物的多样性，实现人类与自然和谐健康地发展"。[25]

而从美国文化景观遗产分类保护的发展历程可以看到，旨在发掘演进文明中价值内涵的文化景观视角，则是将历史遗产传统哲学思想向世界展示与传播的重要媒介。因此，"我们不必太拘泥于文化景观概念的字面歧义"，而应结合自身文明的特点，"借助这一概念的视野、方法和工具，重新审视、传承和发展传统文化，建构本土的景观保护体系"，创造人与自然和谐相处的人居环境，贡献地域文明应有的价值积淀。

参考文献

[1] 韩峰. 世界遗产文化景观及其国际新动向[J]. 中国园林. 2007, 23（11）: 18-21.

[2] 肖竞, 李和平, 曹珂. 历史城镇"景观-文化"构成关系与作用机制研究[J]. 城市规划, 2016, 40（12）: 81-90.

[3] 单霁翔. 从"文化景观"到"文化景观遗产"（上）[J]. 东南文化, 2010（2）: 7-18.

[4] Feilden B M, Jokilehto J. Management Guidelines for World Culture Heritage Sites [M]. Rome: ICCROM, 1993.

[5] 曹珂, 肖竞. 文化景观视角下历史名城保护规划研究 ——以河北明清大名府城保护规划为例[J]. 中国园林, 2013（2）: 88-93.

[6] 《保护世界文化和自然遗产公约》（Convention Concerning the Protection of the World Cultural and Natural Heritage, 1972, 1992）.

[7] 《内政部历史遗产保护处理措施标准》（The Secretary of the Interior's Standards for the Treatment of Historic Properties, 1995）.

[8] Howett C. Second Thoughts[J]. Landscape Architecture, 1987: 77.

[9] 肖竞. 基于文化景观视角的亚洲遗产分类与保护研究[J]. 建筑学报, 2011（S2）: 5-11.

[10] Taylor K. The Cultural Landscape Conception Asia: The Challenge for Conservation [C]. ICOMOS Thailand 2006 Annual Meeting, Udon Thani Province, Thailand, 2006.

[11] 肖竞, 曹珂. 基于景观"叙事语法"与"层积机制"的历史城镇保护方法研究[J]. 中国园林, 2016, 32（6）: 20-26.

[12] Jacques D. The Rise of Cultural Landscapes [J]. International Journal of Heritage Studies, 1995（1-2）: 91-101.

[13] 肖竞, 曹珂. 从"刨钉解纽"的创痛到"借市还魂"的困局 ——市场导向下历史街区商业化现象的反思[J]. 建筑学报, 2012（S1）: 6-13.

[14] Birnbaum C A, Christine C P. The Secretary of Interior's Standards for the Treatment of Historic Properties with Guidelines for the Treatment of Cultural Landscapes[M]. Washington, D.C: U.S. Department of Interior, National Park Service, 1996.

[15] 肖竞. 文化景观视角下我国城乡历史聚落"景观-文化"构成关系解析 ——以西南地区历史聚落为例[J]. 建筑学报, 2014（S2）: 89-97.

[16] Arnold R A, Melnick R Z. Preserving Cultural landscapes in America[M]. Baltimore & London: The Johns Hopkins University Press, 2000.

[17] 肖竞, 曹珂. 矛盾共轭: 历史街区内生平衡的保护思路与方法[J]. 城市发展研究, 2017, 24（3）: 38-46.

[18] 《实施世界遗产保护的操作导则》（Operational Guidelines for the Implementation of the World Heritage

Convention，1994，1999）.

[19]　李和平，肖竞. 我国文化景观的类型及其构成要素分析[J]. 中国园林，2009，25（2）：90-94.

[20]　肖竞，曹珂. 明清地方文庙建筑布局与仪礼空间营造研究[J]. 建筑学报，2012（S2）：119-125.

[21]　Hoskins W G.The Making of the English Landscape[M]. London：Hodder&Stoughton，1955.

[22]　肖竞，曹珂. 古代西南地区城镇群空间演进历程及动力机制研究[J]. 城市发展研究，2014，21（10）：18-27.

[23]　William M. Keeping Time：The History and Theory of Preservation in America[M]. Revised edtion John Wiley & Sons. Inc. 1997.

[24]　仇保兴. 城镇化的挑战与希望[J]. 城市发展研究，2010，17（1）：1-7.

[25]　周年兴，俞孔坚，黄震方. 关注遗产保护的新动向：文化景观[J]. 人文地理，2006，21（5）：61-65.

作者简介

曹珂，1981 年生，女，河北人，博士，重庆工商大学旅游与国土资源学院，讲师；研究方向：城市设计、旧城更新（重庆 400067）。

肖竞，1981 年生，男，重庆人，博士，重庆大学城乡规划学博士后流动站，重庆大学建筑城规学院，讲师；研究方向：城市文化与城市历史建成环境（重庆 400045）。

浅析在线旅游消费者权益保护问题

曹　扬

摘　要： 随着旅游业和互联网的相互融合和渗透，在线旅游的发展异常迅猛，越来越多的旅游消费者通过在线旅游平台获取信息、购买旅游产品和服务。但实践中，由于相关法律法规的不健全等因素，导致消费者的旅游投诉缺乏相关依据，在线旅游者的合法权益在诸多方面受到侵害。国家应结合在线旅游的实际，从完善法律法规、加大监管力度、加强行业自律等方面保护在线旅游消费者合法权益，以促进旅游业健康持续发展。

关键词： 在线旅游；旅游者权益；监管

一、在线旅游消费者权益保护的界定

在线旅游消费者权益是指基于国家旅游法律法规、规章规定或者合同约定，在线旅游消费者在旅游消费的过程中享有的不能被非法侵犯的权益和利益。在线旅游者在旅游的过程中依法享有安全保障权、知情权、自主选择权、公平交易权、求偿权等权利。

具体权利：一是知情权，即知晓其购买的旅游商品或接受的旅游服务的真实情况。二是安全保障权。在线旅游消费者在享有旅游服务时不仅享有对财产的安全保障权，还享有对个人信息的安全保障权。三是主动选择权。在购买商品或接受服务时，旅游者享有自主选择商品或服务的权利，任何旅游企业都不能强迫旅游者进行消费。四是公平交易权。旅游者在购买旅游商品或者接受旅游服务的时候，有权获得质量保障、价格合理的旅游商品或服务，有权拒绝旅游企业的强制交易行为。

二、我国在线旅游消费者权益保护的现状及存在问题

随着在线旅游的快速发展，涉及在线旅游的投诉也日益增多，为规范在线旅游经营，国家、在线旅游企业等各方开展了一些工作，采取了一系列措施，以维护在线旅游消费者的合法权益。在国家层面，2013年10月1日实施的《中华人民共和国旅游法》对网络旅游经营做出了原则性规范；《中华人民共和国消费者权益保护法》第44条明确了消费者通过第三方在线旅游平台购买商品或接受服务的求偿权；2014年6月，国家旅游局发布的《旅行社产品第三方网络交易平台经营和服务要求》，对旅行社产品第三方网络交易平台的分类、交易流程、经营的基本要求、服务的基本要求、对旅行社的要求等做了明确说明。在旅游企业层面，一些在线旅游平台，如携程网、同程网等，通过推出"先行赔付"、应用实时保电子数据保全服务平台等方式，完善消费者权益保障体系。同时，一些地方旅游市场监管部门也在探索与在线旅行社线下结合、政企结合，尝试以建立"网络市场监管与服务示范区"、设立网上消费维权联络点等方式，为消费者提供更好的保障。

但实践中，由于相关法律法规的不健全，导致消费者的旅游投诉缺乏相关依据，在线旅游消费者的合法权益保护方面还存在一些问题。

1. 相关法律法规不完善

目前，涉及在线旅游相关的法律法规仍处于待健全阶段。现有的明确针对在线旅游规范的行业标准，如《旅行社产品第三方网络交易平台经营和服务要求》《旅行社服务网点服务要求》等属于部门规章，其法律层级较低，在很多纠纷处理案件中经常被忽视。

而法律层级较高的《旅游法》，更多的是针对最基本的旅游市场行为的规范，虽有对网络旅游经营的

规定，但缺乏规章细则，对于旅游电商等市场行为的规范少之又少。一些涉及机票的退改费、酒店房间的预定、出境游行程变更纠纷等在《旅游法》中基本找不到直接处理依据，对在线旅游平台如何监管、散客的权益如何保障上还存在空白，对消费者和旅游电商之间常用的电子合同，没有正式的使用规范。同样，旅游行政法规《旅行社条例》也缺乏对在线旅游纠纷问题的相关处理条款，导致纠纷取证及日常监管难度较大。

2. 监管不力

由于网络存在的跨地域性、隐蔽性的特点，使得在线旅游的监管难度加大。政府监管部门一方面执法难，因为被投诉的平台不是旅行社这样的实体企业，很多网络平台都不在本地，而是跨越了地域，监管难度大；另一方面，政府监管部门的监管力度也远远不够，在管理在线旅游企业方面没有做到位，对在线旅游企业的违法乱纪行为惩治力度不够。监管不力增加了旅游者维权的困难，惩治力度的不够使得在线旅游企业的侵权行为得不到收敛，旅游者权益受侵的情况得不到好转，整个在线旅游行业的秩序难以平稳有序。

同时，监管不力还表现在在线旅游平台对地接社监管乏力。例如散客通过在线旅行社（OTA）平台购买了旅游产品，结果游客在旅游中被地接社擅自改变行程或者变更合同条件，导致投诉，在线旅游平台的回复虽及时高效，但是具体解决办法还需要和旅行社方面沟通，而旅行社方面则不配合，采取"踢皮球"、拖延时间等办法，损害了游客的权益。因此，在游客到达目的地之后的行程变化以及产生投诉维权的问题，平台监管乏力，不利于在线旅游消费者合法权益的维护。

3. 处理投诉相互推诿，旅游者权益受损

虽然在线旅游平台的消费者权益保障体系在不断完善，可各大旅游平台的投诉率还是没有得到很好控制。究其原因，主要表现在以下几个方面：

一是投诉处理机制不够优化。投诉处理机制的不优化，会导致消费者问题的解决不及时，消费者维权耗时长，引起消费者的不满。例如某在线旅游平台，出票后消费者发现问题不能直接申请退款等。

二是维权计划的执行未落到实处。目前，大多数旅游平台对于消费者维权的计划仍停留在字面上，由于体制不完善、人员不充足等原因，使得实际执行起来还是很困难。要想真正保障消费者的权益，如何落地平台条例是关键。

三是面对投诉问题，相互推诿。尽管《消费者权益保护法》第44条明确规定，消费者通过第三方在线旅游平台购买商品或接受服务，一旦其合法权益受到损害，根据合同的相对性原则可以向销售者、服务者要求赔偿。但实际操作中，作为"第三方"的在线旅游平台和直接面对游客的旅行社相互推诿，谁也不愿意承担责任，很多情况下在线旅游平台把维权问题推给旅行社，而旅行社则是先安抚承诺解决和拖延时间，之后甚至会威胁恐吓消费者。

三、在线旅游消费者权益保护的对策

1. 完善法律法规

要提高旅游业的服务质量，减少旅游消费者的投诉，就需要完善现有法律法规，填补目前在旅游法律制度方面的一些空白，形成完整的、符合我国国情的旅游法律制度体系，规范旅游市场秩序，保障旅游者的合法权益，为解决在线旅游业中发生的各种类型的旅游纠纷提供解决途径和法律依据。要完善法律法规，在线旅游行业应提高服务质量，出台服务标准，可以从以下几方面着手：

第一，针对在线旅游行业的特点，出台相应的部门规章。在《旅游法》《消费者权益保护法》《合同法》等相关法律法规的基础上，针对在线旅游业出台相应的部门规章，制定具体化、可操作的规范；制定针对符合在线旅行社发展特点的行政管理规定。同时，应与《旅游法》《旅行社条例》等上位法尽量保持一致，这样才能更好地发挥其作用。

第二，出台在线旅游监管办法。加快制定在线旅游业的服务质量标准等行业标准，便于有关部门具体监管，也便于在线旅游平台企业在服务过程中进行参照；同时，针对退款、改签等消费者投诉比较集中的问题，相关部门应尽快制定统一的收费标准。

第三，规范合同文本。合同文本的制定应该是从保护在线旅游者权益的角度出发，明确事前约定、事中监督和事后追责各个环节的内容，合同内容应严谨、完整。规范的合同文本需要在行业内进行推广，每一位旅游消费者都要和在线旅游网站签订规范的交易合同，这样既能使旅游者的权益获得保障，也能维护在线旅游商的合法盈利机会，最大限度地做到互利双赢。

2. 加大监管力度

随着在线旅游企业的蓬勃发展，在线旅游投诉逐步增多，消费者权益受损的案例经常发生，要从根本上减少投诉，维护消费者权益，需要加强在线旅游监管。所以可从以下几方面入手：

（1）完善在线旅游市场监管机制。成立在线旅游市场监管领导小组办公室，组建在线旅游市场监管研究智库，探索规范在线企业经营涉及旅游业务的许可范围、行为规范、服务方式和服务标准。

（2）建立产品价格监测机制。对在线旅游产品的报价进行全面监控，对发布不合理低价产品的旅游企业，以约谈、点名批评、责令下架不合规产品等方式，对存在经营"不合理低价游"行为的旅游企业实施相应的处罚。同时，加强旅游供应商产品的上线审核，保障在线旅游市场规范有序。

（3）畅通投诉受理渠道。设立专门的政府监管网站，设置网上投诉点，及时处理在线旅游方面的投诉。同时，加强在线旅游投诉信息分析，及时掌握旅游投诉动态和趋势，掌握侵权行为的特点和规律，定期发布旅游消费维权知识和警示信息，推动在线旅行社实施旅游投诉先行赔付机制。

（4）建立综合监管机制。依托旅游市场综合监管工作小组，强化部门联动，会同工商、商务、通信、网信等部门研究在线旅游广告监管对策，共同开展专项整治行动，发挥舆论监督作用，曝光典型案例。

3. 在线旅游企业加强行业自律

要维护在线旅游中旅游者的权益，需要在线旅游企业加强自律。

（1）龙头企业发挥表率作用。一些大型的在线旅游企业，如去哪儿网、携程旅游、同程旅游、途牛旅游等应做出表率，率先提升自己的服务，树立良好的榜样，带动其他的在线旅游企业以服务为重心，维护好旅游消费者的权益，营造一个整洁、和谐的旅游环境。

（2）加强企业内部管理。根据不同的在线旅游企业各自的业态和模式，有针对性地开展自查自纠，使内部管理更为精细化。如平台类的企业，应当加强产品供应商、代理商资质的审核和平台销售产品的筛选；自主提供产品和服务的在线企业，应当合法合规经营，在产品设计、售后服务等环节履行旅游企业应当履行的义务。通过明示各项收费理由和收费标准等手段，保护消费者的知情权。

（3）探索服务质量监测机制。运用技术手段，加强房态、机票等的实时监测，建立商品或者服务质量担保机制，保证在线旅游服务质量。通过建立电子商务在线纠纷解决机制，使在线旅游消费者的权益得到最大限度保护。通过建立旅行社诚信档案，设立曝光台对不良旅行社的定期曝光，使消费者能及时获取旅行社的真实信息，做出正确选择，减少权益受侵害的概率。

4. 旅游者加强自我保护意识

在线旅游的过程中，旅游者要加强自身的保护意识，了解相关的旅游法律和法规，明确自身的权利和义务，以降低自身权益受侵害的概率，及时有效地维护自己的权益。

第一，保护个人隐私，注意信息安全。在进行网上消费时，旅游者应注意自身的安全，不轻易在网站上留下自己的重要信息，在填写信息时做好防范，减少信息泄露的可能。在进行网上支付时，要采取给银行卡设置网购限额、支付短信通知等安全措施，一旦发现自己的银行卡被盗用，尽快采取措施，将损失降到最低。

第二，谨慎选择在线旅游企业。选择在线旅游网站时，要仔细谨慎地查看相关内容，比如查验其官方主页上是否标明业务经营许可信息等。同时，不要有贪图便宜的心理，不轻信所谓的打折、低价信息，保持沉着冷静，做到理性消费。在选择自由行产品前，可到各大旅行社的官网查看相关线路，预估各项费用后再作对比，同时要留意部分产品隐含的不合理收费。

第三，消费者在签订电子合同时，一定要查询并确定对方旅行社的合法性，仔细查看合同里的具体行程安排、押金如何退还等具体内容。同时，注意保存好旅游行程中的各种要据、证明和资料，便于发生纠纷后更好地维权。

参考文献

[1] 张世杰. 论网络交易中消费者权益保护问题[D]. 成都：四川大学，2012.

[2] 《中华人民共和国旅游法》解读编写组.《中华人民共和国旅游法》解读[M]. 北京：中国旅游出版社，2013.

[3] 搜狐新闻.在线旅游投诉多：近九成因合同引发纠纷而起[N/OL]. http：//news.sohu.com/20150623/n415451341.shtml，2015-06-23.

作者简介

曹扬，汉，1972 年 11 月生，重庆工商大学旅游与国土资源副教授，硕士；研究方向：区域旅游经济和旅游产业政策。

重庆洋人街都市开放型景区存在的问题及对策

曹 扬

摘 要：随着都市旅游的快速发展及无景点旅游的兴起，以古镇、街区、商业街等不同形式存在的都市开放景区作为一种新型的业态，开始受到市场的关注。重庆作为一座有丰富文化内涵的文化名城和充满立体感的现代化城市，拥有类型丰富、历史文化价值较高的都市旅游资源，都市旅游开发潜力很大。而都市开放型景区建设为重庆都市旅游的创新发展和转型升级提供了必要条件。以洋人街为例，分析重庆都市开放性景区建设存在的诸多问题，从完善配套设施、促进产品升级换代、加强统一管理等方面探索都市开放性景区的建设，以期对重庆其他开放型景区的开发提供借鉴。

关键词：都市开放型景区；产品；统一管理

近年来，以北京、上海等为代表的都市旅游蓬勃发展，在发展过程中呈现出各种不同的业态，其中都市开放景区尤其引起业界及游客的关注。所谓都市开放式景区，就是以都市为依托，所有旅游活动的开展与进行没有明确的地域范围，免收门票或收取很少的景点门票。这种开放式景区可以说是一种新型的业态，现在以古镇、街区、商业街等不同的形式出现在市场中，受到市场的追捧。

一、重庆洋人街都市开放型景区的概况

目前，重庆部分开放式景区包括磁器口古镇、洪崖洞景区、观音桥步行街、人民大礼堂、洋人街等，这些开放式景区的吸引要素有历史文化建筑和博物馆、观音桥商圈、大融城、嘉陵公园等，既有 4A 级景区，也有知名度很高的非 A 级景区。

重庆的美心洋人街位于重庆市南岸区（弹子石附近），由重庆美心集团主持规划和开发，总面积 200 多公顷，是重庆首个主题旅游商业公园。景区主要提供异国情调浓郁、文化鲜明的休闲、娱乐产品，是一个集度假、观赏、婚庆、商务、运动、影视拍摄等多功能于一体的休闲娱乐景区。自开街以来，每年接待游客超过千万人次，在最受市民青睐的几个都市旅游景区中，接待人数排在前列。作为重庆都市开放性景区的典型，洋人街具有很强的代表性，以洋人街为例来探索都市开放性景区的建设，对重庆其他开放性景区的开发有一定的借鉴意义。

二、重庆洋人街都市开放型景区存在的问题

1. 基础旅游服务严重缺位

主要表现在：缺乏旅游咨询中心，既没有导览图等基本公众信息资料，也很少看见工作人员；景区解说系统不完善，导览标识牌较少，全景区导游全景图、标识牌、景物介绍牌等引导标识陈旧，标识不清；景区存在严重的安全隐患，消防、救护等设备不齐全，也较少看到相应的游客提醒警示牌或工作人员的巡视；有些项目设施陈旧老化，缺乏维护，存在安全隐患；缺乏无线网络信号。社会生活中已广泛运用的二维码扫描或移动客户终端计算机应用程序（APP）服务，在景区的使用率不高。

2. 设施设备有待改善

（1）垃圾桶设计不合理。环顾洋人街，基本上很少看到有结合景区旅游设施而设计的垃圾桶，也没有一般街道上的普通垃圾桶，只有一些蓝色的大塑料桶随处摆放，与周围景观极不协调。作为一个景区，

垃圾桶的设计也应在考虑其基本功能的同时，考虑与景区的融合和美观，发挥其造景功能。

（2）垃圾回收站选址不合理。在洋人街景区正对路口，游客游玩的主街上有一个垃圾回收站，整个状况一片狼藉，这样的设置是很不合理的。洋人街四周的空旷带比较大，在垃圾回收站的选择上，应避开游人区，选择相当隐蔽的地方，这样既可以保持景区的美观，又可以更有效地处理垃圾。

（3）景区公共卫生设施配备不完善。景区没有为特定人群（如老年人、儿童、残疾人）配备服务工具、用品和提供必要的特殊服务。

3．产品结构单一，特色不突出

据实地调查发现，洋人街景区各要素的构成比例不太合理，产品结构单一，各类产品明显缺乏特色。主要表现在：洋人街娱乐产品过多且雷同。洋人街大大小小的产品有 70 余个，其中包括几个比较大的游乐园——儿童城、嘉年华、魔幻世界、儿童乐园、冰雪欢乐谷等，在这些大的产品中又包含了许多不同的小类。同时，70 余项产品中绝大多数都是刺激性游乐设施，且各项目的相似度过高，如"自旋滑车""翻滚战车""急速变变变"等实质上都是过山车的缩影，具有可替代性，产品特色不突出。另外像"飞舟冲浪"与"激流勇进"其实也是可替代性产品。餐饮方面，除了网红一元馒头、印度飞饼等受游客欢迎外，其他基本都是路边摊类型的小吃，特色餐饮不多。具有唯一性的地方特色的旅游商品就更少了。

4．景区秩序混乱，缺乏统一管理

（1）项目布局不合理、缺乏整体规划。由于洋人街开发初期，没能进行整体规划，又受重庆山区地形的影响，导致洋人街各项目之间距离较远，游客游玩需上山下山，行走费时费力，部分游客反映游玩太累。同时，洋人街设置的各大洲的标志性建筑位置混乱，且标志不清，造成游客分不清方向。

（2）景区管理不到位，职责不清。主要表现在：各商家彼此属于不同的部分，各自经营，缺乏统一的标准；没有合理的分区，餐饮点、购物点、娱乐点等交错布局，杂乱无章，既不利于统一管理，也不利于营造良好的氛围，直接影响游客的游览体验，也容易引发无序的价格竞争等问题；景区缺乏统一管理机构，责任不清，分工不明确。

（3）环境卫生待改善，脏、乱、差现象严重。通过实地调查发现，洋人街本身的环境卫生以及游客的饮食安全存在较大问题，有远远飘来的臭水沟的味道（排污物），有随处可见的垃圾。例如，洋人街卖"羊肉串"的商铺特别多，每条街道必有的一个摊点，甚至一条街好几个摊点，一进入景区就可以闻到烤羊肉串的油烟味道，更有吃完羊肉串随地而扔的纸屑和竹签。

三、重庆洋人街都市开放性景区的发展对策

1．调整产品结构，合理分配高低端产品比例

针对洋人街的发展现状，景区应该设计出多层次的商品结构与多样化的店铺规模，满足不同层次消费者的差异化需求，以凝聚人心、聚集人气。

（1）适时调整景区产品结构。

洋人街作为开放性景区，每个产品相对独立，增加和减少都比较自由，与普通景区相比，它的灵活性是比较强的，所以要调整产品结构在操作上是可行的。由于洋人街接受的大多是中低收入旅游者，因此，它的产品中必须要有很大一部分是适合中低收入人群的。但是随着洋人街的不断发展，想要吸引更多的旅游者以及高消费者，就必须调整洋人街的旅游产品结构，适当增加高端产品，提升旅游产品的档次，优化旅游环境及配套设施。

（2）产品的更新换代。

洋人街景区可通过引进和更新的方式来实现产品的升级转型。一是直接引进项目。洋人街可借鉴迪斯尼、欢乐谷等主题公园的成功经验，结合景区开放性的特点，引进一些文化性、休闲性、体验性较强的中、小型的娱乐休闲产品和项目。二是更新现有产品。可结合洋人街现有的旅游资源和客源市场，进行详细的优劣势分析，有针对性地更新洋人街的各类休闲旅游产品；在不同的季节推出不同的旅游产品，

如夏季开发水上娱乐设施，学生寒暑假开发适合学生的旅游产品等。

2. 突出产品特色，增加其亮点

（1）打造特色美食街。

目前，重庆体现西方餐饮文化的餐厅仅分布在零星高级酒店和重庆各大商业中心区，而各大商业中心也多以肯德基、麦当劳等为代表的快餐和一部分以提供冷热饮品、各种甜品以及简易的商业午餐为特色的品牌咖啡厅为主，西方饮食文化经典仍处于稀缺状态，具有巨大的市场开发前景。

在洋人街打造纯正、地道的西方饮食文化美食街，既切合景区主题，也满足重庆市场对西方餐饮文化的需求。景区可通过引进纯正、地道的西餐厅、西饼屋、咖啡屋，配合景区特色的街景，以形成景区特有的突出体验性消费的就餐氛围。

（2）建立洋人俱乐部。

在洋人街成立集娱乐、休闲、餐饮等为一体的洋人俱乐部，吸引来渝工作、学习、旅游、经商的外国友人，营造异域文化氛围。同时，以洋人俱乐部为平台，邀请外国友人参与景区部分项目的管理和经营，由此增加洋人街的异域特色，直接给洋人街景区带来无形的品牌效应。另外，洋人街也可以"洋人"为招牌，举办各类文化、艺术交流活动，吸引更多的外国游客。

（3）开发文化特色的旅游商品。

由于重庆洋人街的建筑风格和出售的产品以体现西方文化为主，景区旅游商品的开发和建设重点应放在体现西方文化上，如向游客提供的日用品、手工艺品和土特产系列等旅游商品应根据景区主题的特殊性体现西方文化特色，而不是成为一个简单的商品大卖场。

3. 完善环境及配套设施

首先，保持景区环境卫生。可适当增加环卫人员的数量，提高其工作质量，选择更为合适的垃圾桶，增加垃圾桶的数量；保持街面的清洁卫生，转移原有的街上的垃圾回收站，选择更合适的位置，并对其原有的位置进行清洁整理；同时，加强景区餐饮项目的监管，做到相互监督、共同进步。

其次，完善配套设施建设。可以在娱乐设施附近就近建一些配套设施（餐饮以及公共椅），让游客在游玩过后，可以就近休息；在周末节假日可适当增加公交车的班次，方便游客的出行；由于景区各项目距离较远，可在景区内设置观光车，方便游客的游览；现今越来越多的人拥有私家车，而自驾游也越来越红火，洋人街可以抓住这一契机，适当增加私家车停车位，从而吸引更多的游客。

4. 调整景区秩序，加强统一管理

（1）重新设计景区游览线路，合理分区。

洋人街作为开放型景区，其具有极大的灵活性和复杂性，所以在经营发展过程中遇到的问题也与其他景区不同，应遵循游客需求为导向的市场原则，按游客旅行安排的顺序和节奏调整洋人街游览线路，根据景区的资源优势确定调整的方向。同时，按各项目的空间距离、项目类型合理分区，找准景区独特看点，注意不同类型景点间的衔接。这样既可以方便游客顺畅游览，增强游客的旅游体验，又有利于景区统一管理。

（2）成立商业特色街管委会，对景区商家实施统一监督和管理。

由于洋人街为开放型景区，各项目并不属于一个部门管理；而要解决景区的统一管理问题，景区可以成立商业特色街管委会，通过协商逐步建立健全景区管理制度，对景区产品进行监督和管理。如张贴优胜榜，通过游客投票得出景区最受欢迎的商家和最差商家，景区管委会给出适量的奖励和惩罚，从而促进商家自觉改善产品质量；管委会鼓励商家树立正确的竞争意识，通过引导，营造良好的竞争环境。

（3）建立商家参与机制，加强统一管理。

定期召开由景区管委会及商家代表参加的景区管理者会议，会议内容涉及近期景区的经营情况、旅游产品供需情况、投诉情况等，向商家提供目前全国以及本地旅游咨询，并分析近期优势产品和劣势产品，针对现实需求，开发新的旅游产品，为景区各商家经营管理提供建议和指导。

参考文献

[1] 苏楠. 论城市开放性景区设计[N]. 百度文库，2012.

[2] 杨新宇. 洋人街游人如织，体验别样风情[N]. 重庆晨报，2017-10-06.

[3] 闫佳伟，张建林. 城市开放型公园景观可持续设计浅谈 —— 以重庆巴南区鱼洞老街公园为例[J]. 风景园林规划设计，2010（5）：63-66.

[4] 王晓云，张佳楠，郁亮亮. 都市旅游开放式景区的新形态与新挑战：以上海市为例[J]. 旅游学刊，2015，30（2）：11-12.

[5] 杨竹莘. 上海都市开放性景区建设理论与实践[M]. 上海：复旦大学出版社，2013.

[6] 徐维东. 重庆洋人街都市游憩带的创新开发研究[J]. 中国商贸，2011（12）：223-224.

作者简介

曹扬，汉，1972 年 11 月生，重庆工商大学旅游与国土资源副教授，硕士；研究方向：区域旅游经济和旅游产业政策。

从开放社区论开放制度

邓　锋

摘　要：最近关于打开封闭式小区的辩论引起了人们对开放社区（包括开放式小区）和开放制度的兴趣。通过分析开放源软件和城市中的开放制度（如开放广场），可以看出开放制度本质上是关于如何分散地生产一个集体品，生产依赖于劳动力投入之间的志愿合作，而这些劳动力投入是事前难以确定的和高度可变的。本文据此提出了一个开放制度结构的一般性定义，包括自由参与到生产过程中、同行间的合作不需要涉及产权和契约、事后的志愿参与，以及消费者与生产者的整合。在这个意义上，开放制度代表了一种从正面来利用外部性和不确定性的制度安排。最后讨论了城市中开放社区的定义以及我国实施打开封闭式小区政策的一些条件。

关键词：开放社区；开放制度；开放源程序；开放广场；封闭式小区

一、引　言

　　封闭式小区是我国城市小区的主要形态，在国外也称为门禁社区（Gated Community），其主要设计特征包括围墙和门禁系统等。2016 年 1 月 21 日，国务院通过了《关于进一步加强城市规划建设管理工作的若干意见》，文件中明确指出要原则上停止修建封闭式小区，现有的封闭式小区要逐步打开。这个政策在社会上引起了轩然大波，各种议论主要是围绕封闭式小区对交通带来的负面影响，而对于开放社区（包括开放式小区和街区制）本身则很少讨论。原因可能是大部分人不清楚开放社区是什么样的，而只知道现有的封闭式小区是怎样的。在城市规划的文献（如李军和何炼，2007）中也大多是从城市设计的角度来探讨开放社区的具体益处，缺乏深入的理论分析。本文试图从开放社区的角度，采用制度理论分析的方法，来分析开放社区的利弊以及其成立的条件，从另一个角度来检视关于封闭式小区的"大辩论"。

　　开放社区是城市中的开放制度的一种形式，后者又是更一般性的开放制度（Open Institutions）的一种表现形式。城市中的开放制度有着悠久的历史，广泛地存在于建成环境中，典型的例子如城市中的开放广场，它是城市公共空间的重要组成部分。[①] 但是，围绕开放制度的争论也一直持续不断，尤其是关于公与私的争论更是经常挑动人们的神经（参看 Beito，Gordon 和 Tabarrok，2002），也是我国当今关于封闭式小区讨论的重要话题。近年来，随着信息产业中开放源软件（Open Source Software，OSS）的发展和相关研究的大量积累，有关开放制度的理论研究也具备了进一步发展的基础。本文的另一个目的就是试图借鉴 OSS 的相关研究，来探讨开放制度的一些本质性特点。

　　传统的产权理论和制度理论通常认为，当界定产权的成本大于收益时，就应该把它留在公共领域或者开放形式的制度中。这种观点可以称为一种"剩余理论"，它把开放制度等同于公共制度，换言之，只有当私有产权制度不能通过传统的手段（例如外部性的内部化、科斯交易等）解决问题时，才求助于开放制度。反对的人自然要质疑开放制度是否一定属于公共领域。

　　另一种观点则把开放制度视为一种分散的私有安排，尤其对许多研究信息产业的人来说，更是如此。例如，Benkler（2002）专门研究了"基于公共利益的同行合作生产模式"，包括美国航天局的 Clickworkers、谷歌对网站的排名、Napster，以及其他一些网站。但是，一个根本性的问题是，开放制度是否仅仅是分散的私有安排？这个观点如何与"剩余理论"结合起来？此外，分散的私有安排的观点把大部分的政治

---

① 在这里没有严格区分开放广场（Open Square）和公共广场（Public Square），以后将讨论"开放"和"公共"两者的差别并严格区分这两个概念。

制度排除在外，这自然也面临许多挑战，例如，North、Wallis 和 Weingast（2006）认为"开放"意味着在经济和政治领域的高度竞争，开放制度是人类社会的最新阶段的一种根本性的制度结构，因而在他们看来开放制度包括了民主制度。

在关于城市产权和制度的文献里，一种主要的制度结构是对不动产所有者和地方公共品提供者的整合，这可以表现为各种政治或经济组织（Foldvary，1994；Beito，Gordon 和 Tabarrok，2002；Deng 2003；邓锋，2012），例如业主委员会、购物中心（MacCallum，1970），甚至美国郊区的地方政府（Fischel，2001）。但是，另一方面，很多有关城市的文献强调多样性和外部性的正面作用（Jacobs，1961），而这一观点似乎还缺乏对应的制度结构，因此，我们不禁要问：开放制度是不是代表了城市中，甚至整个社会中的另外一种根本性的制度结构？

通过讨论城市中的开放广场和开放源软件，首先提出一个开放制度结构的一般性定义。与传统的基于交易和合约的市场制度不同，本文认为开放制度本质上是关于生产的制度，其产品是一个集体品，它没有一个明确的方向，其生产依赖于事前难以确定的、与人有关的、高度可变的投入。生产者和消费者的整合是激励人们参与到开放制度中来的一个必要条件，另一个特点是事后的自愿参与，这样就可以排除胁迫问题的存在，并把一个交易成本的问题转换成了一个生产模式的问题。

把上述理论应用到城市中来可以得出一个开放社区的定义：（1）社区空间范围内的所有人包括居民、行人等都可以自由地参与到一个或多个带有一定不确定性的集体品的"生产"过程中来。（2）人们之间在这一过程中的合作不需要涉及产权和契约。（3）人们可随时选择离开。（4）人们既是集体品的消费者又是生产者。

如果以真正的开放社区为目标，那么打开封闭式小区就应该要考虑满足上述定义所隐含的条件。例如，打开封闭式小区一定要提供一个或多个带有一定不确定性的集体品，业主要能轻易地从小区中退出，小区范围内的人们要能真正消费和"生产"那个集体品，等等。当这些条件不能得到满足时，就不应打开封闭式小区。当然，这是就一个纯粹意义上的开放社区而言的，现实中的住区可能是从开放社区到封闭式小区的一系列形态，相应地根据目标的不同，打开封闭式小区的限制条件也该有所变化。

二、开放广场与开放源软件

1. 开放广场

城市中有许多开放广场，一些是地方政府所拥有的，可以称为公共广场，而另一些是由私人业主所建设的。一个有趣的问题是为什么大量的广场要设计成对公众开放。我们可以考虑下面两种情况：第一，一些封闭式小区的广场只对本社区居民开放，可见广场并不一定非要建成开放式的。第二，一些私人拥有的广场却被有意设计成对外开放的广场，如德国柏林的索尼广场。该广场是由私人公司所建，但却被设计为对外开放的，广场上的大多数人主要是去参观旁边的一个电影博物馆，但那些在周围办公楼上班的人并不是广场参观者的主体。一个看似更合理的方案是建设一个私有广场，专供在周围办公楼里工作的人使用。从产权的角度看，让业主有意识地开放部分不动产以便每个人都能随便进入，这似乎是一件奇怪的事。而设计师给出的理由通常是认为一个开放的城市广场是"活"的，因此是周围办公楼群的一个重要的附属设施，换言之，在索尼广场这个例子里，一个开放的广场对整个项目来说比一个私有的围合的广场更有价值。

有趣的是，当 Fennell（2004）讨论公地的悲剧时，她也描述了一个人们在城市中心大街上而不是在价格更低廉的郊区购物中心购物的例子。正如 Jacobs（1961）所描述的一样，中心大街上人流拥挤、熙熙攘攘、温暖活泼的城市氛围能够带给消费者一种愉悦的感觉，抵消了较高价格所带来的影响，除了店主和摊贩以外，消费者本身就是中心大街上活泼气氛的一个重要组成部分。同样的逻辑可以用到开放广场上。物质环境的设计只是其景观的一部分，来来去去的参观者和摊贩永远是广场的活的灵魂。当然，不同类型的广场存在着差别，对一些偏重于自然景观的广场来说参观者就没有那么重要，甚至有时是起副作用的，参观者太多反而会影响对自然景观的欣赏。

随着购物中心的快速发展，许多购物中心里面的"私有"广场也逐渐变成青少年聚集的地方。尽管如此，大部分访问"私有"广场的人主要还是去购物的消费者。这和城市中的真正开放的广场是不一样的，在那里参观者因为各种不同的目的进入广场，他们的行动没有任何限制。当然，事情并不是都像黑白一样分明，也有许多广场不是完全对外开放的，对公众的参观访问也有不同程度的限制。

2. 开放源软件（OSS）

OSS是最近几十年里在产业组织中最重要的现象之一，著名的例子包括 Apache 网络服务器和 Linux 操作系统。OSS 的最根本的思想是人人都可以接触到软件的源程序，任何人都可以修改并散布源程序，而不用像在传统的产权保护体系中那样受到各种限制。虽然 OSS 的历史很悠久，它的一个重要的里程碑是 Richard Stallman 在 1983 年成立的自由软件基金（Free Software Foundation）。该基金引进的一个重要的制度创新是一个正式的通用公共授权（General Public License，GPL）的法律程序。1995 年一个专门扩散 Linux 的组织——Debian，提出了 Debian 社会合约（Debian Social Contract），其后逐步演化成了现在的"开放源定义"，这个软件授权的安排允许更大的灵活性，包括允许把开放源软件和私有产权的程序代码捆绑在一起。

Lerner 和 Tirole（2000）认为许多 OSS 现象都可以用简单的劳动力经济学来解释。OSS 的参与者所受到的激励主要来自以下的奖励或回报：（1）纠正程序中的错误或使程序个性化对他们自己有用；（2）校友效应可以降低程序员学习的成本；（3）对职业生涯有好处；（4）得到自我满足。一般而言，现有的研究大多认为在 OSS 中绩效的度量更好、更容易，也更能显示智商的高低；OSS 中程序员独自承担全部责任，而在一般企业中程序员的表现还取决于其他人的配合；OSS 中形成的资本很少是企业专有的，而更多的是个人专有的。

现有的关于 OSS 的研究通常专注于它的不同方面。例如，Kuan（2001）第一个把 OSS 作为一个在自己制造或从外购买这两者之间选择的问题，该问题导致了消费者和生产者的整合，而且产品质量往往比普通软件高。Kuan 的研究途径有些过于简化了 OSS 的制度结构，因为她忽略了产品是一个集体品，其生产需要许多人的合作。Benkler（2002）则是从另外一个角度来研究，他强调 OSS 中的"基于公共利益的同行合作生产"，这是和市场与企业截然不同的模式。和许多其他研究人员一样，Benkler 专注于 OSS 带来的信息经济。但是，尽管互联网在信息交换和流动上有着众所周知的优势，人们还是可以通过面对面地交谈来有效地进行信息交流，这就是为什么企业的工人和资产通常是集中在同一栋建筑里面。当然，互联网在支持生产中的合作上有难以比拟的优势，但这个因素不是开放制度的根本性因素，尤其对于那些不生产信息的领域更是如此。在这个意义上说，开放制度结构并不直接和信息技术的发展相关联。

Langlois 和 Garzarelli（2008）分析了 OSS 中智力分工的协调问题，他们认为 OSS 中的合作最终取决于模块化的制度，按模块进行劳动分工可以降低合作的成本。这种思想强调了 OSS 参与者可选择的任务中预先存在的某些结构特征的重要性，因此可以说 OSS 中最终产品的不确定性只是一个不同程度的问题，即 OSS 的最终产品可能还是存在一定程度的可预见性。

3. 开放制度是关于生产的制度

传统的产权理论几乎都是关于交易的。虽然不同的产权安排可能对生产有不同的含义，例如 A 业主可能比 B 业主能更好地利用某一财产来进行生产，它们并不直接决定或影响生产的模式。相比之下，开放制度是直接关于生产的，例如，OSS 的核心模式实际上并不是关于能否共享源程序，后者和拷贝编译好的二进制代码并没有什么两样。OSS 的实质是在一个志愿和免费的环境中让不同的人参与到修改、完善和创新源程序中来，以便共同完成一个大型的软件项目。Kogut 和 Metiu（2001）指出 OSS 的一个重要方面就是一个生产模式，其特征就是在志愿的治理结构下的分散的决策（关于谁、怎样、何时来修改完善源程序）和分散的生产，而传统的生产模式的特征则是集中的决策和集中的生产。

开放广场的实质是关于生产。索尼广场的设计师所追求的是一个"活"的广场，包括的不仅仅是物质环境，而且还有不同类型的人以及他们在广场上的各种活动的随机组合。在这个意义上，所有在广场上的人都参与到了"活"的广场的生产中，即不同的人在不同的时间开展无意识的合作，其结果（或"产品"）就是广场上永远有不断变化的景象。简单地说，开放广场的例子告诉我们最终产品的随机性或者缺乏一个明确的方向是开放制度的一个核心条件，否则我们总是能够通过私有产权的安排来更有效地实现一些固定模式的广场。

在这个意义上，同行合作本身并不是开放制度的本质特征。例如，微软的职工既可以正式地又可以非正式地（如通过交谈或者其他社交活动）在工作场所进行合作，这种合作是建立在雇佣合同的基础之上的，甚至外包也是一种建立在商业合约基础上的合作形式。但是，在 Linux 的例子中，人们合作不是因为某个合约的缘故，而是因为所谓的公共利益。所以，开放制度的一个本质特征是志愿的和分散的同行之间的合作。

三、开放制度结构的定义

许多人习惯于把开放制度等同于资源共享，这可能会误导人。例如，开敞空间是一个规划的概念，强调能够接近开阔的农地或森林以享受美丽的风景或保护野生动物，它是基于土地利用的物理特征而不是某种特殊的制度安排，开敞空间可以是私有产权（McLeod，Woirhaye，et al. 1998）、公共所有或者两者的混合形式。所以，开敞空间不是一种开放制度。同时，这个例子也告诉我们描述开放制度所必需的两个维度是：第一，获取什么；第二，如何获取。

开放制度是关于集体品生产的制度①，开放的是对生产过程的参与。尽管有少量研究强调生产的重要性（如 Langlois 和 Foss，1997），大部分对组织和制度的研究专注于交易，典型的例子是追求交易成本最小化的方法，如 Coase（1991）、Williamson（1985）、Hart（1995）等。OSS 的新近发展指出了生产在理解开放制度上的重要性，许多研究人员也注意到 OSS 是一个依赖于分散的人力资本和他们之间的合作的生产模型（Kogut 和 Metiu，2001；Benkler，2002）。在这个意义上说，开放制度是和交易相对立的。

在开放制度中，对资源的获取应该是开放的和免费的。所以，开放制度和产权是相对立的。当然，作为一种在生产过程中的协调机制，产权被排除并不一定意味着产权应该从开放制度的所有方面都消失。例如，为了保护开放制度本身的持续存在，某种形式的产权是必需的，如许多 OSS 项目把源程序的版权登记，要求所有后续的修改也必须公开发表，否则就不授权使用，这样就避免了源程序被个别人侵占的危险。在开放广场的例子中，也经常要求参观者不得长时间占据某个地方，否则就容易出现擅自侵权占地的现象。在拉美国家的城市中经常出现穷人擅自占地的现象，他们把公地转变成了事实上的私有财产。某种意义上说，开放制度改变了人们的动机结构，它依赖于人们的非货币动机。如果财产利益仍然是人们的主要动机，那么开放制度的所有效率特征都将崩溃。

尽管如此，开放制度需要得到保护，以免被个人侵占或私有化，这一必要性提示了一种协调前述两种不同观点（即公共领域中的"剩余"理论和认为开放制度是一种分散的私有安排的观点）的方法。分散的私有安排的持续发展需要公共领域的保护，以便击退任何个人的私有化企图。反之亦然，无论何时当生产的私有产权模式变得不可行或者低效率时，开放制度就变成可选的"剩余"模式，后者需要公共所有权的保护。

开放制度也是与契约相对立的，后者在一个私有产权的世界里被用来帮助完成交易。许多人注意到开放制度的一个重要特征是志愿参与，但是要把这个观点应用到政治制度似乎比较困难。我们需要探讨经济制度和政治制度上的开放结构有什么共同之处，从而能得出一个横跨经济和政治两方面的开放制度定义。例如，许多人已经注意到了股份公司里的投票和民主社会中的政治投票的相似性（参见 Fischel，2001；Dunlavy，2006），但是两者也有着根本性的差别（如 Rodrigues，2006）。

表 1 分别列出了经济和政治制度中开放结构和非开放结构的例子及其特征。

---

① 人们习惯上把软件当作一个私人品，但是当它的内容可以免费拷贝时，它就变成了一个集体品。其内容是一个集体品，而存储的媒介仍然是一个私人品。

表 1　经济和政治制度中开放结构和非开放结构示例

结　　构	经济制度	政治制度
开放结构	OSS 等 （事前和事后的志愿参与）	民主选举 （事后的志愿参与）
非开放结构	股份公司投票 （事前的志愿参与）	非民主的进程 （没有或有限的参与）

　　从表中容易看出，开放经济制度和开放政治制度的一个主要的相同之处是事后的志愿参与。由于民主选举受限于事先确定的行政边界，它们经常只允许事后的志愿参与，即选民不能选择选区，但可以选择不参与投票，而对开放的经济制度而言，除了奴隶制或其他形式的强迫劳动，事前和事后的志愿参与都是可能的。[①]

　　综合以上讨论，开放制度结构的定义应该包括以下因素：

（1）可以自由参与到一个集体品的生产过程中；

（2）同行的合作中不需要涉及产权和契约；

（3）事后的志愿参与；

（4）消费者同时也是生产者，即两者的整合。

四、为什么"开放"？

　　探讨开放制度存在的原因就等同于探讨在什么条件下它们比私有产权的生产模式更有效。我们主要关注开放制度的三个基本方面：（1）生产什么产品？（2）为什么人们会参与到开放制度中来？（3）人们是如何解决胁迫问题（Hold-up Problem）的？

　　1. 集体品

　　开放制度是和集体品有关，这已经几乎是共识，可以从"公共利益"这个词在相关研究中的广泛应用看得出来。[②] 由于有各种各样的提供集体品的制度形式，尤其是某些集体品也可以通过私有产权的形式来提供，一个自然的问题是什么样的集体品应该由开放制度来提供。

　　开放制度生产的产品必须是一个集体品，它事前没有明确的方向，它的分散化的生产不依赖于物质资本的大量投入，而依赖于高度可变的与人相关的投入。这种投入要求至少一部分人具有高强度的动机，而在事前又难以确定他们是哪些人。

　　显示集体品在开放制度中的中心地位的最好的例子是 GPL，即开放源软件的通用公共授权，它要求所有后续的修改和开发都必须保持开放。信息产品的特殊性在于它是把私人品和集体品捆绑在一起。例如在软件中，私人品是存储的媒介，如光盘或硬盘，而集体品是内容，如源代码或二进制代码。由于源代码可以轻易地修改和改进，GPL 有效地防止了软件变成一个私人品。换言之，当产品变成为私人品时，开放制度的激励机制就崩溃了，这也就是为什么开放制度的生产过程不能建立在产权的基础上。

　　开放制度的最终产品应该在事前没有明确的方向、路线图或设计。这有几个原因：第一，一些产品可能直接依赖于它的最后形式的随机性或变化性。开放广场就是这样一个例子。我们所期望的是一个"活"的广场，每分每秒都在变化，不能准确地预测，假如我们提前知道我们在广场上会预见什么人，会看见什么事，那这个广场也就变成了一个毫无趣味的地方。第二，开放广场从其开放的结构中获得的是外部性的正效应，而如果最终产品有明确的方向，那就排除了利用外部性的必要。第三，由于人类知识的局限性，集体品的最终形式有时可能根本就不可预测。第四，如果最终产品有明确的方向，那么按传统的私有产权的方式来组织生产可能会更简单和更有效。

---

① 如果具有 Tiebout 式的流动性，对地方政治制度而言，事前的志愿选择是有可能的。但是在现实中人们很难纯粹为了政治参与的目的而迁移，人们通常是为了许多其他的原因而迁移。

② 本文中我们采用集体品这个词而不是公共品，主要是因为后者的定义更狭窄而且通常是和公共制度联系在一起。

当然，这也有一个程度的问题。Langlois 和 Garzarelli（2008）认为，开放源合作可能需要依赖模块化的制度，后者反过来又要求具有某些预先存在的结构，这些预先存在的结构可以为最终产品指示一些方向，但是大量的细节还是有待确定。因此，在最终产品没有明确的方向这一需要和对模块化的需要之间看来是需要一些折中的。

最终产品的不可预测性或变化性意味着开放制度中的生产必须是高度个性化的和分散的，这一因果关系也可以在反方向上表现出来。信息产品的变化性是 OSS 效率的主要来源，许多人已经注意到了人力资本在信息产品生产中的中心地位（Benkler，2002），人力资本的高度变化性是发明和创新的来源。当与人有关的投入变化不大时，私有产权的模式可能会更有效。这一点在许多传统产业中十分明显。

开放制度的成功有赖于至少一部分成员的强烈动机。这些成员不能事先确定，否则就可以成立一家企业专门雇佣这些人，而且如果能事先确定最活跃的成员，这就和开放制度结构的效率源泉相抵触：即不确定性和外部性所带来的生产力。成员的动机也是开放制度和关于集体品的制度理论相交叉之处。例如，开放制度的规模几乎可能是无限的，按照 Olson（1965）的观点，这一方面意味着来自集体品的直接的物质激励是微弱的，另一方面核心成员必须能获得显著的个人利益。后一个条件是必须的，因为不可能给开放制度的所有成员提供显著的个人利益，高迁移率也决定了那是不可行的。因此，问题就变为：在开放制度中个人利益是以什么形式出现的？

2. 消费者与生产

许多研究人员已经观察到 OSS 的大部分参与者同时也是它的用户。在开放广场的例子中，参观者的存在也是对创造一个"活"的广场的直接贡献。那么，为什么消费者和生产的整合是开放制度的一个特征？

消费者和生产在不同程度上的整合是开放制度的激励机制和效率的一个必要条件。

两者的整合有几个原因：

第一，一些开放制度的最终产品直接依赖于消费者。最好的例子就是开放广场，参观者（消费者）同时就是最终产品——"活"的城市广场——和生产者的一部分。

第二，消费者整合到生产中保证了那些表现突出的顾客可以得到一些个人好处。由于开放制度中没有货币激励，消费者和生产者的整合可以帮助提供一些直接的非货币的激励，例如修改软件中的错误、按顾客需要修改程序等。Lerner 和 Tirole（2000）列举了一些 OSS 参与者可能获得的个人奖励。在他们后续的实证研究中（Lerner 和 Tirole，2005），他们研究了决定开放源程序授权范围的因素，结果他们发现对于那些针对最终用户的软件，限制性授权更普遍，而对于那些针对开发商的软件则少见一些。换言之，当消费者整合到生产中时，开放源程序的授权倾向于更开放、更少商业化。

第三，消费者和生产者的整合在某种程度上类似于一些产业里的"用户驱动的创新"，如科学仪器行业（von Hippel，1988），这显示了高度可变的人力资本及其创造性对开放制度的重要性。人力资本肯定是随着消费者使用产品的经验而不断积累的，在 OSS 中，用户更熟悉软件的特点和问题，因而会更擅长于设计和改进软件。例如，Kogut 和 Metiu（2001）注意到 OSS 模型的一个有效之处是实时地修改软件错误和设计软件，Kuan（2001）的实证研究也指出 OSS 在纠正程序错误上的高效率。

3. 事后的志愿参与

胁迫问题（Hold-up Problem）是现代企业理论和产权理论中的一个中心问题（例如，Klein，Crawford 和 Alchian，1978；Williamson，1985；Hart，1995）[①]，为什么它很少出现在关于开放制度的文献里？这里的关键是事后的志愿参与。

开放制度中事后的志愿参与意味着任何个人可以在任何时间以任何方式退出，而不用承担什么代价，这一方面意味着人力资本缺乏企业专有性，另一方面直接导致胁迫问题的消失。个人可以选择增加某一开放产品（如 Linux）专有的人力资本，但是因为他们得到的回报或投资的价值是按非货币价值（如名

[①] 由于有限理性和机会主义行为的存在，交易双方的具有"资产专用性"的投资使得他们之间的关系在签约以后经历了"根本性的转变"，从竞争性的多方参与的市场转变为双方的相互垄断。由于存在被对方在签订合约后要胁的可能性，交易各方都会减少专用性的投资而导致低效率，这就是所谓的"胁迫问题"。

誉）来衡量的，当这个人选择离开时那些奖励是不能被剥夺的。当然，开放制度可能会因此损失一个或多个活跃的成员，但是谁知道新补充的成员会带来什么？一个漂亮的女演员离开广场会让所有人都感到遗憾，但是一个小丑的入场也许会让大家更高兴，这就是城市开放广场真正的生命所在，我们在这里可以看到不确定性和外部性对开放制度的创造性所发挥的关键作用。

在私有产权的世界里一个解决胁迫问题的常规方法是垂直整合，它能使问题内部化，但是内部化又带来新的问题，即逃避责任和监督的问题。那么开放制度是如何解决这个问题的呢？或者更准确地说，开放制度内部存在这些问题吗？对政治制度而言，这个问题不存在因为逃避责任和缺乏监督意味着在决策过程中失去话语权；对经济制度而言，例如 OSS，逃避责任也意味着在项目的开发和方向上失去影响力。换言之，最终产品的不确定性使得逃避责任（和相应的失去影响力）本身成为一种惩罚。在这个意义上，开放制度的激励机制是和它的治理结构紧密结合在一起的，资格和名誉成为直接和主要的奖励。而在企业中金钱是最重要的回报，虽然金钱有助于形成劳动力市场中的竞争，但是它使得企业中的激励机制只能松散地和治理结构联系在一起。

由于开放制度中的事后志愿参与的特征，胁迫问题不存在了，资产专有性高的投资带来的效率损失被减少了。激励机制与治理结构的紧密整合使得开放制度中不存在逃避责任和监督的问题。

上述讨论也提示了开放制度的一些弱点。第一，对物质资本的投资会更少，更不用说具有企业专有性的人力资本。第二，由于其激励机制和治理结构紧密结合在一起，开放制度不易像企业一样形成劳动力市场的竞争。

在索尼广场的例子中，假设索尼以一种非开放的、商业化的和私有产权的形式来建设这个广场，他们甚至可以雇佣许多人来表演各种不同的社会活动。在这种情况下，消费者仍然是整合进入生产中，虽然是以一种事前确定的方式而且没有事后的志愿参与。但是，假设某一天一个或一群雇员以专有性的人力资本为要挟，拒绝参与到"生产"过程中去，胁迫问题就产生了。这时最终产品就不完全，更不用说这种活动的非随机性将有害于形成一个"活"的广场。值得一提的是，这种"私有"广场存在于一些主题公园或旅游点，在那里旅游者每天来来往往，至少对具体某一天来的旅游者而言广场总是新的。但是对城市广场来说，情况正好反过来，人们总是反反复复、多次来到同一个广场，这就是为什么城市广场大多建成为开放广场。

五、开放社区

在关于封闭式小区的政策中，只是模糊地提到目标是街区制，而在随后的许多讨论中人们提到了各种开放式小区。在文献里也有着各种不同的名称，从开放街区（于泳和黎志涛，2006）到开放式小区。许多研究（如李军和何炼，2007）把组团一级封闭的小区也称为开放式小区。所有这些研究的共同点是和封闭式小区相反的，强调社区的开放性。虽然从封闭到开放存在着一个程度的问题，但是为了研究的方便，我把开放社区定义为完全没有门禁系统，社区内的各种公共资源，包括道路、绿地等都是和外界共享的。这样现实世界中的各种小区就是在开放社区和封闭式小区两个极端之间的不同形式，只是一个程度的差别。

一个真正意义上的开放社区的定义应该包括哪些因素呢？根据前述的开放制度结构的定义，它应该包括：（1）居民、行人等所有在社区内的人都可以自由地参与到一个或多个集体品的"生产"过程中来。集体品可以是通畅的城市交通、繁华热闹的街景等。（2）人们在这一过程中的合作不需要涉及产权和契约，换言之，不需要业主委员会、商业合同等来实施集体行动。（3）人们可随时选择离开，即事后的志愿参与。（4）人们既是集体品的消费者又是生产者。

由上述可知，开放社区并不仅仅是由城市设计特征所决定的。它要成为一种高效率的城市住区形态（至少要超过封闭式小区），就必须满足上述制度特征。这是打开封闭式小区的一个必要条件，否则就会很容易得不偿失。按照这个思路，打开现有的封闭式小区或停建新的封闭式小区应该注意以下几点：首先，如果一个封闭式小区的打开不能提供一个或多个集体品，如通畅的城市交通，那么就不是真正意上的开放社区，就没有必要打开。许多位于郊区的封闭式小区可能就属于这种类型，打开它们需要十分慎重。① 而且，对集体品的需要具有一定的不确定性。城市交通就是一个很好的例子，交通状况随着交通中的人流、车流而随时变化。相比之下，绿地则是一个比较固定的集体品，因此不要因为绿地而打开一个封闭式小区。其次，如果人们因为各种原因不能轻易地离开一个社区，例如有关住房买卖的交易成本太高，那么事后的志愿参与就不能实现，社区也就很难达到真正意义上的开放。具体地说，一些独特区位上的封闭式小区不能轻易打开，因为其业主很难找到类似的住房，否则打开这些小区就会严重损害一些业主的利益。第三，如果集体品的消费者和生产者不一致，那么也不要轻易打开封闭式小区。例如，如果打开小区以后形成的是热热闹闹的街景，而大部分小区居民并不喜欢热闹，换言之他们并不消费这个集体品，甚至抵触它，那么最好也不要打开这个封闭式小区。

当然，这些讨论是就一个纯粹意义上的开放社区而言的。在现实世界中，可能存在着一系列介于开放社区和封闭社区之间的住区形式，需要仔细地衡量它们的利弊。

六、结 论

以开放社区为起点，本文探讨了开放制度结构的一般性特征，主要观点包括：开放制度的本质是关于生产的制度；开放制度结构的定义包括自由参与到生产过程中、同行间的合作不需要涉及产权和契约、事后的志愿参与，以及消费者与生产者的整合。应用到城市中来，应该说这些观点为真正意义上的开放社区提供了一个制度视角和理论框架。

许多研究（如 Williamson，1985；Barzel，1989；Coase，1991；North，1991；Hart，1995）指出基于私有产权的各种制度安排在不断演变，以便解决不确定性带来的各种问题。在这些研究中不确定性是被当作一个负面的因素，需要被控制。但是，本文的分析显示，开放制度的效率恰恰是在于不确定性和不可预测性，换言之，开放制度响应的是从正面来利用不确定性的需要。从城市研究的角度来看，人和企业的大量积聚使得外部性和不确定性广泛存在于城市中，在这种情况下开放制度成为城市制度中的一种重要的结构形式。

本文也为我国将要实行的关于封闭式小区的政策提供了一些理论上的建议。正如住建部所说明的一样，停建和打开封闭式小区都不应一刀切。如果打开封闭式小区不能提供一个或多个带有一定不确定性的集体品，或者如果业主不能轻易地从小区中退出，再或者如果小区居民不想消费那个集体品，在这些情况下都应该慎重打开封闭式小区。未来我国城市中的住区应该是包括从开放社区到封闭社区的一系列丰富多彩的形式。多样性是开放城市的根本特征。

参考文献

[1]　Barzel Y. Economic Analysis of Property Rights[M]. Cambridge，MA：Cambridge University Press, 1989.

[2]　Beito D T, Gordon P, Tabarrok A. The Voluntary City：Choice，Community，and Civil Society[M]. Ann Arbor，MI：University of Michigan Press, 2002.

[3]　Benkler Y. Coase's Penguin，or，Linux and the Nature of the Firm[J]. The Yale Law Journal, 2002, 112（3）：369-446.

[4]　Coase R H, Williamson O E, Winter S G. The Nature of the Firm[M]. New York and Oxford：Oxford University Press, 1991.

[5]　Deng F Collective Goods and the Political Hold-Up Problem[J]. Journal of Institutional and Theoretical Economics, 2003, 159（2）：414-434.

---

① 这可能就是为什么西方文献中对于封闭式小区的批评很少涉及交通方面，因为西方的大部分封闭式小区位于郊区，对交通的影响比较小。

[6]　邓锋. 城市制度分析的理论框架[J]. 国际城市规划，2012，27（4）：58-64.

[7]　Dunlavy C A. Social Conceptions of the Corporation：Insights from the History of Shareholder Voting Rights[J]. Washington & Lee Law Review, 2006, 63：1347-1388.

[8]　Fennell L A. Common Interest Tragedies[J]. Northwestern University Law Review, 2004, 98（3）：907-990.

[9]　Fischel W A. The Homevoter Hypothesis：How Home Values Influence Local Government Taxation，School Finance，and Land-Use Policies[M]. Cambridge，MA：Harvard University Press, 2001.

[10]　Foldvary F. Public Goods and Private Communities[M]. Brookfield，Vermont：Edward Elgar Publishing Companym, 1994.

[11]　Hart O. Firms，Contracts，and Financial Structure[M]. Oxford：Clarendon Press, 1995.

[12]　Jacobs J. The Death and Life of Great American Cities[M]. New York：Random Housem, 1961.

[13]　Klein B，Crawford R, Alchian A. Vertical Integration，Appropriable Rents，and the Competitive Contracting Process[J]. Journal of Law and Economics, 1978, 21（2）：297-326.

[14]　Kogut B, Metiu A. Open-source Software Development and Distributed Innovation[J]. Oxford Review of Economic Policy, 2001, 17（2）：248-264.

[15]　Kuan J. Open Source Software as Consumer Integration into Production[N]. SSRN Working Paper, 2001.

[16]　Langlois R N, Foss N J. Capabilities and Governance：the Rebirth of Production in the Theory of Economic Organization[N]. DRUID （Danish Research Unit for Industrial Dynamics） Working Paper, 1997.

[17]　Langlois R N, Garzarelli G. Of Hackers and Hairdressers：Modularity and the Organizational Economics of Open-source Collaboration[J]. Industry & Innovation, 2008, 15（2）：125-143.

[18]　Lerner J, Tirole J. The Simple Economics of Open Source[N]. NBER Working Paper, 2000.

[19]　Lerner J, Tirole J. The Economics of Technology Sharing：Open Source and Beyond.[J]. The Journal of Economic Perspectives, 2005, 19（2）：99-120.

[20]　李军，何炼. 住区的封闭与开放——解读"中央花园"与"风华天城"住宅小区[J]. 新建筑, 2007（1）：93-96.

[21]　MacCallum S H. The Art of Community[M]. Menlo Park，California：Institute for Humane Studies，Inc., 1970.

[22]　McLeod D, Woirhaye J. Private Open Space and Public Concerns[J]. Review of Agricultural Economics, 1998, 20（2）：644-653.

[23]　North D C. Institutions，Institutional Change and Economic Performance[M]. New York：Cambridge University Press, 1991.

[24]　North D C，Wallis J J, Weingast B R. A Conceptual Framework for Interpreting Recorded Human History[N]. NBER Working Paper Series, 2006.

[25]　Olson M. The Logic of Collective Action：Public Goods and the Theory of Groups[M]. Cambridge，MA：Harvard University Press, 1965.

[26]　Rodrigues U. The Seductive Comparison of Shareholder and Civic Democracy[J]. Washington & Lee Law Review, 2006, 63：1389-1406.

[27]　Hippel V E. The Sources of Innovation[M]. New York：Oxford University Press, 1988.

[28]　Williamson O E. The Economic Institutions of Capitalism[M]. New York：The Free Press, 1988.

[29]　于泳，黎志涛. "开放街区"规划理念及其对中国城市住宅建设的启示[J]. 规划师, 2006（2）：101-104.

作者简介

邓峰：教授，重庆工商大学长江上游经济研究中心和旅游与国土资源学院。

为什么居委会不能代替业委会？

邓　锋

摘　要： 最近一段时间存在着一种由居委会来领导监督业委会，甚至代替业委会的观点。本文采用新制度经济学的理论和方法来分析业委会所代表的城市制度结构。本文的主要观点是居委会不能代替业委会。分析的出发点是城市土地利用的两个空间事实，即不动产的消费和地方公共品的消费是捆绑在一起的，以及不动产所有者的事后流动性会大大降低。这两个事实会导致城市土地利用中的胁迫问题。整合不动产所有者和地方集体品提供者可以有效地解决胁迫问题。除了讨论整合的几种可能形式以外，本文还提出了居委会在未来代替业委会的基本条件。

关键词： 业委会；居委会；城市土地利用；胁迫问题；治理

一、引　言

我国城市居民区的建设现在都是以商品房小区的形式出现，甚至许多经济适用房、廉租房和公租房也都是以小区的形式出现。这些小区在景观上几乎都是封闭式小区，即门禁社区，在治理结构上是以业主委员会为主体，这和国外的私有社区的发展在本质上是相同的（邓锋，2011）。许多人迅速注意到了这一现象在我国的城市社区中存在着两个自治组织，即居委会和业委会，而实际的小区治理则由业委会、居委会和物管公司“三驾马车”来拉动（李友梅，2002）。应该说，在这一阶段的初期，住房私有产权的确立使得业委会的发展很迅猛，居委会甚至有被边缘化的倾向（何海兵，2003；Deng，2008），但是随着国家政策的发展和相关法律法规的出台，上述趋势似乎已经被反转。现在可以看出两个很清楚的迹象。首先，在一些相关的法律法规中，如《物业管理条例》中，已经明确写明居委会和业委会是“指导和监督”的关系。在一些地方制定的法规中，这一点更是写得很明确。例如，《重庆市业主大会和业主委员会活动规则》就清楚地按照行政等级的高低写明了业委会的各级“领导机构”的职责：市房地产行政主管部门负责“指导和监督”工作；区县房地产行政主管部门负责“政策业务指导”工作；街道办事处负责实施“具体指导监督管理”工作；居委会“协助、配合街道办事处”。其次，现在制定的一些新法律法规甚至出现了要用居委会来代替业委会的势头。《重庆市业主大会和业主委员会活动规则》就明确规定，当业主委员会的选举难产时，“可以由街道办事处（乡镇人民政府）在征求该住宅区业主意见并取得过半数业主书面同意后，指定物业所在地社区居（村）民委员会代行业主委员会职责”。如果未能取得过半数业主书面同意，则可以“暂由物业所在地的居（村）民委员会代行业主委员会的职责”。在这样一种发展势头下，人们自然地就会问：居委会能够代替业委会吗？居委会和业委会究竟有没有差别？

本文的主要目的就是想要回答这样一个问题。我们的研究问题可以细分为以下三个问题：第一，业委会这一制度形式的经济原因是什么？换言之，什么样的效率特征使得它在世界各地广泛发展？为了探讨这个问题，我们必须把视野放宽一些，不能只局限于国内的业委会和居委会的关系上，而是要比较世界各国出现的一些新的城市制度和组织。只有这样，才能看到业委会的本质和根本特征。第二，居委会和业委会有哪些不同之处？同样，在研究这个问题时，我们要看到一些更广泛的因素，例如业主和租赁户的差别，以及不同国家和不同地区之间地方政府的差别等。第三，居委会能不能代替业委会？这样做有哪些利和弊？最后这个问题是和我国的具体制度环境紧密结合的，对这个问题的回答就是本文最主要的观点。

在中文文献中对居委会和业委会分别都有一些研究，但对于两者之间关系的研究要少一些。许多研究人员或政策制定者注意到了两者之间的微妙关系，他们提出的办法或看法可以归纳为以下几类：第一，居委会可以代替业委会。这主要是一些地方政府所提出来的，公平地说，他们最主要的观点是居委会应该"指导管理"业委会，但是在一些特殊情况下，居委会可以代替业委会。重庆市的规定就是一个典型的例子。当然，另一种本质上相同的观点是认为政府想把业委会塑造成像居委会一样的组织（姜朋，2006）。第二，将业委会纳入居委会，使其成为居委会下属的一个具有物业管理职能的新部门（方静燕和顾炯，2004）。这一观点的基础是认为业委会的运作离不开居委会，这和现在法律规定的居委会对业委会的"指导监督管理"作用是一致的，但是这种观点比起"指导监督管理"来更为激进，认为业委会的作用就是物业管理，几乎就等于要取消业委会。第三，业委会扩大化，在业主基础上吸纳所有社区居住者，形成包括社区全体居民的自治组织（刘娅，2005）。这种观点的实质是用业委会来代替居委会，或者说是如果可能的话，使居委会成为像业委会一样的真正自治的社区组织。但是问题是，在扩大化以后，这个组织还能被称为业委会吗？这个新的组织还具有业委会所区别于其他社会组织的各种特征吗？第四，整合业委会和居委会，新的组织称为"自治委员会"或者"公民委员会"等（柴小华，2005）。这个观点很有吸引力，新的组织似乎集中了业委会和居委会两者的优点，但是一个关键的问题是，在什么情况下才可能整合业委会和居委会，才能使两者的合并能集中两者的优点而不是缺点？

在研究方法上，上述许多文献是属于社会学、法学或公共管理，其侧重点是社区自治。但是，从我们的观点看，社区自治不是业委会和居委会的本质差别，居委会经过改革也可以在未来变为民主选举产生的真正自治组织，但是它和业委会仍然存在着巨大的差别。应该说，已有的文献多是从居委会的角度来研究它和业委会的关系，因此毫不奇怪它们的中心议题是社区自治。本文主要是应用新制度经济学的理论和方法，从业委会的角度来研究它和居委会的关系，因此我们的重点是业委会的经济特征和它相应的地方治理市场的效率问题。

本文的主要观点是居委会不能代替业委会。我们的出发点是城市土地利用中的两个基本事实，即不动产的消费是和地方集体品的消费捆绑在一起的，以及不动产所有者的事后流动性会大大降低。这两个空间事实导致城市土地利用中存在着胁迫问题，后者是邻避现象和管制征收的根源。业委会代表了整合不动产所有者和地方集体品提供者的一种制度结构，它可以解决城市土地利用中的胁迫问题。而我国城市中的居委会是不可能做到这一点的，这就决定了居委会不可能代替业委会。

二、业委会的制度特征

最近几十年在全球范围内兴起了建设私有社区的热潮，我国封闭式小区的发展应该说是这一全球性现象的一部分。其主要特征是把个人对住房的私有产权和业主集体对公共区域与公共设施的集体产权结合起来，由业主委员会来提供一些地方公共品，管理公共区域和公共设施。这一现象主要是发生在住宅市场。与之相对应的是商业不动产在同一时期所发生的一些变化：大量的购物中心（shopping center）和商城（mall）出现在世界各国的城市里，这些购物中心的所有者把店面出租给商店，同时负责提供一些公共品，如清洁、保安等，并管理购物中心里的公共区域和公共设施。比较这两种现象将有助于我们跳出封闭式小区的范围，从更广泛的角度来检视封闭式小区尤其是业主委员会的本质特征。

那么这两种现象有什么共同点呢？虽然它们发生在住宅和商业不动产这两个不同的市场，它们的一个共同点是很明显的，那就是物业的所有者负责提供地方公共品。在封闭式小区中是业主们的代表，即业主委员会负责提供地方公共品；在购物中心是物业的所有者，往往是开发商，负责提供地方公共品。用经济学的术语来描述这种制度特征，就是整合了物业的所有者和地方公共品的提供者。

我们在以下的分析中将主要采用新制度经济学的理论和方法来分析上述城市制度的特点，主要目的是希望借此获得对封闭式小区和业委会制度的深入了解，从而为我们理解业委会和居委会的差别奠定一个坚实的基础。

1. 城市土地利用的两个基本空间事实

第一个空间事实是土地的消费和地方公共品的消费是捆绑在一起的。例如，当我们居住在一套住房里时，我们消费的不仅是土地和房屋，而且还包括当地的治安、卫生等地方公共品。传统的经济学理论是分开处理私人品和集体品（Samuelson，1954），但在过去半个多世纪，许多学者对这一传统观点发起了挑战，如 Buchanan（1965）提出的俱乐部理论。Foldvary（1994）认为大多数公共品实际上是领域性集体品（territorial collective good），只在一定的封闭地域内可以获得和消费。领域性集体品这个概念本身就暗示着土地和地方集体品的消费是捆绑在一起的。从更广泛的意义上来说，自文明的诞生之日起人类社会从来都是按照地域来组织的，当代的民族国家就是典型的例子。

虽然土地和集体品的消费是捆绑在一起的，它们的供给却不一定是捆绑在一起的，它们是可以分开供给的。一个典型的分开供给的例子是西方传统的土地利用控制系统。在其中，土地是私人拥有的，在土地市场上进行交易，而土地利用控制（如规划或区划）和其他一些地方公共品则是由地方政府所提供的。因此，一个重要的问题是弄清楚在什么时候土地的供给和集体品的供给应该捆绑在一起，以什么样的方式捆绑在一起，而且为什么它们有时要分开供给。

第二个空间事实是虽然业主们享有充分的事前选择权，但是他们在购买不动产以后只有有限的事后流动性。这里我们区分两种不同含义的流动性。第一种流动性是指人们的物理流动性，这主要依赖于地面交通工具和道路，这种流动性主要是对人们的每日通勤和其他规律性的旅行比较重要。第二种流动性是关于人们的居住位置的变化。当人们买下一宗不动产或者在某个地方定居下来以后，他们总是需要进行专有性很高的投资。这里专有性高指的是投资和具体的不动产或空间区位高度相关，一旦投资者想要撤出投资，他们不可能把资产完好无损地转移到其他的不动产或空间区位上去，他们一定会付出一些代价。从这个意义上说，影响第二种流动性的成本因素是和土地或不动产的所有权紧密相关的。这些成本包括：（1）拥有土地和建筑物的（狭义）交易成本，例如办理产权转移的有关证书的时间和费用；（2）在合约的执行阶段由于不动产的所有权所导致的高度专有的投资可能带来的机会主义行为，众所周知土地价格和规划允许的容积率是高度相关的，但是在业主买下土地以后，如果出于某种原因地方政府降低了允许的容积率，那么地价会下跌，业主是会遭受损失的。而且这种损失是难以避免的，因为业主的投资是和土地的位置高度相关的，每一块土地的价格都是不同的，业主不可能像买卖股票一样毫发无损地把资产转移到别的用处上去；（3）其他一些成本，包括专有性高的实体资产（如专门针对该宗不动产所设计的家具或设备）以及对人力资本和社交网络的投资。后者有时候十分重要，因为生活的幸福和工作的愉快都有赖于一个和谐的社会环境。在一个地方生活得越久，认识的熟人越多，生活的各方面可能会越方便。而一旦搬到一个新的地方居住，就需要认识新的邻居，熟悉新的生活习惯，这些都是居住流动性的成本。

由于这些迁移成本的存在，很容易看出业主在购买不动产以后的流动性是十分有限的。那么，这种有限的事后流动性是不是会迫使人们更积极地参与到地方政治中去，让自己的声音变得更大一些？换言之，现有的政治制度是不是反而会因为业主们降低的流动性而得到增强？由于业主们的退出选择受到大大限制，他们参与地方政治的积极性完全有可能得到增强，但是从事前效率的角度看，业主们参与地方政治的事前动机还是非常弱的。换言之，当业主在一个地方定居下来以后，他们可能不得不更响亮地表达他们的关切和顾虑；但是在他们选择定居某地以前，他们会试图找到一个最不需要他们卷入到地方政治中去的地方。

进一步看，第二个空间事实也表明由政府来提供地方公共品有它自己的问题。Tiebout 模型（1956）长期以来被视为是地方政府能够通过相互间的竞争来有效地提供地方公共品的一个重要原因。第二个空间事实显示，如果没有恰当的产权或制度安排，Tiebout 模型的作用将会被大大削弱，业主不可能简单地以脚投票而不承受不动产投资所带来的财务损失。许多理论和实证研究（如 Yinger，1982）也都指出了这一点。

在传统的城市土地利用中，政治的本质也使得业主和集体品提供者（即地方政府）的关系中存在着不确定性，相应地会产生机会主义行为。例如，特殊利益集团甚至包括政府官员自己的寻租行为会削弱经济效率，导致土地利用中的不确定性（Buchanan，Tollison 和 Tullock，1980）。在西方所谓的民主制度下，政府的表现和选民之间主要的联系是选票，但是选民并不一定是业主，传统的城市规划的许多决策会给业主们带来负面的影响。

2. 交易成本经济学

由于本文的研究方法主要是基于交易成本经济学或者更广泛地说是新制度经济学，现简要地介绍一下这个领域的进展情况。交易成本经济学起源于对企业的分析，1937年Coase首先指出，在现货市场上人们为了达成一个交易需要耗费人力财力去发现相关价格、讨价还价达成合约，而在企业内部要达成一个"交易"就容易得多，所需花费的成本也小得多。从这个意义上说，企业的存在降低了这些交易成本（Coase，1991）。在Williamson（1975，1985）的理论框架里，机会主义和有限理性是两个根本性的行为假设。当代理人有机会主义的动机时，各方之间的相互依赖性越高，一方就越有可能被其他几方占便宜。例如，一个轮胎制造商可以和一个汽车制造商签订供应轮胎的长期合同，相应地该轮胎制造商的设备可能会专门针对那个汽车制造商来设计，也就是说该轮胎制造商变得高度依赖于汽车制造商。如果由于外部的原因轮胎价格上涨了，汽车制造商为了自己的利益会坚持要求轮胎制造商履行原来签订的长期合同，而轮胎制造商没有别的选择，因为他的投资高度依赖于汽车制造商，不可能轻易地转型为其他汽车制造商生产轮胎。在这个意义上说，汽车制造商占了该轮胎制造商的便宜。另一方面，人们的理性是有限的，这决定了任何合约都不可能是完完全全的，有许多未来的事情是预料不到的，更不用说签订合约本身也有着很高的成本。因此，在市场、等级体系（如一个企业）和它们的中间类型这三种选择中，最有效的制度形式主要取决于各方之间相互依赖的程度。例如在汽车轮胎的例子中，如果轮胎制造商高度依赖于汽车制造商，那么由汽车制造商收购轮胎制造商，把两者整合到一个企业里去可能就是一个有效的选择。Williamson理论的中心问题是胁迫问题（hold-up problem）。在汽车轮胎的例子中，轮胎制造商就是被汽车制造商所胁迫，轮胎制造商的一个正常的反应就是减少对专用设备的投资，这自然降低了经济效率，形成了所谓的胁迫问题。Grossman、Hart和Moore等人（Grossman和Hart，1986；Hart和Moore，1990）在不完全合约的文献中进一步正式地分析了胁迫问题。他们认为合约不可能是完全的，因此签约后的重新谈判是至关重要的。需要投资购买或建设专用性高的资产的那一方由于担心他们会处于被胁迫的地位，因此会减少投资。于是，市场上会出现各种产权和制度的安排，包括垂直整合，来解决或缓解胁迫问题。

3. 整合业主和集体品提供者

我们的第一个空间事实意味着在业主和地方集体品提供者之间存在着一种合约或伪合约的关系，而第二个空间事实告诉我们简单的事后退出的选择权并不能起作用，因为业主在购买不动产以后流动性大大降低了。此外，传统的城市土地利用系统中所包含的政治过程会带来不确定性。这三个条件，即涉及高专有性投资的、合约中的、不确定性，就意味着存在着一种胁迫问题（Williamson，1985；Hart，1995）。换言之，如果不确定性在合约执行阶段导致了一方（业主或集体品提供者）获得更强的力量，他就可能会以此来要挟另外一方，因为后者的退出选择权大大减少了。那么，在城市土地利用中，这个胁迫问题是如何表现的呢？

当代城市土地利用中的两个著名的现象，即邻避现象（Not in My Backyard，NIMBY）和管制征收（regulatory takings），就是胁迫问题在城市土地利用中的表现（Deng，2003）。在邻避现象中，业主们虽然都知道需要设立或修建某个公共设施，如监狱、核电站等，但是都不希望它建在自家附近，因为这些设施会损害他们的不动产利益，导致不动产价格下跌。于是，他们采取各种政治活动，如示威、抗议等，来阻止该公共设施在本地建设或运行。在邻避现象中是业主利用土地所有权来要挟集体品提供者即地方政府。我们先假定是由一个企业来提供该集体品，那么它就需要做一些和该区位高度相关的投资（如建造一些特殊的建筑物），这样在未来的某个时候由于外部条件的变化，业主们可能会要挟该企业。当然，要让业主们采取这样的集体行动并不是一件容易的事，尤其是当集体品提供者是政府时。这就是为什么事前的行动对业主们来说更加重要。在有些案例中，尽管某些公共设施已经建成并运行了一段时间，业主们的邻避行动还是成功地关闭了那些设施。在这种情况下，那些专有性高的投资所遭受的损失是由大范围的区域所共同承担，而本地业主们的私人损失则被减少了。

管制征收则是一个明显的政府要挟业主的现象。Fischel（1995）对这个问题做了详尽的研究。当业主购买不动产以后，如果政府的规划改变了，严重影响了不动产的使用价值，限制了业主的土地使用权利，就相当于政府"征收"了部分私人财产，按照许多国家的宪法，政府就应该给予业主赔偿。美国的最高法院就曾多次肯定了这一点，制止地方政府的一些过激行为。那么，为什么业主不能卖掉不动产搬走呢？我们前面介绍的两个空间事实说明卖掉不动产和搬走都有很高的成本，而且不能避免财务损失。此外，由于受到个人财富的限制，绝大部分业主不可能通过分散投资来分散不动产投资所带来的风险。所以，在管制征收中业主就被政府所要挟。

由于存在着上述在城市土地利用中的胁迫问题，各种新的市场制度就出现来解决或者缓解这个问题。按照新制度经济学的理论，一个最常见的也是最标准的解决办法是垂直整合，即把业主和集体品提供者整合到一起，使他们的利益一致，这样胁迫问题自然就消失了。但是，整合这两者也不是一件简单的事情，其中一个关键的问题是在城市土地利用的胁迫问题中，业主和集体品提供者之间的关系是多对一的关系，即多个业主面对一个集体品提供者，这是由集体品的定义所决定的。如果业主们不能组织起来，他们在谈判中的力量就会很弱，这是业主们面临的一个内在的组织问题，也就是我们常说的集体行动的困境问题。接下来的问题是，有哪些制度形式可以整合业主和集体品提供者？

根据现实世界中存在的不同城市制度，我们这里列出几种常见的整合形式。第一种形式是让一个业主拥有所有的不动产，而让所有的最终用户以租赁的形式从该业主那里租用建筑空间，这样就避免了一对多的关系问题，最终用户也不需要进行专有性很高的投资。在现实世界中这就是购物中心的制度形式，业主既拥有不动产又负责提供地方公共品。Deng（2002）认为这种制度形式是一种高效率的城市土地利用制度，它结合了 Henry George 的思想和 Tiebout 式的市场竞争。Deng 还进一步从交易成本的角度解释了为什么这种制度形式主要在商业不动产中得到发展。

第二种整合业主和集体品提供者的形式是通过某种政治过程，如投票制度，来把业主们组织起来，通过业主委员会进行集体决策来提供地方集体品。这是以一种集体行动的方式来解决一对多的关系问题，实现了业主们和集体品提供者的整合。这是在北美发展的 CID 类的私有社区制度的本质，也是我国封闭式小区治理的基本结构。虽然这种制度形式在一定程度上依赖于小区内的政治过程，其经济效率会受到一定影响，但是它可以实现私人对不动产的所有权，有它的好处。Deng（2002）分析了为什么这种制度形式在世界各地的住宅市场中得到广泛发展。

第三种整合方式首先由 Fischel（2001）提出来，它类似于第二种整合方式，但不同的是它是由地方政府来实现业主们的集体行动和集体决策，当然也是由地方政府来提供各种地方公共品，正是在这个意义上也同样实现了业主们和集体品提供者的整合。这种制度形式的关键是如何能够实现由地方政府来代表业主们的利益。首先，在一个地方居住的人除了不动产的所有者以外，还有租赁户；其次，即便全部居民都是业主，地方政府能不能代表业主的利益还取决于政治制度。Fischel（2001）认为美国的郊区政府就属于这样一种形式。美国的城市郊区主要居住的是住房所有者，他们投票决定了地方政府官员，而且在郊区政府的层级上特殊利益集团的影响也比较小，Fischel 专门造了一个词（homevoter）来描述郊区居民的这种特征，因此，在这个意义上，美国郊区政府也体现了业主们和地方公共品提供者的整合。

三、居委会和业委会的差别与联系

由于我们的中心研究问题是关于居委会和业委会的关系，在这里简要地讨论一下两者之间的主要差别与联系。虽然主要是基于业委会在中国的实际情况来进行分析的，但有时也联系到西方的情况，这样便于我们看到业委会与居委会的一些本质性差别。

业委会和居委会的第一个主要差别是业委会的选举是基于业主的不动产利益，而居委会的选举是按人头计算的。在我国，这一差别有时不太突出。住建部 2009 年颁发的《业主大会和业主委员会指导规则》明确规定投票权是按业主拥有的"专有部分"来计算的，一个"专有部分"算是一人（即一票），假如一个业主拥有一个以上"专有部分"，仍然按一人计算。在西方，业委会的投票权可以按照业主拥有的"专有部分"的总面积来计算，这样业主拥有的专有部分的面积越大，投票权就越多。应该说这是业委会和居委会的一个本质性不同，业委会的选举和股份公司里的选举更接近，它们都是基于财产利益的投票。

我国的有关规定应该说是过分地限制了业委会制度建设上的灵活性和选择权，削弱了业委会对部分大业主利益的保护。

第二，业委会是房地产市场中形成的经济组织，它的目的比较单一，而居委会是一种政治组织，担负着多种目的。许多研究（何海兵，2003；彭勃，2006；王汉生和吴莹，2011）指出，居委会（以及其上级机构街道办事处）承担了大量的行政工作，是经济转轨和社会转型后社会工作的主要承担者，也是国家对社会控制的基本单元。相形之下，业委会的目的主要是服务于业主的不动产利益。两者所追求的目标形式和内容的巨大差别当然会导致它们的行为有很大的不同。

第三，业委会是一种自下而上形成的志愿组织，而居委会是自上而下形成的政府的派出机构。虽然近年来开始强调居委会的自治性，并且也开始通过选举来产生居委会，但是许多研究指出了这类选举存在许多问题（耿敬和姚华，2011），从居委会的产生、工作人员的组成、财政来源、工作内容和性质等许多方面来看，居委会仍然主要是政府的一个派出机构或者说是"附属物"（姜朋，2006）。而业委会是在市场上通过交易形成的自愿性组织，它本身既是社区间市场竞争的组成部分，又是其结果。

第四，业委会的选举人和服务对象都是市场交易产生的业主，而居委会的选举人或服务对象则包括了租赁户甚至还有外地来的"流动人口"。在有些情况下，某些居委会的工作人员也不是当地的居民。由于两者组成成分的不同，它们的选举或者提供的服务也是有着本质的差别。

第五，业委会的边界是由小区的空间规模所决定的，而居委会的边界则是由历史上的因素或者行政因素决定的。后者由于是行政和政治的界线，一般不会改变，但是前者则会随着小区的拆迁和建设而变化。

业委会和居委会之间的关系是怎样的呢？在西方，尤其是在美国，业委会享有高度的自治，在一些地方甚至出现私有社区要求脱离原来的地方政府而成为独立的城市。但是在我国，小区治理受到外部环境的大量约束，这尤其体现在业委会和居委会之间的关系上。由于居委会很像是街道办事处的下级或派出机构，它和业委会的关系也就像是政府与一个民间社会组织之间的关系。这种关系表现在许多方面，包括直接的和间接的，我们在这里强调以下两方面：

第一方面是，按照国家的相关法律法规，居委会和业委会之间存在着"指导和监督"的关系。住建部的有关业委会的许多法规中有详细的规定，在各地的地方性法规中更是如此。在此不详细论述，只是想指出这种"指导和监督"关系既涉及业委会和业主大会的召开成立及议事规则的制定，又影响业委会和业主大会成立以后的运作。

第二方面是，居委会作为政府机构的一个延伸部分，"协助"街道办事处控制了不少资源，因此许多业委会的工作需要居委会的支持，这对于许多中低收入的小区尤为重要。另外，由于我国的法律制度还不是十分完善，许多问题的解决还依赖于行政体系，因此居委会有时对于小区的治理还起着很重要的作用。一个典型的例子是对于业委会和物管公司之间经常出现的矛盾，居委会有时可以起到调解和仲裁的作用。

四、居委会不能代替业委会

我们最感兴趣的一个问题是，在什么情况下居委会和业委会会变得很相似或者说两者变成可以相互替代？根据我们在第二部分里的理论分析，业委会的本质特征是整合不动产的所有者和地方集体品的提供者。按照这个思路，尤其是借鉴 Fischel（2001）对美国城市郊区地方政府的观点，居委会要能替代业委会必须具备以下两个条件：

第一，居委会辖区内的居民绝大部分是该区域内不动产的业主；

第二，居委会应该通过选举产生，居委会的行为应该是追求本地业主们的利益最大化，这意味着居委会不能成为街道办事处或其他上级政府机构的"附属物"，各种特殊利益集团的影响也必须控制在一定程度以内。

比较这两个条件和我国城市中居委会的实际情况，可以清楚地看出居委会和业委会的差别是很大的，居委会是不能代替业委会的。

为了进一步了解为什么居委会不能代替业委会，在此简要讨论一下假如居委会代替业委会，会存在哪些利弊。首先，在我国的实际情况下，居委会代替业委会将意味着不能整合不动产所有者和地方集体品的提供者，其后果将会出现城市土地利用中的胁迫问题，如邻避现象和管制征收。换言之，居委会的决策有可能会损害业主的利益，而业主由于资产的专有性，将无法回避或分散这个风险。而另一方面，为了维护自己的利益，业主们可能会联合起来，抵制或者反对居委会提供的某些公共品或公共设施。总之，两者的利益将很难协调一致，会出现各种矛盾和问题。其次，居委会代替业委会将失去地租资本化所带来的一种良性循环，即如果业委会提供地方公共品，那么地方公共品会资本化进入地租，使地租升高，而更高的地租将激励或帮助业委会更好地提供地方公共品，这样形成一个良性循环。这是 Henry George（1879）的主要观点。而如果居委会代替业委会，将打破这样一种良性循环，居委会不能被更高的地租所激励或影响，城市土地利用和提供地方公共品的效率将大大降低。第三，由于居委会是自上而下的政府体系的一部分或者说是"附属物"，它们之间不可能实现 Tiebout（1956）模型中的市场竞争，更不用说形成一个地方治理的市场。而业委会是独立的经济组织，业委会之间可以形成市场竞争，它们不仅仅是在地方公共品上有竞争，而且可以在地方治理的形式和结构上竞争。这样自然会大大提高经济效率。

那么，居委会代替业委会是否可能也存在一些好处呢？从理论上分析，我们估计可能会带来以下几个好处。第一，居委会代替业委会将使政府直接介入小区治理，这样将不再需要额外施加外部约束。这种直接干预有可能比间接影响更有效率，可以减少许多执行上级政府政策的成本。第二，对私有社区或封闭式小区的一个主要顾虑是它可能会加重住房隔离现象。如果居委会代替业委会，那么作为政府体系的一部分，居委会不太可能会采取将加重住房隔离的措施。因此，从这个意义上说，居委会代替业委会可能会减少或缓解住房隔离。第三，由于居委会的选举和政策的执行都包括了业主以外的许多人，如租赁户和外来移民等，居委会代替业委会可以覆盖更大范围的社区居民，从而可能有助于促进社会公平。

五、结 论

本文的基本观点是居委会不能代替业委会。主要原因是业委会代表了一种整合不动产所有者和地方集体品提供者的制度结构，它能够有效地解决城市土地利用中的胁迫问题，而我国现实中的居委会不可能起到同样的作用。当然，随着居委会的改革和其自治性的增强，在未来它们是不是会变得和业委会越来越相似呢？虽然不想完全否定这样一种可能性，但是从经济效率出发，我们认为这一前景是不太可能的。

在学界和实际工作中都存在着一种狭隘地看待业委会的观点，把业委会的作用简单地等同于物业管理。这样一种看法对于业委会的发展是不利的，也导致了对业委会的诸多约束，模糊了它的地位和作用。作为一种新兴的制度形式，业委会对于更好地提供地方公共品，形成社区间的良性竞争，促进和改善地方治理都有着重大的意义。

参考文献

[1] Brennan G，Buchanan J M. The Power to Tax：Analytical Foundations of a Fiscal Constitution[M]. Cambridge，London：Cambridge University Press，1980.

[2] Buchanan J M. An Economic Theory of Clubs[J]. Economica，1965，32：1-14.

[3] Buchanan J M，Tollison R，Tullock G. Towards a Theory of the Rent-Seeking Society[M]. College Station，Texas：Texas A&M University Press，1980.

[4] 柴小华. 当居民成为业主——试论城市社区居委会与业委会的整合[J]. 宁波大学学报（人文科学版），2005，18（5）：105-110.

[5] Coase R H. The Nature of the Firm. [M]. New York Oxford：Oxford University Press, 1991.

[6] 邓锋. 我国封闭式小区与西方私有社区比较研究[J]. 城市问题，2011（11）：2-8.

[7] Deng F. From Property Rights to Urban Institutions：an Economic Analysis of China's Emerging Urban Institutions[J]. Post Communist Economies, 2008, 20（3）：347-61.

[8] Deng F. Ground Lease-Based Land Use System versus Common Interest Development[J]. Land Economics, 2002, 78（2）：190-206.

[9] Deng F. The Rebound of Private Zoning：Property Rights and Local Governance in Urban Land Use[J]. Environment & Planning A, 2003, 35（1）：133-149.

[10] 方静燕，顾炯. 对业委会与居委会关系的思考[J]. 中国物业管理，2004（6）：52-53.

[11] Fischel W A. Regulatory Takings：Law，Economics，and Politics[M]. Cambridge，Massachusetts：Harvard Univerity Press, 1995.

[12] Fischel W A. The Homevoter Hypothesis：How Home Values Influence Local Government Taxation，School Finance，and Land-Use Policies[M]. Cambridge，MA：Harvard University Press, 2001.

[13] Foldvary F. Public Goods and Private Communities[M]. Brookfield, Vermont：Edward Elgar Publishing Company, 1994.

[14] 耿敬，姚华. 行政权力的生产与再生产 ——以上海市 J 居委会直选过程为个案[J]. 社会学研究，2011（3）：153-178.

[15] George H. Progress and Poverty[M]. New York：The Robert Schalkenbach Foundation，1879.

[16] Grossman S J，Hart O D. The Costs and Benefits of Ownership：A Theory of Vertical and Lateral Integration[J]. Journal of Political Economy, 1986, 94（4）：691-719.

[17] Hart O. Firms，Contracts，and Financial Structure[M]. Oxford：Clarendon Press, 1995.

[18] Hart O, Moore J. Property Rights and the Nature of the Firm[J]. Journal of Political Economy, 1990, 98（6）：1119-1158.

[19] 何海兵. 我国城市基层社会管理体制的变迁：从单位制、街居制到社区制[J]. 管理世界，2003（6）：52-62.

[20] 姜朋. 游移与错位--透过和业主大会、业主委员会的关系看居委会的法律角色[J]. 浙江社会科学，2006（1）：91-94.

[21] 李友梅. 基层社区组织的实际生活方式 ——对上海康健社区实地调查的初步认识[J]. 社会学研究，2002（4）：15-22.

[22] 刘娅. 居委会自治性质的重新探讨 ——居民委员会与业主委员会的自治性比较[J]. 中国行政管理，2005（5）：48-51.

[23] 彭勃. 国家权力与城市空间：当代中国城市基层社会治理变革[J]. 社会科学，2006（9）：74-81.

[24] Samuelson P. The Pure Theory of Public Expenditure[J]. Review of Economics and Statistics, 1954, 36：387-389.

[25] Tiebout C M. A Pure Theory of Local Expenditure[J]. Journal of Political Economy, 1956, 64：416-424.

[26] 王汉生，吴莹. 基层社会中"看得见"与"看不见"的国家 ——发生在一个商品房小区中的几个"故事"[J]. 社会学研究，2011（1）：63-95.

[27] Williamson O E. Markets and Hierarchies：Analysis and Anti-trust Implications[M]. New York：The Free Press, 1975.

[28] Williamson O E. The Economic Institutions of Capitalism[M]. New York：The Free Press, 1985.

[29] Yinger J. Capitalization and the Theory of Local Public Finance[J]. Journal of Political Economy, 1982, 90：917-939.

作者简介

邓峰：教授，重庆工商大学长江上游经济研究中心和旅游与国土资源学院。

区域旅游一体化特征及运行机制探讨

范 春

摘 要：区域旅游竞争和合作是当今区域旅游经济发展的新变化，区域旅游一体化是区域旅游经济发展的高级形态。文章首先分析了区域旅游一体化研究的必要性，接着提出旅游一体化的基本含义并指出旅游一体化的五大基本特征，即旅游者需求是出发点；空间高关联性是前提；多元层次性是表征；产业集群是抓手；无障碍旅游是目标。最后重点论述了区域旅游一体化运行机理：运行利益主体，运行动力机制，运行平台，运行调控机制，整体运行机制。通过本研究，期望对日益兴盛的区域旅游一体化贡献一点绵薄之力。

关键词：旅游一体化背景；特征；运行机理

区域旅游合作已经成为时代趋势。在竞争中合作，在合作中竞争已经成为当今区域经济发展的大势所趋。我国长三角、珠三角、环渤海等区域已经在进行区域旅游一体化合作，尤其是长三角旅游一体化已经进入了实质性无障碍建设阶段。旅游一体化的实践活动开展得如火如荼的同时，一体化的理论研究却呈现出较为分散、零星特点。有的从区域合作组织架构搭建，有的从区域合作动力及运行机制出发，有的从区域旅游合作层面及类型进行深入分析研究，他们的研究对推动区域旅游一体化提供了强大的理论支持。但区域旅游一体化是一个漫长的过程，需要宏观政治经济体制改革作为前提背景，也需要部分地域能够勇于突破体制束缚，进行先行尝试。区域旅游一体化理论研究在我国国内正在广泛兴起，国内学者主要从旅游一体化动力、组织措施及结合区域旅游实践来进行，缺乏系统的区域旅游一体化及其运行机理研究，导致指导实践时显得较为乏力。

一、区域旅游一体化提出背景

1. 区域旅游竞争的必然结果

随着企业的竞争力日益增强，旅游企业集团化趋势日益明显，旅游企业集团纷纷走向了空间和业务的扩张之路，携程旅游从在线旅游预订走向了连锁经济型酒店和旅行社业务。企业集团在向外扩张的同时，却面临着地区及其行业门槛等制度性障碍，如长三角地区旅行社导游管理障碍，区域旅游企业的日益壮大与地方保护主义之间的矛盾制约了区域一体化的进程，从而影响了区域旅游竞争力提高。

2. 为更好满足旅游者的需求

区域旅游一体化的目的是更好地满足旅游者的需求。而现实中，各地区各自为政的旅游开发格局和参差不齐的服务水平导致出现"天壤之别""司空见惯"的旅游评价。旅游者在一个区域游览大多期望获得较高的旅游服务质量，但区域旅游较为明显的接待设施、服务水平及景观管理质量往往使游客对整个区域旅游的总体评价质量不高。因此，旅游一体化研究是为了更好地保障旅游服务质量的统一化和规范化。

3. 区域各级政府博弈的需要

为更好实现区域各级政府的经济社会发展目标，各级政府之间也面临着相互竞争和合作需求动力。传统的各自为政、无不相干的生存模式带来地方经济的同质化重复建设已经催生地方政府的合作共赢，通过相互进行技术、资源、市场等制度规范上的整合，以实现区域各政府间的利益最优化，这也必然要求区域旅游一体化的出现。

二、区域旅游一体化的理论基础

1.系统理论

该理论被公认是加籍奥地利人、理论生物学家 L.V.贝塔朗菲创立的。他在 1952 年发表"抗体系统论"，提出了系统论的思想。系统论认为系统是由若干要素以一定结构形式连接构成的具有某种功能的有机整体。它包括系统要素、系统结构、系统功能基本内容。整体性、关联性、等级结构性、动态平衡性、时序性等是所有系统的共同的基本特征。系统论的核心思想是系统的整体观念，即"整体大于各部分之和"。系统论实际是一种系统分析方法。即把所研究和处理的对象，当作一个系统，分析系统的结构和功能，研究系统、要素、环境三者的相互关系和变动的规律性，并优化系统。系统思考方法不仅适合自然科学研究，也符合社会科学研究。区域旅游一体化是一项经济社会系统工程，它需要系统论进行理论指导，旅游一体化中各主体之间需要具备系统思考观念及行动才能推动目标实现。

2.共生理论

"共生"一词来源于希腊语，第一个提出生物学上的"共生"概念的是德国真菌学家德贝里。共生是指共生单元之间在一定的共生环境中按某种共生模式形成的关系，包括共生单元、共生模式和共生环境三要素。共生现象是一种自组织现象，共生过程是一种自组织过程，是共生单元之间的某种必然联系，并按内在的要求形成共生模式，使之结成共生体，产生新的共生能量，推进共同进化发展，并由此决定了共生单元之间的共时性和共空性、共享性和共轭性的统一。共生既具有自组织过程的一般特征，又具有共生过程的独特个性。它不是共生单元之间的相互排斥，而是在相互激励中共同合作进化。这种合作进化不仅可能产生新的单元形态，而且产生共生能量和新的物质结构，表现为共生个体或共生组织的生存能力和增殖能力的提高，体现了共生关系的协同作用和创新活力。"共生"至少包括三个方面的含义：一是两个以上独立主体的共同存在、相互影响；二是这种共同存在是相互需求的、动态的、活生生的；三是"共生"包含了合作与竞争，即在合作中竞争，在竞争中加强合作的思想。区域旅游一体化推进需要区域内各共生单元在一定的共生环境下探寻适合自己的共生模式，以实现整体共生系统的最优化动态均衡。

三、区域旅游一体化含义及特征

（一）区域旅游一体化概念

旅游一体化目前尚无公认的定义。聂献忠认为，旅游一体化是在地区之间消除政策与环境障碍，使区域旅游组织获得较大市场竞争空间。吴泓认为"旅游一体化既是一个过程，又是一种状态"。从动态角度看，旅游一体化是指区域内不同国家或地区，通过平等协商彼此间达成旅游联盟，利用区域共同市场逐步消除旅游生产要素流动障碍，实现旅游产业专业分工和规模经济的渐进过程；从静态角度看，旅游一体化是全要素协同的一种状态，包括旅游者、旅游产品、旅游资金、旅游技术、旅游服务、旅游劳动力、旅游交通、旅游信息等要素的自由流通，表现为统一的旅游大市场形成。笔者以为区域旅游一体化是以系统论和共生理论为基础，以更好满足旅游者需求为出发点和归宿点，以政府主导、市场主体、协会协调、社区参与为指导，以资源互补、市场共享、产业联动、信息互通、标准统一为核心内容，以产业集群化为抓手，各利益主体之间消除壁垒，合作共生，以实现区域旅游无障碍为目标的系统设计和优化过程。

（二）区域旅游一体化特征

1.出发点和归宿点在于更好满足旅游者需求

是否能够充分满足旅游者需求，使其在区域旅游中的效用达到最大化是区域旅游一体化的基石，也是区域旅游一体化的终极根本。旅游者的效用最大化即旅游收益减去旅游成本差值最大。这里的旅游收益包含经济和精神收益，成本包含经济成本、时间和精力成本、机会成本等。

2.区域空间地理要素的高关联性是前提

区域旅游一体化基础是区域旅游发展在地理要素上存在高关联性。突出表现为区域旅游资源具有同质性或互补性，区域旅游客源市场具有同构性，区域各利益主体具有地域的相邻性。资源互补性指在一定区域内，互补性旅游资源会形成规模体量效应，对旅游者产生效益最大化感受。客源市场同构性指区域旅游资源空间上的近邻性导致区域内不同资源点客源具有类型、消费偏好等同构性特点。主体地域近邻性指区域旅游涉及较多利益主体，即政府、企业、旅游者、第三方组织和旅游地居民，它们在空间上具有接近性特征。这种接近性一方面带来区域旅游一体化操作的可行性，另一方面却催生区域旅游一体化的竞争性。

3. 区域旅游产业集群是抓手

区域旅游一体化需要产业一体化作抓手。旅游产业集群指区域旅游发展到一定阶段后所形成的结构合理、竞争有序的产业集中形态格局，它是区域旅游竞争力提高和区域旅游品质提升的标志。区域旅游产业集群化的关键在于品牌旅游吸引物存在，其次是品牌旅游企业推动，最后是各旅游企业的共生共荣机制的建立。

4. 多元层次性是表征

区域旅游一体化可以在多角度、多层次开展。即宏观层面上，区域各政府间形成一体化发展观念和制定出相应的一体化发展战略、制度保障等；中观层面上，建立起相对独立的一体化调控、监督、考核组织机构，以客观公正评估、督促一体化推进效果；微观层面上，各旅游企业在产品、营销、市场等各方面的多方位的有序合作共生。

5. 无障碍旅游是目标

无障碍旅游是区域旅游一体化的最终目标，其实质是推动旅游业发展的各生产要素能方便、快捷、公平、高效地自由流动。其中表现为：① 旅游者流动无障碍。不仅表现为区域旅游交通通达性高，还体现在旅游服务标准的统一化、旅游解说系统的可理解性。② 旅游投融资无障碍，体现为旅游企业在区域内按照市场规律，能方便地设立分支机构，能便利和公平地获取区域融资担保贷款等，区域旅游用地审批较为便利。③ 旅游人才流动无障碍。区域内旅游人才流动不受户籍、教育、社会保障等一系列限制因素影响，能按照市场规律便利流动。总之，无障碍旅游是一项系统工程和远大目标。

四、区域旅游一体化运行机理

（一）一体化运行主体

区域旅游一体化运行主体包含政府、企业、第三方组织、旅游者和旅游地居民，各个主体在一体化运行中所起的作用有差别，但都缺一不可。一体化的调控主体是区域各级地方政府。出于自身政绩利益考虑和公共利益需要（地方经济社会发展），各级地方政府具有推动一体化的内外现实动因，他们通过制定和调整区域各种发展政策、规范市场秩序和编制区域发展规划来实现一体化的推动。一体化市场主体是旅游者和旅游企业。在这个市场化主体中，旅游者是基础，是一体化市场存在的源泉。旅游企业是一体化的真正执行者，也是一体化产业发展的承担者。旅游者与旅游企业通过内在相互调控匹配带来一体化的演进。一体化的利益相关主体是旅游地居民和第三方组织。旅游地居民经常被排除在一体化主体之外，而仅作为一个一体化保障因子存在。殊不知，他在一体化推进中也承担了旅游形象展示、旅游产品构成、旅游市场推广等关键作用。第三方组织多指旅游协会、专家智囊团、旅游合作社等，它们为区域旅游一体化推进提供决策参考，并影响一体化进程（见图1）。

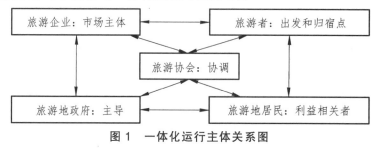

图1 一体化运行主体关系图

（二）一体化运行动力机制

区域旅游一体化推动力可以分为内生动力和外生动力两部分。内生动力主要是基于区域自身的要素特征和经济发展需求而产生，如空间生长力和市场驱动力；外生动力是推动和制约区域旅游一体化的外部环境总称，包含政府调控力和第三方掣肘力（见图2）。

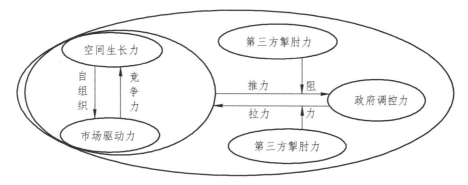

图2　区域旅游一体化动力机制

1. 市场驱动力

区域旅游一体化是区域旅游市场竞争发展的必然结果。市场驱动力是市场各主体为自身利益最大化，依靠竞争或合作来推动一体化进程的内生变量。旅游者和旅游企业是市场驱动力的两个相互关联推手。旅游者数量的有限性和需求的多变性制约旅游企业的数量和竞争状态，旅游企业的数量多寡和服务质量高低影响着旅游者的感知效果。市场驱动力通过供求关系变化来调节一体化运行状态和过程，其存在加速了一体化推进进程。

2. 空间生长力

区域旅游一体化演化是一个自然生长、自我组织过程，其一体化的产生和成长首先受到区域自身所在空间特征影响。这种空间影响主要包括区域内各空间要素的区位条件、交通便捷性、资源空间差异等。正是这些空间影响因素相互作用的复合，构成了空间生长力。地理区位的相邻性为一体化推进提供了便利的空间延伸途径，降低了延伸的时间和空间成本。交通的便捷性节约了空间要素交易费用。资源空间差异性促成空间生态位的稳定性，提升了空间整体竞争力。总之，空间生长力是空间自组织过程中的内生源泉，它构成了区域一体化的原初动力。

3. 政府调控力

在我国，政府主导型旅游发展战略决定中国旅游发展中制度环境对区域旅游一体化的推动作用。在市场经济条件下政府的作用究竟应放在什么位置仍存在争议，但在区域旅游一体化中政府确实是一个不可或缺的主导力量。政府调控力是政府通过政策、规划、行政区划调控等综合因素来影响区域旅游一体化的一种力。这种力并不是都直接作用于区域旅游一体化，大多数的政府行为都将通过对区域社会、经济、环境的影响而最终作用于区域旅游一体化，从而复合成一股干扰或引导区域旅游一体化演化的强大力量。

4. 第三方掣肘力

第三方掣肘力是第三方组织依靠组织力和智慧力对区域旅游一体化施加影响的外生变量。区域地方居民权益一般借助地方居民自治团体——旅游合作社、农民旅游协会或村委会来实现对一体化的影响。地方居民的旅游参与度高低、旅游受益性大小直接影响旅游一体化的进程，某溶洞旅游开发遭遇当地村民阻挠就是实例。区域旅游商会、协会、专家智囊团也是制约区域旅游一体化的重要力量。他们通过上联下达，提供咨询服务影响政府旅游决策，调节旅游市场竞争，进而影响一体化进程。

区域旅游一体化动力发轫于空间生长力，受市场竞争驱动，这种内生动力产生强大内在推力，政府出于区域整体利益考虑运用行政控制力来推动一体化进程，第三方依靠组织力和智慧力形成掣肘阻力，影响一体化进程的方向和速度。一体化推动力大小在于推拉力和掣肘阻力的力量对比和调和。

（三）一体化运行平台

区域旅游一体化运行需要搭建运行的工作平台，这种平台分宏观和微观两个角度（见图 3）。

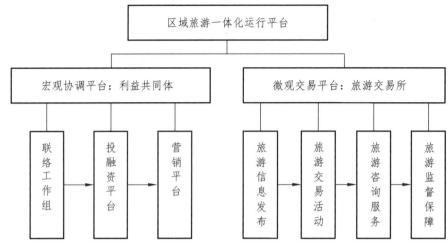

图3　一体化运行平台

1. 宏观政府协调平台

区域旅游一体化宏观平台多强调地方各级政府在合作共生基础上建立起稳定的利益共同体。一般地，由于区域行政区划差异，其宏观政府协调平台类型分为整合式和联席式。整合式平台主要是借助上级政府强大的行政控制力将区域内各行政单元进行整理合并为一体，以减少宏观层面的一体化摩擦阻力形式。此种模式多适用于一个统一的行政主体内的各下级行政单元整合，张家界、黄山景区一体化发展就是明证。联席式指各并列行政单元出于长远利益需求，自发组建区域旅游一体化协调机构，统一进行区域旅游宏观调控形式。各行政单元组建联席会议制度是区域旅游一体化顶层设计，搭建统一投融资平台、统一营销平台和联络工作组是其主要表现形式。长三角区域旅游一体化就是典型。

2. 微观市场交易平台

区域旅游一体化运行主体在企业，企业能否在区域内依托一个平台方便、快捷、公平获取满足其生产运营的生产要素是判别一体化运行良好与否的主要指标。区域旅游交易所恰好就可以满足此需求。区域旅游交易所包含旅游信息发布、旅游交易活动、旅游监督保障服务、旅游咨询服务，其交易涉及主体包含区域旅游一体化各利益方。旅游信息发布包含旅游者发布的出游需求信息、旅游地居民及集体的购物品信息、政府的宏观指导信息、旅游企业的供需信息等。旅游信息按信息发布内容可以分为旅游人才信息、旅游用地信息、旅游者出游信息、金融支持信息等；按信息发布表现形式可以分为实物陈列式和电子展示式。实物陈列式是将区域旅游购物品、人才、用地集中展示，各交易主体通过现场考核鉴定进行交易。电子展示式依托电子媒体展示，再辅以现场人员解说予以确认交易。旅游交易活动包括依托互联网的线上交易和旅游交易所的线下大厅交易。旅游监督保障服务包含政府旅游质量监督机构的交易投诉处理，金融保险机构的旅游保险、信贷融资服务等。旅游咨询服务指旅游规划机构对旅游企业的咨询服务，旅行社对旅游者的咨询，政府机构对旅游企业、旅游者的咨询等。

宏观平台和微观平台的有机结合，将推动区域旅游一体化稳健良好运行。

（四）一体化运行调控机制

区域旅游一体化运行关键是各利益主体的权益平衡和合理分配。区域旅游一体化涉及较多利益主体。地方政府利益包含同级政府之间、上下级政府之间、同级政府不同部门之间的利益，这种利益多表现为组织政绩考量和公共利益实现状况。旅游者利益指旅游者在区域旅游中所获取的物质及精神效用大小，它受制于旅游企业和地方政府服务质量水平。旅游企业利益在于以最小成本所获取的最大价值高低，它要考虑旅游者对其服务感知、旅游企业竞争状态等因素。第三方组织利益多表现为提供咨询服务后所获得的利益大小，它通过对旅游者、旅游企业、各级政府的准确了解、把握来对各自相关群体施加间接影响，并根据影响程度来获取利益。旅游地居民利益多表现为通过旅游发展所获取的收益和非旅游发展原来状态所带来的损失大小之间的差额，一般借助旅游决策参与度、旅游就业收入大小来衡量。这种利益影响居民旅游配合度，进而影响政府旅游推动力大小。一体化的调控机制表现在调控组织及制度、监督和诉求机制、分配和补偿机制。

1. 调控机构及制度

五方之间的权益调控在组织机构建立上应有所差异。地方政府之间应突出构建起平等的三级调控组织：即省市级或国家级调控机制——联席会议制度；县市级区域调控小组——联动协作机制；旅游部门级常设级推动小组——区域旅游协作办公室。政府之间的权益调控目的有二：一是平衡内部权益；二是为区域旅游一体化市场推动创造公平有序的竞争环境。旅游企业之间的权益调控在组织上主要依托已经存在的仲裁结构和相关的法律法规，另外要建立起区域旅游一体化的第三方调控机构——区域旅游行业协会和专家委员会。旅游者的权益保障机构在区域旅游行政部门的旅游质量监督所，该所应该统一区域旅游质量服务投诉和处理标准，建立起质量保障执法小组，协同旅游行业协会共同处理旅游投诉。地方居民权益保障在组织上依托县市级归口部门和地方人大、政协机构，最好建立起第三方权益机构——农民权益协会。

2. 监督诉求机制

五个利益主体的权益监督诉求应对应于归口的调控和处理机构。各个机构应通过公开（网络）或不公开（内部公文）方式及时反馈处理意见，典型案例应告知区域旅游一体化最高调控机构和第三方组织，以便进行全局性分析和建立常态化的制度政策。

3. 分配和补偿机制

四方权益分配和补偿机制事关区域旅游一体化的最终成败。首先设立区域旅游一体化共同发展基金。基金来源采用政府财政先期拨付、旅游企业提缴和银行信贷构成。其功能是进行区域各利益主体权益平衡、区域旅游重大基础设施项目、区域旅游营销推广活动开展等。政府部门之间的权益平衡主要靠强制性行政权力、改革地方政府部门考评制度和区域旅游权益调剂转移制度。重点是区域旅游权益调剂转移制度，可以依托资源等级、品位、游客到游率、未来潜力来确定区域内各地方部门之间的权益分配比例。旅游者、旅游地居民的权益补偿按照"谁损害，谁补偿"原则进行，缺乏明确的损害责任人由旅游共同基金支付；旅游企业权益分配和补偿重点是建立起旅游其他行业对旅游景区的补偿机制，因为旅游其他行业具有依附景区而存在的"搭便车"行为。其补偿方式有二：一是旅游景区进行纵向一体化整合、兼并、重组旅游其他行业；二是由旅游发展共同基金拨付一定比例的补偿费用。

（五）一体化运行机制

一体化运行需要以协调各方利益为基础，各参与主体通力合作，在市场驱动、空间生长内生推动、政府调控力拉动和第三方掣肘力影响下，依托宏观利益共同体和微观旅游交易所平台，实现各旅游活动各生产要素（资金、技术、人才、信息）的自由流动，最终实现无障碍旅游目标（见图4）。

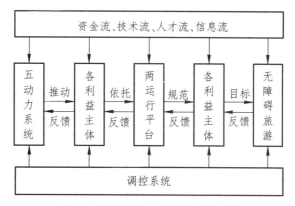

图 4 区域旅游一体化运行机制

五、结　语

区域旅游一体化是一项系统过程，是区域旅游发展的必然结果。受各种利益主体的博弈，其一体化进程和效果会有较大差异。欧盟旅游一体化走到今天，离不开各国政府强力推动和各利益主体的大力参与，通过协商合作，搭建起一体化的协调组织，制定出消除旅游障碍的各种政策法规。欧盟旅游一体化经验值得我国借鉴。

参考文献

[1]　何小东. 区域旅游合作主体的职能定位研究[J]. 旅游论坛，2009，2（3）：325-330.

[2]　朱元秀，伍艳玮. 区域旅游合作的动力机制探讨[J]. 经济研究导刊，2009，3（19）：143-145.

[3]　葛立成，邹益民. 聂献忠. 中国区域旅游合作问题研究 ——基于主体、领域和机制的分析[J]. 商业经济与管理，2007，1（183）：70-76.

[4]　郑江宁，颜澄. 区域旅游合作发展模式比较研究[J]. 生态经济，2008，3（6）：107-109.

[5]　贾玉成. 旅游区域一体化动力机制与政策研究[J]. 改革与战略，2005，4（6）：56-60.

[6]　课题组. 长三角旅游一体化研究[J]. 科学发展，2009，3（8）：46-61.

[7]　葛立成，聂献忠. 长三角区域旅游一体化研究[J]. 浙江社会科学，2006，2（3）：216-219.

[8]　聂献忠. 张捷. 一体化旅游区（ITR）空间发展战略研究 ——以长江三角洲旅游区为例[J]. 浙江社会科学，2006，26（6）：755-764.

[9]　吴泓，吴晓梅. 长江三角洲旅游一体化格局和机制研究[J]. 东华大学学报（社会科学版），2008，8（4）：308-311.

[10]　靳诚，徐菁，陆玉麒. 长三角区域旅游合作演化动力机制探讨[J]. 旅游学刊，2006，12（21）：43-48.

[11]　范春. 基于体验角度的景区廊道空间设计[J]. 人文地理，2009，3（23）：89-91.

[12]　何小东. 区域旅游合作主体的职能定位研究[J]. 旅游论坛，2009，2（3）：325-327.

[13]　丁敏. 长三角基于区域旅游一体化的深度协作[J]. 市场周刊·理论研究，2006（11）：58-60.

[14]　张晨. 以标准化建设推动长三角区域旅游联动发展[J]. 安徽商贸职业技术学院学报，2008，7（26）：33-38.

作者简介

范春（1973—），男，汉族，重庆人，硕士，重庆工商大学旅游与国土资源学院讲师，主要从事区域旅游文化和旅游规划的教学和研究工作。

重庆都市区闲置工业建筑适宜性改造路径初探

胡为为   王美凤

摘　要：本文通过分析重庆主城区闲置工业建筑的现状，挖掘其经济、历史、艺术价值，探索重庆主城区各类闲置工业建筑的适宜性改造路径，提出功能置换、外部形态改造设计、内部空间改造再利用、保留加固建筑结构四种适宜性改造方式。

关键词：闲置工业建筑；适宜性；改造

重庆都市区快速城市化进程中，城市不断向外扩张，为适应城市的发展，原有的产业不断地进行结构升级，从第一、第二产业转化为第三产业，导致了大量传统工业的没落，致使原有的工厂停产，留下了大量闲置的工业建筑，产生了一系列的社会问题，因此通过适宜性改造让闲置的工业厂房重现活力显得至关重要。

一、闲置工业建筑现状分析

目前，重庆主城区主要现存工业建筑类型有：① 开阜时期工业建筑，这个时期的工业建筑风格简易，遗留很少，例如南岸区铜元局的德厂、法国水师兵营、安达森银行、重庆自来水水厂的水塔、英厂等；② 抗战时期工业建筑，这一时期的工业建筑主要有在金陵兵工厂、汉阳兵工厂及湖北铁厂基础之上发展起来的重钢、嘉陵、长安，英国亚细亚油库，国民政府第五十兵工厂，豫丰纱厂等；③ 中华人民共和国成立初期与三线建设时期产业类建筑，这一时期的产业类建筑有西南铝加工厂、西南合成制药厂、东风化工厂等；④ 改革开放时期工业建筑，现在遗存的有重庆饮料厂、重庆造船厂、四川柴油机厂等。但是，随着重庆主城区"退二进三"，大批工业建筑被拆毁，只留下了少部分保存较为完整的工业建筑。

二、闲置工业建筑改造的价值

（一）经济价值

闲置工业类建筑大多不属于历史文物，不必依照法律进行保护利用，但如果把所有闲置厂房拆除，将会造成资源的浪费，产生大量建筑垃圾，制造大量粉尘和噪声，产生环境污染。除此之外，如果对其进行重建又需要耗费大量资金，消耗大批建筑材料，增加再建造的难度。如果我们保留这些闲置产业类建筑，对其进行适宜性改造，就可以实现厂房的再利用，节约能源和资金，产生经济效益。

（二）历史价值

闲置类工业建筑是重庆历史的见证者，记录了重庆在各个历史阶段的形态特征，保留着山城特有的文化气息。对这些闲置的工业建筑进行适宜性改造，可以使重庆的文化脉络得以保存，可以提供人们追忆历史的场所，增加外地人对这座城市的认知，增加本地人对这座城市的自豪感和归属感。

（三）艺术价值

工业建筑大多数造型简单，结构坚固而结实，空间宽敞开阔，建筑风格与建筑功能相适应，形成了一种简洁美和体量美，将钢筋混凝土构建而成的几何美学发挥到了极致，往往给人很强的震撼力。

三、适宜性改造路径探索

（一）功能置换

随着时代的变迁，产业结构的升级调整，大多数闲置工业建筑已经丧失了原有的功能。在这种情况下，通过改造内部空间实现功能的置换，复兴这些工业建筑的社会生命，已经成为一项有效的措施。对于跨度大，单层结构，支撑结构为钢架、拱架，使用材料多为混凝土的重大工业厂房、仓库等，对其进行适宜性改造时，主要考虑改造成要求高大空间的博物馆、美术馆等。对于层高较低、空间开阔的多层厂房，可以考虑将其改造成餐厅、办公楼、住宅等。鹅岭二厂文创中心根据现有功能要求与原厂房空间结构进行对比，将原来的电机房改造成了公共活动大厅，可以举办各种聚会和发布会。将废旧消防水池改造成为酒窖，用以储藏各地的红酒。完美地利用原地形，将土坡改造成为有格调的茶室，可以品茗和赏戏。

除此之外，应该根据新功能进行适宜性的外部形态设计和内部空间改造。

（二）外部形态改造设计

1. 保存修复旧元素

鹅岭 20 世纪五六十年代的车间厂房，具有浓厚的苏联建筑风格，有趣的波浪形拱顶，房顶没有使用任何黏合剂，由四根顶柱挤压支撑，厂房建筑立面独具一格，因此鹅岭印刷二厂在对部分建筑立面改造时在旧厂基础上修旧如旧，对其破损和脱落的墙体用青色仿古砖和白色的涂料进行了还原和修补，使外表在最大程度上保留了八十多年前的厂房老模样。对于像这种具有明显地域特色、历史价值、时代特征的建筑立面，在进行适宜性改造时，要最大限度地保留旧建筑的原始风貌，对破损立面进行修复。

2. 新旧元素的和谐共存

在对厂房的立面形象改造设计的时候，嵌入新元素，与旧元素形成对比。在厂房立面形象改造设计的时候，较多选用新旧元素对比的方式，保留了旧厂遗留的铁锈框架，重新修葺外墙，简约明朗和怀旧朴素，在满足人们用于商业使用价值的同时又兼顾了园区独有的艺术氛围。

3. 去旧换新重塑形象

北仓"喵儿石创艺特区"在被改造之前，建筑立面表皮脱落、严重老化、形式呆板、颜色单调、没有生机、窗户破败等，改造设计时，对立体墙面进行整体改造装饰，把建筑立面全部粉刷成大红色，改造之后的建筑立面鲜艳如烈日，看上去热情而时尚。对像这类以前建筑上不具有历史感、代表性的外形，进行适宜性改造，可以运用新材料对立体墙面进行整体改造装饰，用新的立面取代旧的立面，使旧建筑焕然一新。

（三）内部空间改造再利用

除此之外，还可以对工业建筑的空间结构进行改善，使其便于使用。主要有以下方式：

1. 空间拆分

对于内部空间高大宽敞的工业建筑，采用垂直拆分和水平拆分的处理手法，将大空间划分为高度适合使用要求的若干空间，以满足现代功能的使用要求。

① 垂直拆分：工业建筑的层高大多数都在 4.5 m 以上，适宜性改造时在建筑的内部竖向空间通过增加地板、楼梯的形式把原本高大空旷的空间划分成为适宜现代功能的小空间。

② 水平拆分：这种手法主要运用在层高低、占地面积大的厂房或仓库等的适宜性改造过程中。保留原有工业建筑的主要支撑结构，在宽敞的空间内通过增加书架、幕布、隔板、墙体、门等形式来划分空间。

在保留原有建筑主体结构，不对其进行任何改动的前提下，通过墙体、幕布、书架等形式，在水平方向上对原有的大空间进行分割，形成较为适用的空间。

2. 重组空间

对于部分空间单一、尺度较小的工业建筑，可以将内部部分隔墙、楼板拆除。若建筑为框架结构，还可以将非结构性隔墙一并拆除，使空间连为一体，重新组成尺度适宜的空间。

① 拆减墙体：如果原有工业建筑的空间较小，可以拆除两个房间之间的墙体，根据需要把原有的几个房间合并成为一个房间。如果合并之后空间还是不足时，可以将室外空间纳入室内空间，形成一个新的空间。

② 拆减楼板梁柱：对于梁柱比较多、影响空间使用的工业建筑，可以在不影响建筑稳定性的情况下，拆除那些不起支撑作用的梁柱，形成较为适宜的空间。

③ 相邻建筑间加连廊搭接：如果相邻两栋建筑的体量都较小，单独一栋进行使用不方便时，可以在两栋建筑之间修建连廊或天桥，把这两栋建筑连接起来，共同使用。在鹅岭二厂的设计中，设计师用船型的天桥将原来的两个废弃厂房连接起来，使得两个相邻但分离的厂房成为一个整体，从而方便厂房的再利用。

④ 建筑间封顶连接：对于有天井和内院的工业建筑，在进行适宜性改造时，如果保留天井和内院将会造成大量空间的浪费，因此可以在天井和内院的顶部加建屋顶，使得原有的室外空间变成室内空间，增加可以利用的内部空间。

3. 空间的扩充增加

为了满足新的功能变化，可以采用垂直加层、水平扩建、增加地下空间的方式在建筑的内部或者外部增加新建筑。

① 垂直加层：通常通过增加建筑层数，提高容积率的方式获得适宜的利用空间。鹅岭二厂为了增加竖向空间，同时避免因为新建建筑遮挡原有居住区居民的视线和光照，他们利用柱状结构的构筑物作为支撑，形成悬浮的矩形建筑，完美地解决了遮挡问题。

② 水平扩建：在原有建筑空间无法满足新功能的要求，而建筑周边用地有限时，可以将几栋建筑连接，使其成为一个整体，满足新功能的需要。

③ 地下空间的扩展：当地面建筑空间不能满足使用要求时，可以在取得有关部门批准后，开发地下空间，以获得更大的利用空间。

（四）保留加固建筑结构

在鹅岭二厂文创中心，设计者对老厂房进行改造时保留了原有房屋结构，但是考虑到老建筑的安全问题，把建筑内部的东西全部换成新的。除此之外，把老建筑内部的基础设施也全部进行了更换，例如电梯、各种管线，增加了消防设施。在地面的处理上面，许多茶室保留了原有的木质地板，但是对木质地板的下部用钢筋混凝土进行了加固。

参考文献

[1] 黄红丽，谢江. 重庆闲置产业类建筑再利用设计的现状分析[J]. 大众文艺，2015（03）：145-146.

[2] 黄红丽，谢江. 浅谈重庆闲置产业类建筑再利用的设计策略[J]. 美术教育研究，2015（03）：167-168.

[3] 刘宏梅. 重塑内部空间——探析工业建筑遗产内部空间的适应性更新策略[J]. 工业建筑，2009（01）：60-64.

作者简介

胡为为（1987—），女，湖北宜昌市人，讲师，硕士，从事城市规划理论及设计。

浅谈闲置工业建筑再生模式

胡为为　　赵家楷

摘　要：我国现阶段正处于城市快速发展的过程中，原有工业建筑随着城市产业结构的调整，"退二进三"战略的实施，留下了大量闲置工业建筑。这些闲置工业建筑的潜能有待进一步开发，挖掘其经济效益、文化效益、历史效益、社会效益、环境效益等，使其在城市更新中起到积极影响。本文以国内外闲置工业建筑改造案例为依据，研究其内在逻辑，分类深化提出多种再利用模式。

关键词：闲置工业建筑；再利用；再利用模式

一、研究背景

我国原有工业建筑在建造时，存在着用地比例大、规划布局分散、污染周围环境的问题，但又占据着城市中的优势区位，因此成为城市中急需解决的一个问题。随着我国城市化进程的加快，城市产业结构采取"退三进二"发展战略，土地使用制度由计划调拨、无偿使用变为有偿使用。这些变化导致了闲置工业建筑的产生。这些闲置工业建筑虽其貌不扬，但却是我国工业化进程中浓重的一笔，是先辈们为我们留下的工业记忆，它记录了一个时代的经济发展水平和社会风貌特征，具备的历史、文化价值值得我们做出更好的应对策略。然而，闲置工业建筑作为工业遗产的一部分，在很长的一段时间内未引起足够的重视。在世界遗产委员会宣布的世界遗产名单上，我国与其他发达国家有着显著差距，此时对待闲置工业建筑，将其变成城市文化中重要的一环变得尤为重要。

二、动因分析

（一）工业建筑本身具有易于改造的优点

工业建筑立面简单，空间组成构建种类较少，空间跨度大，平面较为规则，并且大多技术先进，适应性强，通风、采光、防火等设计到位。这些特点决定了工业建筑具有极强的适应性，能够通过相应的设计，创造出新的空间架构。另外，工业建筑具有坚固耐用的主体结构，可以在其丧失原有功能后，适应新的需求。

（二）改造工业建筑成本低

建筑物在最初建成和后续的运行中都要消耗大量的能源，对其进行拆除继而重造势必浪费更多的资源。再利用项目可以以原有的基础设施为依托，最大限度减少能源、资源消耗。另外，改造闲置工业建筑，可以节省拆除原有建筑所消耗的能源。当城市发展到一定阶段，大规模的新型建设减少，此时就更应关注闲置建筑的再利用问题。

（三）城市更新中社会效益的发挥

伴随着城市的发展，旧工业区逐渐衰落，丧失活力，必须采取相应措施帮助该区域恢复活力。简单的拆除，更新是不可取的。而闲置工业建筑再利用可以很好地起到这个作用。将闲置工业建筑改造后，提升其商业价值，发挥其经济潜力，对周边区域起到很好的带动作用。

在当今城市中，随着城市化进程的加快，新建筑层出不穷，城市缺乏其本身的特点。工业建筑因为其历史，外形，作为旧建筑可以帮助城市找寻其城市魅力，让千篇一律的城市变得更富生机。

（四）生态价值可持续性的体现

闲置工业建筑改造符合可持续建筑的观点，满足对建筑潜力的最大发掘。其次，工业建筑的再利用对城市未来生态更新的影响颇为甚远，具有现实的环保意义。与重建相比，旧闲置建筑的再生利用可以减少大量的建筑垃圾，减少由于大部分垃圾的不可降解对环境造成的污染。据统计，全世界的固体垃圾，35%来自建设工程，其中包括建设施工过程以及为生产建筑材料所进行的生产工艺过程。另外，我国的能源消费总量已位居世界第二，其中建筑耗能占全社会能源消费量的25%以上。而旧建筑的再生利用不但可减少建筑的工程量，还可减少新建筑材料所释放的 SO_2、NO、甲醛等有毒气体。研究表明，全球每年排出的温室气体中，有1/3来自建筑的整个生命周期。因此，要减少建筑物在其生命周期中所排放的温室气体量，最主要的是延长建筑的生命周期，使总体污染大幅度减少。

（五）历史文脉的延续

在工业革命以后，全球各个城市相继进入工业时代，作为那个时代的标志，工业建筑不仅承载的是人类文明的那段历史，同样地，也是生活在工业区的人的一种回忆。工业建筑再利用保留了工业记忆，同时也保留了生活在工厂区域的人的一种情感诉求，为其留下区域认同感。

三、闲置工业建筑再利用原则

闲置工业建筑作为特殊的城市用地，建筑本身在城市中具有巨大的发展空间。如何通过再利用设计，对其进行改造开发，使之成为既能保存历史文脉，又能实现低投入、高收益，取得良好的社会效益、经济效益及环境效益，成为一个亟待解决的问题。闲置工业建筑再利用的设计要遵循以下原则。

（一）适应性原则

适应性设计原则指再利用项目设计后的新功能与原有空间结构相适应，使其在接下来的使用中充分发挥其建筑特色，经济上更可行。改造项目本身不仅要与建筑空间结构相适应，还要与其环境达成一体性，更好地为城市更新提供有机动力。

（二）可持续性原则

在进行工业建筑改造时，会出现很多工业废弃物，如何合理利用、处理这些废弃物，是设计时要注意的要点。同时在进行设计时，要注意建筑本身节能功能的设置，有效节约能源，延长建筑寿命。建筑与其周围的自然环境的关系也要做到可持续性，保证改造项目不影响原生环境，进而适应原生环境，使建筑与自然相融合。

（三）识别性原则

工业建筑因其本身构造、特殊用途形成了别具一格的建筑风格。在进行工业建筑再利用设计时，应注意保护其识别性，不应破坏历史在建筑本身上所形成的时代印记，尽力保护建筑文化、外形特色。改造后的工业建筑应是城市中具有独特性、可识别性的建筑，为城市风貌构建多样性的体系。

四、闲置工业建筑再生模式

（一）产业功能

1. 城市工业园区

都市型工业包括三种类型：一是因工业园区交通区位好，主要作为满足人们生活质量，适合城市配套设施升级的工业类型。二是低能耗、无污染的工业类型。三是可因产业集群效应而大幅度提升生产力的劳动密集型和智力密集型工业类型。

在城市中，都市工业园主要为优势产业的聚集地，以技术开发、加工制造为主，为城市人口提供就业环境，解决城市就业压力。同时，可以缓解城市在人口资源方面的矛盾，与人民生活相贴近。这类工业类型在城市中具有发展的必要性和可能性，以帮助区域提高经济效益。

2. 高新技术产业园

当我国经历工业化，在做着向后工业化时代进发的工程时，高新技术不容忽视，通过产业结构的调整，可以重新促进经济发展。

通过改造利用原来的厂房、设施等建设高新技术区，不但避免了拆除搬迁的简单做法，而且增加了就业机会，促进了社会的稳定发展。与都市型工业相比，高新技术产业更强调科研型。为了提升城市的核心竞争力，成为城市新的主导产业，发展高新技术产业尤为迫切。而且，将闲置工业建筑改造为高新技术产业园，同时具备不改变城市土地本身属性和改造难度较低的两大优点，我国很多城市对闲置工业建筑的改造大都采用这种类型。

3. 创意产业园区

创意产业主要是指文化艺术消费品产业，它是在全球化的消费型社会的大背景下发展起来的，该产业推崇创新与个人创造力的表现，强调文化艺术与经济之间的相互促进效应。将创意产业引入到闲置工业建筑的再利用中，起源于艺术家们因工业建筑自身特点与其低廉的租金而在此工作，后来逐渐吸引了文化交流中心、画展等艺术机构，积聚了商业地产，如餐饮、服务业和娱乐业，进而带动了房地产业，形成了新的产业模式。创意产业的建筑基本保持或复原了工业建筑本身的风貌，又在此基础上根据个人的特色和品味，形成了各有特色的风格。

（二）城市功能

1. 居住建筑

随着中国城市化进程的加快，房地产行业逐渐出现供需不平衡，人们对居住房屋的需求逐步增加。工业建筑一般位于城市区，交通区位好，将基础设施完整的工业建筑改造为居住建筑，既节省成本，又发挥了建筑潜力。另外，工业建筑本身具备空间跨度大、平面面积大等特点，较为适宜改造为居住建筑。

2. 办公建筑

工业建筑因具有空间跨度大、立面较为简单、与办公建筑相类似的建筑特点，也适宜改造为办公建筑。将工业建筑改造为办公建筑也可充分发挥经济效益，提升城市的整体经济效益。

3. 文化设施

通过对具有重要历史、科学价值的工业建筑改造为文化设施，可以有效地利用其内在条件，是对工业建筑再利用的一种极佳的选择。可以通过对原有工业建筑的评估，将其改造为展览馆、博物馆、纪念馆等文化设施，在城市更新中起到重要作用。

4. 开放空间

若工业建筑不适宜作为其他功能使用时，可利用其立面特征和建筑本身具备的文化、历史气息，改造为开放空间，并可丰富城市形象体系，让居住者在其中可以感受到不同的城市气息。

五、总 结

城市进程发展至今，我们愈发注意可持续化问题。此时，闲置工业建筑再利用被人们重新认识。发展其在资源、经济、社会、文化方面的潜力，是重要的城市更新手段。科学地进行闲置工业建筑再利用，将其融入现在的生活中，帮助城市发展，成为城市不可或缺的一部分。对闲置工业再利用应是我国城市建设中重要的一环。

参考文献

[1] 张月淳. 失去生产功能的旧工业建筑改造再利用初探[D]. 重庆：重庆大学，2015.

[2] 王建国. 后工业时代产业建筑遗产保护更新[M]. 北京：中国建筑工业出版社，2008.

[3] 黄红丽. 浅谈重庆闲置产业类建筑再利用的设计策略[J]. 园林与建筑，2015.

[4] 杨洵. 城市更新中工业遗存再利用研究[D]. 重庆：重庆大学，2009.

作者简介

胡为为（1987—），女，湖北宜昌市人，讲师，硕士，从事城市规划理论及设计。

城市公园景观公用设施人性化设计探讨

——以重庆市鹅岭公园为例

李 琴

摘 要：城市公园是为城市居民提供的，有一定使用功能的游憩生活地，是城市的绿色基础设施。它作为城市主要的公共空间，不仅是城市居民的主要休闲游憩活动场所，也是市民文化的传播场所。城市公园里的公用设施是城市公园景观中非常重要的一部分，传统的景观设计已经不能满足人们对公用设施的需求，"人性化"的理念被越来越多的人引入到公园设计中。所谓"人性化"，就是遵循"以人为本"的设计理念，将人、物、自然环境合理结合在一起。设计要充分考虑到人的主体地位和人与环境的关系，关注人的心理需求，在设计中创造出不同性质、功能的具有鲜明特色，适合不同层次使用者的景观，体现对人性的关怀与尊重。本文以重庆市鹅岭公园景观中的公园设施人性化方面进行探讨，以期为城市公园景观公园设施人性化设计研究提供一定借鉴意义。

关键词：城市公园；公用设施；人性化设计

一、问题的缘起 —— 城市公园景观公用设施现状

城市公园是城市中的"绿洲"，是环境优美的游憩空间。公园不仅为城市居民提供了文化休息和其他活动场所，也为人们了解社会、认识自然、享受现代科学技术带来了诸多方便。公园绿地对美化城市面貌、平衡城市生态环境、调节气候、净化空气等均有积极的作用。因此其设计的根本原则在于以人为本，依据城市公园的各类功能要求，合理规划局部及景观的设计等，以各类人的需求作为基本出发点，使得设计场所适用于各类使用者，进而优化资源配置，加强区域内人与人的交往，激发整个城市的活力。

随着中国经济的持续快速增长和城市化进程的不断加快，公园是各地城市建设中必不可少的项目，但在设计上却存在不少误区。其中公园景观的公用设施种类也是形式多样，各种设施在布局、功能和设置等方面也存在较大差异，同时也存在很多问题。

（一）公 厕

公厕普遍存在的问题是不美观、不卫生，以及男女厕所配比不合理等，而且部分公园公厕的日常管理也存在很大问题。

（二）垃圾箱

垃圾箱的设置不合理、数量不足以及标识不明等问题较为突出，其次是部分垃圾箱损坏、更新不到位，另外，多数垃圾箱也没有突出整个公园的景观文化。

（三）路标、导游牌等标识设施

标识设施有损坏、更新不到位，标识语言缺少亲和力、趣味性及明确的引导性文字等问题。

（四）停车场

停车场的设置、数量、收费不合理，停车场美化较差，缺少绿化，生态性较差。

（五）公用设施对特殊人群考虑不够

城市公园是人们进行各种活动、相互交流的地方，但其公用设施经常考虑不到儿童、老人以及残障人士的特殊需要。在多数公园中，很少考虑无障碍设计，忽视残疾人的行动方式，导致给残疾人的出行带来不便；没有恰当考虑使用者的年龄阶段，如没有为老人开设专用活动场地设施，在公用设施方面没有考虑既能满足孩子的好奇心理，又能提供足够的安全保障。

二、人性化设计的内涵

人性化设计，是设计的一种价值取向，主要强调人本主义的回归和对人性空间的重视，是"以人为本"的设计，对人的需求更为关注，除了对基本的使用功能的需求外，还要充分考虑到使用者的生理、心理和行为特征，以及生活环境、风俗文化、历史背景等方面的需求。注重追求创造宜人的、富有情趣的绿色空间，保护和再现特定环境场所的景观特色及空间结构特征，努力营造一些具有历史文化氛围，有利于市民交往的情感场所。

人性化设计，首先是要确定人的主体地位，并对人与环境的互动关系有充分认识，将关心和尊重人的理念在设计中体现出来，注重使用者在环境中的行为和心理特征，设计出具有不同性质、功能、特色的场所，从而满足不同年龄、阶层以及不同职业使用者的需求。

三、重庆市鹅岭公园景观公用设施人性化设计探析

（一）重庆市鹅岭公园简介

鹅岭公园位于重庆市渝中区，是重庆最早的私家园林，也是重庆直辖后第一个规范化管理一级达标公园。鹅岭公园位于重庆市渝中区长江一路，AAA级国家旅游景区，渝中区科普基地。鹅岭原名鹅项岭，地处长江、嘉陵江南北挟持而过的陡峻、狭长的山岭上，形似鹅颈项，故而得名。

（二）重庆市鹅岭公园公用设施分析

1. 休息设施

根据调查，公园坐凳以休息亭廊的木制及石制坐凳为主，木材触感好、质感好、便于加工、中性色、有亲切感。在人流量较大的地方有花坛、台阶，可供人们暂时小坐。休闲林里有置石供游客小憩。石材触感夏天热冬天冰凉，质地坚硬，加工难度大；但可耐久性非常好，造型自然、美观。总之，座椅的制作材料具有较好的质感，较高的强度，提供给人们舒适安全的休息设施。公园的休息场所都在冬天有阳光、夏天有树荫的地方，位于落叶乔木树下的置石、台阶较多。没有树木遮挡的地方设置有亭廊，避免了日晒雨淋，使座位的使用率得以增加。

2. 游乐健身设施

鹅岭公园内游乐设施有鹅项山庄、飞阁、桐轩、盆景园、瞰胜楼等休闲娱乐景点。公园内有开敞、平坦的林荫地可供游人免费使用，为人们提供了可以娱乐健体、相互交流的场所和机会。园内也有小型娱乐场可供儿童游乐，里面有安全的碰碰车、旋转木马等，且娱乐场所周边设置有适宜的绿化，降低了活动人群和交通的彼此影响。

3. 照明设施

公园内宽敞开阔的空间设置有高杆灯，光源高于人的视平线，照射范围较大。在幽静的地方有矮杆灯，用于照射草坪、地被、台阶和局部道路，微弱的灯光可使环境显得宁静而舒适。活动空间的园灯亮度足够，且造型简洁。灯具的造型和色彩都与周围空间环境相协调。园内绿色环保的光源节约了能源，减少了照明对园内动植物的影响和破坏，促进了生态环境的可持续发展。暖色调的灯光，塑造出了柔和的空间，使公园成为游客休闲、散步的温馨场所。

4. 卫生、服务设施

卫生间均匀地分布于园内，既不过于突出，也能让游人方便找到，且路面不会过于凹凸不平，有足够的宽度，为老年人和残疾人的方便使用创造了良好的条件。洗手台分布在园内，可供儿童和坐轮椅者使用。园内有 1 个办公室，可供游人咨询。在园路边或长时间逗留、休息之处设置有垃圾箱，有效地保护了园内环境卫生。在公园入口处则有一个较宽敞平坦的地方可作为停车场所。

5. 亲水设施

公园内有多处水池，其中部分设置有亲水平台与踏步、景桥等设施，使游人能够充分参与到水环境中进行垂钓、散步、玩耍、休憩等活动，让人们的亲水欲望及对自然的向往得到满足。

6. 道路设施及铺装

公园有良好的路面铺装，安全、尺度适宜，并且能够引导和组织空间。园内道路铺装材料主要有石块、石板、方砖、文化石、水泥砖等，其材料都坚硬、耐磨且防滑。材料的大小、色彩都与场地的尺度相适应。地面铺装有良好的识别性，给行人方向感和尺度感，让使用者十分便捷地到达目的地，更好地利用公园。

7. 信息导向设施

园内多处转角或拐弯处设置有指示牌，简单且易懂，标识的前方有一定的视线距离，为不熟悉公园环境的人们提供了便利。

8. 公园小品、建筑

由于公园有较长的历史，园内建筑多反映了当时的文化气息。园中的亭廊与环境浑然一体，体现出了一种时代精神以及自然地域、社会文化地域风格；同时还满足了内部空间使用的舒适性，有良好的遮阴、避雨条件，视野开阔，休息设施使用舒服。

四、重庆市鹅岭公园景观公用设施人性化设计的启示

重庆市鹅岭公园景观公用设施使游人通过视觉、听觉、嗅觉、触觉等获得全方位的惬意体验，给游人创造游憩、观赏、锻炼、交往、休息等活动提供了最适宜的场所。通常人都有走捷径、靠右侧通行、邻近休息的习惯，重庆市鹅岭公园充分尊重这些心理需求，使游人在公园的活动更加自在。同时还考虑到不同年龄、不同性别、不同爱好的使用者对活动空间类型的需求。重庆市鹅岭公园景观公用设施在满足人们的生理需求和行为心理需求的同时，还给予人的精神需求以充分的尊重。人们到公园中进行活动、享受大自然和体验舒适环境的同时，还希望得到精神上的满足。这种精神上的体验可以是对自然的眷恋、对历史文化的感悟，将思想内涵融入公园环境中，必将在满足人们精神需求的同时大大提升环境的品质，赋予环境空间以灵魂。

（一）人性化设计要注重安全性和实用性

设计出的城市公园环境首先要满足城市居民对其使用功能的需求，充分发挥其实用价值，能够服务于人的城市公园才有存在的意义；人性化设计最基本的要求是要确保城市公园中使用者的人身安全，要避免公园内的设施给人带来的麻烦和伤害，切实做到"以人为本"。

（二）设计要体现出对人的关怀

"人文主义"，从广义上说就是对人性、人伦、人道、人格、人的文化、人的历史、人的存在及价值，均全面加以尊重和关怀。城市公园的人性化设计就是将"人文主义"的思想贯穿于公园的各个方面，特别是对细节的把握，令公园的使用者感受到无微不至的关怀。

（三）设计中体现游人情感的交流及地域文脉的凸现

人是有情感的动物，设计者和使用者的情感交流，实际上就是通过设计出的公园这个中介物产生的。

使用者和设计者要形成情感交流，需要设计者从使用者的需求出发，更多地关注使用者的喜好、文化背景、生活习惯和宗教信仰，并将地域文脉加以凸现，可以有效地让二者达成情感的交流，借助独特的地域景观，能够让公园使用者产生亲切感和归属感。

（四）设计需要关注弱势群体

老人、儿童、孕妇和残疾人都属于弱势群体，他们在日常生活中有很多不便，因此在设计中应给予他们特别的关照，通过合理的设计为他们创造方便、舒适的环境，从而弥补其生理或心理方面的缺陷，如针对残疾人而专门设计的无障碍设施等。

（五）设计的"可持续性"

成功的城市公园设计应该符合"可持续发展"要求，即设计建造出的公园既要满足当代人的需求，也要考虑到子孙后代发展的需求，不能只顾当前的需要而不顾后果，要大力提倡环保、节能的"绿色设计"。设计应该为人类赖以生存的自然负责，即为人类自身更加长远的未来负责。

五、结　语

城市公园景观公用设施是城市公园必不可少的一个重要组成部分，其设计不仅要满足人们的基本需求，还要在设计中贯彻"以人为本"的原则，充分考虑到对人的真正关怀，挖掘和重视使用人群的心理需求，为人们提供参加公共活动、增进交流的舒适空间以及充分放松身心的精神乐园。将人性化的设计理念引入到城市公园景观公用设施的设计中来，将会大大地提升公园的亲和力和使用群体的归属感，使这一大众的资源更好地为人民群众服务，同时产生巨大的社会影响力。

参考文献

[1] 朱凯，汤辉. 浅谈城市绿色开敞空间的设计[J]. 热带林业，2005，33（1）：32-34.

[2] 陈富花，陈天. 城市广场的人性化设计[J]. 南方建筑，2006（06）：81-82.

[3] 陈晕，张凯华. 以人为本 —— 城市文化广场的人性化设计初探[J]. 中外建筑，2003（3）：49-51.

[4] 王秀华. 居住环境的人性化设计[J]. 上海应用技术学院学报，2004，4（1）：58- 60.

[5] 刘丹丹. 从室内设计到景观设计的思考—城市开放空间人性化设计[J]. 中国林业产业，2005（4）：43-45.

[6] 崔志华，易娜. 城市广场的人性化设计初探[J]. 林业科技开发，2005，19（1）：77-80.

[7] 陆沙骏，杨足. 城市户外家具的人性化设计初探[J]. 江南大学学报（人文社会科学版），2005，4（1）：119-122.

[8] 喻琴. 城市公共空间的人性化设计[J]. 湖北经济学院学报（人文社会科学版），2005，2（9）：121- 122.

[9] 克莱尔·库柏·马库斯. 人性场所 —— 城市开放空间设计导则[M]. 俞孔坚，孙鹏，王志芳，译. 北京：中国建筑工业出版社，2001.

[10] 凯文·林奇. 城市意象[M]. 方益萍，何晓军，译. 北京：华夏出版社，2001.

[11] 重庆是园林局，重庆市风景园林学会. 园林景观规划与设计[M]. 北京：中国建筑工业出版社，2007.

[12] 孟刚，李岚，李瑞东，等. 城市公园设计[M]. 上海：同济大学出版社，2003.

[13] 汤晓敏，王云. 景观艺术学 —— 景观要素与艺术原理[M]. 上海：上海交通大学出版社，2009.

作者简介

李琴，女，汉族，四川省南充市人，1979 年 11 月生，硕士，讲师；研究方向：园林景观规划设计、园林植物造景设计。

跨文化交际中英语导游用语失误的原因与对策

李 爽

摘 要： 在旅游行业全球化的进程中，作为"旅游业灵魂"的英语导游在跨文化交际中起着十分重要的桥梁作用。本文通过对现实生活中英语导游用语失误现象的含义、影响及其原因进行分析，从英语导游自身的角度出发，提出了相应的解决对策，以减少或避免英语导游在提供旅游服务时的用语失误现象，从而提升我国旅游业在面向国际的发展中跨文化交际的质量。

关键词： 英语导游用语；失误；原因；对策

跨文化交际是指本族语者与非本族语者之间的交际，也指任何在语言和文化背景方面有差异的人们之间的交际。在全球化进程不断加快的大环境下，我国旅游业也进入了蓬勃发展的阶段。在入境旅游中，来自不同国家和地区的旅游者在目的地国家进行旅游活动的过程实际上就是该旅游者所承载的文化元素与目的地国家的文化元素进行交流和撞击的过程[1]。由于英语是国际上最通用的语言，英语导游在涉外旅游服务中的表现就显得尤为重要。然而在从事国际旅游接待活动中，英语导游用语失误的现象时有发生，这使得外国游客与导游之间产生不必要的误会甚至引发投诉，从而影响了跨文化交际的质量。因此，关于英语导游在跨文化交际中用语失误问题的研究，对我国入境旅游的发展以及中华文化在国际上的传播都有着重要的意义。

一、英语导游用语失误的含义

1. 英语导游用语的含义

我国的导游按照语言可以分为中文导游和外文导游。其中，外文导游中占大部分的是英语导游。语言既是文化的组成部分，又是文化的载体，生动地体现着一个民族的文化特征。英语导游用语指的是在整个旅游过程中，英语导游在为游客提供旅游服务或与游客做普通交流时的一切语言或非语言的交际行为。语言交际即通过语言来表达内心想法并告知给对方的一种方式。非语言交际则分为体态语、副语言、客体语和环境语。而作为中华旅游资源和语言文化的传播使者，英语导游除了讲解景点之外，更肩负着传播中国文化的职责与使命。因此，英语导游用语是跨文化交际中的重要内容，直接影响着跨文化交际的质量。

2. 导游用语失误的含义

在跨文化交际中，英语导游用语失误是指英语导游在为具有不同语言、文化背景的游客提供旅游服务的过程中，由于缺乏准确理解和有效语言使用的能力等因素而产生的对语言或非语言信息的理解失误和表达失误，从而造成跨文化交际双方沟通障碍、误解误会或使游客产生不满心理的现象。因为交际是由语言和非语言构成的，所以用语失误也涉及语言和非语言（即行为用语）这两个层面。

由于非语言交际分为体态语、副语言、客体语和环境语，所以导游的用语失误也体现在这四个方面。其中体态语指基本姿态、基本礼节动作以及人体各部分动作所提供的交际信息，其用语失误是由于交际双方中任何一方的动作或者姿态不合时宜而引起的失误，包括身体动作、面部表情、目光、触摸行为等。副语言用语失误指交际主体对沉默、话轮转接或一些非语义的声音的使用不当引起的失误。客体语用语失误指物质的一切有意和无意的错误展示引起的失误，包括皮肤的修饰、身体气味的掩饰、衣着、化妆、个人用品等。环境语即周围的环境，其用语失误包括在空间信息、时间信息、建筑设计与室内装修、声音、灯光、颜色、标识等方面的使用失误。

二、跨文化交际中英语导游用语失误的影响

在从事涉外旅游接待服务的过程中，英语导游的用语失误会造成一定的影响。小则使交流无法正常进行，成为提供优质导游服务的障碍，大则引起游客投诉，使旅行社造成经济和名誉损失，更重要的是影响了跨文化交际的质量。

1. 沟通障碍，与游客关系疏远

导游用语是导游服务的重要手段和工具，导游服务的效果往往取决于导游的用语水平。通常，外国游客在我国某地的旅游时间只有短短几天，而在如此短的时间内与不同国家或地区的人们建立熟悉乃至信任的关系是不大容易的。在完全陌生的生活和文化环境中，英语导游是他们最亲近和最信任的人。若英语导游在带团的过程中屡次出现言语或行为上的用语失误，必定会造成与游客之间的沟通障碍，即导游不知道游客需要什么，游客也不懂导游讲解的内容和提供的服务[2]。当不理解彼此所表达的意思时，关系自然逐渐地疏远，英语导游也不再是游客们旅游过程中信任及依托的重要人物。有时，严重的沟通障碍也使接待计划无法顺利完成，直接影响了服务工作的进程和效率。

2. 产生误会，使游客满意度下降

在游客与英语导游的跨文化交际中，若彼此对对方的表达不理解，而是根据自己的语言或风俗习惯理解成了其他意思，这就很可能造成不必要的误会。当这种误会的次数达到一定程度或其涉及的内容较为重要时，必定会使游客产生不满心理，因为原本他们心中期待的服务享受竟成了一个个错误连连的环节。例如，若游客在餐厅点菜时明确说明了自己想吃的菜是"green bean"，即四季豆的意思，而该导游员由于自己的英语基础不扎实，以汉语的思维和认知习惯误以为是绿豆。当游客看到这种旅游服务时，既失望又生气，由此引发了当事人游客及旅游团中其他游客对该导游服务质量的质疑，大大地降低了此次旅游活动中游客的满意度。如果说，沟通障碍只是使导游与游客们之间的关系不再变得亲密和友好，那么，屡次误会或重大误会的产生则可能导致双方之间的关系僵化，严重时甚至直接破裂。

3. 引起投诉，使旅行社经济名誉受损

在为外国游客提供旅游服务的过程中，当英语导游的用语不当引起与游客之间的严重误解，或无意中侵犯了游客的旅游合法权益时，游客会对此次旅游及该英语导游感到严重不满，甚至以书面或口头的形式向旅游行政管理部门提出投诉。若投诉成立，该旅行社就得按照"旅行社服务质量赔偿标准"对游客进行赔偿，从而很可能使旅行社造成重大的经济损失。而旅行社的名誉和声望是其重要的无形资产，它的好坏直接影响着潜在游客的数量。因为当消费者在选择一家旅行社时通常会受到周围人对该旅行社评价的影响，若得知该旅行社遭到投诉，便会选择其他的旅行社。所以，由英语导游用语失误而导致的投诉事件，不仅会使旅行社的经济受损，还会严重损害它的名誉和声望，从而影响旅行社的经营和发展。

4. 影响中国在跨文化交际中的形象与地位

作为世界上最大、综合实力最强的发展中国家，中国在国际上的地位日渐提高，在国际事务中的影响力不断增大，已成为国际舞台上的一支重要力量。在文化方面，中华文明是世界上最古老的文明之一，也是世界上持续时间最长的文明，以其源远流长和博大精深的形象屹立在东方之巅，吸引着无数外国游客[3]。海外游客的大量涌入，促进了我国文化的对外交流。在这个过程中，英语导游扮演着举足轻重的角色。在带领游客游览的同时，不仅要通过自己的讲解使外国游客了解我国的锦绣山河、名胜古迹，更重要的是，英语导游的综合表现本身就是中华文化的一个缩影，其仪表体态、精神面貌、待人处事的方式等都会在游客心中留下深深的印象。在游客满怀期待的旅游过程中，英语导游的多次用语失误将会使游客对我国旅游接待服务质量大失所望，无形中影响了跨文化交际中整个国家的文化形象与地位。

三、英语导游用语失误的原因

由上文可知，在跨文化交际中，英语导游用语失误的影响不容忽视，因此，需对其用语失误的原因进行仔细分析。从英语导游自身的角度出发，由浅入深，其原因可以归纳为以下四个方面。

1. 对英语语言知识缺乏专业的掌握

在我国，对从事英语导游工作的人员的专业要求并不高，只要通过资格证书的考试和岗前培训，有一定能力时就可进行接待工作。因此，现在的大多数英语导游都不是来自英语专业的，有的可能只是英语的业余爱好者。虽然通过了基本的考核，但由于没有系统地学习过英语，对英语语言知识缺乏专业的掌握，从而在实际生活中运用时容易出现语音语调不准、对熟词僻意不解、特殊句式误用等现象。例如，当一位游客说"I shall be only too pleased to go shopping."时，由于该导游对语法知识掌握不深，只想到"too...to"是"太……以致不能"的意思，所以理解为游客已经很高兴了，不想再去购物了，从而造成了严重的误会。因为当"too...to"前面有 only 时，它表示肯定意义，在此句中游客的意愿是想去购物。

2. 对西方文化环境及用语习惯了解不足

任何一种语言都是一种生活和文化环境的产物，随着时代的变化而不断丰富内容、调整结构。同时，语言由于自身的发展特征也会在潜移默化中影响其生长的环境。因此，每一种语言都与它所处地区的生活习惯和风土人情息息相关。如果只掌握有关英语语言本身的知识，而对西方国家的历史、地理、人文以及人们的生活方式、用语习惯等不了解，那么在与游客的实际交流中也会不可避免地出现用语失误。例如"pull one's leg"在英语中是开玩笑的意思，而不了解这种表达方式的导游很可能误解为"拉后腿"[4]。

3. 不重视非语言交际所传递的信息

众所周知，语言是进行跨文化交际时最重要的工具，但与此同时，非语言在交际中也发挥着重要的作用，而这一点却常常被人们所忽略，尤其是对于以英语为第二语言，平时有着很大的语言学习量的英语导游而言更是如此。非语言交际是指除了语言之外的所有交际手段，包括人们的着装、配饰、体态、动作等。它对语言进行着补充与调节，有的时候甚至代替了语言进行交际。在不同的文化中，非语言交际的意义并不相同。由于英语导游对其中的文化差异不够重视，在提供旅游服务的过程中并没有注重自己的体态或行为所传递的信息，自然容易在与游客交流时产生误解。

4. 不明确价值观的差异及跨文化交际意识不足

价值观是决定人们所持看法和所采取行动的根本出发点。中国与西方国家在历史文化、地理环境、风俗习惯等多方面的差异，也必然导致在价值观上的诸多不同。在跨文化交际中，英语导游的某些用语失误正是由于中西价值观的差异而造成的。例如某位外国游客对导游说"Your English is quite good."，该导游马上摆着手答道"no，no，my English is not good enough."。在中国，当受到别人的赞扬时，当然应这样回答以表谦虚，然而在欧美国家则不同，他们很乐意接受赞美并直接表露自己的喜悦与感激，通常都以"thank you"等感谢的话来回答。若像上例中的导游这样否认别人的称赞，会让外国游客感觉是虚伪的表现。因此，在跨文化交际中，英语导游不明确中西的价值观差异，没有足够的跨文化交际意识也是其用语失误的主要原因之一。

四、英语导游用语失误的对策

随着我国旅游业的蓬勃发展，越来越多的外国游客来我国旅游，了解和体验灿烂的中华文化。因此，寻找关于如何减少和避免英语导游用语失误现象，以提高跨文化交际质量的对策迫在眉睫。

1. 深入学习英语，掌握系统知识

英语导游避免用语失误最根本的方法应该是全面深入地学习英语语言知识体系，对语音语调、单词释义、语法句式等基本内容能够系统地掌握，而不是以想到什么就学什么这种随意性的方式进行学习。因为英语语言体系庞大冗杂，内容基本上涉及生活的方方面面，包括衣食住行，以及个人情感的喜怒哀乐。如果没有系统的知识作为框架，学习思路只会变得杂乱无章，常常出现知其然而不知其所以然的情况，遇到具体问题时也不会举一反三。因此，在与外国游客的实际交流中，很容易出现不理解或误解对方话语意思的情况，以及自己用语不当等情况，从而造成彼此的沟通障碍。

2. 熟悉文化背景，熟练地道表达

英语中，除了一般的表达形式外，习语也是英语表达中举足轻重的一部分。其一般指那些常用在一起，具有特定形式的词组或固定句式，其蕴含的意义往往不能从词组中单个词的意思推测而得[5]。它的应用范围甚广，囊括了我们平时所熟知的英语成语、谚语、俚语、俗语等，且这些表达中往往蕴涵着丰富深厚的文化内涵，有时也具有鲜明的民族特色。[3]因此，英语导游若要避免交流中的用语失误，除了扎实地掌握书本上的基本知识外，还应熟悉欧美国家的历史文化和风俗习惯。因为这些是英语这门语言生长的土壤，只有对相关的文化背景有一定的了解，才能熟练地掌握英语口语中的习语以及在不同场景下的地道表达。

3. 了解行为礼仪，注重仪表体态

在跨文化交际中，非语言交际行为作为文化的一种载体，往往承载着一定的信息，蕴含着极其丰富的文化内容。它在整个交际中是不可缺少的组成部分，具有鲜明的文化特征[6]。由于各种非语言交际形式，如体态语、副语言、客体语、环境语等在不同的国家之间存在着较大的文化差异，英语导游应特别重视游客所在国的行为礼仪。因此，英语导游在为游客提供旅游服务的过程中，除了服装配饰、行为举止都应符合相应国家的礼仪规范外，尤其要注意在做手势、身势的时候，也应明白其在客源国的文化中所代表的含义和使用范围，这样才能避免自己的姿势体态等用语不当的情况。

4. 认识中西差异，提升跨越交流

中西方文明建立在完全不同的社会文化积淀之上，各自背后有其深远的赖以生成和繁衍的历史文化哲学渊源和客观现实基础。每个民族都有构成本民族精神凝聚力的文化传统。所以中西差异体现在思维方式、价值观念、伦理道德和宗教信仰等诸多方面。中国人重视情义和自身的道德修养，重人文而轻科学，并善于运用整体性思维解决问题；而西方人好奇心强，敢于冒险，喜于创新，注重自然科学，并善于运用逻辑思维和分析性思维。因此，作为跨文化交际中的关键人物，英语导游应充分认识和理解中西方的文化差异，在中文和英语的翻译过程中及工作时待人接物的过程中都应具备跨文化交际的意识。

五、结　语

近年来，随着中国在国际舞台上影响力的日益增强，海外对中国文化的重视程度不断提高，了解中国的需求也越来越迫切。而英语作为世界性的语言，英语导游成了跨文化交际中起着桥梁和纽带作用的关键人物。埃及有一位口译名家哈桑·马斯赖说，"导游是祖国的一面镜子，是祖国的代表。"而对于英语导游来说，更是如此。一个出色的英语导游，不仅要具备扎实的英语语言功底，熟悉游客所在国的历史文化背景，而且还要注意不同文化差异下的行为礼仪，时刻注意自己的仪态举止，更主要的是能有跨文化交际的意识，能在与外国游客的接触中清楚地认识到中西文化的差异，从而能在文化的碰撞中减少和避免用语失误。这样不仅能提高自己跨文化交际的能力，更能有助于我国旅游业面向世界的蓬勃发展，同时也提高了跨文化交际中祖国的文化形象和地位。

参考文献

[1] 孙亚，戴凌. 语用失误研究在中国[J]. 外语与外语教学，2009（03）.

[2] 何自然. 语用学与英语学习[M]. 上海：上海外语教育出版社，2007.

[3] 李杰群. 非语言交际概论[M]. 北京：北京大学出版社，2012.

[4] 陈刚. 旅游翻译与涉外导游[M]. 北京：中国对外翻译出版社，2014.

[5] 于本凤. 外语导游在涉外旅游活动中注意的几点问题[J]. 商场现代化. 2015（5）.

[6] 杨慧. 论导游翻译中普遍存在问题及解决途径探析[J]. 翻译交流，2007（12）.

作者简介

李爽，女，重庆工商大学旅游与国土资源学院讲师；主要研究方向：酒店经营与管理。

武隆影视旅游发展的 SWOT 分析及对策

李　爽

摘　要：影视旅游是一种新兴的文化旅游形式，也是一种具有极大发展潜力和开发价值的旅游活动。武隆是继张家界、九寨沟等之后中国第六处"世界自然遗产"，同时又是"国家 AAAAA 级旅游景区"。本文运用 SWOT 分析方法，分析武隆影视旅游发展的优势、劣势、机遇、挑战，并据此提出武隆影视旅游发展的对策，以期提升武隆影视旅游文化内涵，促进武隆旅游持续繁荣。

关键词：武隆；影视旅游；发展对策

2006 年，周杰伦领衔主演的《满城尽带黄金甲》揭开了武隆天生三硚的神秘面纱，天生三硚从此走进大众的视线，知名度空前提高。据统计，当时日均游客接待量近 2 000 人次，而且还打开了香港、澳门和台湾的旅游市场。2014 年，好莱坞大片《变形金刚 4》决战之地精彩决战更是令武隆一下名声大震，敲开了欧美市场的大门。《爸爸去哪儿 2》综艺节目的播出更是让不少亲子旅游空前高涨。而大型山水实景演出《印象武隆》作为重庆文化交流的重点项目，一声号子，走出国门，唱响泰国，唱响欧洲。在这样的形势下，武隆发展影视旅游水到渠成，因此对武隆影视旅游的发展深入研究、全面分析，探究和发现其存在的问题，然后"对症下药"，使武隆的影视旅游发展欣欣向荣。

一、影视旅游概述

1. 影视旅游的含义

国外学者很早就开始了对影视旅游的研究，在 20 世纪 90 年代，国外的一些经济类刊物就有了相关方面的探讨和研究，他们把它称作"电影引致旅游"，把它的范畴界定为"所有因影视活动的开展而引致的旅游成果"，包括影视拍摄地旅游、影视节事活动地旅游、影视化演绎旅游等[1]。影视旅游是影视创作和旅游产品的组合，它是一种新颖的文化产物。

2. 影视旅游的特点

（1）覆盖面很广。

随着信息化时代的发展，人们越来越依赖传播信息的各种媒体。影视作为当代的一种新兴的重要媒体，具有其他媒体无法比拟的优势，如声像并茂、频繁密集、情景结合等。影视已与日常生活融为一体，成为大众媒体，其宣传的覆盖面非常广。依托影视剧宣传和推广旅游景点，当然也就可以凭借影视媒体独一无二的大众性，将景区的营销效果充分发挥。

（2）时空异化性。

根据剧情和场景需要，在选景拍摄时，影视城、影视主题公园或野外影视拍摄地可以把时间、空间分离或切割成零碎的片段，然后进行加工重组，制造出现实以外的虚幻时空，从而制造出模拟的不同于现实的古代、仙界、冥界或世外桃源等。这说明影视旅游是一门具有强烈时空性的时空艺术，它可以将时空艺术的效果发挥到极致。影视剧播出后，剧中的场景所带来的时空异化性在现实生活中将会深受影迷的喜爱，对其产生憧憬和向往，从而催生影视旅游热潮。

（3）间接性宣传。

对影视作品本身而言，主要是为了拥有高收视率和高票房而获取经济商业效益，它的主要目的和主导功能并不是宣传旅游业，但由于影视剧中对拍摄地的传统文化、自然风景、地域特色和民俗民风进行了场景再现，当红知名的男女主角再搭配上百转千回、浪漫唯美、凄婉动人的故事情节，这对观众的吸引力比任何宣传方式都奏效。因此，客观上影视剧对旅游景观宣传有很大的作用。这种宣传，从它的产生来看，是附带的产物；从它的运作形势来看，是间接进行的。

二、武隆影视旅游发展的 SWOT 分析

本文将 SWOT 分析法，即优势（Strengths）、劣势（Weaknesses）、机遇（Opportunities）、挑战（Threats）运用于武隆影视旅游发展的态势分析中，这有利于获得客观、准确的结论。

1. 发展优势

（1）旅游资源优势突出。

武隆本身所具有的旅游资源优势，给影视旅游发展提供了良好的基础。仙女山大草原面积广阔，海拔较高，年平均气温低，风景优美，气候宜人，是春游、避暑、纳凉、滑雪的休闲旅游度假胜地。天生三硚是迄今为止世界最大的串珠式天生硚群，有巧夺天工之美，气势恢宏、宛如人造。武隆的知名景点颇多，山、水、洞、林、泉、峡各类景观无奇不有，宛如山水画的芙蓉江和芙蓉洞都特别适合影视剧拍摄选景风格。此外还有正在大力发展的白马山湿地公园、万峰林海、清水龙湾长城新兴景点等。这些都充分说明了武隆的旅游资源质量极高，开发影视旅游具有突出优势。

（2）水陆交通十分便利。

武隆地处重庆东南部乌江下游，东连彭水，西邻涪陵、南川，北接丰都，南界贵州国道。武隆水陆相通，交通便捷，目前在建的仙女山旅游支线机场，将构成直达仙女山的空中走廊，所以更拉近了武隆与全国各地的交流，为武隆今后的发展提供了更加广阔的平台。随着交通条件的不断改进，武隆旅游的区位优势也越发明显，发展前景非常乐观。从重庆市的地区划分来看，武隆将放入市经济中心发展的范畴，处于上接市中心，下启三峡库区的界限上，对游客有很大的吸引力[2]。

（3）旅游接待设施完善。

通过 20 年的发展，武隆在餐饮、住宿、娱乐等旅游服务接待设施方面都有夯实的基础，并形成规模。现已拥有多家四星级酒店和不同风格的度假别墅群，蒙古包、特色帐篷、各类农家乐、餐厅等住宿设施齐全，并且在规模和档次上也不断发展和提高，同时景区各项旅游服务配套设施也日渐完善。

（4）影视旅游发展势头强劲。

2006 年，武隆的天生三硚作为《满城尽带黄金甲》唯一外景拍摄地，张艺谋花了不菲的价格聘请飞行员完成了野外航拍，使得周杰伦饰演的大将军万人军中取首级的情景得以真实再现。2014 年，好莱坞大片《变形金刚4》也将武隆选作其外景拍摄地，这与武隆独具特色的旅游资源密不可分。《变形金刚4》将武隆天坑旅游推向高潮，武隆抓住机会大力宣传，短短几日，武隆天生三硚景区迎来了一波又一波接连不断的变形金刚影迷。借助《爸爸去哪儿2》的超高收视率和影响力，武隆的场景植入十分成功[3]。武隆影视旅游势头日渐强劲，知名度与日俱增。

2. 发展劣势

（1）影视旅游专项配套服务设施建设不足。

影视旅游的开发同样要遵循旅游发展的六要素：吃、住、行、游、购、娱全面发展，因此交通、住宿、餐饮、娱乐、购物等相关行业都要同步开发。单建一个影视拍摄外景地，相应的配套设施滞后，就算招募剧组前来拍摄，并且宣传效果良好，吸引了大量旅游者前来旅游，但相关专项旅游基础设施度配套不完善，游客满意度低，则影视旅游就没有达到预期效果。发展影视旅游，仅仅拥有丰富的旅游资源还不够，针对影视旅游发展的特殊需要，景区还需考虑到影视棚、戏服制作、专业制景、特技效果、相关拍摄时所需要的各项条件都必须要具备。

（2）发展还停留在初级层面上，缺乏全面规划。

目前武隆政府对影视旅游的重视不够，只是借助影视剧作的影响对相关景区景点进行单一宣传，而未正式提出"影视旅游"这一发展概念。更没有把影视旅游资源的开发纳入区域旅游开发的大系统中去

进行统筹安排、全面规划，只有一些浅层次的影视旅游规划，还不足以发挥影视旅游资源的功能，致使影视旅游资源的开发还停留在初级层面上[4]。此外，武隆目前旅游专业人才质量有待提高，突出表现为数量少、层次低、专业不配套，这极不适应影视旅游的发展。

（3）影视旅游产品的内涵提升和生命力延续问题。

因《满城尽带黄金甲》《变形金刚4》以及《爸爸去哪儿2》掀起的武隆天坑旅游热潮都只是短暂的，同时也都只注重武隆景区自然景色，而文化内涵相对很少提及，因此很难对游客产生长期的吸引力。并且武隆影视旅游尚处于开发阶段，若要完全开发影视旅游，则需要借助前期和其他景区发展的经验和教训，将景点的文化内涵提升，凭借优越的特色旅游资源，突出影视旅游产品的共性与武隆的特性。除天生三硚外，还应多开发其他互补影视旅游景点，并逐渐形成规模，打造王牌旅游景点。但就目前现状来看，面临着很大挑战。

3. 发展机遇

（1）植入影视剧作拍摄成为景区一种新的推广营销形式。

随着社会的发展，传统的报纸、期刊、网络、广告、宣传片等形式的营销宣传方式已经不能满足景区宣传推广，而影视植入这种新型旅游推广形式后来居上，宣传辐射面广，影响力大，营销效果显著。植入影视剧作拍摄这种新的推广营销形式恰好是武隆发展影视旅游所需要的。

（2）仙女山首条空中旅游航线打通为武隆旅游带来新机遇。

2015年7月，重庆至武隆仙女山空中旅游航线试飞成功，这标志仙女山首条观光航线正式打通。武隆旅游总经理黄道生表示，"《变形金刚4》在武隆天生三硚所拍摄的壮丽场面很多市民都记忆深刻，未来开通空中航线之后，游客将可乘直升机穿越天生三硚的天龙硚景点，体验影片中惊险刺激的场景。"武隆目前规划在建的仙女山国际机场预计于2019年投入使用，这将是武隆影视旅游发展的又一新机遇。

（3）影视文化的偏好有利于武隆影视旅游的发展。

影视拍摄地常常选择人迹罕至又风景独好且符合剧情需要的地方，拍出来的画面浪漫和谐，人物和故事情节在拍摄地风景的衬托下，剧情感十足。2015年热播剧《花千骨》，世外桃源般的取景地与高颜值玄幻剧完美结合，电视剧播出之后立即引发了当地旅游热潮，四大外景地游客不断爆棚。根据多个影视作品拍摄的选择，不难得出影视拍摄大多是拥有原生态风景的景区，而武隆拥有"世界自然遗产"称号，景色自然不在话下，影视文化的偏好正好给武隆影视旅游发展带来了一个机会。

4. 发展挑战

（1）周边省市对影视旅游开发的热情高涨。

目前，重庆周边一些省份如广西、云南、四川、贵州、湖南等地的影视旅游如雨后春笋般崛起，竞争力不容小觑。其中云南的香格里拉、丽江古城、玉龙雪山、苍山洱海影视旅游开发走在前列，效果显著，在国内外都有很高的知名度，很受影迷的追捧。此外，四川九寨沟、蜀南竹海，贵州赤水、荔波，湖南湘西凤凰、张家界等地影视旅游发展也显山露水，与武隆影视旅游的开发和发展存在很大的竞争关系。这些对武隆的影视发展提出一定的挑战。

（2）景区特色影视旅游资源的保护和可持续发展等环境问题。

旅游活动的产生和发展与生态环境是唇齿相依的，良好的生态环境为旅游活动提供了发展的可能，但有开发则随之而来就会有破坏，因此发展影视旅游的同时应重视对旅游资源的保护和减少对环境的负面影响。影视剧拍摄必然会对景区特色资源造成不可避免的破坏，一些因影视剧情需要而不得不进行人工修建的剧场，使原本原生态的特色风光留下了人类侵蚀的烙印。因此景区特色影视资源的保护和可持续发展是武隆影视旅游发展所面临的一大难题。

5. 分析总结

通过SWOT分析法对武隆影视旅游发展的优势利弊综合分析后，可以明确武隆发展影视旅游存在风险，但其投资价值远远大于风险，虽然竞争对手众多，但自身拥有发展影视旅游的特殊优势。未来发展不是单靠某部作品的影响或兴建一个影视城、影视主题公园来发展旅游，而是以整个武隆地区的旅游资源作为后盾，全面发展。

三、武隆影视旅游可持续发展对策

1. 完善影视旅游专项服务配套设施的建设

发展影视旅游不光要有优质的旅游资源，相关方面的配套设施也要不断发展完善。二十多年来，武隆旅游发展不断更新升级，交通、住宿、餐饮、娱乐等旅游基础配套设施都已趋于完善，这为影视旅游发展提供了便利的条件。但针对影视旅游这一特殊的专项旅游的特点，景区还需考虑到影视棚建设、戏服制作、专业制景、特技效果应用等与影视拍摄相关的配套设施及相关行业建设的问题[5]。只有形成完善的影视加工生产线，构建一个包括租赁设备、情境表演、自助拍摄、后期模拟制作等众多环节的影视旅游产业链，全方位加强影视旅游相关基础配套服务设施建设，才能提高竞争力，实现可持续发展。其次，武隆现阶段应朝着国际化知名旅游地的目标发展，加快各项旅游基础配套设施建设，为武隆影视旅游的发展打下扎实的根基。

2. 全面规划影视旅游发展，打造专业技术团队

要使影视旅游资源持续良好地发展，就必须要有科学的管理和规划，单靠一个景区或一个影视制作公司是不能独当一面的，武隆要实现影视旅游可持续发展，可由政府专职部门牵头协调各种社会力量，如企业、影视行业组织、媒体、社会组织等组成旅游地营销主体，共同策划、实施海外旅游营销活动[6]。《变形金刚4》播出后，武隆方面组织了美国明星大腕和普通游客进行"中国·武隆"探秘之旅，此外还推出了一系列旅游竞技活动，如"奔跑吧钢丝侠"国际天空飞人大赛，世界最快"钢丝侠"诞生，国际品牌打造效果显著，这充分说明政府在旅游发展中起着积极的促进作用，影视的营销宣传不断加强。政府主导，包括对影视相关的文化产业统筹发展、科学指导，加大文化产业的扶持力度，同时各旅游企业、行业组织、新闻媒体、教育机构、社会组织也应积极配合政府，发挥自身所长，在政府的指导和带领下，形成一条可持续发展的影视旅游产业链，使武隆影视旅游发展一撅而起，欣欣向荣。此外，积极引进相关方面的先进技术和培养影视旅游发展所需的专业素质人才，打造一个资深的集影视规划、制作、宣传等多方面为一体的专业技术团队。

3. 丰富影视文化内涵，延续生命力

影视旅游不光要有得天独厚的旅游资源这个外在条件，同时也要有丰富的文化内涵作为支撑。无论是《满城尽带黄金甲》还是《变形金刚4》，取景地都在天生三硚，这对武隆旅游起到了积极作用，提高了知名度，但是它们都只是体现了武隆的自然风光，展现了天坑的雄伟壮观和巧夺天工的自然之美，文化内涵相对缺乏，因此影迷们只是一时热潮追影旅游，缺少文化内涵这个内在支撑，景区影视旅游热潮犹如昙花一现。武隆虽然通过《满城尽带黄金甲》《变形金刚4》《爸爸去哪儿2》等影视作品打开了发展影视旅游的大门，但这远远不够，要想影视旅游持久发展，还应挖掘其他有文化内涵的影视旅游景点。像芙蓉洞、仙女山大草原、芙蓉江景区都有丰富的文化挖掘价值，但其影视旅游开发不足。长此以往，会使游客产生审美疲劳，对此，应该多开发挖掘武隆其他著名旅游景点，提高竞争优势，这对武隆影视旅游的后续发展会有良好的促进作用。

4. 塑造清晰的影视旅游形象以应对竞争

清晰准确的旅游形象定位不仅能提高旅游目的地的辨识度，而且还可以促进旅游资源优势向产业优势转化。武隆发展影视旅游就必须要有一个清晰明了的形象定位和朗朗上口的宣传口号。武隆拥有得天独厚的自然和人文旅游资源，巧夺天工的自然景观，浓厚的巴渝文化，土家族、苗族、仡佬族等特色少数民族风情，这些都使武隆发展影视旅游具有突出优势，因此，武隆更应该明确自身形象定位，推进影视旅游形象大宣传，打造国际影视旅游目的地形象。目前武隆的宣传口号是"神奇山水，梦想家园，自然的遗产，世界的武隆"，虽然体现了武隆旅游资源特色和发展目标，但对武隆的影视旅游发展没有任何实际性的带动作用。宣传口号不仅要突出旅游定位和城市形象，也要有传承和创新，针对影视旅游这一特殊旅游形式，则应拥有影视旅游的特殊形象定位和宣传标语。

5. 科学引导影视拍摄，保护生态环境

发展影视旅游主要是依托武隆景区特色资源这一先天优势，但发展影视旅游对目的地必然会造成消

极影响。不科学的影视拍摄会对拍摄地的生态环境、民俗文化和文物古迹产生破坏性的影响，有的甚至无法挽回。如某剧组在九寨沟的拍摄取景过程中，由于缺乏科学的管理，对当地风景造成了严重的破坏，其最主要原因即为当地旅游管理部门与剧组缺乏沟通协调，倘若相关管理部门管理到位，对在此拍摄的剧组工作规划布局到位，就可以避免这种情况的发生。因此武隆相关管理部门应吸取经验和教训，少走弯路，只要坚持可持续发展的理念，科学引导影视拍摄，就可以避免破坏事件发生，把剧组和游客对目的地的环境污染、生态破坏降到最低[7]。

参考文献

［1］ Riley. Movie-induced tourism[J]. Annals of Tourism Research，1998（4）.

［2］ 郑小燕. 武隆生态旅游 SWOT 分析[D]. 重庆：西南大学，2010.

［3］ 李松媛，陈敏菁. 植入式广告在景区营销中的应用 —— 以武隆景区影视营销为例[J]. 青年记者，2014，35：108.

［4］ 张新艳. 基于影视旅游的目的地营销研究[D]. 昆明：云南财经大学，2011.

［5］ 段莹. 湖北发展影视旅游的 SWOT 分析[J]. 科技创业月刊，2012，10：37-38+40.

［6］ 张丽娟. 大理州影视旅游发展 SWOT 分析及对策研究[J]. 大理学院学报，2015，01：41-45.

［7］ 余永霞. 贵州影视旅游开发现状与发展思路[J]. 贵州民族研究，2014，06：97-100.

作者简介

李爽，女，重庆工商大学旅游与国土资源学院讲师；主要研究方向：酒店经营与管理。

网络时代的旅游目的地品牌营销探析

廖世超

摘　要： 品牌指引消费，品牌营销是企业经营的重要战略手段。网络时代为旅游目的地的品牌营销提出了新要求。本文分析了网络时代旅游目的地品牌的作用和营销的网络化、参与性、及时性及"链式放大效应"等相关特点，并根据网络时代旅游目的地营销的新特点与新要求，对旅游目的地品牌营销的相关主体行为、网络系统建设及网络客户关系管理提出了相关建议。

关键词： 网络时代；目的地；品牌营销

人类社会进入 21 世纪，网络时代的浪潮正以不可阻挡的势头席卷各行各业，融入我们生活的方方面面。同样，信息技术和旅游业结合，已深刻地影响旅游业的变革和发展，从而改变着整个旅游业的业态特征。世界旅游组织（WTO）秘书长弗朗加利在经合组织（OECD）会议上的讲话中指出，"今天，信息是旅游业的生命线。技术对旅游业运作能力至关重要，信息技术已成为旅游业的核心，一整套的信息技术正渗透到整个旅游业中，谁都无法逃脱它的影响。"

网络营销也逐渐成为旅游目的地品牌推广的最佳渠道和重要手段。在网络时代，旅游目的地可以迅速进入新品推进的导入期，推广营销、拓展市场，还可节约大量必要的广告宣传投入。旅游目的地将自身放在网络上推广，与现实社会中的做广告推广一样，但它比传统的品牌营销推广方式成本低、持续久、范围广。

一、旅游目的地品牌的主要作用

（一）旅游目的地品牌实现了旅游供需的便捷对接

品牌，是一个企业区别于其他产品和企业的标志。对企业而言，它代表了一种竞争力与获利能力；对消费者而言，它是质量与信誉的保证，减少了消费者的购买成本和风险。可见，品牌营销实现了供需双方的便捷对接，使品牌自身也可求得长期生存与发展。

从旅游需求角度来看，一方面，由于旅游产品的不可检验性特点，游客抵达旅游目的地之前，对包括旅游产品质量在内的相关信息一般了解不多；另一方面，旅游产品又具有综合性特点，涉及食、住、行、游、娱、购等多方面内容，导致游客搜寻旅游产品信息的成本较高。在这种情况下，游客在进行旅游决策时，面对同类旅游目的地，往往选择名气大、牌子响的旅游目的地。

在旅游供给方面，通过品牌营销，在消费者心中树立对旅游目的地的情感认知，培养信任度和忠诚度，并通过品牌个性特征，让消费者感受到和其他旅游目的地旅游产品的区别，最终影响消费者的购买行为。

（二）旅游目的地品牌营销提升了旅游地的垄断竞争力

目前，无论对倾向一次性的特色观光类旅游目的地，还是重游率较高的休闲度假旅游目的地，都面临着激烈的竞争。如何在竞争中脱颖而出，从旅游目的地来说，取决于两点：一是本身的潜质及其打造的特色主题或特色吸引力，这一点弄错了只能在竞争中随波逐流苦苦挣扎；二是如何把这种特色潜质、主题和吸引力彰显出来，传达到受众。换言之，就是旅游目的地内在的垄断特色及其良好营销打造的外在垄断品牌。

旅游目的地品牌营销的作用就在于，为同质观光旅游目的地提供了差异化的竞争力，为休闲旅游目的地增强了重游的吸引力。

观光旅游大多是一次性的，至少对于同一受众在相当长的时期是如此。如果再遇上近距离的同质性观光旅游目的地的竞争，那更是雪上加霜。这时就需要通过品牌营销彰显个性，在大同中求大不同，并彰显这种大不同。对于休闲度假类旅游目的地，虽然重游率较高。但如能形成主题突出、识别性强的品牌，可增加旅游者出行决策的吸引力。

二、网络时代旅游目的地品牌营销的主要特点

（一）市场与渠道的网络化

1. 网民规模与网络生活化

当前，网络已成为人们获取信息、实现消费的主要渠道之一。它改变着人们的生活方式，也将改变着人们的旅游方式。据 CNNIC《第 35 次中国互联网络发展状况统计报告》显示，截至 2014 年底，中国网民规模已达 6.49 亿人，互联网普及率为 47.9%。手机网民规模达 5.57 亿，且低于世界平均水平，还有很大的发展空间。

2. 旅游者行为方式的网络化

网络时代改变了人们的信息沟通方式，也改变了包括旅游在内的生活方式，并成为当前人们进行旅游信息查询和决策的主要渠道之一。根据《2015 中国旅游业发展报告》，2014 年，中国在线旅游市场交易规模突破 3 000 亿元。另据北京、上海地区的单项调查，网络也已成为一线城市网民获取旅游信息的主要渠道。随着网民规模的持续增加及网络生活方式、旅游方式的形成，迎来了旅游目的地品牌营销渠道的网络化时代。

（二）参与性与新型客户关系

1. 旅游者通过网络咨询、决策及评价参与旅游目的地品牌营销过程

网络在渐渐改变着人们的旅游消费习惯和消费平台。旅游目的地品牌网上促销的宣传面广泛、内容易更新、成本低廉、网页设计图文并茂、表现手法灵活，且与上网者可进行双向信息交流，让企业更能了解每一个旅游者的需求，旅游者真正成为营销活动的中心，而其也不再是单纯意义上的顾客，而是作为营销活动的参与者与企业一起构成了旅游目的地市场营销的主体。

2. 旅游者的主导性、灵活性、互动性形成了网络时代新的客户关系

网络时代，旅游者可以通过各种信息化的手段，获取和选择相关旅游地产品或服务信息并进行分析比较；网络时代，客户关系管理的灵活性既有时间概念也有空间概念。新的信息获取方式大大缩短了顾客的购买决策时间，提高了效率，同时在不同地区、不同国家之间的往来便捷。

在网络环境下，与客户可以实现双向对话沟通，即时、准确地捕捉到旅游者的需求信息；旅游者可以通过网络进行选择或提出具体要求，从而在短时间内得到自己需要的旅游产品。

（三）注意力经济及其"链式放大效应"

1. 注意力经济及其作用

著名的诺贝尔奖获得者赫伯特·西蒙就敏锐地指出，在当前网络经济时代，"随着信息的发展，有价值的不是信息，而是注意力。"即非常明确地道出了"注意力"具有经济学的特征。托马斯·达文波特和约翰·贝克在《注意力经济》一书中也指出，"在新的经济下，注意力本身就是财产"；英特尔的总裁格罗夫在其演讲中深刻地揭示了一个事实——"谁能吸引更多的注意力，谁就能成为下世纪的主宰"。

在当今信息社会，吸引人们的注意力就是一种商业价值。充分利用注意力经济具有的连续性、稀缺性、趋利性、累积性、流动性的特点，可不断创新、不断提升旅游目的地内涵，取得最佳的经济收益。

2. 网络时代注意力经济的特点与作用

网络时代给予注意力经济新的空间，在旅游营销中也可广泛应用。

在网络时代，互联网的高速发展及电子商务技术的广泛使用，影响到人们注意力的内容、方式、深度、广度、速度、信息量等并呈现出质的变化。

旅游经济本身就是知名度经济。我们可利用网络旅游营销宣传、网络好事件营销、概念营销等手段营造旅游注意力聚焦点以及利用网络的信息互动性特点，做好旅游消费者的 CRM 工作，并设立论坛、QQ 群等，让游客之间的交流成为旅游营销的重要手段。

3. 网络时代的注意力的"链式放大效应"

网络时代的注意力经济具有互动性强、传播即时以及操作方式多样的特点，使得或好或坏的事件一上网络之后，很容易被放大。尤其是受网络时代主体参与性和病毒式传播的影响，旅游目的地事件的这种放大效应会呈"链式"特征，笔者把这种网络时代注意力的放大效应称为"链式放大效应"。

"链式放大效应"通常发生在不当处置或不及时处理的不利事件上，通常在很短时间对旅游目的地的品牌造成时间长、范围广的恶劣影响。如发生在 2012 年 1 月的三亚宰客事件和 2015 年国庆黄金周的青岛天价虾事件。

（四）事件突发性及营销控制的及时性

旅游业涉及面广、过程复杂，每一个环节、每一方面的内容都可能出现各类突发事件。网络时代的旅游目的地品牌营销需要面对突发性事件，并进行及时的营销控制。

各类旅游突发事件如果得不到迅速有效的处理，当其信息通过网络快速蔓延后将会对旅游目的地的品牌和形象造成不同程度的负面影响，严重的可能导致当地旅游业从此一蹶不振，陷入萧条困境。

三、网络时代旅游目的地品牌营销的实施建议

（一）加强旅游主体行为的引导

1. 要发挥政府的主导地位

在市场机制环境中，旅游目的地营销是政府的职能之一，政府的组织协调和激励功能不可或缺。旅游目的地政府要加强旅游目的地营销的网络化，整合旅游信息资源，发挥政府的统一协调作用，并延伸和创新管理职能，通过网络向外界广泛征询建议与吸收意见。

2. 要加强旅游企业的信息化建设

网络时代，为旅游企业的"e 化"预设了广阔的空间。旅游企业应将网络作为信息传播和沟通的媒介，实现区域或行业的旅游产品与客户信息资源的共享；另外，旅游企业要强化企业网站的应用功能，方便查询和预订而设计网站。

3. 加强旅游者网络行为的引导

网络时代旅游者利用网络大大提升了消费技术和能力，可以从旅游体验中获得更高"满意度"。通过适当引导，让旅游者消费行为个性化、决策过程快捷化、出行方式多样化以及主动介入旅游产品的设计和定价可得到充分的满足，从而提升旅游目的地的品牌认同与忠诚。

（二）注意销售过程的客户关系网络信息管理

由于旅游者参与到了旅游目的地的品牌营销（旅游产品生产）的互动过程中，要特别注意售前、售中、售后的客户关系网络信息管理。

（1）售前客户关系管理策略。通过建立档案来掌握顾客的特征信息，来了解客户的兴趣爱好、消费倾向、购买时间、频度等，并诱导客户的消费。

（2）售中客户关系管理策略。要对不同旅游者实行差异化策略，让顾客利用网络参与旅游产品的设计，获得更加贴近自己兴趣的、高度满意的个性化旅游产品和服务。

（3）售后客户关系管理策略。要通过网络信息，进行反馈改进，并争取回头客，获取更多的收益。

（三）旅游目的地网络建设

旅游目的地要加强网络基础设施建设，重视信息技术人才的培养和引进。

旅游目的地要建立集群式政务服务平台、咨询服务平台和集群数据库的网站构架；要特别注重安全问题，要构建起可信任的网络咨询与交易关系等。

在网络设计方面，要注意动静结合、互动性设计等；要根据旅游地传统形象和特色做好网站的整体格调定位，据此设计网站的背景图、背景色彩、背景音乐等；要以速度优先为重要目标。

参考文献

[1] 吴信植. 网络时代下国内旅游目的地品牌营销对策[J]. 科技、经济、市场，2010（9）：78-79.

[2] 施荣连、施建林. 网络时代旅游业信息化建设的思考[J]. 临沧师范高等专科学院学报，2007（2）：76-79.

[3] 吕本勋、孟娜、卢俊阳. 网络时代旅游公共事件的传播与管理策略 ——基于三亚宰客事件的思考[J]. 旅游纵览，2013（2）：254-256.

[4] 乔原杰. 吉林省旅游网络营销对策研究[J]. 吉林工商学院学报，2014，30（6）：16-18.

[5] 冯春艳、晏菲. 我国旅游企业的客户关系管理策略研究[J]. 商业现代化，2007（2S）：138-139.

[6] 何秀芬、杜艳艳. 浅谈旅游网站设计[J]. 中国市场，2010（18）：120-121.

[7] 田野. 网络时代如何做好旅游产品的品牌营销[J]. 中国商论：2011（15）：181-182.

[8] 丁铭. 网络时代旅游经济主体行为论[J]. 中小企业管理与科技旬刊，2011（11）：143-144.

作者简介

廖世超（1977— ），男，四川宜宾人，硕士，讲师；主要研究方向：旅游区开发策划、规划、设计、运营。

河流型湿地生态修复与建设研究

——以重庆市长生河为例

刘　洁　徐列峰

摘　要： 本文以重庆市长生河为例研究了河流型湿地的生态修复与湿地公园的建设，针对河流水环境的综合治理及河岸的生态修复，提出具体措施，并进一步提出了河流型湿地公园的打造策略。本研究对于改善区域生态环境，提升流域内居民的生活品质有重要意义。

关键词： 生态修复；河流；湿地；环境治理

一、引　言

城市生态环境是居民生活的本底。2017 年 3 月 6 日，住房城乡建设部印发了《关于加强生态修复城市修补工作的指导意见》，明确提出"生态修复"的新要求。河流是一种对于人类社会十分重要的生态系统。由于城市的发展，水环境急剧恶化，城市河流污染严重，河流湿地面临退化的危险。控制治理河流水体污染，用"再生态"的理念对水环境进行生态修复，对于改善人居环境、提高居民生活品质，有重要意义。

二、长生河现状

长生河（原名苦溪河）属长江水系，位于重庆市南岸区，南北向贯穿江南新城，在江南新城的流域面积为 83.4 km²，河长 25.2 km，在各长江支流中的长度和流域面积均居首位，是江南新城的母亲河。长生河流域河岸湿地主要类型有河漫滩草甸湿地、溪流边岸湿地、塘库人工湿地、湖岸湿地、河岸农田湿地、河口泥质湿地等。河道沿岸植被覆盖率较高，乔木和灌木生长茂盛，具有较高的游憩观赏价值。

随着城市化水平不断提高，长生河流域内城镇人口迅速扩大，城镇污水和生活垃圾对环境的污染严重，流域水质恶化，甚至发出恶臭，严重影响周边居民的生活品质。此外，河岸湿地植被退化，河岸湿地生态系统服务功能逐渐丧失，拦截面源污染的能力削弱，也使得依赖于河岸的野生生物生态环境遭到破坏。若流域水质继续恶化，河水中的污染物直接排入长江，将影响到整个三峡库区的水质达标。

三、长生河湿地生态修复措施

长生河湿地属于河流型湿地，它的生态环境与其他静水生态湿地系统相比有其特色，生态具有多样性。为恢复长生河湿地的生态环境，必须对其进行水环境的污染治理和生态修复。

（1）水环境综合治理：城镇污水、生活垃圾、工业废水、底泥、农业面源污染等的治理。

从污染源头入手，进行水环境综合治理。生活污水依托污水处理厂进行处理，不进入污水处理厂的工矿企业废水就地达标排放。在流域范围内建立完善的城镇生活垃圾收运系统，使得流域内城镇生活垃圾收集率达到 95%。对长生河长生桥镇段的底泥污染进行清淤，并通过关停、取缔流域内某些污染较大的加工企业、养殖场、废塑加工点，建设污水收集管网等措施，对污染源进行整治，改善水环境质量，使流域内水质稳定达到地表水 Ⅲ 类标准。

（2）原生态环境保护：湿地资源及驳岸的保护、修复与重建。

河流湿地两个主要构成要素是水体与河岸。对于现有或已退化的湿地，根据河岸湿地退化原因及不同类型、不同区域的河岸湿地，按照生态学的规律，采用生物、生态工程技术与方法，恢复重建湿地生态系统，并选择最佳位置恢复和重建生物群落及其生境要素，提高河岸带生态环境的多样性。

河岸湿地生态修复的具体措施包括两个方面：河岸湿地缓冲带生态环境修复和河岸湿地生物群落的恢复与重建。

① 河岸缓冲带生态环境修复。

在河岸湿地生物群落恢复与重建的基础上，建立两岸一定宽度的植被，是河岸湿地生态修复的标志。对河岸湿地缓冲带区域依照其自然原貌，设计为以下三个区域。

A 区：第一个区域，从河岸浅水区开始，至少延伸 1 m，配置沉水植物群落。这个区域是永久性植被，必须避免人为干扰。

B 区：第二个区域，至少 1 m 宽，种植挺水植物群落。

C 区：第三个区域，是靠近河岸防护林的区域，至少 8 m 宽，它是一个充当过滤器的狭长湿地草带，起着固定水土、拦截面源污染物质的作用。

未进行护堤的河段河岸湿地修复包括 A、B、C 三区；已进行了护堤的河段河岸湿地修复在堤外，仅包括 A 区。

② 河岸湿地生物群落恢复与重建。

保护河岸带物种种源，尽量保留原有树木，大量应用低维护成本的乡土植物，对残存的、完整的本地动植物物种聚居地进行有效保护，消灭没有恢复价值的外来物种。尽可能消除河流廊道之间的阻隔，以利于生物群落的恢复与重建。应用物种选育和培植、物种引入、物种保护、种群动态调控、种群行为控制、群落结构优化配置与组建、群落演替控制与重建等技术，构建生态驳岸，使长生河作为串联江南新城的一级廊道，突出其生态功能，为南岸区提供多重生态服务。

四、长生河湿地公园打造策略

为了推进海绵城市建设，作为江南新城城市生态廊道，长生河湿地公园的系统设计应满足雨洪、生物迁徙、景观、游憩休闲等需求。湿地观光采用点、线、面系统设计相结合，预设生物迁徙通道，水景观与居住区有机结合，以提高流域生态品质与市民的健身游憩为重点，针对长生河不同区段和不同的功能，采取不同的河流廊道建设模式，改善河岸生态环境，创造江南新城宜居宜人的城市滨河生态走廊。

（1）预设生物迁徙通道，保护生物的多样性。

规划生态廊道的结构布局与形态面积。首先，应确定长生河流域特征性生物，如白鹭等，研究其迁徙、觅食、交配等特征，结合自然地理环境要素，寻找出其主要栖息地、迁徙通道、生境要求等，预设生物迁徙通道，以保护生物的多样性。其次，在考虑都市区域整体保护及持续发展要求的情况下，确定生态廊道的布局结构，形成网络形态。

（2）水景观与居住区有机结合，保持滨水公共空间的连续性。

通过点、线、面系统设计，包括水环境的设计、健身步道设计、基础设施设计等，使长生河水景观与周边沿岸居住区有机结合，营造出具有明显自然优势的高端滨水休闲居住环境。湿地作为滨水景观的一部分，湿生植物如美人蕉、鸢尾等本身就具有良好的景观效果，再通过滨水带状公园绿地、滨水节点、亲水平台等的打造，构成可供市民散步的连续慢行步道。同时，保持滨水公共空间的连续性，抵制私有用地阻隔其连续性。此外，针对不同年龄段市民的游憩需求，布设相应的基础设施，如体育健身设施、休息座椅、儿童游乐器械等，突出湿地公园"健身康体"和"休闲观光"的功能，使其成为江南新城公众休闲游憩的重要场所。

五、结　语

河流型湿地的生态修复对于流域内人居环境的改善和优化有重要意义。从源头上治理水污染，持续改善生态质量，使退化的生态系统得到修复，为栖息生物提供涵养生态环境，恢复生态价值链，并在此基础上打造以生态保育、休闲游憩、健身康体等为主导功能的河流型湿地公园是系统有效的方法。最终形成一个城市空间与生态空间相互交融的空间肌理，优化生态服务功能，提升南岸区的生态品质，使长生河生态片区成为"蓝水绿岸"的幸福水岸。

参考文献

[1] 张桂红. 基于廊道的结构特征论河流生态廊道设计[J]. 生态经济，2011（8）：184-189.

[2] 徐飞，吕宁，陈峻松，等. 城市化下基于多等级湿地理论的河流湿地功能修复途径探讨 ——以宜昌市运河公园为例[J]. 中外建筑，2011（8）：66-69.

[3] 汪建文. 城市河流湿地公园景观生态规划整体性及各要素的研究[J]. 贵州科学，2013，31（4）：81-84.

[4] 李玉凤，刘红玉，郑囡，等. 基于功能分类的城市湿地公园景观格局 ——以西溪湿地公园为例[J].生态学报，2011，31（4）：1021-1028.

[5] 董哲仁. 河流形态多样性与生物群落多样性[J]. 水利科学，2003（11）：1-6.

[6] 赵思毅. 湿地概念与湿地公园设计[M]. 南京：东南大学出版社，2006.

[7] 朱强，俞孔坚，李迪华. 景观规划中的生态廊道宽度[J]. 生态学报，2005，25（9）：2406-2412.

作者简介

刘洁（1980—），女，重庆市，博士，高级工程师，主要从事摄影测量与遥感、城乡规划管理等方面的教学与科研工作。

试论旅行社开展旅游咨询业务的
必要性、可行性及对策

毛 勇

摘 要: 当前,散客自助旅游市场不断崛起,我国旅游市场迎来了散客自助游时代。受限于自身的知识、经验与技能,散客旅游者普遍存在旅游咨询需求。而旅行社在传统团队业务领域的竞争日趋激烈,也使得其急需开拓新的业务。旅行社将业务介入日益庞大的散客市场也才能更有效地为其产业的发展乃至整个旅游产业的发展提供有效动力。本文尝试从旅行社的角度来思考如何服务于散客群体,认为散客在自助游的过程中其实很多时候也是"无助的",旅行社作为最适企业以提供"咨询服务"的方式为散客旅游者提供服务有其必要性、可行性,旅行社企业应该突破惯性思维,思考为散客自助旅游者提供从旅行计划到结束的相关旅游咨询服务。

关键词: 散客自助游;旅行社;旅游咨询业务

一、旅游咨询服务概述

1. 旅游咨询服务的概念界定

旅游咨询服务(又称旅游信息咨询服务),是指为公众提供有关旅行、游览、休闲、度假等活动相关信息的咨询服务。目前这类服务多由政府支持,各级旅游局设立,因此基本属于非商业性的公益性服务。如 2001 年开始,北京市就成立了"北京旅游咨询服务中心"(Beijing Tourist Information Center),主要提供旅游问询、旅游展示、旅游代理服务和旅游投诉接待服务。在国外旅游发达国家和地区,也有一些"Information Center"的小店,这些小店就是咨询问讯中心,为自助旅游者提供旅游咨询服务。

但需要区别的是,目前这类非商业性的旅游咨询服务基本属于一般通用性的单纯旅游信息的提供和一些简单的旅行建议,缺乏专业性和针对性,对于旅游者稍显个性化和复杂的旅游问题是无法解决的。本文所指的旅游咨询服务是指旅游企业(主要是旅行社)利用其专业的知识、技能、经验为旅游者有偿提供从旅行计划到旅行结束的咨询服务,内容涵盖旅游资讯、旅游线路策划、旅游安全、购物、语言、导游等一切可能在旅游过程中遇到的问题的解决方案与技巧。其特点是有偿性、针对性和专业性。旅游者从在线旅行社(OTA)或者其他传统途径无法获知的信息与攻略,都可以从这里有偿获得。借助这些信息与方案,散客自助旅游者可以大大提高旅行的效率与体验价值。旅游信息咨询服务既可以是现场服务(如面对面咨询),也可以是远程服务(如电话、网络服务)。

2. 旅游咨询服务产品与旅行社现有产品的区别

首先,旅游咨询服务主要定位于散客或者具有一定个人关系的小规模旅游群体,区别于旅行社现有产品主要定位于团队业务的做法。其次,旅游咨询主要是发生在旅游者旅游活动之前的信息搜集与建议,或者尽管在旅游过程中也会为旅游者提供帮助,但不会主导旅游者的行程,也不会介入旅游者吃、住、行、游、购、娱的消费实施过程。旅行社现有产品则通常会参与并主导旅游活动的全过程。再次,旅游咨询服务强调咨询的作用,是根据散客旅游者的具体需要定制其在旅游过程中涉及的吃、住、行、游、购、娱,也区别于旅行社现有产品"一刀切"式的企业主导设计的固定服务方式,具有明显的针对性特征,是一种解决问题的方案。最后,旅游咨询业务的收益主要来源于游客支付的咨询费用,区别于旅行社的收益来源于游客旅行过程的实际消费。

二、旅行社开展旅游咨询业务的必要性

1. 散客自助游市场迅速崛起, 团队旅游市场越来越有限

我国旅游发展到今天, 散客自助旅游正加速崛起。据中国旅游研究院 2010 年的统计, 当年 21 亿国内旅游人次中, 散客人数占到国内旅游总人数的 90%以上。也就是说, 21 亿人次中有 18 亿～19 亿人次是通过自由行的方式出去旅游的。由此可见, 不通过旅行社安排旅游活动的旅游者在数量上大大超过团队旅游者。中国旅游研究院、携程旅游于 2013 年 1 月发布《中国自由行发展报告》也显示, 中国的散客旅游比例已接近发达国家水平, 2012 年国内旅游市场接近 30 亿人次, 跟随旅游团的比例预计不足 5%。2016 年国庆期间, 全国多地旅游市场的统计表明, 散客市场的比重进一步上升, 散团比为 8.6～9：1, 显然, 散客自助游市场是当前和未来旅游市场的绝对主体。这也意味着, 目前我国旅行社的业务仅仅覆盖了 10%左右的市场份额。

2. 旅行社传统业务的竞争加剧, 拓展新业务成为旅行社可持续发展的选择

尽管旅行社能够涉及的经营范围较广, 但多数旅行社的经营内容和目标消费群体仍相对单一。目前旅行社主要经营的是组团游和包价游, 加之占比很小的预订机票、酒店、门票等代理服务, 缺乏对散客或者自由行的服务产品。换言之, 当前旅行社之间的竞争主要是对团队业务的竞争, 而大多数旅行社的竞争产品——包价旅游线路也相对稳定, 千篇一律, 缺乏特色, 缺乏市场差异化的定位与服务。产品雷同, 又在一个仅占整体市场 1/10 的市场里竞争, 旅行社的传统业务带来的机会越来越小, 已很大程度上威胁到旅行社的可持续发展。旅行社只有开拓新市场, 开展新业务, 才能获得更多的市场机会。

3.《旅游法》的实施将进一步倒逼旅行社企业改变其产品结构和盈利方式

2013 年 10 月 1 日《旅游法》开始实施, 其中对旅行社有直接影响的规定是旅行社不得强迫购物, 不得安排指定项目和自费购物点。而这恰恰是旅行社传统的和主要的盈利点, 显然, 原有的包价游产品只得通过提价才能保证其利润, 而提价必然导致市场吸引力下降, 销量减少。在此情形下, 旅行社企业经营者就需要具有更高的智慧和拓展能力。比如, 团队高端包价旅游产品、精细化旅游产品、单项代理服务、针对散客业务的咨询服务等将成为未来旅行社业务拓展的方向。

4. 旅游的产业化发展也客观要求旅行社介入散客业务

由于缺乏符合散客需求的旅游服务或相关企业, 我国的散客市场虽然庞大, 却一直难以为旅游产业的发展提供有效动力。显然, 旅游产业化发展不能忽视散客旅游所引领的未来旅游发展趋势, 而旅行社由于长期形成的固定经营模式的束缚, 正与散客旅游市场渐行渐远。事实上, 在整个旅游产业中, 旅行社有着重要的地位, 它处在旅游供给和需求之间, 具有纽带连接作用, 被称为旅游业的先锋。因此, 我国旅游产业的发展必须将规范、调整、整合旅行社的发展作为一个重要的战略着落点, 将日益庞大的散客自助游市场与旅行社业务关联起来, 旅行社通过提供专业的咨询服务来介入散客自助旅游市场, 以进一步推进这一市场的发展和完善。需要说明的一点是, OTA 尽管也能为散客旅游者提供相关的旅游咨询服务, 为散客旅游者的出游提供便利和帮助, 但缺乏针对性和专业性, 解决问题的程度并不高, 在这一方面, 旅行社的作用是不可替代的。

三、旅行社开展咨询业务的可行性

1. 散客自助旅游者客观存在旅游咨询需求, 市场存在供给空白

散客旅游或者自助旅游是基于对旅游方式的分析得出的概念, 通常可以将散客旅游也称为自助旅游, 在国外称自主旅游, 此处我们不妨使用散客自助旅游这一概念。"自助"是相对于"他助"而言的, 是指游客没有购买旅行社等中介机构的包价旅游产品, 而是按照自己的意愿, 选择旅游线路、安排旅游活动的一种独立的旅游方式（严格来讲, 自助也有广义和狭义之分, 即全自助和半自助或部分自助, 此处不讨论）。散客自助旅游的特征就在于多样性、独立性、灵活性、高弹性, 在旅游产品的购买上强调"点菜式"或"量体裁衣", 游客自愿结合, 随走随买, 而非一次性付清旅行费用或完全被动地接受既定的旅游

项目。散客不愿意听从旅行社设置的固定线路，而是愿意在旅行线路的设计上强调自主设计。本质上，散客不愿意出让旅行的主导权，即便为之付出更高的替代成本。这也就可以解释为什么散客旅游较之团体旅游具有更高价格的原因。

随着目前旅游配套设置的完善，旅游网络信息化技术的普及和各种旅游经验的广泛传播，特别是OTA 这类旅游在线供应商的存在，过去阻碍散客自助旅游发展的因素（如旅游信息查询、酒店预订、交通可达性、景区门票、旅游经验等）被逐渐化解，一定程度上为散客自助旅游的发展解决了大部分的实际问题。

但随着旅游者对旅游体验的要求越来越高和旅游半径越来越大，散客自助旅游者所需要的信息量越来越大，信息内容越来越个性化，并开始希望有专业机构能给出有关旅行活动方案的建议与方案。从这个意义上讲，散客自助旅游者又很"无助"，这类具有明显针对性和个性化的需求是现有信息渠道和OTA 无法满足的，而几乎所有旅行社企业并不重视这一块市场的开拓。换句话说，现有旅游供给无法满足旅游需求的发展，市场出现了供给空白。

2. 旅行社企业因其业务特性与行业角色成为介入散客咨询业务的最适企业

（1）旅行社具有组织旅行最专业的知识与技能。

旅行社是组织旅游者出游和接待旅游者来访的专业机构，对于旅游过程中吃、住、行、游、购、娱的安排专业科学而富有经验，擅长于旅游线路设计与行程规划，可以为各类散客旅游者提供满足其需要的旅行计划与帮助。

（2）旅行社处在行业前沿，熟知市场供需。

旅行社的业务特性使得其长期处在市场前沿，链接市场供需，因此，对行业环境、市场状态非常熟悉，了解市场供需双方的诉求。可以说，旅行社是汇集了整个旅游行业信息的一个"旅游信息数据库"中心，其所掌握的信息全面、实时，便于为散客旅游者提供合理、针对性的服务，散客所需要的信息可随时从这个数据库里提取。

（3）旅行社具备最完备的合作网络。

旅行社是将吃、住、行、游、购、娱各行业串联起来的一类企业，与各类旅游供给企业建立了良好的合作，这种合作不仅是组织和接待团队游的保证，也为散客自助旅游者提供目的地的实时旅游信息和帮助创造了条件。

3. 散客咨询业务的成本特性又使得旅行社介入散客业务变得更加容易

散客咨询业务实际是旅行社依托其信息和专业知识优势，为散客自助旅游者提供的服务，是一种创造性的、智力型的思维劳动，旅行社无须太多额外投入。其次，从成本结构上看，增加成本部分也主要是人力成本，固定成本投入很少，这也与旅行社现有的成本结构特征一致。因此，旅行社介入散客自助游咨询业务相对更容易操作。

四、旅行社开展散客旅游咨询业务的对策

1. 市场调整和定位调整

旅行社业务的传统市场是团队，行业竞争也主要是对团队业务的争夺。当旅行社业务开始介入散客以后，就意味着旅行社企业首先要重新确定其目标市场结构以及要服务的散客市场类型。之后更重要的是，市场定位的调整。因为，在现有旅游环境下，市场对旅行社的主体认知停留在组织和接待团队包价游上，业务几乎不涵盖散客自助游市场。因此，旅行社必须彻底改变市场的认知，旅行社不仅是团队游的组织者与接待者，而且乐意、随时为所有散客自助旅游者提供不同于现有OTA 的一切方便其安全旅行的咨询帮助和建议。

2. 组织结构调整，成立散客事业部

现有旅行社企业的组织机构基本上是基于团队市场业务构建的，当旅行社开始介入散客自助游市场后，企业业务和产品开始变得多而复杂，会增加企业管理和经营的难度。可以引入事业部制，成立专门

的散客事业部，凡与散客自助市场相关产品有关的设计、生产、技术、销售、服务等业务活动，均组织在这个产品事业部之中，由该事业部总管，并拥有完全的经营自主权，是实行独立经营、独立核算的部门，以此激发散客自助业务的开展。

3. 定制化设计散客咨询产品

介入散客业务的关键是产品的设计。由于散客自助游客的主导诉求就是自主式旅游，因此旅行社介入散客自助游市场的主要方式就是为散客自助旅游者提供旅游咨询服务，旅游者在获取充分的信息和建议后可以按照自己的方式更好地完成旅行。针对散客自助旅游者，旅行社可考虑设计如下四类旅游咨询服务产品：

（1）旅游目的地实时信息咨询。

由于普通网络渠道和OTA所提供的旅游公共信息具有滞后性，且不具备针对性，所以散客旅游者在出游前所获得的信息往往与实际的信息不相符，对此，旅行社除了为散客旅游者提供旅游过程中的常态旅游信息外，还可凭借其自身的优势为散客旅游者提供其所需要的客源地至目的地的交通、住宿、沿途及目的地景区天气、可能存在的临时或突发事件等实时信息，或者针对一些散客旅游者选择的非常规线路提供信息咨询服务，这在我国旅游配套设施相对滞后于快速发展的旅游市场的现阶段及一些远程旅游中尤为重要。根据近几年全国游客满意度调查报告，散客满意度持续落后于团队，这在较大程度上与散客旅游者所获得的信息与实际的信息不相符有关，导致散客旅游者的行前准备、游程衔接等出现差错，旅游体验度下降。

（2）旅游路线设计咨询。

散客旅游者中，至少存在两类旅游者对旅游线路设计有需求：一类是缺乏足够旅游经验的旅游者，他们对自己的旅行安排没有足够的信心，希望有专业人员为他们把关；另一类是虽然旅游经历丰富，但他们往往希望尝试一些特殊的旅游经历或者一些专业的旅游项目，或者是对行程的安排要求较高，比如要求行程无缝衔接，按时返回等。对此，旅行社可设立"旅游咨询师"岗位，针对这类需求的散客，结合其需求特点，定制化设计线路，给出专业的建议。在完成设计后，游客可反复要求修改旅游线路直至形成最终的旅游路线安排，并以服务合同的形式订立服务契约。

（3）旅游接待向导咨询。

目前，散客旅游者到达目的地后的向导服务多借助目的地的电子导游产品或景区导游完成，但这有赖于相对成熟的景区，而且是局限于一个"点"，更多的景区或者是旅程沿途的"线"上的导游服务只能是靠散客旅游者自己的能力与经验，旅行社可凭借其经验积累和掌握的信息对旅游者进行远程指导（这不同于团队旅游中的全程陪同服务），这样既可满足旅游者一些探险、新奇的旅游需求，同时也能一定程度地减少他们出游的盲目性，降低他们可能存在的旅游风险。具体可采用微信、企业网页在线交流等方式进行。

（4）旅游安全应急咨询。

目前，散客旅游者最缺乏保障的当属旅游安全，也常常被散客旅游者忽视。旅行社作为专业机构，熟知旅游安全事宜及应对方法，旅行社可分项或打包为散客旅游者提供其在旅游过程可能产生的一系列安全服务。内容涵盖旅游保险办理、旅游疾病应急服务、旅游突发安全事故救援、旅游纠纷协助处理和野外旅游交通服务等。

4. 建立与OTA的合作，注重线上促销

旅行社推出散客咨询新业务后，一定程度上会与OTA一类的互联网旅游企业形成市场竞争，但此时，旅行社不应只关注竞争关系，相反，至少在新业务推广的初期，旅行社应充分尊重和考虑长期以来散客旅游者形成的线上搜集信息获取帮助的习惯，建立与OTA之间的业务联系，旅游者可以习惯性地从OTA购买实际的单项旅游产品，而从旅行社获得旅游咨询帮助，这样，旅行社便可以比较容易地通过OTA这一平台来推广旅游咨询这一新业务。当市场了解和熟悉旅行社针对散客的咨询业务之后，旅行社就应该重点考虑撇开OTA，开发自己的线上平台来吸引散客并开展各类线下推广。

参考文献

[1] 伍海琳. 试论旅行社散客管理[J]. 产业与科技论坛，2010（4）：56-58.

[2] 孙文学，宋宁. 散客旅游营销策略初探[J]. 中国商贸，2010（4）：135-136.

[3] 吴国清. 李文苗. 旅游信息咨询服务体系的网络化发展[J]. 商业研究，2009（7）：137-139.

[4] 徐菊凤，赵晓燕. 中国城市旅游集散中心模式的对比分析 —— 兼论旅游集散中心的功能与形成机制[J]. 旅游科学，2009（5）：48-53.

[5] 吴良勇. 面向散客旅游服务的旅行社敏捷供应链管理研究[J]. 商场现代化，2012（18）：22-24.

作者简介

毛勇，男，1968 年 5 月，旅游管理硕士，副教授，重庆工商大学旅游与国土资源学院旅游系教师。

基于城乡统筹视角农村宅基地集约利用政策设计研究

石永明　朱莉芬　骆东奇

摘　要： 农村宅基地集约利用对于节约耕地资源、保持耕地总量动态平衡具有十分重要的现实意义。本文从农村土地集约利用多方向主体利益保障和综合效益协调的视角，提出了我国农村土地集约利用强化制度建设、协调农民政府企业三者之间的利益、注重生态效益等观点，进一步丰富了农村土地集约理论。

关键词： 农村宅基地；集约利用；政策设计

农村宅基地是国家赋予农民农村集体经济组织的重要财产,其集约利用对于缓解城市建设用地紧张、保护耕地、提高土地利用效率、加快新农村建设有着重要的意义。截至 2010 年，全国约有 2 700 亿平方米农村宅基地，数量庞大。但随着户籍制度改革的深入推进、农村人口向城镇集中及农村宅基地交易市场尚未形成等因素的影响，农村宅基地布局不合理、"空心村"日益增多、村镇规划难以落实、人均宅基地面积指标超标等问题逐步突出[1]。因此，探讨农村宅基地集约利用，改进现行农村宅基地政策制度，设计集约利用政策措施具有十分重要的现实意义。

一、制度设计

（一）完善农村集体建设用地产权制度，促进农村宅基地集约利用

农村集体土地产权主体模糊及宅基地使用的固定性、自用性，使得我国农村宅基地闲置严重，不利于农村土地的集约。应着力从以下方面完善农村集体建设用地产权制度：一是明确集体土地所有权主体。确定集体土地所有权主体应以现有法律为基础，从农村实际出发，在稳定农村大局的前提下，进一步明确集体土地所有权主体。二是建立完善的农村产权交易平台。如成立综合性的农村产权流转服务中心，将产权的流转整合到一个交易平台办理。三是将农村宅基地作为生产要素，参与投资与收益的分配。农民宅基地可按照产权收益主体参与土地开发整理，从而盘活土地存量。四是建立农村宅基地的有偿流转市场，建立资源价格的诱导型管理体制，促进宅基地高效利用。五是将资源环境成本纳入生产成本，引入生态补偿机制，构建科学的农村宅基地集约用地核算评估体系并将其制度化纳入国民经济核算体系，把农村宅基地集约用地的社会价值、生态价值、经济价值及其潜在后续价值纳入整个经济效益中，科学核算用途转变的最佳综合效益，抑制向非效用用途转换的经济冲动[2]。

（二）逐步实行宅基地有偿使用制度，提高农村建设用地集约动力

通过对比有偿使用宅基地与无偿使用宅基地的结果发现，实行有偿使用宅基地的村庄其户均宅基地面积相对较小，土地利用率较高。农村宅基地的有偿使用应遵循"取之于户、收费适度；用之于村、使用得当"的原则，各地依据自身的经济发展状况制定收费标准，要体现多用地多收费，少用地少收费的原则。宅基地面积以户为单位计算，对于标准内的住宅用地可以不收费或少收费；对于超过规定用地面积标准的部分，按超标用地的收费标准核定收费；凡不按村庄规划实施建设的用地收费，应高于符合规划的用地收费；低于用地标准的应给予适当奖励。经过对部分乡镇的调查，统计后发现，村庄内闲置宅基地现象较为普遍，由于宅基地流转限制制度的存在，在一定程度上影响了闲置房屋的流转，影响了土地利用效率[3]。因此，应完善宅基地审批制度，规范审批程序，出台农村集体建设用地流转办法，培育

土地使用权市场；改革户籍管理制度，打破城乡二元户籍制度，实现城乡间的融合，实现农村宅基地的流转。对手续齐备，建造合法的农村宅基地及其地上房屋颁发《集体土地使用证》《房屋产权证》等证书，允许农村宅基地进入土地交易市场，和城市商品房、房改房一样，合法上市转让[4]。

（三）健全农村集体建设土地审批制度，加快宅基地集约进程

农村土地审批制度主要包括农村宅基地审批和农用地转用审批等，是影响农村土地集约的关键因素之一。当前，农村土地审批程序复杂，操作烦琐，审批效率低下[5]，违法用地现象屡禁不止，加之基层政府为谋求经济发展，滋长违法用地行为，使得部分耕地被迫征用或粗放利用，甚至撂荒，不利于农村土地的集约利用。建议一是强化经济发展规划与土地利用规划的协调；二是转换审批职能，放宽审批权限；三是统一按法定程序批地用地，并公布农民建房用地的申报、审批、办证程序及材料；四是以保护耕地和"一户一宅"为基本原则，保证建房用地尽量使用空闲地、劣质地，实现农村土地集约利用。

二、农民权益保障政策设计

（一）建立公众参与机制，充分尊重农民意愿

农村宅基地集约过程是涉及产权调整问题和利益分配问题的综合体，是一项涉及面广、实施周期长而区域差异大的综合系统工程。为此，从规划到实施都要听取相关利益者的意见。而农民是农村宅基地的主要利益者，在集约过程中要积极引导公众参与其中，逐步建立公众参与机制。通过建立制度来达到保护农民知情权和意愿的表达权，同时可以及时采纳农民主体的合理要求，从而避免侵害民众利益、激化社会矛盾现象的发生。与此同时也保证了农民在集约过程中能最大程度得到实惠。由此不难看出，公众参与制度的建立及实施，有利于村庄规划的实施，为农村宅基地集约利用奠定群众基础。

（二）完善农村宅基地拆迁安置政策，保障农民利益

农村宅基地集约过程中，需进一步完善拆迁安置政策，保障农民利益。拆迁安置的同时也是利益再分配的过程。不合理的拆迁，即破坏了农村宅基地的自然形态和人文传统，又增加了农民负担。为此要完善拆迁安置政策，对农村建设用地进行股价，根据市场价值补偿农民由于拆迁带来的损失。根据被拆迁农民的经济收入水平、意愿，明确新建住宅的容积率、人均居住面积、生态人文环境等，提供可供选择的住房，从而保障农民的权益。与此同时，加快农业产业化和规模化发展，促进农村劳动力转移的同时，保障农民的生存权和发展权。

（三）调节宅基地集约利用收益分配，保障农民收入水平稳步提高

在为农村宅基地所承担的农民居住保障的职责松绑后，宅基地使用权的自由流转少去了后顾之忧，农民可以从对宅基地的处分权中获得利益，将自己在农村中的住宅转换成货币，投入自己新居所居住条件的改善，从而在人身自由方面取得更大空间，这实质上是将农民的实物分房形式转化为与城市居民相同的货币分房形式。同时，在宅基地使用权入市流转的过程中，集体土地所有权从资金上得到体现，这笔收入可以作为构建农村社会保障体系，尤其是农民住宅保障的一笔重要资金投入。总之，通过对农村宅基地的集约利用，一部分用地指标用来安置农民住房，一部分用地指标以城乡建设用地挂钩的方式产生地票，其土地出让金一部分用来承担农民社会保障，一部分为建设新农村、安置区基础设施建设提供资金支持。

（四）建立农村社会保障体系，解决进城农民的后顾之忧

社会保障制度不健全是制约农村宅基地集约、影响农村社会稳定的重要因素。当前农村实行的最低生活保障和新型农村合作医疗受益范围小、标准有限、保障水平低。社会保障制度要通过政府、集体和个人三方投入，因地制宜，多渠道、多形式健全社会保障体系。一是在资金来源上，按政府、集体和劳

动者三方共同承担的原则，即各级政府在每年的财政支出中安排一定的比例，农村集体经济组织在经营收入中提取一部分，农民在每年的务农与外出务工的收入中适当缴纳一部分，共同建立农村社会保障基金，用于农民养老、农村合作医疗、农村社会保险以及转让土地承包经营权后的补贴等。二是从保障体制的结构来看，应建立多层次的农村社会保障体系，包括农村社会风险、社会救济、社会福利、优抚安置、社会互助等机制，以及发展和完善农村合作医疗制度等，逐步弱化土地的福利和社会保险功能，为土地转出者解决后顾之忧。三是逐步建立城乡统一的用工制度。实行进城务工农民与城市居民平等就业、同工同酬，消除城乡用工制度的不平等。四是逐步建立城乡统一的身份管理制度。取消农民工称谓，消除身份歧视和不平等。农民入城定居即为市民，务工即为工人，与城市居民和城市务工人员身份平等，使他们真正融入城市。五是建立城乡统一的社会保障制度。结合当前正在进行的户籍改革，尽快建立城乡一体化的社会保障制度，取代农村土地的社会保障功能，解除进城农民的后顾之忧，为农村劳动力转移和农村土地流转创造良好的社会条件。

三、企业参与政策研究

（一）发挥政府主导作用，引进企业参与农村宅基地集约

农村宅基地集约涉及政府、农民、企业等利益主体。政府作为引导者要充分发挥制定政策及把握大局的作用。统筹各方利益，引导农民进行宅基地复垦的同时，发挥土地效益的最大化，同时最大化保护农民利益。农民作为宅基地的拥有者，要在政府的引导下，合理退出闲置农村建设用地，生活质量获得提高，收入得到提高。企业，作为农村宅基地集约的参与者，通过发展二、三产业，参与农村集体建设用地流转，规范农村土地市场价值。这样既可以缓解资金筹集的压力，也充分利用了整理出来的土地，缓解了农民的就业压力，实现在家门口就业，而且政府和市场密切结合将更有利于农村宅基地集约工作的扩展。

（二）建立多元资金投入机制，解决资金短缺问题

农村宅基地集约是一项投资较大的系统工程，涉及房屋搬迁、土地开发整理复垦、基础设施配套等费用。本着"谁受益、谁投资"的原则，从国家、地方政府、农民、企业、社会等多方筹资。主要渠道为：一是国家投资。针对农村宅基地复垦项目，申请国家资金用于农村集体建设用地复垦费用。二是地方政府投资。县、乡镇等地方政府出资部分资金用于农村宅基地集约利用。三是村级集体投资。由村集体或乡镇企业出资，资助农村宅基地集约利用。四是社会资助。由社会各界力量捐助扶贫资金或农村发展资助资金等帮助农村宅基地复垦。同时可利用当地农民的劳动力，由项目区农民承担主要工程劳力，帮助农民就业的同时，提高了农民收入。企业作为农村宅基地的主要参与者，应加大参与力度，融资于农村居民点整理，解决资金短缺问题。

（三）拓宽企业参与渠道，提高农村宅基地集约水平

在当前市场经济体制下，拓宽企业参与渠道是解决农村宅基地集约资金难的重要手段之一，是推动宅基地集约的主要动力因素之一。为此一要将公共设施作为产业投资经营，引进企业参与经营。二是引导企业参与农村集体建设用地流转过程。由政府主导，企业出资为辅进行集体建设用地复垦。农民宅基地复垦指标用于农业产业化、规模化，提高土地集约水平，提高农民收入水平，解决农村剩余劳动力。与此同时，引进开发商融资开发土地市场，建立农村集体建设用地市场化机制，农民可以通过出租、入股等方式从中获得收益。三是提高农业大户、龙头企业自身集约水平，严禁任意改变土地用途，严禁将农用地非法用于建设用地。

（四）引入市场机制，推进政企合作模式

所谓政企合作模式，在政府主导下，企业参与农村宅基地集约的具体实施，参与农村宅基地集约后

利益分配，参与农民集中安置与政府出资共同保障农民权益的前提下，获得由集约带来的经济效益。一是由政府主导，确定分散、闲置及地灾搬迁区域，划定农村宅基地拆旧建新范围。二在市场机制的调解下，引入企业集资建房，并按照市场价格，由农户出资或宅基地换房、政府补贴的方式，安置农民。三是企业对拆旧区域进行整治，并通过土地流转的方式由企业承包土地，用于发展农业产业化、规模化，同时吸收农村剩余劳动力。四是政府监督企业，维护在企业参与过程中损害农民利益的情况发生。五是建立奖励机制。对各区域农村宅基地集约用地情况进行考核，对于投入资金多且效益高、吸收农村剩余劳动力多的企业给予一定的优惠政策和奖励，并加以宣传，提高企业参与的积极性。

四、综合效益保障研究

（一）完善农村宅基地政策，保障集约综合效益的提高

农村宅基地政策是否完善是保障政府、企业、农民三者效益能否提升的主要手段之一。提高农村宅基地集约带来的综合效益首要任务就是完善农村宅基地政策。为此：一是科学编制村庄规划。结合新农村建设，遵循集约使用土地、改善村容村貌、便于生产生活的原则，做好村庄规划。二是制定鼓励农村宅基地集约的优惠政策。通过农村宅基地复垦新增耕地除享受《土地管理法实施条例》第十八条规定的优惠政策外，还应拿出部分指标，交还当地政府，用于当地经济发展及奖励新增耕地的乡镇，促进当地经济的快速发展。对于新增的有效耕地，出台相关政策让农民有期限使用。同时在使用期限内允许土地在不改变用途的前提下进行有偿流转。三是构建经济约束与激励机制。通过经济手段，将超过标准宅基地的超占费用统一收取，从而约束村庄一些农户建房向外延伸扩张趋势，促使农村宅基地的有效利用。同时，明晰土地收益分配关系，制定"土地分配与土地补偿条例"，将复垦后所得收益与复垦过程相结合，建立农村宅基地集约利用激励机制。四是探讨有利于集约用地的产业政策。政府要制定相关产业政策，考虑农民退出宅基地从事二、三产业的经济效益，扩张有利于集约用地的产业规模，形成产业特色园区。同时引进相关企业，加入农村宅基地集约过程中来，提供资金的同时带动农业产业化和规模化。五是整理居住用地政策。完善城镇建设用地增加和农村建设用地减少相挂钩的制度，明确具有可操作性的政策，解决使用周转用地指标中的矛盾，简化操作方法，适当延长偿还周期，研究老村复垦政策和复垦后土地使用政策，明确村级集体经济组织获得的预期效益。同时，鼓励集体经济组织开展农村集体土地管理和复垦宅基地的政策[6]。

（二）加快农村集体建设用地流转，保障经济效益的提高

统筹城乡建设用地规划，开放农村集体建设用地流转市场，加快旧村改造。一要将零碎布局的宅基地迁移入中心村，在相对集中的居民小区实行农村小区化管理，消除城乡二元结构，对腾出的宅基地进行复耕整理。二要规范宅基地市场，鼓励合理流转，促进土地资源集约利用。三要制定农民宅基地使用权流转制度，允许农村依法取得的宅基地逐步在一定条件和范围内自由流转，而流转收益则主要归原使用者所有。对农民宅基地实际使用面积超过规定标准的部分，在土地流转后应将超出部分按规定比例上交，以切实保护土地所有者和使用者的土地权益。农民转让了宅基地使用权后，不得再申请新的宅基地。禁止购买人擅自将宅基地改变为商业用地，谨防商业投机活动。

（三）建立农村宅基地集约评价体系，同步提升集约生态效益

在进行农村宅基地集约利用过程中，坚持整体观念，重视生态效益、经济效益和社会效益的统一。在进行农村宅基地集约过程前做相应的规划评价设计，将区域内主要具有代表性的生态系统因素作为评价因子，建立评价指标体系，确定土地用途的适宜性。同时，对项目区域进行监督，最终实现农村宅基地集约的同时保持区域生态平衡和生态效益。提高环境保护认识，强化生态环境保护和人文建设：一要改善土壤。土地质量的提高应按照自然规律考虑生态平衡原则，调整系统内部要素间的关系、土地系统与其他关系系统间的平衡。二是要改善农村生态环境。结合新农村建设、生态退耕工程等，集中安置农

民新村，针对退化的土地，采取移土培肥、生态建设等方式进行生态修复，促使农村生态环境的改善，提高村容村貌，实现社会主义新农村建设。三要制定合理改造措施。以生态环境保护、提高生态承载力为目标，制定工程和生物改造措施，促进农村宅基地集约利用，同时优化农村生态环境。四要维护人文资源。结合当地风俗习惯、历史文化遗迹、地方特色以及建筑风格等，因地制宜制定集约利用方案，保证土地资源的合理利用与人文建设的统一，促进社会的和谐[7]。

（四）加强城乡土地市场体系建设，实现综合效益最大化

要加强城乡土地市场体系建设，实行国有建设用地和集体建设用地"统一市场"，达到"同地、同权、同价"，实现集约综合效益的最大化。要充分发挥市场在土地资源配置中的作用：一是运用市场机制调节农村土地供求关系。通过市场机制抑制城市土地的需求，对经营性房地产和非经营性项目的用地均实行土地有偿使用制度。二是经营性建设用地进一步实行以市场配置为主的供给形式。全面推行土地招标、拍卖制度，取消经营性房地产用地的行政划拨和协议出让，使市场配置成为土地供给的主要形式。三是促进土地的合法流转，制止非法交易和炒卖行为。规范交易程序，理顺各种经济关系，适当提高土地交易过程中收取的各种费用，提高土地转让的成本。此外，加强对土地使用权出租和转让的监管力度，避免以租代征等变相逃避支付土地出让金行为的发生[8]。

参考文献

[1] 胡斐南，魏朝富. 西南丘陵山区农村废弃宅基地复垦工程技术研究[J]. 农业工程，2012（3）：60-64.

[2] 苏高华. 土地资源优化配置研究[D]. 武汉：中国地质大学，2009.

[3] 曹玉香. 农村宅基地节约集约利用问题研究[J]. 农村经济，2009（08）：8-10.

[4] 孟令娜. 济南市农村居民点用地集约利用评价方法与应用研究[D]. 济南：山东师范大学，2009.

[5] 任林苗，谢建定. 现行土地审批制度存在的问题及建议[J]. 浙江国土资源，2008（10）：36-39.

[6] 赵翔. 农村居民点土地整理潜力分析及对策探讨[D]. 西安：西北大学，2009.

[7] 邱道持，洪斌城. 现行农村宅基地产权制度探析 [J]. 西南师范大学学报，2009（05）：220-223.

[8] 潘晶晶. 保定市城镇土地集约利用评价研究[D]. 保定：河北农业大学，2010.

作者简介

石永明（1980—），男，山西文水人，硕士，讲师；主要研究方向为农村土地制度政策研究。

重庆市智慧旅游顶层设计研究

孙　峰

摘　要：目前中国"智慧旅游建设"还处于初级阶段，需要进行不断研究和探索。本文阐述了旅游信息技术发展的历程，分析了国内外智慧旅游发展研究现状，提出智慧旅游基本架构，并应用顶层设计的理念，对重庆市智慧旅游总体框架进行深入细致的研究。

关键词：智慧旅游建设；顶层设计；总体设计

一、引　言

闻名世界的未来学家约翰·奈斯比特在《大趋势》中曾预言："电信通信、信息技术和旅游业将成为21世纪服务行业中经济发展的原动力"，但是这三者的有机结合即旅游智慧化将成为一股更为强大的力量。国家旅游局 2017 年 10 月 8 日晚间发布了《2017 年国庆中秋假日旅游市场情况总结》，据国家旅游局数据中心综合测算，本次假日期间，全国共接待国内游客 7.05 亿人次，实现国内旅游收入 5 836 亿元，按可比口径前 7 天与 2016 年同比计算，分别增长 11.9% 和 13.9%。旅游快速发展过程中面临的各种问题，包括交通拥堵、环境保护、节能降耗、强迫购物、突发事件等，这些问题需要整体考虑、各方参与、综合治理，这对智能建设的系统性提出了更高的要求。旅游发展信息化建设本身存在的问题，由于省市甚至国家层面的顶层设计缺失，以往的信息化建设以部门（企业）为主体，纵向信息系统较为发达、横向整合不够，因而各自为政、重复建设和"信息孤岛"等情况较为严重，地理信息、人口信息、征信体系、交通信息相互独立，导致对旅游运行的信息采集和分析不够完整、不够精准、不够一致、不够及时等问题，影响了信息化建设的成效。

二、智慧旅游建设

（一）智慧旅游

智慧旅游指利用云计算、移动通信、关联数据等信息技术，实现"人"与"技术"的互动，强调游客的"感知、体验"，融合旅游管理、产业、服务、信息资源等，并且打通各个环节，实现智慧旅游过程一体化的运营模式，用数字化管理代替人工管理或是经验管理，实现精确数据管控和信息差异化服务。

（二）智慧旅游建设

智慧旅游建设是在原有的旅游业发展的基础上，借助信息化技术、智慧管理思路将旅游业发展依托的基础加以完善，产业系统加以划分，内容加以补充，提出一种新的旅游转型模式，带动城市的建设和发展。

（三）智慧旅游与智慧旅游建设的区别与联系

静态和动态。前者是一个名词，强调的是其概念，是一种意识形态，将此种意识带入理解的范围；而后者是一个动词，强调的是其运用和效果，指出可以实现建设这一动态。理论和方法。前者是理论基础，后者起源于两种产业融合的构想，在此构想下，各地进行了实践和实施，形成了智慧旅游建设的方法。被动和主动。前者需要被知晓、被理解，智慧旅游的认知主要依靠政府会议、论坛的宣传，大多停留在口号阶段。实现和运用，则是依靠政府响应此概念后，针对自身旅游业进行的调整和改革，在这一过程中，大量的实体案例和具体措施出现，真正实现了转型。这是一个主动的过程。主动的政府已经往前一步，优先实现了概念的运用，创新发展，为自身的旅游业注入了新的活力。

智慧旅游建设的主要技术。信息技术作为智慧城市的基础设施，最核心的技术是物联网、云计算、移动通信、数据关联等技术，这些技术都属于平台性的包含众多技术分支的总体性描述。

（四）国外智慧旅游建设

从国际上来看，自20世纪60年代开始，信息技术经历了3次大的创新和发展：第一次是20世纪60年代至80年代初，主要代表技术是个人计算机，在此基础上旅游业出现了以GDS系统为代表的，以提高行业运行效率为目的的信息化起步；第二次是20世纪80年代至21世纪初，主要代表技术是互联网技术，与旅游业结合产生了在线旅游为首的一系列旅游服务创新，加速推动了传统旅游业向现代服务业转型升级的进程；而近几年兴起的物联网技术，可以认为是信息技术的第三次浪潮，物联网、云计算、下一代通信网络、高性能信息处理、智能数据挖掘等现代信息技术，融合应用于旅游体验、产业发展、行政管理等方面，形成可服务于公众、企业、政府的一种全新的智慧型旅游业态，智慧旅游发展的技术基础已经具备，主要有美国RFID手腕带系统、欧洲部分国家交通无线数据通信网、韩国首尔搜索应用服务系统、新加坡"智慧旅游计划"等。

（五）国内智慧旅游建设

国内旅游信息化前进的脚步开始于20世纪80年代，经历了内部信息管理和简单发布的起步阶段，这一阶段互联网应用尚未普及，信息化站点的建设主要用于进行内部信息化管理。10年之后，旅游信息化网络开始覆盖并且逐渐普及基于互联网的应用服务，能够为游客提供一些基本的单一事件的在线服务，如订票、订房等服务并提供电子支付，但系统建设的实用规模小、功能单一，缺乏互动性。进入21世纪，旅游信息化集成的阶段开始到来，这一时期智能终端成为主流，旅游在线预订、网上支付、网络营销以及在线服务等业务得到前所未有的蓬勃发展，原来单一的功能服务逐步向多种功能集成服务转变。

国内智慧旅游建设起初也是由政府大力倡导，旅游城市注意到了这种新型的转型方式，立即突破了概念的范围，且在自身的城市进行了实践与探索。这些行动推动了智慧旅游建设的过程，开花结果，并迅速在全国各地，尤其是旅游发达的省份迅速发展。

"智慧旅游概念"阶段。时间范围为2009年初至2010年第一批智慧旅游城市公布。2011年，18个城市入选首批"国家智慧旅游试点城市"，分别是江苏、北京、武汉、成都、南京、福州、大连、厦门、苏州、黄山、温州、烟台、无锡、常州、南通、扬州、镇江和武夷山。在国内，镇江作为第一批智慧旅游入选城市，首先提出了智慧旅游的实施方法，并带动了周边城市。随后上海、杭州、南京等城市也实现了智慧旅游建设。随着新概念的普及和推动，一大批具有示范作用、引领性强的优秀旅游城市，开始在智慧旅游的舞台上大显身手。以无锡为首的"智慧旅游联盟"形成。2011年，国家旅游局提出了要用未来10年的事件，以信息化促进旅游业的发展和转型升级。无锡提出了"感知中国心"的理论，第一次发挥物联网和互联网"两网"优势，而在这些城市如点点繁星照亮夜空的同时，国家旅游局也对"智慧旅游城市"试点工作进行了部署，并且开始大力推进工作。

"智慧旅游兴起"阶段。时间范围为2011年末至2012年第二批智慧旅游城市公布。2011年初，天津、广州、杭州、青岛、长春、郑州、太原、昆明、贵阳、宁波、秦皇岛、湘潭、牡丹江、铜仁成为第二批智慧旅游入选城市。第二批的审评工作具有关键的意义，是对第一批智慧旅游城市的成果审查，也对各旅游城市的建设提出了硬性的要求，入选是一种肯定，同时也是一种要求，此后以北京、上海、南京为首的一大批城市开始出台相关政策，尝试在空白的领域内建立系统体系，规划发展目标。这一年，有关全国的"智慧旅游会议及论坛"也如雨后春笋般兴起，交流之风盛行。但美中不足的是依然停留在认识和理解的阶段，虽有一些城市刚刚建立运营体系，未能分晓其效果。各省市出台的针对本地区、本行业的一些方案计划其可行性也尚未明确。北京2012年5月制定《北京智慧旅游行动计划纲要（2012

—2015）》，相对而言是比较完善的，其间提出建立"智慧景区"的总体规范和规范，"智慧北京、便利旅游"的发展目标并且将目标分为若干步骤，建立三大智慧旅游体系、推动 9 个智慧旅游系统建设、60 多个智慧旅游项目的具体工作指标等。成都市拟定"成都智慧旅游"建设的项目策划，打造"一个平台、三大体系"等。

"智慧旅游"大力发展阶段。2014 年被确定为中国智慧旅游年，旅游主题将游离的概念之间进一步落实，民间及游客也慢慢知晓、了解这一新兴旅游转型模式。播种了三四年的种子，终于落地开花，朝着实践成果的方向转化发展。此时人们对智慧旅游建设也从认识阶段，提升到了认知、感知阶段。

全域智慧旅游建设是要通过新理念（全域旅游）的导入、新技术（云计算、物联网、移动通信、关联数据技术等）的应用和新模式的形成，使旅游开发全时空、旅游活动的全过程、旅游经营的全流程和旅游服务的全链条产生智慧效应，创造智慧价值，实现旅游生活便捷、互动体验，旅游企业健康发展，旅游管理科学高效，最终改善自然环境和人文环境。

三、重庆市智慧旅游建设顶层设计

（一）顶层设计的目的

全域智慧旅游顶层设计的目标是以全局视角、全域旅游视角对智慧旅游系统的各方面、各层次、各要素进行统筹考虑，调节各种关系，确定同一目标，并为其制定正确的实施路径，从而实现可持续地提高效益、节约资源、降低风险和成本。

全域智慧城市建设的本质是一场旅游管理和运行模式的变革。就支撑它的信息应用系统而言，整体的规划也必须进行顶层设计，才能够得到有效、可持续的发展。因此，全域智慧旅游建设的首要任务是要搞好顶层设计。

（二）顶层设计的内涵

顶层设计是指运用系统论的方法，从全局的角度，对大型复杂系统建设的各方面、各层次、各要素统筹规划，以集中有效资源，实现结构上的优化，功能上的协调，资源上的整合等目标。全域智慧旅游建设顶层设计的主要内涵是：一是顶层决定性，顶层设计是自上而下展开的设计方法，核心理念与目标都源自顶层，顶层决定底层，高端决定低端；二是规范统一性，做到系统各部分理念统一、目标统一、标准统一，确保系统各部分建设遵循统一的管理和技术标准；三是整体关联性，顶层设计强调设计对象内部要素之间围绕核心理念和顶层目标所形成的关联、匹配与有机衔接，实现系统各部分互联互通、功能协调、资源共享；四是实践可行性，顶层设计就是工程实现，要以顶层设计促进规划的实施。

（三）顶层设计的导向

通过归纳各领域顶层设计的方法论、各类机构的智慧旅游顶层设计研究成果以及重庆市在信息化基础设施建设方面的特点，智慧旅游的顶层设计的导向应包括目标性、系统性、针对性、融合性、适应性、评价性、约束性。

（四）顶层设计的总体架构

重庆市全域智慧旅游建设主要围绕政府、游客及市民、相关企业三大主体的需求，目标是让管理更高效、居民旅游更便捷、相关企业发展更健康，最终使环境更优化。因此，重庆市全域智慧旅游建设的顶层设计应该：一是以服务对象为中心，主要围绕旅游管理部门、游客及居民、相关企业等主体；二是以智慧旅游发展为目标，如创新、绿色、幸福、和谐等；三是基于多层结构，包括网络、数据、应用、呈现等层面；四是强调系统融合和信息资源汇聚共享；五是注重以重庆市全域智慧旅游建设促进相关智慧产业和旅游产业发展。

基于以上考虑和要求，参照国际通行的信息系统顶层设计方法，借鉴国内外研究机构在智慧旅游顶层设计方面的成果，结合智慧重庆建设的实际情况，形成重庆特色的全域智慧旅游顶层设计总体架构。

重庆全域智慧旅游的总体架构为"1+4"五大体系，即一个综合应用体系加上组织领导、标准及评估、信息共享和安全保障等4个支撑体系。

1. 综合应用体系是重庆智慧旅游顶层架构的核心

重庆市全域智慧旅游运营管理中心。常态和应急状态下旅游综合运行状态的全方位、多维度呈现；旅游突发事件的协同、联动化处理、一体化指挥调度，全面提升重庆旅游的综合运营、管理、服务的水平；重庆旅游信息资源有序开放、深度开发、应用创新；基于大数据分析的科学决策、趋势预测和政策制定。

基础设施层。该层主要体现云计算的基础设施，即服务（IaaS）理念，通过各类数据采集和感知技术，如服务器、网络、存储以及条形码、RFID、传感器等，实现数据的采集存储，为整个全域智慧旅游应用体系提供最基础的数据支撑。全域智慧旅游云服务平台的基础设施层是海量旅游资源虚拟化成为资源池的重要基础。

数据层。该层对全域智慧旅游的基础数据、业务数据、决策数据等进行集中管理和统一组织部署，为平台应用层提供高效规范的服务，实现数据的充分共享，是整个全域智慧旅游云服务平台的数据基础。

平台层。该层是云服务处理的关键，通过对核心数据层的调用访问数据，从而实现不同的功能模块，满足政府旅游管理部门、旅游企业、其他参与部门以及旅游者或者居民不同的应用需要；所有功能在统一的平台上得到良好的结合和管理，构成前端游客智能服务子平台、管理子平台、企业研发营销子平台等模块，为政府、旅游相关企业、旅游工作人员以及旅游者提供信息平台的服务，为旅游中的移动终端用户提供多种旅游目的地信息自助服务，为不在旅游中的 PC 终端用户提供各种旅游相关信息服务。

应用层。该层是云服务的关键部分，一方面，只有通过云应用对外提供服务才能体现云平台集约化的云计算和云管理价值。另一方面，云应用服务也是云计算平台对智慧旅游的最直接支撑和体验，是引导云计算深入、持久建设和运营的基础。云应用中心则是"平台即服务（PaaS）"和"软件即服务（SaaS）"的集中体现。

云应用层是多种界面模式，完整实现对业务的具体应用，主要有公有云、私有云、混合云、政务云、社区云等内容，提供 LBS 定位服务、应急处理服务、旅游企业信息发布共享、在线预订服务、旅游者信息共享服务、语音导游导览等智慧旅游相关领域的应用。其中，公有云为旅游者及其他社会公众提供全方位的旅游信息，如行程规划、旅游者信息交流共享、电子支付、云呼叫等服务；政务云为政府旅游管理部门提供精准的旅游业相关数据；企业云为旅游企业以及其他旅游服务提供包括管理、营销、客户关系管理、产品设计与订购等服务。

综合应用体系的特点：一是基于多层结构实现纵向信息系统的横向整合；二是基于物联互联和数据分析促进精细化、透明化管理；三是基于以服务主体为中心的理念推进流程创新。

2. 组织领导体系是重庆智慧旅游建设的关键

组织领导体系包括组织协调、实施推进、专家咨询体系。在组织协调体系方面，应成立由市旅游局领导及有关部门主要领导参与的智慧旅游建设领导小组并下设办公室。各区县也应建立相应的领导小组和工作协调推进机构，同时建立涵盖相关区县的全域智慧旅游绩效评估和分工考核体系。

3. 标准及评估体系是重庆智慧旅游建设的保障

标准及评估体系包括总体标准、基础设施标准、应用标准、公共平台标准、支撑技术标准、安全标准等。

这两大体系数据处理和运维标准要与重庆智慧城市标准一致，考虑企业和地方原有信息化建设的水平，当前示范全域智慧旅游目的地的建设能力，重庆全域智慧旅游的推广，技术上要有一定的超前性。

4. 信息共享体系是重庆智慧旅游建设的主线

信息共享体系是智慧旅游建设的主线。在市级旅游信息资源体系数据的采集方面，分为两种方式：一是重庆市相关部门交换，原有旅游相关企事业单位数据交换；二是自建自采，在智慧旅游建设过程中，在广泛征集各企事业部门业务需求的基础上，梳理数据源，推进共享交换，逐步实现基础信息资源的大集中。

5. 安全保障体系是重庆智慧旅游建设的基础

安全体系包括安全基础设施、安全技术保障体系、安全组织管理体系及安全运维体系等。

在全市网络与信息安全的总体架构下，智慧旅游将遵循贯彻落实国家信息安全等级保护制度要求，从组织、管理、技术与运维等多方面入手，提升基础信息网络和核心信息系统的安全可控水平，保障核心信息资源的安全，形成可靠、完善的信息安全保障体系。具体措施：一是加强信息安全管理。做到从智慧旅游业务系统设计和建设实施，到后期运维各个环节，充分保障智慧旅游建设的信息安全，形成一个智慧城市建设安全保障的完整闭环。二是加快推进安全保障应急机制建设，实现安全监测预警平台的实际应用，强化安全检查、风险评估、网络信任体系和容灾备份体系建设等工作。三是积极引导培育信息安全产业的发展，并大力加强智慧旅游安全防范的宣传和人才培养。

四、结　论

本文在当前智慧旅游建设的背景下，构建了重庆市智慧旅游顶层设计框架体系，该体系充分考虑了信息技术结果的影响，对当前重庆市智慧旅游建设提供了参考。

参考文献

[1] 　叶铁伟. 智慧旅游：旅游业的第二次革命（上）[J]. 中国旅游报，2011（11）：1-2.

[2] 　张凌云，刘敏. 智慧旅游的基本概念与理论体系[J]. 旅游学刊，2012（5）：66-73.

[3] 　谢坚. "智慧旅游"建设浅析[J]. 信息系统工程，2012（6）：96-98.

[4] 　刘军林，范云峰. 智慧旅游的构成价值与发展趋势[J]. 重庆社会科学，2011（10）：121-124.

作者简介

孙峰（1979— ），男，安徽阜南人，博士研究生，主要从事生态旅游、高校教学的研究。

大学生情绪管理能力现状及影响因素研究

王飞飞

摘　要：对 1 000 名大学生用情绪管理量表进行测试，结果表明：普通大学学生的理智调控情绪能力和寻求外界帮助能力优于重点大学学生；文科大学生寻求外界帮助的能力强于理工科大学生；女生的理智控制能力和寻求外界帮助的能力高于男生；大学生在情绪管理总分和理智调控情绪能力上都随年级呈现先升后降的趋势；活动与爱好、社会支持、生理因素、性格因素和知识背景等因素对大学生情绪管理能力存在影响。

关键词：大学生；情绪管理能力；现状；影响因素

一、引　言

　　情绪是个体行为的重要驱动力，影响着人们认知活动的方向、行为的选择、人格的形成以及人际关系的处理[1]。大学生正处于由青年期向成年期转变的关键期，面临专业知识的储备、智力潜能的开发、个性品质的优化、职业的选择与规划等一系列需要解决的人生课题。同时，大学生是社会生活中最敏感的群体，时代的变迁在他们心灵中引起的激荡最为明显和强烈，各种文化思潮的冲击，多种价值观念的冲突，使大学生的过高需求与适时满足之间相对不足，紧张的心理压力与排遣能力之间相对不足，集中的心理刺激与转移空间之间相对不足，从而导致在处理学习、社交、爱情、择业、挫折等问题时，常常会出现内心的冲突，带来烦恼、焦虑、苦闷等消极的情绪体验，容易陷入情绪困扰，这一特点必然会影响到大学生的学习、生活等各个方面，长期持续的不良情绪还会危害大学生的身心健康。本研究着重考查大学生情绪管理能力的现状及存在的问题，并对其影响因素进行了进一步的分析，提出一定的教育干预建议。

二、研究方法

（一）被　试

　　以重庆市的西南大学、重庆大学、重庆工商大学、重庆师范大学的 1 000 名大学生为被试（前两所为重点大学，后两所为普通大学），共回收有效问卷 926 份。其中重点大学学生 504 人，普通大学学生 422 人；男生 360 人，女生 566 人；一年级 326 人，二年级 235 人，三年级 217 人，四年级 148 人；文科 428 人，理工科 498 人；城市生源 443 人，农村生源 483 人。

（二）工　具

　　采用自编大学生情绪管理能力正式问卷测查大学生的情绪管理能力。问卷的初始卷有 103 道题，经过题项筛选、因素抽取和维度命名后，形成包含理智调控情绪能力、控制消极发泄能力、寻求外界支持能力、控制消极暗示能力和积极补救能力五个维度的正式问卷，共 38 个题项。信度分析结果表明，大学生情绪管理能力正式问卷的同质性信度为 0.827 6，分半信度为 0.668 3，这表明本大学生情绪管理能力问卷和维度模型比较稳定和可靠。测试时采用班级课堂团体施测，以保证被试回答时尽量少受干扰，没有给出标题以减少社会赞许效应。大学生情绪管理能力正式问卷每个题项采用五级评分法，正向题"完全不符合"1 分，"比较不符合"2 分，"不确定"3 分，"比较符合"4 分，"完全符合"5 分；负向题"完全不符合"5 分，"比较不符合"4 分，"不确定"3 分，"比较符合"2 分，"完全符合"1 分。每个维度均分越高表明该维度的情绪管理能力越强。

（三）统计工具

用 Spss 13.0 for Windows 对数据进行统计和分析。

三、结　果

（一）大学生情绪管理能力状况

1. 大学生情绪管理能力的一般状况

结果显示，大学生情绪管理能力的五个维度均分为 3.547 7，在"控制消极发泄能力"这个维度上的得分最高，题项均分 3.615 2，方差 4.742 84；在积极补救能力这个维度上的得分最低，题项均分 3.093 3，方差 4.321 32。五个维度题项均分的大小顺序依次为控制消极发泄能力、理智调控情绪能力、寻求外界支持能力、控制消极暗示能力、积极补救能力（见表 1）。

表 1　大学生情绪管理能力的平均分和标准差

项　目	理智调控能力	控制消极发泄能力	寻求外界支持能力	控制消极暗示能力	积极补救能力	总问卷
SD	4.742 84	6.969 95	3.520 05	4.666 46	4.321 32	15.244 67
Mean	3.615 2	3.984 7	3.348 2	3.280 3	3.093 3	3.547 7

2. 大学的情绪管理能力的学校差异（见表 2）

表 2　大学生情绪管理能力学校差异

项　目	学校	Mean	Std. Deviation	Sig.
理智调控情绪能力	重点大学	28.351 5	4.869 03	0.000
	普通大学	29.636 6	4.485 52	
控制消极发泄能力	重点大学	47.707 9	6.901 21	0.638
	普通大学	47.953 4	7.063 64	
寻求外界支持能力	重点大学	16.314 4	3.609 70	0.000
	普通大学	17.276 4	3.333 21	
控制消极暗示能力	重点大学	19.376 2	4.763 07	0.048
	普通大学	20.065 2	4.520 51	
积极补救能力	重点大学	21.405 9	4.324 16	0.085
	普通大学	21.962 7	4.304 44	
总问卷	重点大学	133.155 9	15.488 98	0.001
	普通大学	136.894 4	14.693 38	

从表 2 中可以看到，普通大学学生情绪管理能力高于重点大学学生，水平显著（$P=0.001$），其中在理智调控和寻求社会支持两方面的差异显著（$P=0.000<0.001$），在控制消极发泄、控制消极暗示以及积极补救这三方面的差异不存在显著差异（$P=0.638$，$P=0.048$，$P=0.085$，$P>0.01$）。

3. 大学生情绪管理能力的专业差异（见表 3）

从表 3 可知，文科和理工科的大学生在情绪管理能力上整体无显著差异，但文科大学生寻求外界帮助方面的能力显著强于理工科大学生（$P=0.007<0.01$）。

表3　大学生情绪管理能力在专业上的差异比较

项　目	专业	Mean	Std. Deviation	F	Sig.
理智调控情绪能力	文科	29.138 0	4.514 86	2.103	0.123
	理工科	28.716 1	4.908 46		
控制消极发泄能力	文科	47.156 4	7.332 34	2.875	0.057
	理工科	48.339 2	6.633 48		
寻求外界支持能力	文科	17.187 1	3.489 58	5.019	0.007*
	理工科	16.369 3	3.507 71		
控制消极暗示能力	文科	19.705 5	4.773 56	0.259	0.772
	理工科	19.650 8	4.586 82		
积极补救能力	文科	21.757 7	4.378 22	0.191	0.826
	理工科	21.570 4	4.283 27		
总问卷	文科	134.944 8	15.207 99	0.675	0.510
	理工科	134.645 7	15.278 36		

4. 大学生情绪管理能力的性别差异（见表4）

由表4可知，大学男女生在总体情绪管理能力上存在显著差异，女生优于男生（$P=0.002<0.01$），表现为女生在理智控制能力和寻求外界帮助能力上要显著高于男生（$P=0.005$，$P=0.000$，$P<0.01$）。女生在控制消极发泄和积极补救这两方面的能力上虽略高于男生，但不具备显著差异（$P=0.058$，$P=0.444>0.05$）；在控制消极暗示能力上男生要优于女生，但也不显著（$P=0.141>0.05$）。

表4　大学生情绪管理能力的性别差异比较

项　目	性别	Mean	SD	F	Sig.
理智调控情绪能力	男	28.253 8	4.915 21	8.105	0.005
	女	29.294 0	4.607 32		
控制消极发泄能力	男	47.161 5	7.291 30	3.593	0.058
	女	48.182 4	6.764 47		
寻求外界支持能力	男	15.569 2	3.402 11	47.786	0.000
	女	17.394 8	3.417 02		
控制消极暗示能力	男	20.023 1	4.608 98	2.170	0.141
	女	19.491 4	4.692 36		
积极补救能力	男	21.488 5	4.324 20	0.586	0.444
	女	21.744 6	4.321 64		
总问卷	男	132.496 2	15.521 69	9.474	0.002
	女	136.107 3	14.948 99		

5. 大学生情绪管理能力的年级差异

大学生在理智调控能力和控制消极发泄能力两个维度上存在显著的年级差异（$P=0.001$，$P=0.000$，$P<0.01$）。在理智调控情绪能力上呈现先升高后降低的趋势，表现为二年级>一年级>三年级>四年级，在控制消极发泄能力上呈现逐渐下降的趋势，表现为一年级>二年级>三年级>四年级。各维度的年级趋势如图1所示。

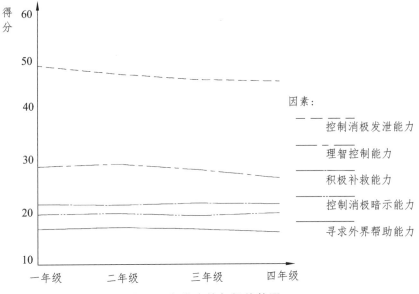

图1 各维度的年级趋势图

（二）大学生情绪管理能力的影响因素分析

用相关分析的方法分析生理因素、知识背景、性格因素、活动与爱好以及社会支持等方面对大学生情绪管理能力的影响，发现生理因素、性格因素、活动与爱好、社会支持都与大学生的情绪管理能力显著相关（$P=0.000$）；知识背景与大学生的情绪管理能力整体不相关（$P=0.033$），但与控制消极发泄能力分维度显著相关（$P=0.004<0.01$），如表5所示。

表5 影响因素对问卷各维度及总分的整体影响

	项目	理智调控情绪能力	控制消极发泄能力	寻求外界支持能力	控制消极暗示能力	积极补救能力	总问卷
生理因素	Pearson Correlation	0.198（**）	0.113（**）	0.087（*）	0.090（*）	0.082（*）	0.184（**）
	Sig0.（2-tailed）	0.000	0.002	0.019	0.016	0.027	0.000
知识背景	Pearson Correlation	－0.051	－0.107（**）	－0.010	0.013	0.026	－0.056
	Sig0.（2-tailed）	0.170	0.004	0.795	0.719	0.490	0.133
性格因素	Pearson Correlation	－0.201（**）	－0.033	－0.178（**）	－0.203（**）	－0.096（**）	－0.208（**）
	Sig0.（2-tailed）	0.000	0.380	0.000	0.000	0.010	0.000
活动与爱好	Pearson Correlation	0.331（**）	0.062	0.165（**）	0.198（**）	0.253（**）	0.302（**）
	Sig0.（2-tailed）	0.000	0.095	0.000	0.000	0.000	0.000
社会支持	Pearson Correlation	0.211（**）	0.095（*）	0.178（**）	0.224（**）	0.158（**）	0.263（**）
	Sig0.（2-tailed）	0.000	0.011	0.000	0.000	0.000	0.000

四、分析与讨论

（一）大学生情绪管理能力的总体特征

本研究发现，大学生情绪管理的 5 个维度题项均分在 3.093 3 ~ 3.984 7 之间，总问卷的题项均分是 3.547 7，呈现一种正向趋势，这表明大学生随着认知水平的提高，在多数情况下能够理智地调控情绪，控制肆意发泄各类消极情绪的念头。这与张进辅（2004）、苏世将（2009）的情绪智力研究结论一致：大学生的情绪智力总体上表现出积极的趋势，但其结构内部的发展不平衡[2]；大学生的一般学业情绪以正性情绪体验为主。

大学生在"控制消极发泄能力"这个维度上的题项均分最高，在积极补救能力这个维度上的题项均分最低，各维度平均值的大小顺序依次为：控制消极发泄能力>理智调控情绪能力>寻求外界支持能力>控制消极暗示能力>积极补救能力。这表明大学生在遇到引发不适情绪的情境或者事件的时候，能够采取理智的方式控制消极发泄的念头，能够一定程度上做出努力，寻求外界支持，但是比较容易受消极的心理暗示，在采取行动积极补救不良事态方面的能力还不够，有待进一步提高。

（二）大学生情绪管理能力的学校差异

研究结果显示，重点大学和普通大学的学生在情绪管理方面存在差异，普通大学的学生情绪管理能力总分高于重点大学学生，并且水平显著，具体表现为在理智调控和寻求外界支持两方面的差异显著，控制消极发泄、控制消极暗示以及积极补救这三方面的能力不存在显著差异。重点大学的学生在基础教育阶段以及高中教育阶段投入了相对更多的时间和精力在学习上，同伴交往时间以及活动参与时间相对较少，因此社会支持系统较弱，寻求外界帮助的能力较为欠缺。另一方面，重点大学学生由于相对优越的学习环境，身边的同伴普遍成就动机较强，自我期望及外界期望较高，致使他们承受着比普通大学学生更大的压力，因此出现情绪波动时理智调控能力弱。

（三）大学生情绪管理能力的专业特征

研究结果表明，大学生的情绪管理整体能力无专业方面的显著差异，但在寻求外界帮助维度的能力上，文科大学生显著强于理工科大学生。人文社科专业的大学生信息量相对较高，易在群体中获得关注，同时他们的社会活动范围较广，具有建立较好社会支持系统的优势，故一旦个体产生情绪困扰，便会向社会支持系统求助，或者得到来自社会支持系统主动产生的帮助。相对而言，理工科的大学生平时课程任务较重，交际面较窄，社会支持系统相对较差，因此导致他们寻求外界支持的能力相对较差。

（四）大学生情绪管理能力的性别特征

本研究发现，大学里男生和女生在总体情绪管理能力上存在差异，这与王怀勇等的研究基本一致：对情绪智力进行性别检验，发现在情绪智力的各个维度中，性别差异存在不同[3]。同时研究表明，女生情绪管理能力要优于男生，且水平显著，具体表现在女生的理智控制能力和寻求外界帮助能力要显著高于男生。女生在控制消极发泄和积极补救能力上虽略高于男生，但不具备显著差异；在控制消极暗示能力上男生要优于女生，但不显著。这表明，大学生虽然已经具有了一定的自我控制和调节的能力，但是另一方面又容易产生冲动性的行为，尤其是男生。王大华等人研究发现，荷尔蒙是影响机体对外界产生攻击性和控制欲的一个重要维度，女性的荷尔蒙分泌量没有男性高，因此男生在行为控制方面没有女生易控制自己的行为。除男女两性在防御机制上的生理差异外，这种差异与中国传统文化的影响也有关。在传统中国文化中，男性被赋为强者角色，女性常常被赋予弱者角色，因此当遇到情绪不适时，男性一般较少去寻求外界帮助，而女性则无须像男生一样掩饰自己的情绪，她们多会向同伴或者亲人倾诉，以期获得帮助[4]。

（五）大学生情绪管理能力的年级特征

大学生在情绪管理总分以及理智调控控制、消极发泄两个维度上存在显著的年级差异。随着年级的增加，在情绪管理总分上呈现先上升后下降的趋势，在理智调控情绪能力上也呈现先升高后降低的趋势，在控制消极发泄能力上呈现逐渐下降的趋势。

进一步多重均数比较发现，在理智调控情绪能力上，四年级和一、二年级有显著差异，表现为二年级＞一年级＞四年级。可见随着年级的增加，大学生的理智调控情绪能力呈倒"V"形式，在二年级出现拐点，这与苏世将等（2009）的研究一致：不同年级在气愤等情绪上的得分有显著的差异，二年级学生的各种正性情绪得分要低于一、三年级，负性情绪得分要高于一、三年级[5]。结合已有研究来看，大学生在刚进大学时，由于知识储备的欠缺，加之年龄普遍偏低，在理智调控自己情绪的能力上有所不足；进入大学中期后，大学生的理性随着认知和阅历的增加有所增加；到大学末期，由于正反各类信息的不断充斥，以及自身的各种经历，反而比较放任自己的情绪。在控制消极发泄能力上，一年级和三、四年级之间存在显著差异，逐渐降低，表现为一年级＞三年级＞四年级。杨静[6]（2005）研究也发现，在行为控制能力上，一年级分别与三、四年级差异显著，表现为一年级＞三年级＞四年级，与本研究一致。高年级的学生比低年级的学生面临更多的现实问题，比如就业压力、情感困扰、前途问题等，同时他们也更多地得到来自社会上一些负面事件的影响，因此他们很容易受到这些事情的感染，在处理一些事情时，不能很好地控制肆意发泄不良情绪的冲动。张建卫（2003）研究发现，各个年级的应对方式有不同的特点，一年级的学生比高年级的学生更多地会主动面对和解决情绪问题，高年级的学生则大多采用逃避或者消极发泄的方式[7]。

（六）大学生情绪管理能力的影响因素

本研究显示，活动与爱好、社会支持这两方面的因素对大学生情绪管理能力存在及其显著的影响，这与其他心理学工作者的发现相印证。如 West、矫洪申（2010）等人的研究发现，非洲舞蹈和哈萨瑜伽能减少大学生的知觉压力和负性情感[8]；练太极拳的大学生表现出较高的心理健康水平，且练习太极拳年限越长，心理健康水平越高[9]；有氧运动能够明显降低大学生抑郁的发生率[10]。还有研究结果表明，友伴的实质性支持、情绪情感支持能影响大学生的抑郁情绪，且有一定的负向预测作用[11]。李慧民运用社会支持评定问卷（SSRS）、症状自评问卷（SCL-90）和艾森克人格问卷（EPQ）对河南省 3 所高校 6 种专业的 1 128 名在校大学生进行抽样调查，也发现社会支持对大学生心理健康和人格发展有积极影响[12]。

生理因素、性格因素也是大学生情绪管理能力的重要影响因素，良好的健康状况为积极的情绪提供了优质的生理平台，能提高自我效能感，减少了消极情绪倾向[13]。当遭遇到情绪困扰时，乐观外向的大学生倾向于不受消极的心理暗示，把事态朝积极方面预期，并且主动地向社会支持系统寻求帮助，努力实施补救行动，解决困扰情绪的事件源，从而重新获得正面且强度适中的情绪。

知识背景只对情绪管理能力中的控制消极发泄能力有影响，广博的知识储备，精深的专业造诣，一方面使大学生知书达理，控制和打消肆意发泄消极情绪的念头，另一方面知识背景广阔的大学生有更多的关注焦点，可以把注意力从消极的情绪上转移到其他事件上去。

五、结 论

（1）大学生的情绪智力总体上表现出正向的趋势，但发展呈现不平衡状态，各维度得分的顺序为：控制消极发泄能力＞理智调控情绪能力＞寻求外界支持能力＞控制消极暗示能力＞积极补救能力。

（2）普通大学和重点大学的大学生在理智调控和寻求外界支持两方面的能力上存在显著差异，前者优于后者。文科大学生寻求外界帮助的能力显著强于理工科大学生。女生的理智控制能力和寻求外界帮助能力要显著高于男生。

大学生在情绪管理总分以及理智调控控制、消极发泄两个因素上存在显著的年级差异。大学生在情绪管理总分和理智调控情绪能力上都呈现先上升后下降的趋势，表现为二年级＞一年级＞三年级＞四年级；在控制消极发泄能力上呈现逐渐下降的趋势，表现为一年级＞二年级＞三年级＞四年级。

（3）活动与爱好、社会支持对大学生情绪管理能力存在极其显著的影响。生理因素、性格因素和知识背景对大学生情绪管理能力也有影响。

六、教育干预建议

基于本研究的结果，对于大学生的情绪管理能力提出以下教育干预建议：

（1）大学二年级是进行情绪管理能力干预的关键期。从大学生情绪管理能力各维度和总分的年级变化趋势图来看，大学二年级是大学生情绪管理能力发展的转折期，可塑性较强。在此阶段对大学生情绪管理能力进行干预，必将受到良好的效果。干预方式可采取个别咨询、团体辅导、心理教育、心理预防以及各类方式相结合的方法[14]。

（2）应加强对理工科专业大学生情绪管理能力的辅导。要重点提高他们的人文修养素质，鼓励他们增长眼界，开阔心胸，教给他们遭遇情绪不适时寻求外界帮助的技能，以及理智地对消极情绪进行调控和升华的技巧，不要过度地压抑情绪，也不能任由情绪肆意发泄，从而提高他们的情绪管理能力。

（3）要重视对男大学生的情绪管理能力的培训。在对男大学生进行情绪管理能力辅导的时候，要重点加强他们的理智控制能力和寻求外界帮助能力。

（4）鼓励大学生积极参与各种有意义的活动，多进行同伴交往，建立良好的社会支持系统。同时还要开设相关心理辅导课程，教给大学生应对各类情绪不适的方法与技巧[15]。

参考文献

［1］　乔建中. 情绪研究：理论与方法[M]. 南京：南京师范大学出版社，2003：5-10.

［2］　张进辅，徐小燕. 大学生情绪智力特征的研究[J]. 心理科学，2004（2）：293-296.

［3］　王怀勇，张娜，刘永芳. 大学生职业决策自我效能感及其与情绪智力之间的关系[J]. 心理研究，2010（3）：68-72.

［4］　王大华，申继亮，Alexandra B. 防御机制的年龄性别和文化差异[J]. 心理科学，1998，21（2）：131-135.

［5］　苏世将，马惠霞. 大学生的一般学业情绪现状及其与大学适应的关系研究[J]. 中国健康心理学杂志，2009（17）：591-593.

［6］　杨静. 大学生应对能力文卷的编制与实测[D]. 重庆：西南大学，2005.

［7］　张建卫，刘玉新，金盛华. 大学生压力与应对方式特点的实证研究[J]. 北京理工大学学报(社会科学版)，2003，5（1）：7-1.

［8］　West J，Otte C，Grher K，et al. Effects of Hatha yoga and African dance on perceived stress，affect，salivery cortisol[J]. Ann Behav Med，2004，28（2）：114-118.

［9］　邓永明. 太极拳运动对大学生心理健康影响作用的研究[J]. 现代康复，2001，5（10）：134.

［10］　矫洪申. 有氧运动干预对师范类大学生抑郁情绪的影[J]. 中国健康心理学杂志，2010(8)：939-941.

［11］　范兴华，贺春生. 友伴支持对大学生抑郁情绪的影响[J]. 湘潭师范学院学报，2004（2）：131-133.

［12］　李慧民. 社会支持与大学生心理健康及人格特征的关系[J]. 中国学校卫生，2004，25（3）：263-264.

［13］　Bandura A. Self-efficacy mechanism in physiological activation and health-promoting behavior[J]. Neurobiology of learning，emotion and affect. New York：Raven，1991：229-270.

［14］　Walden T A，Smith M C.Emotion regulation[J]. Motivation and emotion，1997（21）：7-22.

［15］　魏源. 大学生学习自我效能感的测量与干预研究[J]. 心理科学，2004，27（4）：905-908.

作者简介

王飞飞（1982.10—），女，湖北钟祥人，博士；主要研究方向为教育心理、服务心理等。

当代大学生积极品质现状研究

——基于广东、河南、重庆三省的数据分析

王飞飞

摘　要： 调查华东、华中、华西的广东、河南、重庆三省市共1500名大学生的积极品质现状，结果发现：三地大学生积极品质的实然状态与应然状态相比存在滞后性差距，许多大学生认为非常重要的积极品质符合程度不高；大学生积极品质不存在性别、专业和城乡生源地差异；积极品质在德行与合作、开朗与智慧、坚毅与勇气三个维度上存在地域差异；大学生积极品质存在年级差异，随着年级的递增总体呈现先降后升的趋势，在二年级到达最低点。

关键词： 大学生；积极品质；现状；对比

积极心理学（positive psychology）是研究人类力量和美德等积极方面的心理学思潮，其概念由美国心理学家 Seligman 于1997年首先提出，随后，全世界越来越多的心理学家涉足该领域，逐渐形成了一场积极心理学运动。传统心理学着重关注人的弱点，主要针对问题式、病理式的心理疾病，致力于修复；积极心理学关注人的优势，致力于研究普通人的活力与美德，倡导用积极的方式解读各种心理现象和心理问题，激发个体自身所固有的某些实际的或潜在的积极正能量，强调生长。积极品质即指个体在先天潜能和环境教育交互作用的基础上形成的相对稳定的正向心理特质，这些心理特质影响或决定着个体思想、情感和行为方式的积极取向，继而为个体拥有幸福有成的人生奠定基础（孟万金，2008）。

大学是科技第一生产力和人力资源库的重要结合点，人才培养在创新驱动发展的世界格局下是我国当前战略发展的核心。将视域从解决心理问题层面提升到培养积极品质、帮助高素质人才自我实现和提升其幸福感的层面，能克服"头痛医头，脚痛医脚"的传统心理健康教育弊端，达到教育的本质目的——促进学生全面和谐发展。

本研究以大学生积极品质为切入点，取样华东、华中、华西的广东、河南、重庆三省市，对比分析大学生积极品质的现状及存在的问题，并提出一定的教育干预建议，具有一定的现实意义。

一、当代大学生积极品质现状研究的基本方法

以华东、华中、华西的广东、河南、重庆三地各500人共1500名大学生为调查对象，通过问卷调查法，回收问卷1469份，剔除无效问卷，共得到正式问卷1458份，有效率97.2%。

调查采用自编的《当代大学生主要积极品质评价问卷调查表》为测查工具。问卷是根据 Seligman（2002）积极品质维度结构的理论构想，在《大学生主要积极品质评价问卷调查表》（李自维，王飞飞，2009）的基础上进行修订，用 SPSS 软件进行因子分析、题项筛选、因素抽取和维度命名后，形成最终的正式问卷。正式问卷的同质性信度为0.966，分半信度为0.915，各因子之间的相关系数绝对值在0.591~0.823之间，问卷和维度模型比较稳定和可信，结构效度较好。测试采用班级课堂团体施测，以保证被试回答时尽量少受干扰。

对所收集到的数据统一采用 IBM SPSS Statistics 19.0 统计软件进行处理。

二、当代大学生积极品质现状调查的结果与讨论

（一）应然层面：大学生对积极品质重要性的评价

《当代大学生主要积极品质评价问卷调查表》第一部分是"大学生积极品质重要性评价表"。对广东、

河南、重庆三地大学生5个维度59种积极品质的重要性进行五级评价，"根本不重要"1分，"比较不重要"2分，"不确定"3分，"比较重要"4分，"非常重要"5分，每个维度均分越高表明该维度的积极品质重要性越高。

1. 大学生积极品质重要性评价的总体特点

大学生积极品质重要性自评的平均分和标准差数据结果显示，大多数的品质得到大学生的认可，被同学们评价为"非常重要"和"比较重要"，只有少数品质没有得到大学生的认可，被评价为"比较不重要"或"根本不重要"，重要性评价的均分为 4.279 8，大学生积极品质应然情况的整体趋势呈正向性。大学生在"坚毅与勇气"这个维度重要性上的题项均分为4.420 5（最高），这表明青年大学生看重勇气，看重能力和素质；大学生在"智能与知识"这个维度重要性上的题项均分为 4.194 1（最低），这表明当前大学生的价值观取向中，虽重视智能知识，但更注重情商。五个维度的均分为 4.279 8，平均值的大小顺序依次为：坚毅与勇气>德行与合作>自我管理与进取>开朗与智慧>智能与知识，此即为应然状态下大学生对各维度积极品质重视程度的顺序。

对重庆、广东、河南三地大学生积极品质的重要性评价进行比较，结果显示五个分维度及总分都存在组间差异。进一步进行多重均数比较，结果显示：在三地大学生对积极品质重要性评价的总分上，重庆与广东和河南均有差异，且比较显著（$P=0.000<0.001$），但是广东与河南之间的差异不显著（$P=0.125>0.05$）；在重要性的五个分维度上，重庆大学生与广东、河南两地的大学生均具有显著差异，但是广东和河南两地仅在坚毅与勇气维度上存在差异（$P=0.02<0.05$）。

2. 重庆、广东、河南三地大学生积极品质重要性的综合分析

从以上结果可知，当代大学生对于自身该具备怎样的积极品质是比较明确的，整体趋势呈正向性，这与曾秀兰（2008）的研究结果一致：通过调查可看出，在大学生心态的认知态度方面，主流是积极的，大多数学生在认识自己、他人及周围事物时，能看到其长处，能在不利的处境中看到有利的一面，但仍然有待于引导。

三地大学生认为最重要的积极品质分别是社交智力（广东）、责任心（河南）、诚信（重庆），三地大学生认为重要性最低的积极品质均为天赋，这表明三地大学生都不太看重天赋，比较看重后天的努力与奋斗。

进一步深入研究三地大学生积极品质重要性的特点发现，三地大学生对积极品质的重要性认识存在一定的交集。重庆、广东、河南三地大学生均认为重要性排名前十的积极品质为自制力、真诚；重庆、广东两地大学生均认为重要性排名前十的积极品质为情绪调控力、社交智力；重庆、河南两地大学生均认为重要性排名前十的积极品质为诚信、毅力、努力。重庆、广东、河南三地大学生均认为重要性排名后十的积极品质为慷慨、灵性、幽默与风趣、威信、智慧、天赋；重庆、广东两地大学生均认为重要性排名后十的积极品质为好奇心；重庆、河南两地大学生均认为重要性排名后十的积极品质为节俭、感受力。

（二）实然层面：大学生积极品质现状的自我评价

《当代大学生主要积极品质问卷调查表》第二部分是"当代大学生主要积极品质自我评价量表"，问卷每个题项采用五级评分法，"完全不符合"1分，"比较不符合"2分，"不确定"3分，"比较符合"4分，"完全符合"5分，每个维度均分越高表明该维度的积极品质符合程度越高。

1. 大学生积极品质自评的总体特点

大学生积极品质自我评价的平均分和标准差数据结果显示，大学生对于自身积极品质的自评总分均分为 3.970 3，即大学生积极品质实然情况的整体趋势呈正向性。大学生在控制"德行与合作自评"维度上的题项均分为 4.113 5（最高），这表明青年大学生认可自己的淳朴善良和关爱他人，具备与人合作的许多优点；大学生在"智能与知识"维度上的题项均分为 3.839 5（最低），这表明大学生认为自己在智能与知识方面的积累还比较欠缺，需要进一步充实自我。大学生积极品质自身评价各维度平均值的大小顺序依次为：德行与合作>坚毅与勇气>开朗与智慧>自我管理与进取>智能与知识。从以上大学生积极品质自我评价的特点中可以明显看出，大学生的自我评价比较中肯，他们既肯定了自己的友好、合作、勇气等方面，同时也清醒地认识到自身在知识积累方面所存在的问题。

2. 重庆、广东、河南三地大学生积极品质自评的综合分析

从广东、重庆、河南三地大学生积极品质自评结果可知，三地大学生符合程度最高的积极品质分别是正义（广东）、真诚（河南）、自尊（重庆），三地大学生符合程度最低的积极品质均为威信，这表明三地大学生虽然在最突出的积极品质上存在差异，但是都不约而同地认为作为青年大学生，目前资历尚浅，还不具备威信，尚待进一步的努力。

进一步深入研究三地大学生积极品质符合程度的特点发现，三地大学生对积极品质的自评也存在一定的交集。重庆、广东、河南三地大学生均认为符合程度排名前十的积极品质为诚信、正义；重庆、广东两地大学生均认为符合程度排名前十的积极品质为责任心、感恩；重庆、河南两地大学生均认为符合程度排名前十的积极品质为宽容、通情达理。重庆、广东、河南三地大学生均认为符合程度排名后十的积极品质为严谨、执行力、威信、天赋、社交智力；重庆、广东两地大学生均认为符合程度排名后十的积极品质为创造力；重庆、河南两地大学生均认为符合程度排名后十的积极品质为节俭、感受力；广东、河南两地大学生均认为符合程度排名后十的积极品质为判断力、情绪调控力。

（三）对比分析：实然状态相对于应然状态存在滞后性差距

总体而言，当代大学生对于自身应该具备怎样的积极品质（即应然状态）与自身实际具备什么样的积极品质（即实然状态）都是呈正向趋势的，但是每项积极品质的符合程度评价与重要性评价得分相比都有所下降，且差异极其显著（$P=0.000$）（见表1），这说明大学生积极品质的实际现状与应有状态相比，还存在显著的滞后性差距。通过大学生对积极品质重要性评价、自我评价的微观比较，可得出大学生积极品质的应然与实然的对比分析结果，如表2所示。

表1　积极品质各维度及总分自评与重要性的对比分析

项目		Std. Error Mean	95% Confidence Interval of the Difference		t	Sig. （2-tailed）
			Lower	Upper		
Pair 1	德行与合作重要性——德行与合作自评	0.016 11	0.180 61	0.243 84	13.173	0.000
Pair 2	智能与知识重要性——智能与知识自评	0.019 81	0.321 80	0.399 56	18.207	0.000
Pair 3	开朗与智慧重要性——开朗与智慧自评	0.020 12	0.230 38	0.309 35	13.413	0.000
Pair 4	坚毅与勇气重要性——坚毅与勇气自评	0.023 09	0.345 55	0.436 18	16.927	0.000
Pair 5	自我管理与进取重要性——自我管理与进取自评	0.019 46	0.388 11	0.464 48	21.908	0.000
Pair 6	重要性总分——自评总分	0.015 21	0.284 73	0.344 43	20.681	0.000

表2　大学生积极品质重要性评价与大学生积极品质自我评价的对比分析

项目		重庆	广东	河南
积极品质重要性评价	最重要	诚信	社交智力	责任心
	非常重要（前十位）	诚信、情绪调控力、自强、毅力、自制力、真诚、团队精神、努力、自信、社交智力	社交智力、判断力、自制力、情绪调控力、职业道德、真诚、良好习惯、创造力、独特见解、礼貌	责任心、真诚、热情、毅力、乐观、意志坚强、自制力、努力、诚信、创新
	重要程度最低	天赋	天赋	天赋
	重要程度低（前十位）	天赋、好奇心、智慧、威信、感受力、幽默与风趣、灵性、节俭、独特见解、慷慨	天赋、威信、好奇心、通情达理、慷慨、正义、灵性、爱与被爱的能力、智慧、幽默与风趣	天赋、威信、感受力、谦逊、节俭、智慧、执行力、慷慨、幽默与风趣、灵性

续表

项　目		重庆	广东	河南
积极品质自我评价	最符合	自尊	正义	真诚
	非常符合我（前十位）	自尊、团队精神、责任心、感恩、礼貌、宽容、诚信、自强、通情达理、正义	正义、正直、真诚、善良、责任心、感恩、忠诚、谦逊、快乐、诚信	真诚、诚信、宽容、善良、职业道德、乐观、通情达理、正义、努力、快乐
	符合程度最低	威信	威信	威信
	符合程度低（前十位）	威信、天赋、社交智力、创造力、智慧、注意力、创新、严谨、执行力、热爱学习	威信、天赋、严谨、社交智力、创造力、冷静、执行力、判断力、情绪调控力、应变能力	威信、天赋、执行力、判断力、严谨、社交智力、创新、公平与公正、情绪调控力、热爱学习
结　论		重庆	广东	河南
非常重要且非常符合		诚信、自强、毅力、团队精神	真诚	真诚、诚信、乐观、努力
非常重要但非常不符合		社交智力	社交智力、创造力、判断力、情绪调控力	创新
非常不重要但非常符合		无	正义	无
非常不重要且非常不符合		威信、天赋、智慧	威信、天赋	威信、天赋、执行力

从表2的分析结果可知，大多数大学生在观念上都能够认识到自制力、真诚、情绪调控力、社交智力、诚信、毅力、努力等积极品质的重要意义，然而在实际行为的自评中却只有诚信、正义、责任心、感恩等是非常符合的，严谨、执行力、威信、天赋、社交智力等品质的符合程度不高。这与王凯旋等（2009）研究结果一致，当代大学生个体展现出了较强的责任意识，他们对他人的责任、对社会的责任表现较为积极。

大学生积极品质中重要且符合程度高的积极品质三地各有不同：重庆大学生认为重要且非常符合的积极品质有诚信、自强、毅力、团队精神；广东大学生认为重要且非常符合的积极品质有真诚；河南大学生认为重要且非常符合的积极品质有真诚、诚信、乐观、努力。这表明中国的中部、东部、西部由于在经济社会发展程度的不一致和文化差异，大学生所看重的和所具备的积极品质存在一定的差异。

大学生积极品质中重要但符合程度不高的积极品质三地也不同：重庆大学生认为重要但符合程度不高的积极品质有社交智力；广东大学生认为重要但符合程度不高的积极品质有社交智力、创造力、判断力、情绪调控力；河南大学生认为重要但符合程度不高的积极品质有创新。正义是广东大学生觉得不重要但比较符合的品质。威信、天赋是三地大学生共同认为不重要且也不太符合的品质，这可能是中国儒家文化的中庸之道对青年大学生的价值取向造成的影响。从这种应然与实然的差距可以看出当代大学生在认知与实践方面的差距。大学生个体应当在思想上高度重视的同时，在生活中努力践行，力争达到提高"90后"大学生群体的知行统一。认识与实践之间存在差距深层次的原因在于家庭、社会、教育等各方面特定功能的缺乏，作为家庭、社会、教育机构等教育方，则应在使学生做到"知行并重"方面起到一个引导与感化的作用。

除此之外，值得一提的是重庆大学生还觉得"智慧"不重要且也不太符合自己，河南大学生觉得"执行力"不重要且也不太符合自己，这是一个值得教育者反思的现象。

（四）差异分析：大学生积极品质的差异比较

1. 地域差异

大学生积极品质在德行与合作、开朗与智慧、坚毅与勇气三个维度上的地域差异显著（$P<0.01$），即广东、重庆、河南三地大学生在积极品质的德行与合作、开朗与智慧、坚毅与勇气三个维度上有差异，总分和其他维度差异不显著。在德行与合作上，广州、河南大学生大于重庆大学生（$P=0.006$，$0.005<0.01$），

在开朗与智慧，广州大学生大于重庆大学生（$P=0.032$），在坚毅与勇气上，河南大学生大于重庆、广州大学生（$P=0.013$，$0.038<0.05$）。

2. 性别差异

在积极品质自评的总分及德行与合作、开朗与智慧两个分维度上，女大学生的得分略高于男大学生；在智能与知识、自我管理与进取、坚毅与勇气三个分维度上男同学的分略高于女同学，但都不存在显著差异（$P>0.05$），即大学生积极品质不存在性别差异。

3. 年级差异（见图1）

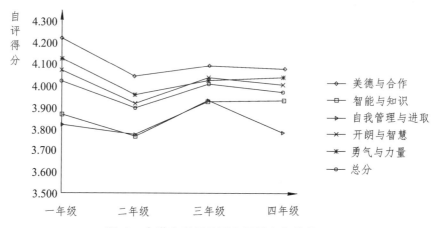

图 1 大学生积极品质自评的年级趋势图

从图1大学生积极品质的年级趋势图中可以看到，积极品质的得分随着年级的递增总体呈现先降后升的趋势，积极品质自评得分在二年级达到最低点，之后出现拐点，打开上升通道。进一步多重均数比较考察各年级之间是否存在显著差异，在德行与合作维度上，一年级的大学生与二、三年级的大学生有差异（$P=0.000<0.001$，$P=0.002<0.05$）；在智能与知识维度上，一年级与三年级有差异（$P=0.019<0.05$）；在自我管理与进取维度上，一、二年级分别与三年级有差异（$P=0.019<0.05$，$P=0.000<0.001$）；在开朗与智慧维度上，一年级与二年级有差异（$P=0.001<0.05$），二年级与三年级有差异（$P=0.008<0.05$）；在坚毅与勇气维度上，一年级与二年级有差异（$P=0.001<0.001$）；在总分上，一年级与二年级有显著差异（$P=0.000<0.001$），二年级与三年级存在差异（$P=0.002<0.05$）。

4. 专业差异

大学生在积极品质的总分及德行与合作、自我管理与进取、坚毅与勇气三个分维度上，理科大学生的得分略高于文科大学生；在开朗与智慧、智能与知识两个分维度上文科同学的分略高于理科同学，但都不存在显著差异（$P>0.05$），即大学生积极品质不存在专业差异。

5. 城乡生源地差异

来自大城市、中小城市和农村的大学生在积极品质的各维度和总分上都没有显著差异（$P>0.05$）。

三、研究结论

（1）应然状态。当代大学生对于自身应该具备怎样的积极品质明确且正向。三地大学生认为最重要的积极品质分别是社交智力（广东）、责任心（河南）、诚信（重庆），三地大学生认为重要性最低的积极品质均为天赋。

（2）实然状态。大学生对于自身积极品质的自评整体趋势呈正向性。三地大学生认为符合程度最高的积极品质分别是正义（广东）、真诚（河南）、自尊（重庆），三地大学生认为符合程度最低的积极品质均为威信。

（3）对比分析。三地大学生积极品质的应然状态与实然状态对比存在显著滞后性，广东大学生认为重要但不符合的积极品质是社交智力、创造力、判断力、情绪调控力，河南大学生认为重要但不符合的积极品质是创新，重庆大学生认为重要但不符合的积极品质是社交智力。三地大学生符合程度排名前十和后十的积极品质各存在一定的交集。

（4）差异分析。广东、河南、重庆三地大学生的积极品质不存在性别、专业和城乡生源地差异；在德行与合作、开朗与智慧、坚毅与勇气三个维度上存在地域差异；在年级差异方面，其积极品质的得分随着年级的递增总体呈现先降后升的趋势，在二年级达到最低点，之后出现拐点，打开上升通道。

四、教育干预建议

基于本研究的结果，提出以下教育干预建议：

（1）大学生积极品质的应然状态与实然状态相比都存在滞后性差距，故有必要及时采取针对性的教育干预措施。

（2）对于大学生觉得自身已经认识到应该具备但实际不具备的积极品质，应适时把握教育契机，创设情景，促进建构，重点干预。

（3）认知有一个逐步发展和完善的过程，大学生现有的生理和心理发展水平决定其价值观和理性程度存在一定的局限性，故对其实际符合程度较低的积极品质，无论三地大学生认为是否应该具备，教育者都应站在未雨绸缪的高度选择性地干预培养。

（4）由于华东、华中、华西三地的文化背景和经济社会发展程度存在差异，故大学生对于自身应该具备哪些积极品质和实际具备哪些积极品质两方面共性和差异并存，故在干预时应因材施教、因势利导。

大学二年级是进行积极品质培养干预的关键期。从大学生积极品质各维度和总分的年级变化趋势图来看，二年级是积极品质发展的转折期，可塑性较强，在此阶段进行干预，必将受到良好的效果。干预方式可采取团体辅导、小组协作、个体培养以及各类方式相结合的方法。

参考文献

[1] 孟万金. 论积极心理健康教育[J]. 教育研究，2008（5）：19-23.

[2] 张冲，孟万金，王新波. 中职学生积极心理品质现状调查和教育对策[J]. 中国特殊教育，2012（3）：40-45.

[3] 魏然. 以积极心理学理念引导高校心理健康教育[J]. 高等教育研究，2010，27（3）：23-25.

[4] 王新波. 大学生积极心理品质培养研究[J]. 中国特殊教育，2010（11）：40-45.

[5] 曾秀兰. 大学生积极心态状况调查与思考[J]. 中国青年研究，2008（3）：102-104.

[6] 张陆，佐斌. 自我实现的幸福——心理幸福感研究述评[J]. 心理科学进展，2007，15（1）：134-139.

[7] Seligman M E, Steen T A, Park N, et, al. Positive Psychology Progress: Empirical Validation of Interventions[J]. American Psychologist，2005，60（5）：410-421.

[8] Gable S L, Haidt J. What （and Why） Is Positive Psychology? [J]. Review of General Psychology，2005，9（2）：103-110.

作者简介

王飞飞（1982.10—），女，湖北钟祥人，博士；主要研究方向为教育心理、服务心理等。

论游轮母港在长江三峡库区内河游轮经济发展中的作用

王　宁

摘　要： 游轮母港是作为一次游轮旅游航线的起点或终点的港口，是游轮水、陆交通连接转换和游客集散的重要节点。本文从游轮母港的概念界定入手，根据长江三峡库区内河游轮经济产业链的构成和库区内河游轮经济的特征，论述了游轮母港在长江三峡库区内河游轮经济发展中的重要作用，指出游轮母港是游轮经济发展和三峡国际黄金旅游带建设的重要支撑，在长江三峡库区内河游轮旅游和游轮经济发展中起着节点和集聚作用，是大三峡国际黄金旅游目的地的经济收益中心。

关键词： 三峡库区；内河游轮经济；游轮母港；节点；集聚

一、问题的提出

游轮作为长江三峡旅游的标志和最重要的载体，在整个长江三峡旅游中起着独特的主体作用[1]。三峡游轮产业发展对于长江三峡旅游业和库区旅游经济发展，乃至整个重庆经济社会发展有着十分重要的战略意义。

2009 年，国发 3 号文件《国务院关于推进重庆市统筹城乡改革和发展的若干意见》中将中央对重庆"314"总体部署正式写入文件，明确提出"依托三峡工程、三峡文化和三峡生态长廊，构建长江三峡国际黄金旅游带。"[2] 2010 年，发展游轮游艇经济被写入重庆市政府工作报告，同年召开的重庆三峡库区游轮游艇产业发展战略专题研讨会议上，政府及有关领导提出要求编制好《重庆市长江三峡游轮游艇产业发展规划》，促进游轮游艇产业持续健康发展和长江三峡国际黄金旅游带的建设。2016 年，重庆市人民政府办公厅第 213 号文件《关于推进长江三峡旅游金三角一体化建设的实施意见》中明确指出"要牢固树立创新、协调、绿色、开放、共享的发展理念，以旅游改革创新为引领，深度挖掘特色旅游资源和文化资源，促进长江三峡旅游金三角旅游资源整合和区域协作发展。到 2020 年，把长江三峡旅游金三角打造成为中国长江三峡的精品旅游线路、国家级全域旅游示范区和国际一流旅游目的地"[3]。2016 年 10 月，重庆市人民政府印发《重庆市建设国际知名旅游目的地"十三五"规划》提出"把三峡游轮打造成为世界内河游轮旅游精品。把长江三峡建设成为具有世界影响力、吸引力、竞争力的大三峡国际黄金旅游目的地"。[4]

无论是发展游轮经济，还是打造长江三峡国际黄金旅游带，建设大三峡国际黄金旅游目的地，首先必须建设好游轮港口和码头，尤其是游轮母港的建设，可以吸引游轮的到达和集聚而成为游轮产业和三峡国际黄金旅游带的重要节点。

目前，长江三峡库区基本形成了以重庆主城、万州和涪陵三个枢纽港区为中心的港口群，主要港区有重庆港区、涪陵港区、丰都港区、忠县港区、万州港区、云阳港区、奉节港区、巫山港区，各港区的分布主要与沿线各城市紧密结合。但现有各港区的码头功能结构不合理，旅游功能不足，专业化的游轮旅游码头缺乏，购物区、休息区等缺乏或与游轮不相匹配。吞吐量小、形象差、与其他交通方式之间的转换不便，游轮业发展所必需的码头基础设施较差。服务设施不配套，缺乏购物、餐饮与住宿等配套设施，码头配套基础设施建设还达不到游轮旅游的理想要求。以三峡旅游游轮主要起始港的重庆港区朝天门港为例，朝天门港最大单船停泊能力仅 3 000 吨（总吨）。在 145 米控制水位期间，朝天门河段航道虽然能满足游轮通行和靠泊要求，但由于河道狭窄（洪水期一般河道最大宽度 1 000 米，最窄处 300 ~ 400 米），大型游轮调头困难。此外，由于朝天门港口位处重庆主城区中心，其岸上用地条件极为有限。

然而，随着库区的形成，尤其是库区 175 蓄水位成功实现，库区航道条件大大改善，长江三峡游轮正朝着大型化方向发展。近年来新建造下水的大型豪华游轮其总吨一般都超过 10 000 吨级以上，长度 110 米以上。如无论是"总统旗舰"号或是"长江黄金 1 号"，船身均超过 135 米、宽 19.6 米，总吨均超过 12 000 吨，最大的"长江黄金 7 号"游轮超过 17 000 吨。现有各港区的航道条件、港口配套设施、码头数量、码头停泊能力等均不能适应长江三峡旅游、三峡游轮旅游及三峡库区内河游轮经济产业的发展。游轮母港问题成为人们关注的主要问题。

二、游轮母港相关概念界定

1. 游轮母港

游轮母港是指作为一次游轮旅游航线的起点或终点的港口，具备多艘大型游轮停靠及其进出所需的综合服务设施设备条件，能够为游轮经济发展提供全程、综合的服务及其配套[5]。游轮母港是游轮的基地，是游轮出发和返程并进行后勤补给、废物处理及维护与修理的固定地点，它既是游轮的始发港，也是游轮游客的主要集散地。

游轮母港不仅拥有停泊大型游轮的码头岸线条件，还需要具备齐全的配套设施，港口区域及周边的相关产业发达，拥有丰富的旅游资源。游轮母港是游轮的基地，要为游轮的补给、配送和修整提供全面服务，它同时也是游轮公司的地区总部或者公司总部所在地。游轮母港是游轮水、陆交通连接转换和游客集散的重要节点。

2. 游轮母港条件

（1）地理区位条件（区域、城市、经济、市场）。

首先，游轮母港港口和码头区域应接近城镇中心，其所在的城市地理位置方便，港口陆、空交通条件便利，方便游客集散。其次，其所在的城市经济发达程度较高，市场总量大，有较大的游轮接待能力，游轮销售软、硬件水平较高。

（2）停靠设施条件（水域、航道、岸线、码头）。

游轮母港港区的水深和航道条件良好、岸线较长，具备较好的游轮停靠条件，拥有良好的码头设施，全年停靠游轮的数量和游客流量较大。其中，符合标准的游轮专用码头起着极为重要的作用。

（3）服务设施条件（宾馆、餐饮、购物、娱乐）。

游轮母港港口和码头区域附近拥有宾馆、餐饮、购物、娱乐、信息、安全等配套服务设施；港口和码头区域周边拥有丰富的旅游资源，有供游客游览的景区、景点。

三、游轮母港的功能与作用

1. 游轮经济发展的支撑作用

从广义上看，游轮经济是因游轮而产生的一种新兴的、综合的经济形态，指由游轮旅游的发展，带动游轮制造、维修、港口、现代服务业等其他多个相关产业的发展所构成的经济价值链，即以游轮旅游消费活动为前提，以商品经济为基础，以游轮制造为依托，反映游轮旅游消费活动过程中游轮消费者和游轮制造者及游轮经营管理者之间，按照各自利益而发生经济交往所表现出来的各种经济活动和经济关系的总和；由包括从事水上游轮旅游服务、游轮经营管理、游轮建造以及其他为游轮提供配套服务的企业所组成的产业。在这个产业链中，游轮建造业是其最基础的环节，它从根本上带动游轮经济的发展；游轮旅游、游轮经营与服务是游轮经济产业链中的主体环节；游轮港口码头、水域资源、航道、安全和信息服务等是游轮经济产业发展的支持环节；餐饮配送、水上运动装备等是游轮经济发展的辅助产业，而滨水地产又是游轮经济产业链的延伸。

从狭义的角度看，游轮经济就是指游轮港口接待经济，即港口目的地在接待游轮停靠和来访过程中所引发的一系列产品与服务的交易。[6]

游轮母港为游轮旅游活动提供游轮停泊码头，为游轮提供维修保养、补给、配送等支持服务，同时也是为游轮游客提供水、陆交通连接转换和游客集散的重要场所，担当着为游轮游客集散、游轮停泊、编班始发、维修保养、补给、配送等主要功能，为游轮旅游活动的开展提供重要的保障。游轮母港、码头、水域资源、航道、安全和信息服务等是游轮经济产业发展的支持环节，只有当游轮产业链的各个环节在同一地区都开始启动并具备了一定的规模时，该地区游轮经济才能顺利发展。因此，游轮母港在长江三峡库区内河游轮经济发展中起着重要的支撑作用。

2. 三峡库区内河游轮经济产业的节点作用

长江三峡库区内河游轮经济是一种网络节点式经济，其网络节点式经济特征十分明显。游轮航行的长江主干航道及库区支流水域是网络，游轮停靠的港口作为游轮水、陆交通连接和游客转换、集散地，构成了长江三峡库区内河游轮经济产业中的重要节点。

尽管我们说游轮本身就是旅游目的地，但游轮需要添加补给，游轮在沿途的一些港口和码头是要停靠的；游客的游轮生活也需要调节，游客在游轮沿途所停靠的港口和码头也要上岸去参观、游览、观光、购物、娱乐、消费。这既可以提高游轮旅游的附加值，同时还给游轮沿途所停靠的港口带来消费和经济利益。因此，长江三峡库区内河游轮经济规模的大小取决于网络节点的重要性，取决于合理规划和分布的网络节点的规模和数量。

3. 三峡库区内河游轮经济发展的集聚作用

长江三峡库区内河游轮经济具有经济集聚的特点。这种集聚性主要表现在两个方面：

一是港口可以集聚更多的游轮停靠、游客集散和吸引更多的游轮公司。只有当游轮游客上岸消费充足，游轮经济带来的综合效益才能得以体现。

二是港口周边聚集其他为游轮提供保障和服务的相关产业。所有为游轮及游轮旅游者服务的机构及相关产业（如交通、宾馆、餐饮、景区景点、维修、燃料补给等），都集聚在游轮港口和码头附近，能够快捷方便地为游轮及游轮旅游者服务。尤其是条件优越的游轮母港可以吸引更多的游轮集聚，更重要的是，游轮母港除港口、码头外，还能够带动运输、维修、保养、燃料加注、旅游与休闲、运动与水上娱乐、酒店与餐饮、现代商业、物流与配送、周边旅游景区景点开发等多个产业的发展，带来更多的旅游消费，从而产生集聚效应，促进当地经济的发展。

4. 大三峡国际黄金旅游目的地的经济收益中心

游轮母港对所在区域的经济具有较强的推动力，游轮母港通过为游轮公司及游轮提供各种产品和服务，使其成为大三峡国际黄金旅游目的地的经济收益中心。游轮母港带来的巨大的经济收益主要有两大部分：

一是游轮游客在母港当地的花费。众多游轮的抵达可以带来数以万计的游客在这里消费，主要包括观光、休闲娱乐、餐饮、住宿、交通、旅游纪念品和购物等消费。以享有"国际邮轮之都"美誉的美国迈阿密港为例，皇家加勒比邮轮公司总部设在这里，每年迈阿密接待的邮轮游客超过 300 万人次，经济效益达百亿美元。

游客在港口目的地花费的多少，既取决于游客的特征（如消费能力和偏好），也取决于目的地的吸引力和促销手段。因此，对母港来说，如何增强目的地的吸引力从而延长乘客在游轮假期开始前或结束后在母港所在区域的逗留，具有重要意义。

二是游轮公司所购买的产品和服务以及相关的税收。游轮公司及游轮在母港需要的服务主要包括游轮靠泊、导航及船坞的使用、船只的保养与维修、补给（如水、燃油、食品、客用品等）、废物处理，甚至为停泊在港的游轮提供接入当地电网的服务等，这都能给游轮母港所在区域带来新的产业和新商机。此外，类似于机场税，游轮母港港口管理当局通常还可按照到访游客数量收取港口税。研究也表明，母港消费要远大于一般停靠港，游轮母港的经济收益是一般停靠港的 10~14 倍[7]。比如中国的近邻新加坡，在 20 世纪 80 年代初只是欧美邮轮的停靠港，收益较小。但修建邮轮母港后，到新加坡的国际邮轮和游客年增幅超过 60%，旅游业收益成为新加坡国家财政的主要来源。

此外，游轮公司要在母港设置公司总部、地区总部或办事处，要招聘一定数量的船务工作人员，这将为游轮母港所在区域直接或间接提供一定的就业岗位。

综上所述，游轮母港在长江三峡库区内河游轮经济发展和三峡国际黄金旅游带建设中起着十分重要的作用，成为制约长江三峡库区内河游轮经济发展和三峡国际黄金旅游带建设的关键点之一。因此，长江三峡库区游轮母港就成为迫切的需要，它能够有效解决长江三峡旅游和游轮旅游专业旅游港口码头缺乏的问题，推动三峡旅游转型升级。长江三峡游轮母港的建设又可以塑造三峡旅游新形象，成为三峡库区旅游发展的新亮点、旅游经济新的增长点，从而推动三峡国际黄金旅游带建设，推动三峡库区内河游轮经济和整个库区区域经济发展。

参考文献

[1]　王宁. 论游船在长江三峡旅游中的主体作用及游船业发展战略[J]. 西南民族大学学报，2005，26(7)：278-281.

[2]　国务院. 关于推进重庆市统筹城乡改革和发展的若干意见，2009.

[3]　重庆市人民政府. 关于推进长江三峡旅游金三角一体化建设的实施意见，2016.

[4]　孙光圻. 浅谈邮轮经济及其在我国的发展[J]. 中国港口，2005（ 1 ）：35-37.

[5]　胡建伟、陈建淮. 上海邮轮产业集群动力机制研究[J]. 旅游学刊，2004，19（ 1 ）：42-46.

[6]　魏小安. 中国邮轮经济的现状分析和发展趋势[N]. 中国旅游报，2004-8-4.

作者简介

王宁（1964— ），男，汉族，重庆合川人，理学硕士，重庆工商大学旅游与国土资源学院副院长、教授、硕士生导师。

基于农民阶层退地效益偏好分异的宅基地退出决策影响因素分析：重庆的实证

王兆林

摘　要： 本文构建分析框架，结合重庆的调查情况，应用初步与改进 B-Probit 估计模型，定量分析农民阶层退地效益偏好差异决定的宅基地退出决策的影响因素。结果表明：（1）不同阶层农民退地效益偏好存在差异；现阶段，村庄贫弱阶层退地主要追求社会效益，小农兼业阶层和半工半农层退地主要追求经济、社会综合效益，脱离农地阶层退地主要追求经济效益。（2）退地社会效益偏好型农民中，自变量家庭主要成员是否定居城镇、是否打算改善居住环境、是否需要改善现有社保水平对因变量该类农民退地决策产生显著正向影响；自变量年龄、房屋结构、是否具有宅基地祖产观念对因变量该类农民退地决策产生显著负向影响。（3）退地综合效益偏好型农民中，是否有多处宅基地、子女教育是否存在问题、退地复垦政策是否稳定对因变量该类农民退地决策产生显著正向影响；因变量房屋造价、房屋是否新建、宅基地是否位于城镇规划范围、宅基地是否家庭主要财产、退地补偿发放是否不及时、退地补偿金额是否偏低对因变量该类农民退地决策产生显著负向影响。（4）退地综合效益偏好型农民中，因变量房屋造价、房屋是否新建、宅基地是否位于城镇规划范围、退地补偿发放是否不及时对因变量该类农民退地决策产生显著负向影响。本研究同时认为应针对各农民阶层退地效益偏好不同，实行差异化的退地复垦补偿对策，以稳妥地推进宅基地退出复垦工作。

关键词： 宅基地退出决策；退地效益偏好；农民阶层；影响因素

一、引　言

当前中国农村宅基地利用普遍存在规模偏大、面积超标、一户多宅、闲置低效利用等问题。近年来，随着城镇化步伐的加快，一些地方农民宅基地面积甚至出现"不减反增"的问题，这不仅使得农村大量宅基地资产属性无从发挥，同时加剧了城市化进程中耕地保护的压力（Hu Sun，2011；Yansui Liu，2014；Qianxi Wang，2015；Wanxin Li，2016），实行宅基地有偿退出是解决上述问题的重要途径。地方政府通过鼓励农民将超面积的、多余的、闲置废弃的宅基地有偿退出复垦，并将农村建设用地指标转移到城镇，既可以增加有效耕地面积，缓解城镇建设用地指标压力，又可以增加退地农民的财产性收入，助推"扶贫"工作。为此，党的十八届三中全会通过的《中共中央关于全面深化改革若干重大问题的决定》及中办、国办印发的《关于农村土地征收、集体经营性建设用地入市和宅基地制度改革试点工作的意见》等指导农村土地制度改革的重要文件，均明确了农民对宅基地的收益、有偿退出及抵押、担保、继承权等权利。以中央政策为支撑，截至 2014 年 11 月，全国已有 22 省区市陆续出台政策探索推进宅基地退出工作；纵观各地现有的退地复垦政策，存在明显的趋同性；退地补偿多以一次性货币补偿为主，缺乏对农民阶层差异化补偿的考虑，使得各地在宅基地退出工作推进过程中面临一些阻力，亟待通过政策完善加以解决。

围绕基于微观退地主体的宅基地退出决策研究，理论界已经产生了一些优秀成果。梳理有关成果不难发现，现有成果总体分为两大类：一是对农民宅基地退出决策（意愿）的分析；其基本思路是构建理论分析框架，结合实地调查数据，定量分析农民退地决策的影响因素，如陈霄（2012）、彭长生（2013）、高欣（2016）、于伟（2016）等的研究；二是对不同类型兼业农民宅基地退出决策的分析；其基本思路是将农民划分为几种兼业类型，结合实地调查数据，定量分析不同类型农民退地决策的影响因素，如黄怡芳（2013）、王兆林（2015）等的研究。纵观相关研究不难发现：一是现有成果较少关注农民阶层分化导致的退地目的差异问题；实际上，农民退地追求的目标或效益的差异将直接影响到各阶层农民宅基地退出决策；二是现有成果在进行定量分析过程中多是进行模型的单次、初步估计，这可能导致估计结果存在较大误差；三是现有成果还存在指标体系构建不够全面的问题。鉴于此，本文基于分析框架，构建较为全面的指标体系，结合重庆市实地调查数据，改进估计模型，从农民阶层退地效益偏好分异的视角，定量分析不同退地效益偏好农民宅基地退出决策的影响因素，以期丰富农民退地决策的研究理论体系与技术手段，同时亦可以为地方政府制定差异化的退地补偿政策，提供参考。

二、一般分析

改革开放以来，随着农民兼业程度的深入，农民阶层也发生了分异；各阶层在家庭收入、生活生计方式、文化观念等方面存在较大差异；这些差异对农民宅基地的利用与管理产生影响，进一步对其宅基地退出行为也产生影响（Yansui Liu，2014；王静，2015；于伟，2016）。本文参考王静（2015）的研究将农民划分为村庄贫弱阶层、小农兼业阶层、半工半农阶层、脱离农地阶层四个阶层，分析不同阶层农民宅基地退出效益偏好的差异（见表1）。

表 1 不同阶层农民退地效益偏好（目的）差异

农民类型	判断标准	主要生计方式	宅基地利用主要状况	现阶段主要退地效益偏好
村庄贫弱阶层	家庭非农收入比重 0%～10%	细碎化耕种、养殖	自住	社会效益
小农兼业阶层	家庭非农收入比重 10%～50%	细碎化耕种、养殖与短期非农务工	自住、"一户多宅"	综合效益（经济、社会）
半工半农阶层	家庭非农收入比重 50%～90%	较少耕种、养殖与长期非农务工	闲置	综合效益（经济、社会）
脱离农地阶层	家庭非农收入比重 90%～100%	常年非农生产，脱离农业生产	废弃或流转	经济效益

村庄贫弱阶层：主要生计方式为细碎化种植、养殖经营，年家庭年收入最低。受限于家庭收入，该阶层农民自住的房屋通常较破旧、危房居多，农村养老及社会保障水平不高。现阶段该阶层退地目的是利用退地政策，改善居住环境、提高社会保障水平；因而该阶层属于退地社会效益偏好型农民。

小农兼业阶层：主要生计方式为细碎化种植、养殖经营，并利用农闲短期非农务工；家庭主要经济来源依然是农业经营，家庭年收入较低。受限于家庭收入，该阶层农民在农业生产扩大、子女受教育、养老及社会保障水平完善等方面存在一些问题。由于长期生活在农村，其宅基地依然是自住为主；由于继承等原因，该阶层农民"一户多宅"现象普遍。现阶段该阶层退地目的是利用退地补偿与政策，发展农业生产，提高自身养老及社会保障水平；因而该阶层属于退地经济、社会综合效益偏好型农民。

半工半农阶层：主要生计方式为长期非农务工，较少参与农业生产，家庭收入较高；该阶层融入城镇愿望强烈，但多数在城镇没有稳定住所与稳定非农收入，也没有获得城镇基本公共服务；由于长期非农务工，其宅基地一般处于闲置状态。现阶段该阶层退地目的是利用退地补偿与政策，购买城镇住房，并完善自身养老及社会保障；因而该阶层属于退地经济、社会综合效益偏好型农民。

脱离农地阶层：主要生计方式为常年非农生产，脱离农业生产；该阶层在城镇有稳定的非农收入与住所，家庭收入最高，并已获得城镇公共服务，已经成为市民或准市民，但发展非农经营资金相对缺乏；由于常年在外非农生产经营，其宅基地多数处于废弃状态，一些较新的宅基地也通过转让等形式流转给本集体村民。现阶段该阶层退地目的是利用退地补偿，发展、扩大非农经营；因而该阶层属于退地经济效益偏好型农民。

　　基于以上分析，本文将现阶段不同阶层退地效益偏好农民划分为经济效益偏好型、社会效益偏好型与综合效益偏好型三种类型。实际上不同退地偏好的农民是相对的，在一定条件下存在转化，如社会效益偏好型农民若其追求的社会效益得到一定程度的满足也会追求退地的经济效益；经济效益偏好型的农民若其追求的经济效益在一定条件下得到满足也会追求退地的社会效益。现阶段各阶层农民退地效益偏好的差异，主要由其自身、家庭、生计状态差异决定。尽管不同阶层农民有不同的退地效益偏好，但不论是哪类农民在退地决策前都会进行退地前后的成本、收益与风险评估；只有当风险在可控范围之内且退地后总效益显著大于退地前总效益时，农民才将做出退地决策。据此，本文构建农民退地决策的一般理论模型进行分析：

　　村庄贫弱阶层的农民现阶段退地效益偏好是追求退地的社会效益，也就是图1中，在维持经济收益 OC' 不变的前提下，退地社会效益由 OC 增加至 OD，此时农民退地总效益也由 OAE_0F 增加至 OBE_1F，由此引起该阶层农民退地总效用曲线由 I_0 增加到 I_1，增加了 ABE_1E_0（阴影部分）。由于 $I_1 > I_0$，此时该阶层农民将作出退出宅基地的决策。

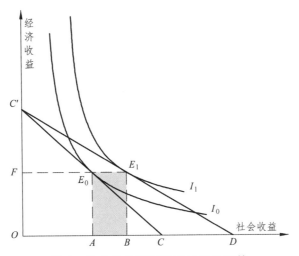

图 1　社会收益偏好型农民退地决策

　　小农兼业阶层和半工半农阶层的农民现阶段退地效益偏好是追求退地的经济、社会综合效益最大化，也就是图 2 中，社会效益由 OC 增加至 OD，经济效益由 OC' 增加至 OD'，该类农民退地总收益也由 $OAE_1'A'$ 增加至 $OBE_2'B'$，由此引起该类型农民退地总效用曲线由 I_1' 增加至 I_2'，增加了 $ABE_2'B'A'E_1'$（阴影部分）。由于 $I_2' > I_1'$，此时该类农民将作出退出宅基地决策。

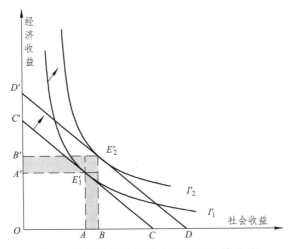

图 2　综合效益偏好型农民退地决策曲线

　　脱离农地阶层的农民现阶段退地效益偏好是追求退地的经济效益最大化，也就是在图 3 中，在维持

社会效益 OC 不变的前提下，退地经济效益由 OC' 增加至 OF ，此时该阶层农民退地总效益由 OAE_0H 增加至 OAE_2K ，由此引起该阶层农民退地总效用曲线由 I_0 增加到 I_2 ，增加了 HE_0E_2K （阴影部分）。由于 $I_2 > I_0$ ，此时该阶层农民将作出退出宅基地决策。

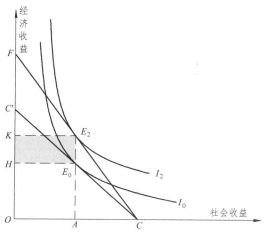

图 3　经济效益偏好型农民退地决策曲线

三、实证分析

（一）调查与数据

重庆市是在省级层面较早推进宅基地退出工作的省市之一。为研究该命题，2014 年 6 月初，课题组到重庆菜园坝、龙头寺火车站和汽车站等农民工相对集中的场所，随机探访农民工对宅基地退出复垦的看法，初步获得农民工宅基地退出意愿、动因等信息，并结合有关文献及待研究的问题构建了指标体系，形成了初步的调查问卷；同年 6 月底，利用该问卷，课题组在潼南区柏梓镇中渡村进行了 20 份的预调查，并运用 SPSS 软件对预调查结果进行信度分析，对问卷中不合理的问题进行了修正，形成了正式的调查问卷。问卷的主要内容包括农民个体特征，如年龄、性别、受教育程度、家庭收入等；农民宅基地利用状况，包括宅基地面积、住房造价、闲置废弃状况等；农民宅基地退出驱动因素及障碍因素等。此后，本文按照 Scheaffer（1979）的抽样公式：$N^* = N/[(N-1)\delta^2]+1$ ，$\delta = 0.05$ ，确定样本调查数量，具体以所选择样本区域 2014 年 1 000 万人口计算，依据抽样公式，所需随机选取被调查农民的样本数应至少大于 800。基于人力、物力、财力考虑，最终确定 900 个农民的样本量。2014 年 8 月—2015 年 8 月，课题组深入重庆市 7 个区县的 16 个乡镇有宅基地退出复垦项目的 35 个行政村，采用参与式农村评估法（PRA）进行随机抽样、整群抽样和典型抽样调查（见表 2）。本次调查共发放问卷 900 份，剔除无效问卷后，获得有效问卷 864 份，总体有效率达到 96%，由此构成了本文的数据来源。

表 2　样本调查区域

区　县	镇　域	村　域	样本数（864）
永川区	双石镇、陈食街道	大洞口村、响滩子村、瓦窑村、莲花塘村	85
铜梁区	巴川街道、南城街道	玉皇村、盘龙村、大雁村、巴岳村、马滩村	119
开州区	谭家镇、温泉镇、大进镇	金龙村、双龙村、东平村、红旗村、云凤村、新元村	215
潼南区	柏梓镇、塘坝镇	中渡村、水头村、金龟村、古家村	88
巫溪县	尖山镇、塘坊镇	白云村、太平村、八寨村、红土村、金龙村	107
巫山县	庙宇镇、抱龙镇	长坪村、九台村、石花村、青坪村、大梁村	103
秀山县	溪口镇、清溪场镇、官庄镇	中和村、草果村、两河村、溪西村、鸳鸯村	147

基于分析框架（见表1），结合864份调查样本，本文分别提取社会效益偏好型农民样本253份，经济效益偏好型农民样本309份，综合效益偏好型农民样本302份，分析不同阶层退地效益偏好农民的个体、宅基地利用及住房所具有的典型特征（见表3）：

表3　不同偏好退地农民特征统计表

项　　目	社会效益型	经济效益型	综合效益型	项　　目	社会效益型	经济效益型	综合效益型
样本数/个	253	309	302	样本数/个	253	309	302
平均年龄/岁	63	44	53	宅基地闲置和废弃比例	6.57%	52.15%	24.26%
女性占比	58.85%	29.89%	41.09%	家庭宅基地平均面积/m²	220.46	139.15	163.55
初中以上比例	18.87%	60.77%	44.06%	房屋平均造价/万元	3.49	7.06	5.35
家庭收入/万元	1.551	7.38	4.12	砖木结构房、土坯房所占比例	44.53%	12.92%	25.41%
非农务工收入/万元	0.13	7.05	2.48	一层住房所占比例	30.19%	6.27%	17.33%

社会效益偏好型农民群体属于村庄贫弱阶层，传统农民特征明显，其个体具有平均年龄偏大、女性占比较多、学历层次较低、家庭收入偏低、非农收入较低等特征；其宅基地利用具有面积较大、闲置废弃比例较低、自住为主等特征；其住房具有房屋结构较差（砖木结构、土坯房所占比例较高）、造价偏低、一层平房为主的特征。

经济效益偏好型农民群体属于脱离农地阶层，准市民化特征明显，其个体具有平均年龄偏小、女性占比偏少、学历层次较高、家庭收入偏高、非农收入较高等特征；其宅基地利用具有面积较小、闲置废弃比例较高等特征；其住房具有房屋结构较好（砖混、钢混为主）、造价较高、两层为主的特征。

综合效益偏好型农民群体属于小农兼业与半工半农阶层，兼业化特征明显，其个体特征、宅基地利用特征、住房特征各项指标均位居社会效益偏好型农民与经济效益偏好型农民之间；该群体既有成为准市民的理想，又有"恋土"的情结。

（二）变量设定

基于理论分析，结合重庆的实地调查，参考王兆林、杨庆媛（2015）的研究成果，本文从农民的个体及家庭特征因素，宅基地及其建筑物因素，生活、生计及观念因素，政策因素四个方面分析不同阶层退地效益偏好的农民宅基地退出决策的影响因素。本文以"您是否决定退出宅基地"作为衡量农民宅基地退出决策的因变量，并以上述四个方面的23项指标作为自变量进行定量分析。有关变量的说明与描述性统计结果见表4。

表4　各变量描述性统计

变量	因子	代码	变量含义	变量类型	均值	标准差
个体及家庭特征因素	年龄	x1	单位：岁	实际观测	50.006 5	13.320 5
	性别	x2	（男=1；女=0）	虚拟变量	0.583 9	0.493 7
	受教育程度	x3	小学及以下=1；初中=2；高中=3；大专及以上=4	虚拟变量	1.667 7	0.734 7
	是否担任村干部	x4	是=1；否=0	虚拟变量	0.245 2	0.430 9
	家庭决策类型	x5	民主=1；非民主=0	虚拟变量	0.587 1	0.493 2

续表

变量	因子	代码	变量含义	变量类型	均值	标准差
个体及家庭特征因素	家庭主要成员是否定居城镇	x6	是=1；否=0	虚拟变量	0.393 5	0.489 3
	所在村集体经济状况	x7	较好=3；一般=2；较差=1	虚拟变量	1.748 4	0.733 8
	是否购买商业保险	x8	是=1；否=0	虚拟变量	0.183 9	0.388 0
宅基地及其建筑物因素	房屋造价	x9	单位：万元	实际观测	5.168 4	3.008 9
	房屋结构	x10	钢混结构=4；砖混结构=3；砖木结构=2；土坯房=1	虚拟变量	3.077 4	0.851 7
	房屋是否新建	x11	是=1；否=0	虚拟变量	0.248 4	0.432 8
	宅基地是否位于城镇规划范围	x12	是=1；否=0	虚拟变量	0.312 9	0.464 4
	是否有多处宅基地	x13	是=1；否=0	虚拟变量	0.322 6	0.468 2
生活、生计及观念因素	退地后能否习惯其他居住地	x14	能=1；否=0	虚拟变量	0.383 9	0.487 1
	退地后能否转变生产方式	x15	能=1；否=0	虚拟变量	0.438 7	0.497 0
	是否打算改善居住环境	x16	是=1；否=0	虚拟变量	0.493 5	0.500 8
	是否具有宅基地祖产观念	x17	是=1；否=0	虚拟变量	0.054 8	0.228 0
	宅基地是否家庭主要财产	x18	是=1；否=0	虚拟变量	0.661 3	0.480 8
	子女教育是否存在问题	x19	是=1；否=0	虚拟变量	0.319 4	0.467 0
	是否需要改善现有社保水平	x20	是=1；否=0	虚拟变量	0.354 8	0.479 2
政策因素	退地复垦政策是否稳定	x21	是=1；否=0	虚拟变量	0.316 1	0.465 7
	退地补偿发放是否不及时	x22	是=1；否=0	虚拟变量	0.474 2	0.500 1
	退地补偿金额是否偏低	x23	是=1；否=0	虚拟变量	0.690 3	0.463 1

数据来源：实地调查864份样本，此处并未分类进行不同效益偏好农民样本描述性统计。

（三）模型构建

　　Binary-Probit 模型是因变量只有 0 或者 1 两种取值的离散模型；该模型是研究个人行为决策的理想定量分析概率模型。本文研究的不同退地效益偏好农民宅基地退出决策因变量 Y_i 是二元选择问题，也就是因变量取 1 或 0 的概率问题，其模型表示为

$$P(Y_i = 1 | X_i, \beta) = P(Y_i = 1 | x_1, x_2, x_3, \cdots, x_{23})$$

式中，X_i 为自变量在样本调查点 i 上的数据所构成的向量，β 为系数的构成向量。为克服线性概率模型中存在的异方差、解释变量对农民退地决策的概率影响总是线性等问题，对模型进行改进，其更一般表达式为

$$P(Y_i = 1 | X_i, \beta) = 1 - F(-\beta_0 - \beta_1 x_1 - \cdots - \beta_{23} x_{23}) = 1 - F(-\beta X_i')$$

式中，$F = \dfrac{1}{\sqrt{2\pi}} \int_{-\infty}^{x_i\beta} \exp^{-\frac{t^2}{2}} dt$ 为取值范围严格介于[0，1]之间的概率标准正态分布函数。

其参数估计适用于最大似然估计法（Maximum Likelihood Estimate）：

$$L = \prod_{i=1}^{n}[1 - F(-\beta X_i')]^{Y_i}[F(-\beta X_i')]^{1-Y_i}$$

由于模型中使用了 B-Probit 模型变换，各自变量的偏回归系数 β_k 表示的是自变量每改变一个单位，农民宅基地退出决策发生比的自然对数值的变化量。据此本文设定的社会效益偏好型农民、综合效益偏好型农民、经济效益偏好型农民宅基地退出决策的初步估计模型如下：

$Y_{i=1(社会),2(综合),3(经济)}=F$（个体及家庭特征因素、宅基地及其建筑物因素、生计及观念因素、政策因素）$+\varepsilon_{i=1(社会),2(综合),3(经济)}$。

进一步在初步模型基础上，剔除不显著自变量，再次利用 B-Probit 模型进行估计，形成改进估计模型如下：

$Y_{i=4(社会),5(综合),6(经济)}=F'$（个体及家庭特征因素、宅基地及其建筑物因素、生计及观念因素、政策因素）$+\varepsilon'_{i=4(社会),5(综合),6(经济)}$。

四、结果分析

本文利用 Eviews7.0 对社会效益偏好型、综合效益偏好、经济效益偏好型农民宅基地退出决策的影响因素进行 B-Probit 估计。初步估计模型分别为模型 1、模型 2、模型 3，其改进估计模型分别为模型 4、模型 5、模型 6，具体估计结果详见表 5。分析表 5 可知，不论是初步估计模型还是改进估计模型均显示：McFadden R-squared>0.2，Prob（LRstatistic）<0.05，说明 6 个估计模型拟合结果均良好，具有统计学意义。据此依据统计学原理定量分析不同退地效益偏好的农民宅基地退出决策的影响因素。

（一）社会效益偏好型农民宅基地退出决策的影响因素分析（见表 5）

表 5 社会效益偏好型农民宅基地退出决策 B-Probit 估计结果

项目	变量	模型 1（初步） 系数	标准误	z-统计值	概率值	模型 4（改进） 系数	标准误	z-统计值	概率值
个体及家庭特征因素	x1	− 0.024 9*	0.020 3	− 1.222 9	0.082 5	− 0.005 7**	0.025 1	− 0.227 1	0.022 1
	x2	0.233 7	0.446 7	0.523 0	0.600 9				
	x3	0.175 2	0.305 5	0.573 7	0.578 9				
	x4	1.428 2	1.312 4	1.088 2	0.276 5				
	x5	0.798 4	0.680 1	1.174 0	0.240 4				
	x6	0.740 0**	0.470 6	1.572 3	0.046 9	0.293 6**	0.390 3	0.752 3	0.011 6
	x7	0.316 3	0.253 7	1.246 6	0.212 5				
	x8	0.107 7	0.612 5	0.175 8	0.864 0				
宅基地及其构筑物因素	x9	− 0.004 5	0.093 6	− 0.048 5	0.961 3				
	x10	− 0.273 3**	0.224 5	− 1.217 5	0.022 3	− 1.368 0**	0.615 9	− 2.221 3	0.026 3
	x11	− 0.967 4	0.653 4	− 1.480 6	0.138 7				
	x12	0.612 0	0.515 8	1.186 5	0.235 4				
	x13	0.011 3	0.489 0	0.023 0	0.981 6				

续表

项目		模型1（初步）				模型4（改进）			
变量		系数	标准误	z-统计值	概率值	系数	标准误	z-统计值	概率值
生计及观念因素	x14	0.149 2	0.432 1	0.345 4	0.729 8				
	x15	0.380 6	0.499 7	0.761 7	0.446 3				
	x16	0.771 9*	0.386 6	1.996 8	0.073 8	0.399 5**	0.445 6	0.896 6	0.037 0
	x17	− 0.775 8*	0.361 2	− 2.147 8	0.057 3	− 1.498 3**	0.637 0	− 2.352 0	0.018 7
	x18	0.468 8	0.363 7	1.288 8	0.206 7				
	x19	0.293 4	0.353 1	0.830 9	0.406 0				
	x20	0.253 3*	0.438 9	0.577 3	0.056 4	0.344 3**	0.486 9	0.707 2	0.049 6
政策因素	x21	− 0.309 1	0.781 8	− 0.395 4	0.692 5				
	x22	0.414 2	0.535 2	0.774 0	0.438 9				
	x23	0.559 2	0.455 7	1.227 1	0.219 8				
C		− 0.656 31	0.464 79	− 1.412 0	0.157 9	− 1.915 2	1.606 6	− 1.192 1	0.260 7
McFadden（R^2）		0.240 3				0.324 1			
Log likelihood		− 20.798 4				− 20.056 7			
LR statistic		5.065 5				6.548 9			
Prob（LRstat.）		0.024 4				0.010 5			

注：***、**、*分别表示1%、5%和10%的显著性水平。

（1）在个体及家庭特征因素中，x_1在初步估计模型1中10%显著性水平上对因变量Y_1呈现显著反向相关，在改进估计模型4中5%显著性水平上对因变量Y_4也呈现显著反向相关；说明年龄越大的社会效益偏好型农民退出宅基地的可能性越小。原因是年龄越大的该阶层农民随着由其劳动力衰弱而导致的家庭经济收入的减少，其对宅基地住房保障功能依赖性更强。x_6在初步估计模型1及改进估计模型4中，5%显著性水平上对因变量Y_1、Y_4均呈现显著正向相关；说明有家庭主要成员定居城镇的社会效益偏好型农民退出宅基地的可能性更大。原因是该阶层农民可以通过进城投靠已经定居城镇的家庭主要成员等方式，降低其对宅基地住房保障功能的依赖，进而增加其退地的可能性。

（2）在宅基地及其构筑物因素中，x_{10}在初步估计模型1及改进估计模型4中5%显著性水平上对因变量Y_1、Y_4均呈现显著反向相关；说明社会效益偏好的农民中，房屋结构越差的社会效益偏好型农民退出宅基地的可能性越大。原因是该阶层农民住房中土坯房居多，加之年久失修，多数成为危房，其退出危房宅基地，改善居住条件的愿望较为强烈。

（3）在生计及观念因素中，x_{16}在初步估计模型1中10%显著性水平上对因变量Y_1呈现显著正向相关，在改进估计模型4中5%显著性水平上对因变量Y_4也呈现显著正向相关；说明有改善居住条件愿望的社会效益偏好型农民退地的可能性更大。在永川双石镇大涧口村的调查中发现，一些地灾频发区域住户、生活环境受污染区域的住户退地的愿望更为强烈。x_{17}在初步估计模型1中10%显著性水平上对因变量Y_1呈现显著反向相关，在改进估计模型2中5%显著性水平上对因变量Y_4也呈现显著反向相关；说明有宅基地是祖产观念的社会效益偏好型农民退地可能性更小。实地调查发现，村庄贫弱阶层农民思想较为保守，传统观念根深蒂固，常有为子孙后代"留点东西"的想法，加之宅基地具有继承性，该阶层农民退地的可能性较小。x_{20}在初步估计模型1中10%显著性水平上对因变量Y_1呈现显著正向相关，在改进估计模型4中5%显著性水平上对因变量Y_4也呈现显著正向相关；说明有改善现有社会保障水平的社会效益型农民其退地可能性更大。实地调查发现，由于当前农村社会保障层次不高，改善现有社会保障水平是村庄贫弱阶层农民普遍的愿望，受制于有限的家庭收入，退出宅基地获得补偿以改善社保水平偏低的现状是他们为数不多的选择。

（二）综合效益偏好型农民宅基地退出决策的影响因素分析（见表6）

表6 综合效益偏好型农民宅基地退出决策 B-Probit 估计结果

项目	变量	模型2（初步）				模型5（改进）			
		系数	标准误	z-统计值	概率值	系数	标准误	z-统计值	概率值
个体及家庭特征因素	x1	0.011 7	0.021 0	0.555 6	0.578 5				
	x2	−0.204 6	0.336 4	−0.608 2	0.543 0				
	x3	0.340 0	0.385 6	0.881 7	0.378 0				
	x4	0.381 0	0.413 1	0.922 3	0.356 4				
	x5	−0.220 2	0.379 0	−0.581 0	0.561 2				
	x6	−0.281 0	0.362 9	−0.774 2	0.438 8				
	x7	−0.405 5	0.238 8	−1.698 1	0.289 5				
	x8	−0.395 2	0.484 7	−0.815 3	0.414 9				
宅基地及其构筑物因素	x9	−0.051 8**	0.050 8	−1.019 7	0.037 9	−0.103 9**	0.042 0	−2.471 7	0.013 4
	x10	−0.230 7	0.245 5	−0.940 0	0.347 2				
	x11	−0.791 1**	0.374 3	−2.113 2	0.034 6	−0.879 3**	0.389 7	−2.256 3	0.024 1
	x12	−0.663 4*	0.396 2	1.674 6	0.094 0	−0.931 2**	0.458 6	2.030 5	0.042 3
	x13	0.582 8*	0.325 8	−1.788 9	0.073 6	0.763 9*	0.419 4	−1.821 6	0.068 5
生计及观念因素	x14	0.137 3	0.554 2	0.247 7	0.804 4				
	x15	0.174 8	0.470 6	0.371 5	0.710 3				
	x16	1.157 2	0.397 1	2.913 8	0.003 6				
	x17	−1.128 6	1.051 0	−1.073 8	0.282 9				
	x18	−0.606 5*	0.441 8	−1.372 9	0.069 8	−0.825 5**	0.961 3	−0.858 8	0.039 5
	x19	1.008 8**	0.412 4	2.446 3	0.014 4	1.025 6***	0.354 5	2.892 8	0.003 8
	x20	−0.167 6	0.318 0	−0.527 0	0.598 2				
政策因素	x21	1.526 9*	1.104 5	1.382 4	0.066 9	0.178 7**	0.503 3	0.235 8	0.013 5
	x22	−0.860 3*	0.444 7	−1.934 7	0.053 0	−0.791 1**	0.374 3	−2.113 2	0.034 6
	x23	−0.447 4*	0.601 1	−0.744 2	0.056 7	−0.825 5**	0.961 3	−0.858 7	0.039 5
C		1.133 6	1.835 1	0.617 7	0.536 8	0.118 7	0.503 3	0.235 9	0.813 5
McFadden（R^2）		0.380 3				0.283 8			
Log likelihood		−50.915 8				−59.678 4			
LR statistic		62.479 2				47.290 9			
Prob（LRstat.）		0				0			

注：***、**、*分别表示1%、5%和10%的显著性水平。

（1）在宅基地及其构筑物因素中，x_9在初步估计模型2及改进估计模型5中5%显著性水平上对因变量Y_2、Y_5均呈现显著负向相关；说明房屋造价越高的综合效益偏好型农民退地可能性越小；这显然由该类农民对房屋建设投入及退地获得的补偿收益之间差额决定的，若房屋建设投入资金额大于其退地获得的收益，该类农民退地的可能性较小。x_{11}在初步估计模型2及改进估计模型5中5%显著性水平上对因变量Y_2、Y_5均呈现显著负向相关；说明房屋是新建的综合效益偏好型农民退地的可能性较小；实地调查发现当前新建农村住房造价动辄十几万，几乎是一个兼业农民家庭两三年的收入；即便不考虑房屋建设投入及退地获得的补偿收益之间差额，退出新建的房屋对于有着"节俭"情节的农民来讲也是一个巨大心理障碍。x_{12}在初步估计模型2中10%显著性水平上对因变量Y_2呈现显著负向相关，在改进估计模型5中5%显著性水平上对因变量Y_5也呈现显著负向相关；这说明宅基地位于城镇规划范围的综合效益偏好型农民退地可能性更小，这主要由当前宅基地退地补偿偏低决定的；当前重庆宅基地退出复垦补偿标准为12万元/亩，样本统计发现该类农民户均宅基地面积约为178 m^2/户，因而补偿金额平均约为3.2万元，而按照《重庆市人民政府关于调整征地补偿安置政策有关事项的通知》规定被征地拆迁农转非人员住房安置的人均建筑面积标准为30 m^2，若按照征地安置人均建筑面积标准为30 m^2计算，其房产交易的市场价格远高于3.2万元，因而相比退出宅基地，农民更希望被征地。x_{13}在初步估计模型2及改进估计模型5中10%显著性水平上对因变量Y_2、Y_5均呈现显著正向相关；说明有多处宅基地的综合效益偏好型农民退地可能性更大；当前合法的"一户多宅"绝大多数是农民通过继承方式获得，当然这些继承获得的老宅多数闲置、废弃，因而"理性"的农民通常选择退出多余的宅基地，以此增加家庭财产性收入。

（2）在生计及观念因素中，x_{18}在初步估计模型2中10%显著性水平上对因变量Y_2呈现显著负向相关，在改进估计模型5中5%显著性水平上对因变量Y_5也呈现显著负向相关；说明认为宅基地是家庭重要财产的综合效益偏好型农民退地可能性更小；这显然与前述宅基地造价及新旧程度对农民退地决策产生的影响存在密切关系。x_{19}在初步估计模型2中5%显著性水平上对因变量Y_2呈现显著正向相关，在改进估计模型5中1%显著性水平上对因变量Y_5也呈现显著正向相关；说明子女受教育存在问题的综合效益偏好型农民退地可能性更大；这是因为一是子女受教育需要花费大量资金，农民退地获得补偿可以缓解教育资金压力；二是一些地方"农转非"退地的农民在子女受教育方面也有优惠政策。

（3）在政策因素中，x_{21}在初步估计模型2中10%显著性水平上对因变量Y_2呈现显著正向相关，在改进估计模型5中5%显著性水平上对因变量Y_5也呈现显著正向相关；说明认为退地政策稳定的综合效益偏好型农民退地可能性更大，或者说认为退地政策不稳定的综合效益偏好型农民退地可能性更小；显然若退地及补偿政策不断调整，那么农民将会持观望态度，以获取最大退地收益。x_{22}与x_{23}均在初步估计模型2中10%显著性水平上对因变量Y_2呈现显著负向相关，在改进估计模型5中5%显著性水平上对因变量Y_5呈现显著负向相关；说明认为宅基地补偿发放不及时或宅基地补偿偏低的综合效益偏好型农民退地可能性更小；当前农民退出宅基地目的性及迫切性均较强，若退地补偿不能及时发放或者补偿偏低必将影响到农民的退地积极性。

（三）经济效益偏好型农民宅基地退出决策的影响因素分析（见表7）

表7　经济效益偏好型农民宅基地退出决策B-Probit估计结果

项目		模型3（初步）				模型6（改进）			
变量		系数	标准误	z-统计值	概率值	系数	标准误	z-统计值	概率值
个体及家庭特征因素	x1	0.030 5	0.023 2	1.314 9	0.188 5				
	x2	−0.016 8	0.270 3	−0.062 3	0.950 3				
	x3	0.184 1	0.318 3	0.578 3	0.563 1				
	x4	−0.080 4	0.349 2	−0.230 3	0.817 9				

·188· 旅游管理与规划创新研究

续表

项目	变量	模型3（初步）				模型6（改进）			
		系数	标准误	z-统计值	概率值	系数	标准误	z-统计值	概率值
个体及家庭特征因素	x5	-0.290 4	0.326 6	-0.889 0	0.374 0				
	x6	0.328 0	0.300 9	1.090 2	0.275 6				
	x7	-0.365 6	0.277 9	-1.315 7	0.188 3				
	x8	-0.598 0	0.384 9	-1.553 5	0.120 3				
宅基地及其构筑物因素	x9	-1.693 9*	0.886 3	-1.911 3	0.056 0	-1.129 5**	0.759 2	-1.487 7	0.036 8
	x10	-0.123 4	0.219 6	-0.562 0	0.574 1				
	x11	-0.730 9**	0.286 3	-2.553 1	0.010 7	-0.534 2**	0.256 9	-2.079 7	0.037 6
	x12	-0.445 8**	0.199 9	-2.229 5	0.025 8	-0.558 7***	0.178 8	-3.124 9	0.001 8
	x13	0.568 2	0.324 4	1.751 4	0.709 9				
生计及观念因素	x14	-0.127 1	0.330 7	-0.384 4	0.700 7				
	x15	-0.464 9	0.351 0	-1.324 6	0.185 3				
	x16	0.412 0	0.397 3	1.036 9	0.299 8				
	x17	0.324 9	0.306 5	1.060 1	0.289 1				
	x18	-0.246 5	0.230 3	-1.070 7	0.284 3				
	x19	0.581 4	0.934 2	0.622 3	0.533 7				
	x20	-0.036 2	0.645 7	-0.056 0	0.955 3				
政策因素	x21	-0.960 5	0.761 6	-1.261 2	0.207 2				
	x22	-0.532 7*	0.312 5	1.704 5	0.088 3	-0.621 2**	0.265 4	2.340 9	0.019 2
	x23	-0.478 6	0.248 4	1.926 8	0.454 0				
C		0.053 3	1.853 3	0.028 7	0.977 1	1.526 0	0.405 9	3.759 9	0.126 3
McFadden（R^2）		0.253 6				0.245 9			
Log likelihood		-61.818 3				-70.734 4			
LR statistic		42.011 1				24.178 9			
Prob（LRstat.）		0.004 1				0			

注：***、**、*分别表示1%、5%和10%的显著性水平。

（1）在宅基地及其构筑物因素中，x_9 在初步估计模型3中10%显著性水平上对因变量 Y_3 呈现显著负向相关，在改进估计模型6中5%显著性水平上对因变量 Y_6 也呈现显著负向相关；说明宅基地建筑物造价越高的经济效益偏好型农民退地可能性越小。x_{11} 在初步估计模型3及改进估计模型6中5%显著性水平上对因变量 Y_3、Y_6 均呈现显著负向相关；说明房屋是新建的经济效益偏好型农民退地的可能性较小。x_{12} 在初步估计模型3中5%显著性水平上对因变量 Y_3 呈现显著负向相关，在改进估计模型6中5%显著性水平上对因变量 Y_6 也呈现显著正向相关；说明宅基地位于城镇规划范围的经济效益偏好型农民其退地可能性更小。此部分，经济效益偏好型农民退地决策的影响因素与前述综合偏好型农民退地决策影响因素存在较大相似性，也主要是由该阶层农民退地追求经济补偿最大化决定的。

（2）在政策因素中，x_{22} 在初步估计模型3中10%显著性水平上对因变量 Y_3 呈现显著负向相关，在改进估计模型6中5%显著性水平上对因变量 Y_6 也呈现显著负向相关；说明认为宅基地退出补偿发放不及时的经济效益偏好型农民退地可能性更小。在当前农村抵押物较少的前提下，该阶层农民准市民的特征决定了将退地补偿资金用于非农经营与购买住房的迫切性，因而若退地补偿发放不及时，必将影响到其退地决策。

五、结论及建议

本文构建分析框架，结合重庆市调查，应用初步与改进 B-Probit 估计模型，定量分析农民阶层退地效益偏好差异决定的宅基地退出决策的影响因素，研究结果如下：

（1）理论分析表明：一是不同阶层农民退地效益偏好存在差异；现阶段，村庄贫弱阶层退地主要追求社会效益，小农兼业阶层和半工半农层退地主要追求经济、社会综合效益，脱离农地阶层退地主要追求经济效益。二是不论是哪类农民，在退地决策前都会进行退地前后的成本、收益与风险评估，只有当风险在可控范围之内且退地后总收益显著大于退地前总收益时，农民才将做出退地决策。

（2）实证分析表明：一是综合效益偏好型农民退地决策的影响因素多于社会效益偏好型农民与经济效益偏好型农民；且社会效益偏好型农民退地决策更多受到生计及观念等社会因素影响，而经济效益偏好型农民退地决策更多受到决定其财产性收入的宅基地及其建筑物等经济因素影响。二是对于社会效益偏好型农民来讲，那些家庭主要成员定居城镇的农民、打算改善居住环境的农民、需要改善现有社会保障水平的农民，现阶段退地的可能性更大；而那些年龄较大的农民、房屋结构较好的农民、认为宅基地是祖产的农民，现阶段退地的可能性更小。三是对于综合效益偏好型农民来讲，那些有多处宅基地的农民、子女受教育存在问题的农民、认为退地复垦政策稳定的农民，现阶段退地的可能性更大；而那些房屋造价较高的农民、房屋是新建的农民、宅基地位于城镇规划范围的农民、认为宅基地是家庭重要财产的农民、认为退地补偿发放不及时的农民、认为退地补偿金额偏低的农民，现阶段退地的可能性较少。四是对于经济效益偏好型农民来讲，那些房屋造价较高的农民、房屋是新建的农民、有宅基地位于城镇规划范围的农民、认为退地补偿发放不及时的农民，现阶段退地的可能性较少。

基于以上分析，本文认为应针对各农民阶层退地效益偏好不同，实行差异化的退地复垦补偿对策，以稳妥地推进宅基地退出复垦工作。现阶段，对于村庄贫弱阶层农民在退地复垦补偿政策制定中应充分考虑其改善居住环境、提高社会保障水平等社会效益的迫切需要，通过"扶贫搬迁"等形式退出宅基地，地方在加大农村社保投入的同时，应结合"精准扶贫"逐步提高该阶层退地农民的社会保障水平。对于小农兼业与半工半农阶层的农民在退地复垦补偿政策制定中应充分考虑其兼业的特征；维持退地复垦政策前提下，提高该阶层的退地补偿水平及发放的时效性是稳妥推进该类农民退出宅基地的重要途径。对于脱离农地阶层的农民在退地复垦补偿政策制定中，在通过财政预支等方式提高补偿到位时效性的同时，强化对该阶层农民在住房保障及金融扶持等方面的优惠政策，使之真正成为城镇居民。

参考文献

[1] Hu Sun, Yansui Liu, Keshuai Xu. Hollow villages and rural restructuring in major rural regions of China：A case study of Yucheng City, Shandong Province[J]. Chinese Geographical Science, 2011, 21（3）: 354-363.

[2] Yansui Liu, Zhichao Hu, Yuheng Li. Process and cause of urban-rural development transformation in the Bohai Rim Region, China[J]. Journal of Geographical Sciences, 2014, 24（6）: 1147-1160.

[3] Qianxi Wang, Xiaoling Zhang, Yuzhe Wu. Collective land system in China：Congenital flaw or acquired irrational weakness?[J]. Habitat International, 2015（50）: 226-233.

[4] Wanxin Li. Failure by design-National mandates and agent control of local land use in China[J]. Land Use Policy, 2016（52）: 518-526.

[5] 陈霄. 农民宅基地退出意愿的影响因素 —— 基于重庆市"两翼"地区 1012 户农户的实证分析[J]. 中国农村观察, 2012（3）: 26-36.

[6] 彭长生. 农民宅基地产权认知状况对其宅基地退出意愿的影响 —— 基于安徽省 6 个县 1413 户农户问卷调查

的实证分析[J]. 中国农村观察，2013（1）：21-33.

[7] 于伟，刘本城，宋金平. 城镇化进程中农户宅基地退出的决策行为及影响因素[J]. 地理研究，2016，35（3）：551-560.

[8] 高欣，张安录，李超. 社会保障，非农收入预期与宅基地退出决策行为 —— 基于上海市金山区、松江区等经济发达地区的实证分析[J]. 中国土地科学，2016，30（6）：89-96.

[9] 黄贻芳，钟涨宝. 不同类型农户对宅基地退出的响应 —— 以重庆梁平县为例[J]. 长江流域资源与环境，2013，22（7）：852-857.

[10] 王兆林，杨庆媛. 重庆市不同类型农户土地退出决策的影响因素分析[J]. 中国土地科学，2014，28（9）：32-38.

[11] 王静、于战平、李卉. 农户宅基地退出意愿及其影响因素分析 —— 基于王口镇和独流镇的调查[J]. 农村经济，2015（1）：33-37.

[12] Scheaffer. Imperfect Frames in Statistics and the Consequence for their Use in Sampling[J]. Bulletin of the International Statistical Institute, 1979（40）：517-544.

作者简介

王兆林（1979— ），男，山东临沂人，博士，副教授，硕士生导师；主要研究方向为土地资源管理。

宅基地退出、收益博弈与农户退地权益维护

王兆林

摘　要： 本文构建宅基地退出 Rubinstein 议价模型，以重庆市户籍制度改革中宅基地退出为例，模拟了地方政府与农户宅基地退出博弈过程，并认为在宅基地退出博弈中农户具有"耐心优势""后动优势"，处于优势地位，这种优势源于中央政府对农户宅基地退出意愿的尊重。然而农户的这种优势是相对的，在地方政府的"先动优势"与村干部的"道德风险"面前，处于信息劣势的农户面临优势地位被削弱的危险。最后，从农户角度出发，本文认为应从落实尊重农户宅基地退出意愿，赋予农户宅基地退出方案拟定权，给予农户自由选择宅基地退出谈判代理人权利等方面改进退地政策，维护农户宅基地退出权益。

关键词： 农户；宅基地退出；收益博弈；Rubinstein 议价模型

一、引　言

户籍制度是国家人口登记与社会管理的重要手段，在形成初期，户籍制度在社会公共服务领域、劳动就业及消费品供应等方面起到重要的支撑作用，然而在统筹城乡发展的背景下，现有的户籍制度阻碍了城乡间经济要素的自由流动，延缓了城市化进程，并对农业现代化及农村人口的转移形成体制性障碍。为此，我国自 20 世纪 80 年代开始陆续出台了系列文件，推进户籍制度改革。以宽松的政策环境为支撑，各地陆续开展户籍制度改革的实践探索，如上海市出台的"外来人员领取《居住证》"政策；广东省开展"积分入户"工作；山东省、湖南省等实施的取消户口的农业、非农业之分，建立城乡统一的"一元化"户籍管理制度；深圳市实施的"中国首个无农村、无农民的城市"；陕西省、重庆市探索户籍制度改革与土地制度改革联动；郑州市实施以"投亲靠友"为代表的"户籍新政"等。截至 2010 年年底，陕西、吉林、辽宁、宁夏、云南、河北、四川、广西等省区也相继出台以放开农民入户城镇为重点的户籍制度改革文件。从各地户籍制度改革实践来看，大体分为两种思路：一是户籍制度改革与土地制度改革联动，政府用城镇户口与相应的城镇公共服务引致农户退出农村土地；二是不断增加农户的公共服务，缩小城乡户籍人口在福利与公共服务上的差距，以此剥离户籍制度附着的"二元"公共服务，使户籍仅仅具有人口登记的功能[1]。

对于户籍制度改革的第一种思路，理论界给予了广泛关注，其焦点是户籍制度改革中农村土地退出如何保障退地农户的合法土地权益，以避免"被上楼""被退地"等现实问题。陈锡文[2]认为农民进城放不放弃土地完全由他自己决定；滕亚为[3]认为政府应充分尊重农民的意愿，不能强迫，只能进行引导，同时建立完善的土地退出补偿机制，保护退地农民的合法土地权益；王兆林、杨庆媛等[4]研究表明在充分尊重农户土地退出意愿的基础上，政府加大农村土地退出配套设施的财政投入，建立健全城乡一体的社会保障体系，加大城镇保障性住房建设等措施，能够有效保障退地农户的合法权益；吴康明、陈霄[5]等认为在尊重农民退地意愿的基础上，创新以信托、债券、地票等的农村土地退出经济补偿机制，健全农民转户退地后的可持续发展保障机制，是保护农户土地退出权益的重要途径。显然，相关研究都将尊重农民土地退出意愿作为保障农户土地退出权益的前提，然而是否尊重农户意愿基础上的土地退出就能达到退地社会总福利的最大化与经济学意义上的农户退地收益的公平呢？农户在农村土地退出利益博弈中又处于何种地位呢？对于这些问题，相关研究并没有进行深入分析。农村土地退出过程是多方利益的博弈过程，也只有弄清楚这些问题，并提出针对性的政策改进建议，才能有效避免农户退地收益的"隐

性"损失,实现真正意义上的保护农户合法退地权益。因此,本文构建 Rubinstein 议价博弈模型,以重庆市宅基地退出为例,模拟地方政府与农户间在农村宅基地退出利益分配上的议价博弈过程,从经济学角度深入分析农户在宅基地退出过程中所获收益与所处地位的变化,并从维护农户宅基地退出权益的角度提出改进现有宅基地退出政策的建议。

二、宅基地退出 Rubinstein 议价博弈模型的构建

1982 年,Mark Rubinstein 基于完全信息动态博弈方法,建立完全信息轮流出价议价模型,基本原理如下:"假设两个参与人分割一块蛋糕,参与人 1 提出一个切分方案,参与人 2 可以接受或拒绝这个方案,若其接受则博弈结束;若参与人 2 拒绝,其也会提出一个切分方案,参与人 1 也可以接受或拒绝,博弈过程按此方式持续,直到双方达成协议。若达不成协议,则双方均一无所获"[6]。此原理表明,参与人 1 在时点为偶数期 $t=0$, 2, 4…出价,参与人 2 在时点为奇数期 $t=1$, 3, 5…出价,它的子博弈精炼纳什均衡是唯一的。户籍制度改革中,中央政府要求地方政府充分尊重农户宅基地退出意愿①,这就赋予农户一定的话语权,使之具备与地方政府讨价还价的"资本",因而本文可以应用 Rubinstein 议价模型模拟地方政府与农户宅基地退出收益②博弈。

假定 1:参与宅基地退出收益分配的博弈主体是政府和农户,农户享有宅基地退出谈判权。

首先,不管从中央文件还是重庆市文件来看,政府应充分尊重农户宅基地退出意愿,这就赋予农户宅基地处置权与谈判权,这与征地过程中政府的强制行为有较大区别。其次,农户自愿退出宅基地的相关补偿费用与扣除复垦成本后的地票增值部分③由政府直接支付给农户,此过程也是政府直接与农户讨价还价的过程,这与征地过程中政府直接与集体经济组织谈判行为也有较大不同,因而农户是享有宅基地退出谈判权的。

假定 2:政府和农户均是理性经济人,博弈目的在于获得最大宅基地退出收益。

福利经济学认为政府是理性经济人,尽管对于农户的理性行为,学界有不同的观点,但是多数研究支持农户是最大利益的追逐者。政府参与宅基地退出收益博弈在于获得农户宅基地退出后的最大收益,包括复垦后产生的大量建设用地指标带来的财政收入增加与城镇化进程的加快等系列综合收益最大化;农户宅基地退出收益在于获得更好的社会保障、更好的居住条件及更多的退地补偿补助等系列综合收益最大化。

假定 3:政府首先提出收益分配方案,然后双方轮流议价。

政府是宅基地退出工作的具体设计者和安排者,宅基地退出收益分配方案最初由政府以政策形势首先提出,并通过多种渠道大力宣传,吸引更多农户自愿退出宅基地;若政府最初提出的收益分配方案并未达到农户宅基地退出后最低期望收益,则农户将拒绝此方案,并提出自己的诉求,而政府需要依据农户诉求重新考虑是否修订相关政策,博弈过程如此进行,这是双方轮流讨价还价过程。

---

① 2012 年《国务院办公厅关于积极稳妥推进户籍管理制度改革的通知》规定:"现阶段,农民工落户城镇,是否放弃宅基地和承包的耕地、林地、草地,必须完全尊重农民本人的意愿,不得强制或变相强制收回。引导农民进城落户要遵守法律法规和国家政策,充分考虑农民的当前利益和长远生计,不能脱离实际,更不能搞强迫命令"。原国务院总理温家宝也多次强调"土地承包经营权、宅基地使用权、集体收益分配权,是法律赋予农民的合法财产权利,无论他们是否还需要以此来作基本保障,也无论他们是留在农村还是进入城镇,任何人都无权剥夺。"

② "地方政府与农户之间宅基地退出收益",此处收益是指由宅基地退出引致的社会福利增加,将宅基地退出引致的社会总福利增加看作一个整体,这个整体由政府推动宅基地退出所获收益与农户退出宅基地所获得收益两者构成。前者政府退地收益主要包括由于农户宅基地退出后形成的大量建设用地指标引致的城镇化步伐加快、建设用地指标交易获得财政收入增加等。农户宅基地收益是指退地农户群体收益,主要包括宅基地退出后所获得的补偿与购房补助、高层次城镇社会保障、更好的居住条件等。除特殊说明外,本文的所提"政府"均指"地方政府"。

③ 2010 年《重庆市人民政府关于统筹城乡籍制度改革的意见》与 2012 年《重庆市人民政府关于继续推进农民工户籍制度改革的通知》规定:对自愿退出宅基地使用权及农房,农户宅基地、附属设施用地及建(构)筑物复垦后产生的建设用地指标能够转变为地票的,扣除复垦成本后,有地票增值收益部分按照 85%、15%的比例支付给退出宅基地的农户和集体经济组织。

假定 4：谈判时间具有价值，拖延时间产生成本。

假设政府与农户的贴现因子分别为 δ_1、δ_2（$\delta_1 \le 1$、$\delta_2 \le 1$），若双方未能在首轮达成一致，随着谈判时间的拖延，政府将付出更多的成本，这些成本包括因建设用地指标缺乏导致区域城镇化步伐放缓，地方财政收入减少，因兑现宅基地退出政策承诺而导致的财政支出的增加等。此外，由于贴现因子的存在，政府所获得宅基地退出收益也将打折（下期的 1 元钱，只相当于本期的 δ 元）。同样，随着谈判时间的拖延，农户也将付出更多成本，这些成本包括宅基地闲置、废弃成本，无法获得退地补偿与补助，及更好的居住条件和高层次城镇社会保障等。受贴现因子影响，农户所获得的宅基地退出收益也将减少。可见，讨价还价过程的时间成本给双方参与人均造成损失，损失大小是由参与人的耐心程度决定的，因而此处贴现因子是双方耐心程度的反映。

假定 5：博弈参与人偏好是连续的且平稳的。

在宅基地退出收益议价博弈的过程中，参与人的偏好是连续且平稳的，也就是说在博弈进行到某个临界点时，参与人对方案的态度不会发生突变；此外，随着谈判时间的推移，参与人对方案偏好是持续的，对方案的收益评价也是稳定的。

假定 6：参与人均无其他外部选择方案。

当参与一方提出一个方案后，参与双方均无其他外部可选择方案。具体地讲，若政府提出方案，农户只能接受或拒绝该方案；同样若农户提出方案，政府只能接受或拒绝该方案，两者均无其他外部可选择方案，若最终双方未达成一致，则双方的退地边际收益均为 0。

依据上述假设，进行博弈模型的变量设定与求解如下：

（1）参与人：参与人 1 代表政府，参与人 2 代表农户，i =1、2。

（2）信息集：每次的议价过程，双方参与人均掌握完全信息，包括贴现因子 δ_1、δ_2。

（3）行动空间：以 A_i 表示参与人 i 的所有行动集合，为方便研究，将宅基地退出总收益（社会总福利增加）设为单位 1。若 t 时点政府获得退地收益为 x，$x \in [0,1]$，用 (x,t) 表示，则同时点农户获得的退地收益为 $1-x$，用 $(1-x,t)$ 表示；由政府 A_1 或农户 A_2 两个参与人可选择的行动空间为 $A_i=\{接受，拒绝\}$；若双方在 t 时点达成退地协议，并考虑贴现因子，则政府退地收益为 $\delta_1^t x$，农户退地收益为 $\delta_2^t(1-x)$。

（4）行动过程：首先由政府提出方案，若农户接受，双方以政府所提方案达成协议，则博弈结束；若农户拒绝，则由农户提出新的方案，若政府接受，双方以农户的方案达成协议，则博弈结束；若政府拒绝，则由其提出新的分配方案，讨价还价过程如此持续。假定政府与农户的出价过程是在连续时点上进行，即 t =0、1、2、3、4…，则政府提出方案的时点为偶数，即 t =0、2、4…，农户提出方案的时点为奇数，即 t =1、3、5…，其博弈树如图 1 所示。

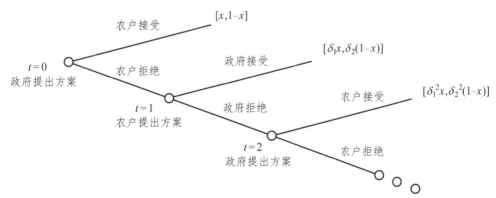

图 1　宅基地退出收益分配议价博弈树

（5）求解过程：采用 Shaked & Stton[7]、晋洪涛等[8]证明子博弈精炼纳什均衡的简练方法。设定 u_i 为参与人 i 在己方提出分配方案后己方所获收益，v_i 为对方提出分配方案后己方所获收益。当政府提出分配方案，政府获得收益为 u_1，当农户提出分配方案后，政府获得收益为 v_1；当农户提出分配方案后，农

户获得收益为 u_2，当政府提出分配方案后，农户获得收益为 v_2，依据假设5，则有如下关系：$u_1 + v_2 = 1$；$u_2 + v_1 = 1$。再设 $\overline{u_i}$、$\underline{u_i}$ 为己方提出方案后己方所获收益的上限、下限，$\overline{v_i}$、$\underline{v_i}$ 为对方提出方案后己方所获收益的上限、下限。

①假设政府在偶数时点 t 提出退地收益分配方案，若农户拒绝，农户在 $t+1$ 时点至多获得 $\overline{u_2}$ 退地收益，因而只要政府在 t 时点提出的退地收益分配方案使农户收益超过 $\delta_2 \overline{u_2}$，农户将接受该方案，即 $u_1 \geqslant 1 - \delta_2 \overline{u_2}$（公式1）；在 t 时点农户获得收益的下限为 $\underline{v_2}$，政府获得收益上限 $\overline{u_1} \leqslant 1 - \underline{v_2}$，由于政府应充分尊重农户宅基地退出意愿，农户总可以拒绝政府的方案，农户等到 $t+1$ 时点提出方案时至少获得 $\underline{u_2}$ 的退地收益，因而在 t 时点，仅当 $\underline{v_2} \geqslant \delta_2 \underline{u_2}$ 时，农户才将接受政府提出的退地收益分配方案，即 $\overline{u_1} \leqslant 1 - \underline{v_2} \leqslant 1 - \delta_2 \underline{u_2}$（公式2）。

②假设农户在奇数时点提出退地收益分配方案，同理，则有 $u_2 \geqslant 1 - \delta_1 \overline{u_1}$（公式3）；$\overline{u_2} \leqslant 1 - \underline{v_1} \leqslant 1 - \delta_1 \underline{u_1}$（公式4）。

由公式1与4可得：

$$u_1 \geqslant 1 - \delta_2 \overline{u_2} \geqslant 1 - \delta_2(1 - \delta_1 \underline{u_1}) \Rightarrow \underline{u_1} \geqslant \frac{1-\delta_2}{1-\delta_1\delta_2}$$

由公式2与3可得：

$$\overline{u_1} \geqslant 1 - \delta_2 \underline{u_2} \geqslant 1 - \delta_2(1 - \delta_1 \overline{u_1}) \Rightarrow \overline{u_1} \geqslant \frac{1-\delta_2}{1-\delta_1\delta_2}$$

由于 $\underline{u_1} \leqslant \overline{u_1}$，因而有 $\underline{u_1} = \overline{u_1} = u_1 = \frac{1-\delta_2}{1-\delta_1\delta_2}$，又 $u_1 + v_2 = 1$；$u_2 + v_1 = 1$，则有

$$\underline{u_2} = \overline{u_2} = u_2 = \frac{1-\delta_1}{1-\delta_1\delta_2}$$

$$\underline{v_1} = \overline{v_1} = v_1 = \frac{\delta_1(1-\delta_2)}{1-\delta_1\delta_2}$$

$$\underline{v_2} = \overline{v_2} = v_2 = \frac{\delta_2(1-\delta_1)}{1-\delta_1\delta_2}$$

（5）结果分析：从求解过程来看，政府与农户之间宅基地退出收益议价博弈存在唯一子博弈精炼纳什均衡，均衡双方策略是：政府首先提出宅基地退出收益分配方案要求得到 $\frac{1-\delta_2}{1-\delta_1\delta_2}$ 退地收益，当农户获得大于等于 $\frac{\delta_2(1-\delta_1)}{1-\delta_1\delta_2}$ 的退地收益时，双方才能达成协议。农户首先提出的分配方案则是想获得 $\frac{1-\delta_1}{1-\delta_1\delta_2}$ 的宅基地退出收益，仅当政府获得大于等于 $\frac{\delta_1(1-\delta_2)}{1-\delta_1\delta_2}$ 的退地收益时，双方才能达成协议。

由于贴现因子 $\delta_1 \leqslant 1$、$\delta_2 \leqslant 1$ 的存在，随着谈判时间的推移政府与农户均不能获得比首期方案更高的宅基地退出收益。因而该子博弈精炼纳什均衡最终解为（$\frac{1-\delta_2}{1-\delta_1\delta_2}$、$\frac{\delta_2(1-\delta_1)}{1-\delta_1\delta_2}$）。

三、宅基地退出中农户优势地位的削弱

（一）农户的"耐心优势"

上述子博弈精炼纳什均衡解（$\frac{1-\delta_2}{1-\delta_1\delta_2}$，$\frac{\delta_2(1-\delta_1)}{1-\delta_1\delta_2}$）是贴现因子的函数，那么贴现因子大小对己方与对方的宅基地退出收益会产生怎样的影响呢？令函数 $f(\delta_1, \delta_2)$：

$$f(\delta_1,\delta_2) = \frac{1-\delta_2}{1-\delta_1\delta_2} - \frac{\delta_2(1-\delta_1)}{1-\delta_1\delta_2} = \frac{1-2\delta_2+\delta_1\delta}{1-\delta_1\delta_2}$$

$$\frac{\partial f}{\partial \delta_1} = \frac{\delta_2(1-\delta_1\delta_2)+\delta_2(1-2\delta_2+\delta_1\delta)}{(1-\delta_1\delta_2)^2} = \frac{2\delta_2-2\delta_2^2}{(1-\delta_1\delta_2)^2} > 0$$

$$\frac{\partial f}{\partial \delta_2} = \frac{(\delta_1-2)+\delta_1(1-2\delta_2+\delta_1\delta)}{(1-\delta_1\delta_2)^2} = \frac{2\delta_1-2}{(1-\delta_1\delta_2)^2} < 0$$

因此，$f(\delta_1,\delta_2)$分别为δ_1的增函数、δ_2的减函数。这表明在宅基地退出收益议价博弈过程中，贴现因子较大的一方，将获得更有利的均衡结果，同时意味着对方将得到更不利的均衡结果。由假定4可知，贴现因子由博弈参与人的耐心决定，耐心实质上是指参与人的心理与经济承受能力，因而随着谈判时间的拖延，更具有耐心（贴现因子更大）的一方将获得更多的宅基地退出收益，而缺乏耐心的一方将遭受更多损失。

户籍制度改革中政府应充分尊重农户宅基地退出意愿，农户宅基地退出意愿由其退地边际收益与边际成本决定，只有农户退地边际收益大于其边际成本时，农户才愿意退出宅基地。农户退地边际收益主要包括宅基地退出后，由政府提供的高层次城镇居民的系列福利包与退地补偿与补助等，因而农户退地边际收益的增长意味着政府边际成本增加。

由于贴现因子存在，尽管宅基地退出谈判时间拖延，将使双方都蒙受损失，但政府的损失更大。随着时间的拖延，政府不但要加大用于退地农户系列福利的财政支出，还将遭受因城镇化步伐放缓、财政收入减少等造成的损失，甚至面临宅基地退出工作无法推进的风险。另一方面，农户的损失则较小，主要包括宅基地废弃、闲置形成的成本，无法获得高层次城镇福利和退地补偿、补助等，而农户通过寻求外出非农务工等策略，容易弥补这些损失。因而，相比政府，农户在宅基地退出议价博弈中似乎更具有耐心，并使之能够获得更多退地收益，以维护自身的宅基地退出权益。

（二）政府的"先动优势"

在议价博弈中，先出价的一方往往有着"先动优势"，而这一优势的发挥取决于前述提到的耐心，即贴现因子。依据上述证明结果，政府首先提出方案，最终政府所获最大退地收益为$\frac{1-\delta_2}{1-\delta_1\delta_2}$，农户所获退地最大收益为$\frac{\delta_2(1-\delta_1)}{1-\delta_1\delta_2}$。

令$g(\delta_1,\delta_2)$为政府与农户退地收益的差函数，因$\delta_1 \in [0,1]$、$\delta_2 \in [0,1]$，则有

$$g(\delta_1,\delta_2) = \frac{1-\delta_2}{1-\delta_1\delta_2} - \frac{\delta_2(1-\delta_1)}{1-\delta_1\delta_2} = \frac{1-2\delta_2+\delta_1\delta_2}{1-\delta_1\delta_2}$$

① 若政府贴现因子大于等于农民贴现因子，即$0 < \delta_2 \leqslant \delta_1 < 1$，则$1-\delta_1\delta_2 > 0$，$1-2\delta_2+\delta_1\delta_2 \geqslant (1-\delta_2)^2 > 0$，因而$g(x) > 0$，因此，政府获得的退地收益超过半数且大于农户退地收益。

② 若政府贴现因子小于农民贴现因子，$0 < \delta_1 < \delta_2 < 1$，则$1-\delta_1\delta_2 > 0$；若$1-2\delta_2+\delta_1\delta_2 > 0$成立，则有$\delta_2 < \frac{1}{2-\delta_1}$，因而当$\delta_2 < \frac{1}{2-\delta_1}$时，政府获得退地收益超过半数且大于农户退地收益。

③ 即使政府没有任何耐心，$\delta_1 = 0$，那么政府获得退地收益$\frac{1-\delta_2}{1-\delta_1\delta_2} = 1-\delta_2 > 0$，若$\delta_2 < 0.5$，政府还将获得超过半数的退地收益。

上述分析表明，首先提出方案的政府较农户将更有机会获得更多宅基地退出收益，尽管农户具有"耐心优势"，然而只要政府与农户之间达成协议，政府依然可以凭借"先动优势"获得更多宅基地退出收益。因而政府给予退地农户众多优惠政策与退地补偿，目的在于尽快与农户达成退地协议，吸引更多农户退出宅基地；尽管谈判时间拖延将给政府带来更大损失，但只要在达成协议时，政府边际退地收益大于其

边际成本，政府依然可以凭借"先动优势"获得更多宅基地退出收益。

进一步，政府首先提出的宅基地退出收益分配方案的高低对己方或对方收益产生何种影响呢？假设政府首先提出两个收益分配方案，高方案代表政府出低价 p_1，并获得收益 S_1；低方案表示政府出高价 p_2，并获得收益 S_2；a 为政府所能支出的顶价，M_S 为政府高低两个方案的退地收益差，则有

$$S_1 = (a - p_1) \times \frac{1 - \delta_2}{1 - \delta_1 \delta_2}; S_2 = (a - p_2) \times \frac{1 - \delta_2}{1 - \delta_1 \delta_2}$$

$$M_S = S_1 - S_2 = (p_2 - p_1) \times \frac{1 - \delta_2}{1 - \delta_1 \delta_2} > 0$$

$M_S = S_1 - S_2 > 0$，由于政府多获得宅基地退出收益与农户所损失的宅基地退出收益绝对值是相等的，政府首先提出的高方案，除了具有"先动优势"外，政府还将获得额外的退地收益，最终宅基地退出收益分配将对其更为有利，而对农户将更为不利。在双方议价过程中，政府凭借其政策制定的优先权，往往首先抛出实现其宅基地退出收益最大化的高方案，然后视农户反应适时调整方案，寻求与农户要求的平衡点，若双方达成协议，政府除了凭借"先动优势"获得大部分退地收益外，还将凭借这种首先提出高方案的优势，获得额外退地收益，并使农户面临更大的退地收益的损失。

（三）农户的"后动优势"

在双方议价过程中，若政府与农户双方均具有足额的耐心，即 $\delta_1 = \delta_2 = \delta < 1$，最后提出方案的一方将占据有利地位，因为最后提出方案的一方将拒绝任何使自己不能得到的整个份额的方案，一直等到博弈最后阶段得到整个份额为止。若博弈有时间限制，在最后时点，如果双方仍未达成协议，双方均要回归自己的原始状态（政府放弃推进宅基地退出工作，农户仍然保留宅基地），双方的退地边际收益均为0。现实中，政府开展的宅基地退出工作是在周密的成本收益分析与调研基础上形成的，并得到社会各界广泛关注，实施后也产生了较为明显的经济社会效益，因而短期内该项工作难以自我否定。前述分析可知，该项工作以尊重农户宅基地退出意愿为基础，相比政府，农户更具有"耐心优势"，也往往是最后时点方案的首先提出者。

依据上述证明结果，农户首先提出方案，最终将获得 $\frac{1 - \delta_1}{1 - \delta_1 \delta_2}$ 最大退地收益，政府最终将获得 $\frac{\delta_1(1 - \delta_2)}{1 - \delta_1 \delta_2}$ 最大退地收益。

令 $h(\delta_1, \delta_2)$ 为农户与政府退地收益差函数，因政府与农户在议价博弈过程中具有同等耐心，即 $\delta_1 = \delta_2 = \delta < 1$，则有

$$h(\delta_1, \delta_2) = \frac{1 - \delta_1}{1 - \delta_1 \delta_2} - \frac{\delta_1(1 - \delta_2)}{1 - \delta_1 \delta_2} = \frac{1 - 2\delta_1 + \delta_1 \delta_2}{1 - \delta_1 \delta_2} > 0$$

也就是说在最后时点博弈中，农户首先提出方案，最终将获得更多宅基地退出收益，而政府将获得相对较少收益，这就是农户的"后动优势"。需要说明的是，尽管政府获得相对较少宅基地退出收益，但其边际收益依然高于其边际成本，政府依然有继续推进宅基地退出工作的正面激励，因为只要双方达成协议，政府就能凭借"先动优势"弥补农户"后动优势"对其造成的损失。

进一步，农户最后时点提出的宅基地退出收益分配方案的高低对己方与对方收益又将产生何种影响呢？假设农户最后提出两个收益分配方案，高方案代表出高价 p_1'，并获得收益 S_1'；低方案表示农户出低价 p_2'，并获得收益 S_2'，a' 为农户所能接受底价。M_S' 表示农户高低方案收益的差，有

$$S_1' = (p_1' - a') \times \frac{1 - \delta_1}{1 - \delta_1 \delta_2}; S_2' = (p' - a') \times \frac{1 - \delta_1}{1 - \delta_1 \delta_2}$$

$$M_S' = S_1' - S_2' = (p_1' - p_2') \times \frac{1 - \delta_1}{1 - \delta_1 \delta_2} > 0$$

$M'_S = S'_1 - S'_2 > 0$，由于农户多获得宅基地退出收益与政府所损失的宅基地退出收益绝对值是相等的，在最后时点的议价中，农户首先提出高方案，除了具有"后动优势"外，农户还将获得额外的退地收益，最终退地收益分配也对其更为有利，而对政府更为不利。因而在最后时点议价博弈中农户应尽量抛出一个适当高方案，此高方案既要保证农户获得更多收益，又要使政府存在继续推进宅基地退出工作的正面激励，只要双方达成协议，则农户就能凭借"后动优势"及首先提出高方案的收益，获得更多的宅基地退出收益，以维护自身的宅基地退出权益。

（四）村干部的"道德风险"

我国法律规定农村土地归集体所有，由于当前农村集体经济组织的名存实亡，集体指向的模糊，使村委会或村干部几乎成为农户唯一代言人[9]，同时因对村干部缺乏有效的监督和惩罚机制，使处于信息劣势的农户无法建立一套激励机制来解决代理人的"道德风险"①问题[8]。此外，因农村集体经济组织形同虚设，村干部工资主要由政府支付，这往往使村干部形成一种"对上级负责"的错误认识，而无法真正成为农户代理人；非但如此，政府出台的宅基地退出补偿文件，也要求给予集体经济组织一定的补偿，这更加剧了村干部的"道德风险"。课题组对重庆市"一圈两翼"132 个村随机抽取 463 户不愿意退出宅基地的农户，针对"您认为村干部在宅基地退出中作用与角色"问题的调查，发现有 15.7%的农户认为村干部仅仅执行上级任务，67.42%的农户认为村干部是在为自己谋私利，仅有 3.86%的农户认为村干部代表农户争取更多利益，认为其他占 13.02%。而对于"您认为谁是宅基地退出最大受益者"这一问题，63.58%的农户选择政府，33.24%的农户选择村干部，3.18%的农户认为是退地农户。

由于贴现因子存在，宅基地退出谈判时间的拖延意味着政府与农户都将遭受损失，双方应尽快达成协议以避免下期的损失。尽管没有直接参与政府与农户的议价博弈，但作为集体经济组织的实际代表的村干部也非常希望双方能够尽快达成协议，以减少时间拖延而给其收益带来的损失。因而村干部积极响应政府的宅基地退出工作，主要表现为积极协调政府与退地农户关系，积极协助上级政府大力宣传解释宅基地退出政策，以吸引更多农户退出宅基地。课题组在重庆市"一圈两翼"132 个村调查发现，在表示愿意退出宅基地的 263 户中，有 7.60%的农户自认为受到村镇干部宣传动员的影响[4]。而由于处于信息劣势，一些经村干部动员而退出宅基地的农户，没有进行全面退地收益风险评估，盲目退出宅基地，而引发一些新问题。如重庆市 YC 区农户户主 A 于 2011 年 4 月，经村干部动员整户"就地农转非"，并退出宅基地，据述当时村干部做了如下动员："① 转变为城镇户口能够享受高层次城镇社会保障服务；② 本村进行"巴渝新村"建设；③ 获得充足的宅基地退出补偿与购房补助购买新住房；④ 户主本人所居住的农房简陋"。然而当户主 A 退出宅基地后才发现，现有退地总补偿与补助不足以购买新住房，由于几乎没有家庭储蓄，同时因年龄因素户主 A 无力外出非农务工，户主 A 只得请求村委重新归还宅基地，然而政府相关政策规定，农户宅基地退出后不得重新申请，村干部拒绝其请求，户主 A 只得向乡镇政府反映现实情况，最终乡镇政府决定将其安排所在地的敬老院。尽管户主 A 获得安置与退地补偿，但他失去了宅基地发展权，村干部的"道德风险"加剧了农户退地收益损失。

四、维护农户宅基地退出权益的建议

本文构建 Rubinstein 议价模型模拟了政府与农户宅基地退出博弈过程，并认为在议价博弈中农户具有"耐心优势""后动优势"，处于优势地位，这种优势源于中央政府对农户宅基地退出意愿的尊重，然而农户的这种优势是相对的，在政府的"先动优势"与村干部的"道德风险"面前，处于信息劣势的农户面临优势地位被削弱的危险。

尽管政府将尊重农民意愿作为推进宅基地退出工作的前提，然而在具体实施过程中还是出现了"被上楼""被退地"等问题。结合实际问题，参考研究结论，本文从保护农户宅基地退出权益的角度，提出

---

① 此处道德风险既指村干部无法真正成为农户代理人，又指村干部对集体经济组织财产的侵占、挪用等行为。

如下建议：

第一，将尊重农户宅基地退出意愿落到实处。尽管重庆市已经明确转为城镇居民的农户3年过渡期满后，仍可保留土地，不强制退出土地，但还是有个别基层政府以完成上级所谓指标任务为托词，打着"征地"或"城乡建设用地增减挂钩"幌子，违背农户意愿地开展宅基地退出工作。因而政府在加大宣传农户宅基地退出是自愿行为的同时，需要建立专门机构了解户籍制度改革中的民意，及时处理宅基地退出工作中出现的新问题，对违背农户意愿开展工作的基层政府及工作人员进行相应的处罚。

第二，赋予农户参与拟定宅基地退出方案的权利。政府具有首先拟定宅基地退出方案的"先动优势"，而这对于农户是不利的。因而现阶段可以吸收农户代表参与宅基地退出补偿方案及退地优惠政策的拟定，并向退地农户发布征求意见公告，听取反馈意见，由政府与农户双方共同拟订方案。待条件成熟，允许农户首先提出宅基地退出方案，政府则负责提出方案相关修改意见，以保障农户最大限度地享有宅基地退出收益的"先动优势"。

第三，给予农户自由选择宅基地退出谈判代理人权利。鉴于宅基地退出中，村干部无法真正成为农户代理人的现实，政策应赋予退地农户可以通过召开全体村民大会选举退地事务代理人，全权负责农户宅基地退出谈判相关事务，也可以通过聘请第三方代理相关事务。这一代理人仅对退地农户负责，各级政府及村干部无权干涉，如此一来，既可以有效降低村干部的"道德风险"对农户宅基地退出收益造成的损失，又可最大限度地体现民主与公平。

第四，完善保障农户宅基地退出后可持续发展能力的政策。加快城镇保障性住房建设，降低农民工保障性住房申请门槛，通过宅基地置换住房等形式，加快偏远地区的农村新村建设，有利于保障农户宅基地退出后的合法权益；加大农户宅基地退出的综合配套设施投入，通过信贷、基金、地票等多种形式，提高退地补偿与购房补贴标准，同样有利于保护农户宅基地退出的合法权益。

参考文献

[1] 熊小林. 统筹城乡发展：调整城乡利益格局的交点、难点及城镇化路径 ——"中国城乡统筹发展：现状与展望研讨会暨第五届中国经济论坛"综述[J]. 中国农村经济，2010（11）：93-94.

[2] 陈锡文.《农民进城放不放弃承包地完全由他自己决定》[N]. 农民日报，2011-3-18.

[3] 滕亚为. 户籍改革中农村土地退出补偿机制研究 ——以重庆市为例[J]. 国家行政学院学报，2011（4）：101-104.

[4] 王兆林，杨庆媛，张佰林，等. 户籍制度改革中农户土地退出意愿及其影响因素分析[J]. 中国农村经济，2011（11）：49-61.

[5] 吴康明，陈霄. 农民土地退出意愿与关键环节拿捏：重庆例证[J]. 改革，2011（10）：61-66.

[6] Binmore K, Rubinstein A, Wolinsky A. The Nash Bargaining Solution in Economic Modelling[J]. Rand Journal of Economics, 1986（17）：176-188.

[7] Shaked A, Sutton J. Involuntary Unemployment as a Perfect Equilibrium in a Bargaining Model[J]. Econometrica, 1984, 52（6）：1351-1364.

[8] 晋洪涛，史清华，俞宁. 谈判权、程序公平与征地制度改革[J]. 中国农村经济，2010（12）：4-16.

[9] 陈剑波. 农地制度：所有权问题还是委托-代理问题？[J]. 经济研究，2006（7）：83-91.

作者简介

王兆林（1979—），男，山东临沂人，博士，副教授，硕士生导师；主要研究方向为土地资源管理。

餐饮企业网络团购营销策略探析

王志芬

互联网改变了我们的生活，也改变了企业的经营及销售模式。网络团购作为一种新型的电子商务模式，自从美国传入中国后就受到中国企业和消费者的追捧。餐饮类网络团购的出现给餐饮企业带来了新的销售方式及促销方式，其实惠的低价和购买的便捷被商家及顾客认可。

一、餐饮网络团购的兴起

团购网站兴起于美国，是一种新兴的电子商务网站。从诞生至今，这种新的网络销售模式已经创造了巨大的商业价值。团购网站以收取服务费的方式，充当商家与消费者间的媒介。"网络团购"与"传统团购"最大的不同点，就是它可以通过网络平台，将有相同需求和购物意愿的消费者组织起来，形成较大规模的订单，以此来享受购物折扣。网络团购作为当前经济和网络飞速发展的一种电子商务模式，改变了消费者在市场营销中的弱势地位，颇受消费者的欢迎。

2010 年，"美团网"作为我国第一家网络团购网站开始成立，在短短几年，国内就有数百家团购网站兴起，如窝窝网、拉手网等。根据统计数据显示，2015 年上半年全国餐饮美食团购成交额为 483.4 亿元，同比增长 316.8 亿元，餐饮类团购占据了六成以上的市场份额。

二、网络团购对于餐饮企业的意义

如今，已经有不少餐饮企业与团购网站展开合作，利用团购取得销售业绩的同时，也得到了消费者的关注。

1. 提高餐饮企业知名度

互联网用户的增长及团购网站发展的不断成熟，吸引了一批忠实稳定的顾客群。团购网站上所展示的餐饮企业产品信息通过团购网站得到了关注，增加了市场的知名度。

2. 平衡餐饮企业淡旺季营业额

餐饮企业通过团购网站可以协调经营时间段。例如，有些餐饮企业的营业高峰期是夜间，那么商家就可以将非就餐高峰时间段设计为团购产品，以稍低的价格进行团购，吸引顾客购买，引导顾客在低峰时间段就餐，从而达到平衡营业中忙闲不均、营业额高低不稳的情况。

3. 增加餐饮企业销售

网络团购通过低折扣吸引了更多的消费者，人气越来越高，餐厅就会更兴旺。另外，网络团购突破了餐饮企业的营销半径，可以在短时间里获得大量的客流。团购行为是一种组织行为，许多消费者的购买行为会给潜在顾客形成示范效应，增加消费者的安全感和归属感。由于"从众效应"的影响，餐饮企业产品的销售会走上良性循环。

三、餐饮企业网络团购弊端

很多餐饮企业通过网络团购带来了可观的客流及利润，尝到甜头的餐饮企业一发不可收拾，有将团购一直进行下去的趋势。网络团购这种商务模式对于餐饮企业而言更多的应该算是一种促销渠道和促销措施，如果滥用团购，会给企业带来不好的影响，长期使用团购除了会影响餐饮企业的形象之外，还会带来一系列问题。

1. 难以通过网络团购获利

网络团购吸引消费者的主要原因就是价格优势，很多消费者甚至抱着捡便宜的心态选择团购餐饮产品。但是对于餐饮企业而言，任何产品背后需要一定的成本支出，想通过团购产品盈利则不能吸引到顾客。因此对于餐饮企业而言，网络团购确实是一种新的销售渠道，短期内其以超低价及新的消费模式，吸引很多顾客尤其是年轻顾客，给企业凝聚不少"人气"。表面的繁荣往往容易迷惑餐饮企业。实际上由于价位较低，导致餐饮企业的利润低，即使天天爆满也很难达到目标利润，甚至还有可能赔本赚吆喝。

餐饮企业参与团购的目的和动机，应该是把团购作为营销和广告的一种手段，把广告费用让利给顾客，通过团购把目标客源请进来，通过顾客的亲身消费体验留住顾客，把头回客变成回头客。如果餐饮企业把团购作为一种销售渠道，那么增加的仅仅是营业收入，而非利润。

2. 影响商家的形象、影响正价菜品的销售

菲利普·科特勒在其营销学理论著作中主张，企业的定价要与企业定位保持一致。团购的主要特点是低价，长期的低价给消费者造成的印象就是该餐饮企业经营不善，客流量低，才靠长期的低价维持经营。

长期的低价促销会使得部分重品质型消费者，甚至炫耀型消费者放弃选择该餐饮企业，他们会认为其与自己的消费能力和地位不相匹配，从而餐饮企业走上恶性循环的道路，只能继续不断在低价的泥坑里挣扎。

3. 用餐服务质量与网络宣传容易出现偏差

餐饮企业毕竟是服务型企业，顾客的消费感受取决于多方面的综合感受。通过网络得到的信息与实际的消费容易存在偏差，从而会影响顾客的满意度。

如果餐饮企业只是一味通过网络团购来求关注和旺盛人气达到热销，有时会欲速则不达，弄巧成拙。伴随着餐饮网络团购规模的日益扩大，预约就餐难、服务态度变差、菜品缩水等一系列问题也浮现出来。

据中国吃网相关数据显示，网络投诉中餐饮团购投诉占了很大一部分，消费者对餐饮团购的质疑也越来越大，团购的品质越来越差，餐饮团购的效果已经越来越低，餐厅要借助餐饮团购来实现业绩和品牌的双丰收已经越来越难。

四、餐饮企业网络团购营销对策

餐饮企业在运用网络团购时，应该明确团购的目的不是为了短期销售，而是为了长期的名气和企业形象。因此要考虑从以下几个方面提升网络团购所能带来的利益及市场影响。

1. 确保团购信息真实可靠

餐饮企业要做到团购信息准确无误，确实可靠。不能网上是这样写，到店消费时就变样了。企业要做到所卖出的产品与网站上信息保持一致，还要与餐厅平时销售产品的质量保持一致。不能偷工减料，损害消费者权益，欺骗网购用户。此外，团购网站也应该肩负起对商家进行监督的责任，如果有用户投诉到商家信息有误，网站应立即找出责任，并取消这家餐饮企业参加网络团购活动，尽最大努力去减少团购顾客的损失。

2. 保障团购餐饮产品的服务

对于餐饮企业来说，如何借助网络团购的东风达到利润、品牌双赢的目的，而不是盲目追求人气数量，造成品质、服务都心有余而力不足，搬起石头砸自己的脚，这些都是餐饮企业需要注意的问题。

商家应保障菜品和用餐服务质量与网络宣传没有偏差。毕竟低廉的价格不能意味着顾客要享受廉价的服务。网络团购不只是一时的活动，餐饮企业应该严格要求自己，认真做好团购，为客人提供高品质的服务，才能使消费者满意，才会使消费者产生继续购买的欲望，才能更长久地吸引顾客，同时也达到广告宣传的效果。锁定更多的回头客，使销售稳定，才能达到共赢状态。

任何行业，只要是和人打交道，都涉及提供服务，因此，提高服务水准和品质是保证客户忠诚度的法宝。参与网络团购的餐饮企业应该适时推出企业服务热线、微博、微信公众号等，为客户提供及时解答和交流，可以促进客户自身的成长和对品牌的了解，形成良好的品牌效应。

3. 把握团购时机和商机

目前，有些餐饮企业陷入一个误区，就是"为了团购而团购"。他们与几十家团购网站合作，花费了不少精力与财力，但效果却不理想，原因在于没能把握好团购的时机和商机。

对许多消费品而言，会存在明显的淡旺季之分，这时候把握时机和商机就变得很重要。

例如，每年的秋冬季，火锅店营业额占全年的70%以上；而夏季，冰激凌店营业额占全年的70%以上，把握好时机，精心准备，往往事半功倍。

对于要打响知名度的餐饮企业来说，宜选择旺季做团购；而对于想增加销售额的餐饮企业，则宜选择在淡季做团购。

4. 选择与有一定实力的团购网站合作

除了把握住时机与商机，在哪些团购网站上发布、怎样发、时间节点的控制也相当重要。餐饮企业要根据产品的特征和整体营销策略，选择合适的团购网站长期合作，建立多赢的模式，保证团购的持久不衰。

由于互联网所具有的便利性和快捷性，因此目前大部分的餐饮企业或多或少都选择过网络团购。而现在的团购网站为数众多，水平参差不齐，有全国性的、有地方特色的、有细分市场的……因此如何找一家对的网站进行合作非常必要，应选择那些在市场营销、组织经验、服务保障、网站人气等方面较有优势的网站进行合作。通过这些团购网站，消费者能够快速便捷地了解到团购的具体信息，然后报名参加。只有通过团购网站集聚了一定的参与人数与人气，餐厅团购的规模效应才能显示出来，因此选择有一定实力的团购网站合作是很有必要的。

五、结　语

网络团购增加了餐饮企业的销售渠道和促销方式，在销售淡季准确恰当地推出餐饮团购产品不仅可以增加销售量，同时也可以增加市场的关注度和知名度，是一举多得的好事。但是网络团购主要还是以低价取胜的促销措施，餐饮企业在采用时把握好使用的度才能真正达到促销的效果，而不至于给顾客留下一年四季都在低价销售的印象。

参考文献

[1] 余松筠. 网络团购对餐饮企业的影响研究[J]. 无锡商业职业技术学院学报，2014（3）：46-49.

[2] 2014—2015年我国餐饮团购营销策略分析. 中国产业网，http://www.chyxx.com.

[3] 梁艺珂. 网络团购中消费者购买行为影响因素研究——以餐饮类团购为例[D]. 昆明：云南财经大学，2014.

作者简介

王志芬（1971.2—），璧山人，重庆工商大学旅游学院，讲师。

乡村旅游与移民农户生计可持续协调发展策略

肖 轶

摘 要：本文以三峡库区实际调查结果为基础，提出实现三峡库区乡村旅游与移民农户生计的可持续协调发展的策略。研究表明，改善景区的基础设施和改变移民农户能源消费模式，增加移民农户的物质资本；加强政策性金融支持，改善移民农户金融资本；贯彻执行国家九年义务教育方针和多方共同参与的乡村旅游职业培训体系，提高移民农户人力资本；加快乡村旅游专业合作社培育，增加移民农户社会资本；创新乡村旅游模式，保护和改善生态环境，增值移民农户自然资本。

关键词：乡村旅游；移民农户；协调；发展；三峡库区

改革开放后，随着人们旅游休闲时间的增加与生活水平的提高，旅游市场规模得以逐步扩大。1994—2012年，国内旅游收入年均增长达 19.51%，旅游人数年均增长 10.36%[1]。其中，乡村旅游作为旅游业的新兴力量，有着巨大的经济增长和辐射能力。乡村旅游成为推动农村地区社会经济可持续发展的重要替代手段之一，在稳定和提升农村经济增长、惠及民生方面发挥着极其重要的角色。乡村旅游是旅游发展的一种良好形态，也是促进农民增收致富、实现农村经济增长的一种新途径。它可以加速农业经济与旅游经济的融合，调整农村经济结构，促进生态环境的保护，提高农村剩余劳动力转移能力[2-4]。乡村旅游发展使农户生计策略从传统务农、外地打工向在本地旅游务工转变，生计方式更加多样化，生计环境有所改善，降低了生计脆弱性。但因农户自身属性和原有生计资本情况有所差异，面对作为一种外力介入的乡村旅游，不同类型的农户做出了不同的生计策略选择，从而导致了不同的生计结果[5-8]。

三峡库区自然资源十分丰富，是我国旅游业发展的重点区域，加上国家对库区旅游业的支持，使得库区旅游业发展前景更加广阔。同时，三峡库区也是典型的生态脆弱区和贫困区，特别是随着三峡工程的建立，三峡库区的生态保护问题和百万移民的生计可持续问题，成为政府和学术界关注的重点与难点。旅游业经常被看作乡村经济可持续发展的替代途径之一，旅游业会对农业、农民、农村产生重要影响，其中，对农民的影响无疑是最核心的最关键的[9-10]。乡村旅游重构了人与自然的关系，农户作为乡村旅游影响的直接承担者，三峡库区乡村旅游开发促使当地移民农户的生计资本和生计策略发生变迁和演化，从而使得移民农户对生活的满意程度发生转变，但乡村旅游对不同移民农户生计资本储量、生计策略转型以及生活满意度的影响具有差异性[11-12]。同时，乡村旅游开发与发展对农村环境会造成一定程度的污染与破坏。因此促使乡村旅游地人与自然和谐与共生，从方方面面提高移民农户的生计资本，增加生计策略的多样性，提升其生活满意度，是实现乡村旅游与三峡库区移民农户生计可持续协调发展的关键。

一、增加移民农户的物质资本

（一）综合国土整治带动基础设施完善

乡村旅游业作为旅游业与生态农业结合产生的一种新型产业，对带动农村地区第一、二、三产业的发展都具有重要意义，能促进农村地区的产业结构调整。乡村旅游景区的道路情况、卫生条件等基础设施的建设影响农户生计质量和游客体验质量。

当地政府可以考虑结合土地综合整治，实现三峡库区乡村旅游的科学规划，完善景区的基础设施建设。土地开发整理作为协调人地关系，实现土地资源优化配置的重要手段，在有效缓解人地矛盾、解决土地利用问题等方面将发挥越来越大的作用[13-14]。"综合国土整治"不再是单纯以增加耕地面积为主要目的，而是在严格控制耕地面积减少的基础上力求提高耕地质量，提高土地高效集约利用效率，做好该区域相关产业用地的梯度转移，实现区域均衡发展与资源互补，发展基础设施，改善产业结构，改善生态环境，最终实现区域农地质量的提升、产业结构的优势互补、土地集约节约利用以及生态环境友好。因此，在乡村旅游开发过程中，当地政府应将基础设施的建设和综合国土整治结合在一起，结合当地农村环境和农户生计特点，进行科学合理规划，使旅游业发展在当地生态环境容量、居民日常生活环境容量及当地农业生产容量许可的范围内可持续发展。

（二）改变能源消费模式

农户是农村生产生活和决策的最基本单位，农户生计行为决定着其对农村资源的利用方式及利用效率，这些都对农村生态环境有着深远的影响[15-16]。三峡库区是典型的生态脆弱区，由于其独特的地形地貌和资源禀赋，一直以来就是一个以农业人口为主，经济社会相对贫困落后的地区，乡村生态环境是乡村旅游赖以生存和发展的基础，保护好生态环境是乡村旅游可持续发展的保证。

在进行乡村旅游开发的过程中要做好旅游地自然资源、生物资源和水体资源的保护，切不可进行以牺牲生态环境为代价的盲目开发。同时，还要改变移民农户的能源消费模式。目前，调查发现乡村旅游开发前后，三峡库区农户家庭能源主要还是以煤为主要消费能源，为了更好地实现乡村旅游的可持续发展以及农村生态保护，改变农户能源消费模式十分重要，未来，希望用更干净环保的能源代替传统的能源。同时，要以开发促进环境保护，开发可以带来旅游收入的增加，利用其中一部分资金建立环保基金，专门用于环保工作的支出。

二、改善移民农户金融资本

（一）加大政府资金扶持

中央和各级政府对可施行的乡村旅游项目要积极地投入资金，加强政策性金融支持。第一，在乡村道路扩建、"农家乐"停车场、游客集散地、公共卫生等服务类基础环境设施上均给予资金支持。第二，除了直接的财政投入、优惠贷款和农村小额贷款外，还应执行有关涉农优惠政策，对开展旅游项目经营活动的农户实行税费减免。同时，加大对农户从事乡村旅游贷款的利率补贴，以减少农户贷款压力，提高农户参与乡村旅游建设的积极性。第三，推进旅游村的信息化建设，做好宣传促销工作。全方位调动积极性，推行扶贫性质的小额贷款，鼓励更多的民间资本参与乡村旅游开发。在此基础上整合现有的各种资金渠道，吸引社会资金和民间资本，引导大型旅游企业参与开发和经营。第四，乡村旅游产业可以联合其他第一、二产业以及国家各类行政部门共同发展，整合资金链，形成合力。可以利用好新农村建设资金、土地开发整改政策以及基础设施整改等有利条件，扶持一系列乡村旅游项目，建立好乡村旅游示范点。

（二）建立多渠道融资途径

农户收入低，缺乏资金投入建设严重困扰乡村旅游的发展，因此要建立移民农户融资途径的多样性。第一，积极引导民间资本对乡村旅游发展的投入，努力形成政府资金与社会资金相结合的多渠道、多元化的投入机制。第二，在有效防范金融风险的前提下，逐步扩大惠民贷款规模，创新和完善农村金融服务，满足农户必要的贷款需求[17]。在整个金融体系中，农村金融目前是最薄弱的环节，农村金融机构网点覆盖率低，体制机制不健全，服务供给不充分。因此，一方面要进一步放宽对小额信贷和微型金融服务业的市场准入，大力发展适合农村特点和需要的小额信贷及微型金融服务，开放民营资本进入小额信贷和微型金融服务业的途径。另一方面还需要加强农业保险体系建设、创新农村金融产品服务。

三、开发移民农户人力资本

（一）提高农户教育程度

我国人口素质普遍偏低，农村普遍教育水平不高，农户缺乏必要的非农劳动技能。提高农户教育水平是提升农村潜在人力资本的重要手段。在乡村旅游地应普遍贯彻执行国家九年义务教育方针。同时，政府和教育部门应加大对基础教育设施的投入，推进农村教育设施的标准化建设。通过教育信息化扩大优质资源覆盖，提高农村义务教育质量[18]，培养和开发生计资本缺乏农户的自身能力。

（二）增加农户职业技能

目前，我国乡村旅游的开发和研究处于起步阶段，农户缺乏旅游经营服务意识，不能满足游客较高服务质量的要求。因此，应建立起以政府投入为主导、旅游开发企业、职业培训机构、职业教育机构等多方共同参与的乡村旅游职业培训体系。由旅游管理部门牵头，加强对乡村旅游参与人员的岗前培训与在岗继续教育培训。所以一方面要强化农户的旅游服务意识和可持续发展旅游事业的意识；另一方面要针对不同的农户经营者进行语言交流能力、礼仪知识、烹饪技巧、经营管理能力等相关的旅游专业技能培训，以提高农户的服务质量，保证农户生计的可持续发展能力。

（三）培养和引进先进的旅游管理人才

目前，我国从事乡村旅游经营管理专业的人员相对较少，在实际操作中，乡村旅游区的管理人员大多是由当地村委会干部及村民负责，他们缺少系统的专业知识培训，这与乡村旅游快速发展的现状是矛盾的。因此，政府应积极引导、鼓励公办职业学校和民办职业学校开办乡村旅游管理相关专业，培育乡村旅游业需求的职业核心技能。另外，也可以积极实施旅游高级人才引进工程。第一，政府通过设立各类激励政策促进高等专业人才引进。第二，建立区域内人才交流与合作机制，通过人才交流、人才信息、人才招聘等形式吸收更多乡村旅游管理专业人才。第三，分批、分类培训各类乡村旅游管理相关专业人才。第四，通过直接招聘应聘毕业生、地方选送、学校培训或者创建研究生基地等方式吸收高层次人才[19]。

四、组合移民农户社会资本

（一）加快乡村旅游专业合作社培育

乡村旅游要发展，需要走上专业化、产业化发展的道路，农户可以通过参加农村新型股份合作社，集中力量发展乡村旅游。通过农村合作组织，改变原有的粗放生产经营模式，转变到有组织有管理的集约生产经营，进而提高生产经营的效率，不仅可以增加农户收益，还能够降低碳排放，改善农村生态环境。农村新型股份合作社属于农民专业合作社范畴，是在稳定农村基本经营制度的基础上，以农民为主体，以出资多元化、要素股份化、发展规模化、生产标准化、经营产业化、管理规范化、运作市场化为主要特征的新型农民专业合作组织[20-22]。虽然近年来三峡库区农民专业合作发展取得了显著成绩，但也存在一系列问题。为了更好地了解当前三峡库区农村新型股份合作社的运行状况，本研究选取三峡库区已开展农村新型股份合作社试点工作的有代表性的6个区县，抽样选取40个已开展的农村新型股份合作社进行实地调查。

调研发现，当前三峡库区农村新型股份合作社的整体经营水平还不高，总体还处于初级发展阶段，各方面均有较大的提升空间，同时当前以乡村旅游为主要经营目的的专业合作社在三峡库区较少，并且都处于初级发展阶段，产业化、专业化程度不高。因此，在当前三峡库区乡村旅游新型股份合作社发展的初期阶段，政府的适当参与和合理引导是十分必要的，各级政府应继续加大宣传教育，传播合作社理念，普及合作社知识，建立合作社与政府的良性互动关系，以政策措施、法律手段、经济手段等促进乡村旅游新型股份合作社健康有序发展。同时，由于三峡库区各区域自然、社会和经济条件不尽相同，应因地制宜，根据各区域农村经济发展和农民的需求制定不同区域的发展战略，要坚持边发展边规范，在保持和提升乡村旅游新型股份合作社现有竞争力的前提下，通过调整和不断完善合作社的内部制度安排及加强外部规制来巩固合作社的性质和功能，在发展中摸索经验并逐步对其规范，培育三峡库区乡村旅游新型股份合作社不断走上规范化和可持续性的发展道路。只有这样才能通过农村专业合作社发展乡村旅游，使乡村旅游发展规范化，在提高农户收入的同时，减少农村资源浪费，保护好农村的生态环境。

（二）合理引导农户兼业

根据实际情况，充分利用当地优势资源，大力发展乡村旅游业，带动当地二、三产业发展，为农户创造更多的就业机会，实现生计多样化，多渠道降低农户生计脆弱性。乡村旅游在发展过程中存在很多问题，比如活动项目形式单一，市场混乱，利益分配不均，乡村环境条件亟待改善，服务接待设施有待提高，经营规模小，农户服务意识缺乏等，因此要扶持发展可持续的乡村旅游业[23-24]。同时，根据不同农户自身情况合理引导农户兼业选择，促进农户生计的可持续发展。

根据不同类型农户的情况，合理引导农户兼业。按非农化程度的高低以及农户生计多样化的差异，综合已有农户类型划分的研究成果，以家庭主要劳动力的投入方向、家庭主要收入及所占比重为标准，将农户生计类型划分为 4 种：纯农户、农业兼业户（Ⅰ兼农户）、非农业兼业户（Ⅱ兼农户）和非农户。其中，"纯农户"是指家庭从业人员主要以养殖、种植为生计方式，并取得其收入的农村住户，或家庭从业人员中有人从事少量非农产业活动，但其非农劳动力投入不超过家庭劳动力总投入的 20%、非农收入不超过家庭总收入 10%的农户。"农业兼业户（Ⅰ兼农户）"是指家庭从业人员既从事农业生产活动，又从事非农产业活动，以短期务工、种植和养殖为主要生计方式，但取得的农业收入超过非农业收入的农户。"非农业兼业户（Ⅱ兼农户）"是指家庭从业人员既从事农业生产活动，又从事非农产业活动，以长期务工、经商和少量种养殖为生计方式，且取得的非农业收入超过农业收入的农户。"非农户"是指家庭从业人员从事的主要行业均为非农行业，或家庭成员中有人从事少量农业活动，以长期务工和经商为主要生计方式，非农劳动力投入不低于家庭劳动力总投入的 70%，取得的非农收入不低于家庭总收入的 90%的农户。纯农户和农业兼业户（Ⅰ兼农户）都是低度兼业，非农业兼业户（Ⅱ兼农户）是中度兼业，非农户属于高度兼业。

在乡村旅游发展过程中应根据不同类型农户的具体情况，加以合理引导农户兼业选择，促进乡村旅游与农户生计的可持续发展。考虑到纯农户单纯依靠耕种承包地、养殖等难以实现致富，政府应鼓励其在农业内部兼业。一方面通过对农业灌溉系统的整修、加固、改造和农田基本建设，改变我国农业靠天吃饭的局面，增加纯农户的经济收入。另一方面农民家庭的各种消费支出，如子女教育、医疗、建房买房等支出，需要相应的家庭资本来支持，单纯的农业收入不稳定，呈现出明显的季节性，这就要求政府提供一系列有效的社会保障制度来加以满足。只有这样，才能使纯农户专心从事农业生产，为保持乡村旅游地的原真性、乡村性提供保障，促进乡村旅游和农户生计的可持续发展。对于农业兼业户（Ⅰ兼农户），只是由于农业生产活动的季节性，农户利用闲暇时间短期务工。针对这种情况，一方面政府要大力支持当地乡村旅游业的发展，为农户提供更多的兼业机会，带动农业兼业户（Ⅰ兼农户）在乡村旅游地从事工资性工作，引导其在当地就业，增加收入。另一方面由于农业兼业户（Ⅰ兼农户）家庭劳动力和资金状况都要优于纯农户，因此政府要引导农业兼业户（Ⅰ兼农户）将其部分收入用于投资经营乡村旅游业活动。对于非农业兼业户（Ⅱ兼农户），要完善农村金融市场体系，降低农户融资门槛，拓宽融资渠道，鼓励农户从事乡村旅游相关活动的个体经营，比如经营家庭旅馆、开店面出售土特产品等；也可通过乡村旅游业的发展带动龙头企业的发展，从而带动非农业兼业户（Ⅱ兼农户）向非农户转化，并且尽可能加快这部分农业劳动力的转移。政府要鼓励非农农户发展个体私营经济，对放弃土地经营权用于乡村旅游开发的农户给予一定的资金补偿，为其从事乡村旅游业提供资金的支持，并使土地尽可能集中到纯农户手中，以实现农业的规模经营，促使其尽快离农，从而使农户收入持续不断增长。

五、增值移民农户的自然资本

（一）打造特色，创新乡村旅游发展模式

近年来乡村旅游在推动农村社会经济快速发展中发挥着重要角色，有效地拓宽了农户的增收渠道，优化了劳动力结构，提高了农户的生活水平。三峡库区乡村旅游发展当前还处于初期阶段，此时基础设施的建设、相关政策的制定、市场的培育以及资金的配套等都有一定的滞后性。目前，三峡库区的乡村

旅游还是停留在以扶持农村经济发展为重心，在开发建设中出现了如生态破坏、过度商业化而忽视政府、企业和农户之间的利益协调、缺少特色产品等问题。而移民农户参与乡村旅游也基本停留在传统的摆摊设点和规模较小的家庭式农家乐。在这种情况下，移民农户通过乡村旅游开发的致富目标受众群体有限，收入提高不够显著，且没有形成移民农户生计可持续发展的模式。因此乡村旅游的发展要通过创新乡村旅游模式，利用本区域乡村旅游优势资源，打造特有的乡村旅游模式，做大做强，做出品牌，产生辐射和聚集效应。实现乡村旅游业的可持续和乡村旅游目的地的可持续，也是经济、生态、社会、文化的可持续发展。

目前，我国乡村旅游的发展模式，可概括为民俗风情型、景区依托型、现代农村展示型、度假休闲型、农场庄园型、特色产业带动型和旅游小城镇型。在乡村旅游发展中，应当尊重农民的首创精神，围绕当地特色旅游资源，引导各种模式个性化发展，推动各种模式间的优势互补，积极摸索创新适合当地的乡村旅游模式[25]。创新乡村旅游模式需要从以下几方面入手：第一，通过科学的区域规划、促进区域间和区域内的协调合作、拓展融资渠道等手段，以当地特色资源为基础，实现产品、文化、经营模式等乡村旅游开发中各环节的差异化。第二，将旅游目的地建设和乡村旅游模式创新结合起来。从"乡土性"的旅游体验向"乡土、自然、休闲"的综合旅游体验整合[26]。第三，乡村旅游经营组织要及时研究旅游者的需求变化，推出迎合旅游者的乡村旅游新产品。通过制度设计和制度创新，调整乡村旅游发展中政府、外来投资者、当地农户、游客各利益主体的利益格局，实现投入与产出的合理配比。第四，在组织机制创新上，要运用市场资源配置的优势，整合市场资本，优化资源配置，为乡村旅游发展和农户生计可持续协调发展提供良好的组织基础[27]。

（二）优化生态环境，推进绿色旅游发展

乡村旅游成为旅游业的重要组成部分，在对农村社会经济发展做出重大贡献的同时，也因过度盲目开发、很多农户只顾眼前利益的粗放经营，导致乡村生态破坏和环境污染严重，阻碍了乡村旅游和农户生计的可持续发展。乡村自然人文环境的原真性是对城市游客最大的吸引力，因此要注重保护和改善生态环境，充分考虑当地自然生态承载力和社会承载力，提高农村环境质量和农户生计的水平，促进乡村旅游发展和农户生计的可持续发展。具体通过以下几个方面改善：第一，加快实施土地综合整治、水土流失防治等生态修复工程扩大环境容量，实施生态环境提升工程，打造绿色景观。第二，合理开发农业资源、矿产资源、农业产品和农耕文化，重点防范不合理的开发活动造成的生态环境污染和破坏。加强对当地村民和游客的教育宣传，严禁乱砍滥伐、违规乱建。第三，大力发展低碳、环保、绿色、循环可持续利用的新型工业和现代农业，推进绿色旅游发展。第四，落实生态环境建设目标责任制，加强环境监管，建立健全环境问责机制和环境损害赔偿制度[28]。第五，协调旅游发展用地与自然资本之间的关系，发展生态农业，推动农业生态化、旅游化、规模化和市场化，防止乡村性缺失。第六，建立生态补偿机制。从景区管委会、旅游企业、其他旅游经营者等利益收入中，收取一定资金，建立专项基金，反馈于生态环境维护及农村环境建设。鼓励当地经营者进行无公害、无污染、生态化建设，给予政策上的支持，并提供减免税收等优惠政策进行补偿[29]。

（三）完善相关制度，保障农民利益

在乡村旅游发展中，随着旅游发展用地不断扩张的情况，政府应从农村实际和旅游市场需求出发，坚持不脱离农民、不脱离乡土、始终把农民利益放在第一位，充分发挥市场的主体作用，指导各地农村旅游朝市场化、产业化方向发展。

（1）设计公平合理的征地补偿制度。随着乡村旅游的快速发展，旅游产业日益成熟，规模逐渐扩大，向产业化方向发展，旅游发展用地不断扩张。国家对失地农户的补偿标准过低，造成农户对征地补偿满意度低。同时，很多农户失去土地后，在乡村旅游发展的初期通过经营家庭旅馆、摆摊出售土特产等方式尚能获得一定收益。但随着乡村旅游规模化和产业化的发展，很多就业机会大多由外来高素质人才所替代，严重影响了当地农户的生计策略。因此可以从以下三方面优化征地补偿制度：第一，全面评估土

地价值，严格控制征地范围。充分认识农业土地综合价值，科学划定允许和限制乡村旅游开发区域，从而合理引导旅游企业征地行为，避免盲目开发造成的资源浪费。第二，确保农村土地产权的完整性，建立"征后补偿"机制。通过确定农村集体自主经营土地获得的最高净收益进行初次补偿，并在征用土地投入乡村旅游开发经营一段时间后再进行二次补偿。第三，推进集体土地产权流转，消除要素流动的政策壁垒。利用市场机制替代土地利用强制性干预和交易壁垒，建立和完善集体土地产权交易制度和市场平台[30]。

（2）健全农村社会保障制度。乡村旅游发展中土地征用和失地农户是普遍存在的社会现象，可以通过多样性的社会保障制度避免农户因乡村旅游开发征地出现的"失地失业"，提高农户生计水平。具体可通过以下几个方面尝试：第一，完善失地农民养老保险制度。可以从乡村旅游开发收益中抽取一定比例的资金作为失地农户缴纳养老保险费用的补贴，这样不仅能提高农户参加养老保险的积极性，还能缓解由于乡村旅游发展的利益分配引发的旅游企业与当地农户之间的矛盾。除此之外，还应针对当地农户做好养老保险的宣传。第二，建立和完善失地农户最低生活保障制度。将贫困农户，特别是在乡村旅游开发中被征地的农户（老年人、残疾人等），纳入最低生活保障体系中，并提高他们的最低生活保障标准[31]。第三，完善失地农民医疗保障制度。可以每年从乡村旅游开发收益中抽出一部分资金为失地农户投一份疾病保险，防止出现因病致贫。并且通过社会公益募捐等形式筹集经费，尝试设立农民医疗救助基金，为那些贫困农户提供资金帮助。最后，进一步创新农村合作医疗制度。

（3）采取合理的利益分配机制。在目前乡村旅游市场运作的利益分配格局中，由于信息不对称导致的经济外部性，移民农户在利益分配格局中处于绝对的弱势群体。因此，政府应鼓励农户以乡村旅游可持续发展的主体全方位参与乡村旅游开发建设经营的全过程[32]，这样不仅充分调动农户的积极性，还可以让整个利益分配移民农户都可以参与。移民农户通过政府引导以土地、宅基地或出租或入股获得租金、股金，或在旅游产业工作获得报酬，以及开展旅游经营活动所得收入等作为收益渠道。这样既可以融合乡村旅游地周边环境，同时可以使农产品直接面对消费者，减少流通环节，增加附加值，增加农户收益，增强农户的环保意识，加快科技种养力度，培育特色农业，实现乡村旅游发展和移民农户生计的可持续发展[33]。

六、结　语

结合前面的研究成果，为了实现三峡库区乡村旅游与移民农户生计的可持续协调发展，本研究分别从以下几个方面提出了相应的政策建议。

（1）增加移民农户的物质资本。一方面，可以结合综合国土整治项目改善景区的基础设施；另一方面，改变移民农户能源消费模式，用更干净环保的能源代替传统的能源。

（2）改善移民农户金融资本。一方面，中央和各级政府对可施行的乡村旅游项目要积极地投入资金，加强政策性金融支持；另一方面，由于农户收入低，缺乏资金投入，建设严重困扰乡村旅游的发展，因此要建立移民农户融资途径的多样性。

（3）开发移民农户人力资本。首先，在乡村旅游地应普遍贯彻执行国家九年义务教育方针；其次，应建立起以政府投入为主导、旅游开发企业、职业培训机构、职业教育机构等多方共同参与的乡村旅游职业培训体系；最后，当地政府应积极培养和引进先进的旅游管理人才。

（4）组合移民农户社会资本。一方面，乡村旅游要发展，需要走上专业化、产业化发展的道路，加快乡村旅游专业合作社培育；另一方面，根据不同农户自身情况合理引导农户兼业选择，促进农户生计的可持续发展。

（5）增值移民农户的自然资本。首先，创新乡村旅游模式，利用本区域乡村旅游优势资源，打造特有的乡村旅游模式，做大做强，做出品牌，产生辐射和集聚效应；其次，应注重保护和改善生态环境，充分考虑当地自然生态承载力和社会承载力，提高农村环境质量和农户生计的水平，优化生态环境，推进绿色旅游发展；最后，通过设计公平合理的征地补偿制度、健全农村社会保障制度、采取合理的利益分配机制等方面，完善相关制度机制，保障移民农户利益。

参考文献

[1] 胡静. 2013 中国旅游业发展报告[M]. 北京：中国旅游出版社，2013：8.

[2] Sosina B，Christopher B B，Stein T H. Does the Nonfarm E-conomy Offer Pathwaysfor Upward Mobility? Evidence from a Panel Data Study in Ethiopia[J]. World Development，2012，40（8）：1634-1646.

[3] 张述林，胡科翔. 三峡库区旅游资源可持续利用研究[M]. 北京：光明日报出版社，2010：189-199.

[4] 肖轶，尹珂. 三峡库区移民农户对乡村旅游开发的响应及其生计变化研究[J]. 资源开发与市场，2016，32（2）：230-234.

[5] 贺爱琳，杨新军，陈佳，等. 乡村旅游发展对农户生计的影响研究 ——以秦岭北麓乡村旅游地为例[J]. 经济地理，2014，34（12）：174-181.

[6] 肖佑兴，明庆忠，李松志. 乡村旅游的概念和类型[J]. 旅游科学，2001（3）：79-82.

[7] Bramwell B，Lane B. Rural Tourism and Sustainable Rural Development [M]. UK：Channel View Publications，1994：102-105.

[8] Hegarty C，Przezborska L. Rural and agri-tourism as a tool for reorganizing rural areas in old and new member states-a comparison study of Ireland and Poland [J]. International Journal of Tourism Research，2005，7（2）：63-67.

[9] 柳百萍. 发展乡村旅游与转移农业剩余劳动力新选择研究[J].中国农学通报，2006，22（6）：136-140.

[10] 何景明. 国外乡村旅游研究评述[J]. 旅游学刊，2003（1）：76-78.

[11] 邹统钎. 中国乡村旅游发展模式研究 ——成都农家乐与北京民俗村的比较与对策分析[J].旅游学刊，2005，20（3）：64-68.

[12] 龙花楼，刘彦随，邹健. 中国东部沿海地区乡村发展类型及其乡村性评价[J]. 地理学报，2009，64（4）：426-434.

[13] 罗明，王军. 中国土地整理的区域差异及对策[J]. 地理科学进展，2001，20（2）：97-103.

[14] Zhang T W. Land market forces and government's role in sprawl：the case of China [J]. Cities，2000，17（2）：123-135.

[15] Janvry D，Sadoulet E. Household Behavior with Imperfect Labor Markets [J].Industrial Relations，2006，37（1）：85-108.

[16] 贺振华. 农户兼业的一个分析框架[J]. 中国农村观察，2005（1）：36-41.

[17] 孔祥智，钟真，原梅生. 乡村旅游业对农户生计的影响分析 ——以山西三个景区为例[J]. 经济问题，2008（1）：115-119.

[18] 蒙慧. 发展乡村旅游促进农村剩余劳动力转移研究 ——以贵州为例[J]. 旅游纵览月刊，2014（7）：211-212.

[19] 古帆. 连片贫困地区生计问题与协同发展研究 ——以湖北省民族地区为例[D]. 武汉：中南民族大学，2013.

[20] 喻国良，汤顺清. 农民专业合作经济组织的利益分配机制研究[J]. 北方经济，2007（8）：17-18.

[21] 郑有贵. 农民专业合作社金融支持路径与政策研究[J]. 农村经营管理，2008（4）：26-30.

[22] 聂丹，周敏倩.江苏省农民专业合作组织经济贡献能力评价[J]. 农业技术经济，2008（5）：78-84.

[23] 陈浩. 非农职业因素对农户兼业结构及其离农意愿的影响[J]. 南京农业大学学报：社会科学版，2013（1）：11-21.

[24] 向国成，韩绍凤. 农户兼业化：基于分工视角的分析[J]. 中国农村经济，2005（8）：4-9，16.

[25] 夏林根. 乡村旅游概论[M]. 上海：东方出版中心，2007：23-24.

[26] 张琳姗. 乡村旅游创新模式路径研究[J]. 经济研究导刊，2011（22）：134-135.

[27] 周玲强，黄祖辉. 我国乡村旅游可持续发展问题与对策研究[J]. 经济地理，2004，24（4）：572-576.

[28] 李娟，马长海. 乡村旅游扶贫研究 ——以河北省涞水县为例[J]. 环渤海经济瞭望，2014（2）：45-47.

[29] 吴淞潮. 基于可持续生计的苏州沿太湖乡村旅游发展规划策略研究[D]. 苏州：苏州科技学院，2014.

[30] 柴铎，董藩. 美国土地发展权制度对中国征地补偿改革的启示——基于福利经济学的研究[J]. 经济地理，2014，34（2）：148-153.

[31] 吴丽丽. 农村土地流转背景下失地农民社会保障体系构建[J]. 农业经济，2016（2）：82-83.

[32] 郑群明，钟林生. 参与式乡村旅游开发模式探讨[J]. 旅游学刊，2004，19（4）：33-37.

[33] 高军波. 我国乡村旅游发展中农户利益分配问题与对策研究[J]. 桂林旅游高等专科学校学报，2006，17（5）：577-580.

作者简介

肖轶（1981—），女，重庆人，博士，副教授；研究方向：农村经济。

重庆市经济型酒店的选址与布局问题研究

——以重庆 7 天连锁酒店为例

许　曦

摘　要： 自 1996 年中国第一家经济型酒店锦江之星建立以来，我国的经济型酒店发展迅猛。近年来，一线城市经济型酒店建设已趋于饱和，投资者们纷纷把目光转向二、三线城市。重庆作为一个新兴快速发展的直辖市，经济型酒店市场发展潜力巨大。但与国外相比，重庆的经济型酒店在经营管理、布局选址及市场的清晰度方面均存在很大的差异。本文以 7 天酒店为例，深入研究分析了它在重庆的各门店选址和布局情况，探讨未来发展趋势，以期为国内相同城市及二、三线城市未来经济型酒店的发展提供借鉴。

关键词： 经济型酒店；选址；布局

随着人们生活水平的提高，大众旅游的普及和推广，高档次的涉外酒店已不能满足普通大众对旅游消费的需求，一种快捷、方便，价格适中的经济型酒店应运而生。经济型酒店又称为有限服务酒店，相对于奢华型酒店而言，其特点在于价格的优势、低廉的成本和低廉的运营，突出酒店的居住实用功能，设施一般化，追求足够大的客流量以保证薄利多销。近年来，受益于休闲旅游和商旅市场的蓬勃发展，国内经济型酒店的发展极为迅猛，扩张布局方向也由一线城市转向二、三线城市。但由于各地区资源禀赋、经济、交通、历史和基础设施等方面存在差异，经济型酒店的分布在不同尺度的区域内仍然很不平衡，不能确保区域内任意一点同等地实现对资源的共享。因而研究经济型酒店的选址与空间布局对合理优化酒店空间结构，适应现代旅游者行为规律变化以及现代城市发展具有重要意义。

本文着眼于此，选取在重庆极具代表性的 7 天连锁酒店为例，主要从宏观布局和微观选址两方面入手，对其做深入研究，并结合重庆经济发展状况，探讨经济型酒店未来的发展趋势。

一、重庆 7 天连锁酒店的门店数量及宏观布局

1. 7 天连锁酒店在重庆各区数量及空间分布

重庆是中国最大的直辖市，人口约 2 945 万，总面积达 82 402.95 平方千米，下辖 38 个行政区县（包括 19 个区和 19 个县）。2015 年，重庆有 7 天连锁酒店 54 家，分布于 14 个区 6 个县，以主城九区为主，北至万州区和开县，南至秀山县，西达荣昌区，东到涪陵区。其中，各区数量空间分布见表 1。

从表 1 中可以看出，在重庆，7 天连锁酒店大致以开县、荣昌、黔江区为顶点，呈三角形分布，其中主要门店密集分布在主城九区，其余则散布于主城西北、东北方向，距主城 40 ~ 250 千米车程的区县。

2. 7 天连锁酒店在重庆主城九区的数量及分布特点

据统计，在重庆，7 天连锁酒店共有 54 家门店，其中有 39 家，约 72% 都集中在主城九区，并已显现出以渝中区为中心，向西部扇形分布的特点（见表 2）。

表1 2015年重庆7天酒店门店分布数量统计表

行政区	门店数	行政区	门店数
渝中区	11	涪陵区	1
江北区	9	黔江区	1
沙坪坝区	4	合川区	1
九龙坡区	6	长寿区	1
南岸区	4	荣昌区	1
北碚区	2	丰都县	1
渝北区	3	秀山县	1
万州区	3	武隆区	1
永川区	1	开县	1
南川区	1	璧山区	1
合　计		54	

表2 7天酒店在重庆主城九区的数量统计表

行政区	门店数	行政区	门店数
渝中区	11	北碚区	2
江北区	9	渝北区	3
沙坪坝区	4	大渡口区	0
九龙坡区	6	巴南区	0
南岸区	4		

二、重庆7天酒店的微观选址规律——以主城九区为例

结合门店布局，深入研究各门店周边环境后，发现重庆7天连锁酒店的选址主要呈现以下规律：

1. 主城三大商务中心区是7天连锁酒店的首选

商务中心区是指以商务活动为主，娱乐、休闲、餐饮等服务业聚集形成的商业区域。经济型酒店的客源主要以商务客人为主，并且其规模扩张和长远发展要靠门店数的增加来实现。因此，一个城市发展成熟的商务区往往是经济型酒店选址的关键。从7天连锁酒店在重庆的选址状况来看，作为重庆市商务金融中心的渝中区、重庆市党政机关密集的主行政区江北区、商务旅游业发达的九龙坡区门店分布得最为集中，分别拥有门店11家、9家、6家，共占主城九区的66.7%。另外，作为重庆主要教育文化区域的沙坪坝、南岸区也因拥有密集人流，商务发展较为成熟，成为酒店选址热点，分别都拥有4家门店，占到20.5%。而商务发展相对滞后，地理位置较为偏远的北碚区、大渡口区和巴南区则酒店相对缺乏，有些甚至没有。

其次，在上述三大商务中心区中，主商圈解放碑和观音桥又是重中之重。其中，解放碑商圈有7天连锁酒店6家；观音桥商圈有4家。仅这两个商圈中心的门店数就占到主城区的25.6%。

2. 距商圈车程15分钟的周边区域是7天酒店选址的辐射区

在三大商务中心区内，除核心商圈外，距离商圈车程在15分钟内的周边辐射区域是7天酒店选址较为看重的区域。因为这里的居住环境较为清静，房价相对于商圈中心地段便宜一些，成本较低。因此，也颇受商务、旅游人士的青睐。例如在解放碑商圈外，商务人流量较大的上清寺及附近 600

米内，7天酒店就有3家，其平均房价较之解放碑民族路的中心店平均房价便宜不少，入住率也高达95.16%。

3. 交通枢纽、交叉路段、轻轨沿线是7天酒店选址的热点

城市火车站、轻轨站、码头、长途汽车站、公路客运中心是人群疏散和周转停留的节点，能吸收和扩散人群；而某一区域周围的公交线路越多，则说明该地区的人口聚集程度较高，商业活动亦会比较频繁，这些都是酒店选址需要考量的因素。现实中，据调查，在重庆江北机场、菜园坝火车站各有一家7天酒店，龙头寺火车北站周边有4家；牛角沱公交客运站旁、菜园坝公交枢纽站和南坪公交客运站分别有4家。另外，由于重庆的山地、丘陵地形特点，轨道交通极为发达，轻轨沿线也是7天酒店选址的热点，在现有的轻轨3条主线上共有19家7天酒店，此外在轻轨6号线北碚区终点站附近有2家，并且在三条主线的交叉路口：红旗河沟站、牛角沱站、菜园坝站、大坪站和较场口站都有门店分布，如图1所示。

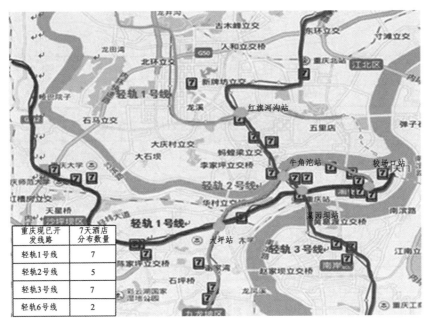

图1　重庆市主城区7天酒店轻轨沿线空间分布图

4. 大型成熟居住社区成为7天酒店选址的发展区域

大型成熟居住社区人员密集、公共服务与商业配套设施完善、物业充足、租金成本低，加之居住区居民的社会交往需求、亲朋好友的到访带来的潜在客源，这些都使其备受经济型酒店关注。近年来重庆大型居住社区发展迅速，龙溪镇、加州居住区、五黄大社区、直港大道居住区、大学城等都是代表，而这些区域也成为7天酒店选址的发展区域。据统计，7天连锁酒店在龙溪镇和加州居民区方圆3千米内有两家门店；距离五黄大社区2千米范围内有5家门店；位于直港大道居住区步行10分钟内有两家门店；大学城有1家门店；在沙坪坝重庆大学和北碚西南大学旁也各有1家门店。

除主城九区外，重庆各县区7天酒店选址也大都遵循了上述规律，涪陵区、万州区、黔江区、开县的4家门店各自位于城市商业中心；合川的门店位于汽车站中心。

三、对重庆经济型酒店选址与布局的思考

1. 对经济型酒店选址布局的思考

酒店鼻祖斯塔特勒一再强调，酒店经营成功的关键三要素是：区位、区位，还是区位。经济型酒店突出专业化与社会化，除客房外，其他业务一般均采取外包形式。因此，好的区位，周边的交通、餐馆、购物中心、娱乐和社区等非酒店主营业务的配套设施的丰富完善度，往往是经济型酒店选址考察的重点。

从重庆7天连锁酒店的选址及布局情况分析来看，其注重城市商务中心、商圈车程15分钟辐射区、交通节点、大型居住社区的方式基本遵循了上述原则，为国内经济型酒店的布局选址提供了样板，起到了示范作用。

但值得注意的是，这种选址布局方式与同期国外的经济型酒店明显不同。国外对经济型酒店的划分主要以价格为标准，通常指价格比较低廉的酒店，但其基本的管理服务质量与高档酒店水平一致，而且酒店的个性特色鲜明。由于发展时间久，商业区域市场已趋饱和，目前国外的经济型酒店多分布于非黄金地段和非商业核心区，以依附旅游景区为主，选址考虑因素也以竞争对手和多种微观细节因素（视觉效果、可用空间、停车条件等）为重。未来，随着国内经济型酒店发展的日趋成熟，"宜必思、速8、马瑞卡"等海外经济型酒店品牌的不断介入，经济型酒店的选址观念也将不断发生变化。

2. 对重庆未来经济型酒店选址布局的思考

考虑到国外经验、重庆未来经济型酒店的激烈竞争、重庆大交通条件的改善及周边区域经济的快速发展，未来重庆经济型酒店布局当考虑以下两个方面：

（1）门店布局将扩展至周边区县，布局将更加均衡。

重庆经济型酒店起步较晚，但发展速度惊人。目前，国内品牌正以平均半年设立2~3家分店的速度扩张，国际品牌也在不断设立，例如美国马瑞卡快捷酒店已入驻南岸区，英国凯伦酒店入驻渝中区。主城九区内的经济型酒店已占到酒店总数的44.4%（数据来自携程网），主城经济型酒店的发展渐趋饱和，未来向周边区县发展成为必然趋势。另外，近年来，重庆加快交通基础设施建设，为实现"一小时经济圈"建成了"一环七射"高速公路网、"五干线二支线"铁路网、"一干两支"高等级航道和"一大二小"机场格局，在使市民出行更为方便，各生产要素的集中与疏散效率提高的同时，也为经济型酒店向区县扩张提供了刚性条件。未来，距离主城区1~2小时内车程的区县，尤其是旅游资源丰富、经济发展较快的区县都应成为扩张选址的目标。重庆区域内经济型酒店的布局将更加均衡。

（2）区域旅游热点景区将是重庆经济型酒店新的发展方向。

2011年，《重庆市国民经济和社会发展第十二个五年规划纲要》出台，纲要指出，旅游业是重庆市的战略性支柱产业。目前重庆旅游业处于转型升级、建设国际知名旅游目的地的关键期。重庆将以城带郊，推动以潼南大佛寺、江津四面山、綦江古剑山、南川金佛山、万盛黑山谷、永川茶山竹海、涪陵武陵山等为代表的远郊旅游观光度假带建设；将以线带面，整合三峡旅游资源，打造巫山、奉节、巫溪旅游"金三角"，积极构建"长江三峡国际黄金旅游带"；将以点带片，以武隆、乌江作为中心，辐射彭水、黔江、酉阳、秀山、石柱等区县（自治县），加快"渝东南民俗生态旅游带"建设，并构建多层次全覆盖的旅游集散地。第一层次为重庆主城区，在作为全市旅游集散中心的同时，扩大全国中西部地区旅游覆盖面。第二层次以万州区、涪陵区、黔江区为主，将万州区建成三峡库区对外旅游枢纽城市和重庆东北地区的主要旅游集散地；利用涪陵区地域优势建成连接重庆市区通往渝东北、东南地区的重要枢纽；将黔江区建成渝东南主要旅游集散地以及大武陵山区的门户型枢纽。第三层次以区县中心城市和旅游热点区域为集散地，使基础设施和配套服务进一步完善，为今后作为旅游项目的推广和实施奠定基础。

考虑到重庆的具体情况和国外经济型酒店发展经验，重庆经济型酒店未来选址将以围绕旅游城市或区域为导向，针对大众旅游者，以面向大众市场，更加标准化、个性化的模式为发展趋势。扩张选址布局重点业也将转向武隆、永川、黔江、彭水、石柱等旅游资源大区县。

参考文献

[1] 邱正英.浅议中外经济型酒店[J].商场现代化，2012（5）：73.

[2] 黄莹，甄峰，汪侠，等.南京经济型连锁酒店空间集聚特征与过程研究[J].规划师，2012，28（12）：97-100.

[3] 马蒙.中小型城市打造经济型酒店的若干思考[J].北方经济，2010（19）：27-29.

[4]　曲小毅. 经济型酒店微观选址研究 ——以北京市朝阳区为例[J]. 北京第二外国语学院学报，2010，32（11）：68-74.

[5]　李蕊蕊，周珊. 漳州市经济型酒店空间布局研究[J]. 商丘师范学院学报，2012，28（12）：92-95.

作者简介

许曦（1973—），女，经济学硕士，重庆工商大学旅游与国土资源学院副教授，主要从事旅游企业管理与旅游规划研究。

论自然遗产地解说系统的构建

许 颖

摘 要：自然遗产地是联合国教科文组织和世界遗产委员会确认的人类罕见的、全人类公认的具有突出意义和普遍价值的自然景观，解说系统是展示自然遗产地价值的重要媒介。本文从讨论构建自然遗产地解说系统的重要性出发，提出在构建过程中应当遵循科学性原则和整体性原则。在具体策略上，应当坚持由专业人员团队承担构建解说系统的任务，形式上应以自导式解说与向导式解说并重，且应当注意科技手段在解说系统中的运用。

关键词：自然遗产地；解说系统；策略

根据《保护世界文化与自然遗产公约》的规定，属于下列内容之一者可以列为自然遗产：（1）从美学或科学的角度看，具有突出、普遍价值的由地质和生物结构或这类结构群组成的自然面貌；（2）从科学或保护的角度看，具有突出、普遍价值的地质和自然地理结构以及明确划定的濒危动植物物种生态区；（3）从科学、保护或自然美角度看，具有突出、普遍价值的天然名胜或明确划定的自然地带。截至2017年7月，我国已有12处自然遗产被联合国教科文组织列入世界遗产名录。自然遗产地不仅是公众了解自然生态环境的重要载体，也是公众旅游休闲度假的重要目的地，我国多数自然遗产地同时也是热门景区。解说是展示自然遗产地资源信息的重要媒介，借助解说系统，游客可以了解和理解自然遗产地的价值和作用，同时也可以提升游客的旅游体验。因此，构建科学有效的解说系统是自然遗产地的重要工作。

一、构建自然遗产地解说系统的重要性

1. 传递自然遗产地相关专业知识

自然遗产地是被联合国教科文组织和世界遗产委员会确认的人类罕见的、全人类公认的具有突出意义和普遍价值的自然景观。每一处自然遗产都有无可替代的价值，如中国南方喀斯特"代表了无与伦比的热带至亚热带喀斯特地貌种类"；2017年入选的青海可可西里平均海拔超过4 500米，有特殊的生态，是全世界受人类影响最小的区域之一……每个自然遗产地都涉及独特的专门知识。列入自然遗产名录，是这些地区在自然生态方面获得的国际认可，必然引起公众的关注。当它们被开发为旅游景区时，游客将有机会进一步认识自然遗产地的独特性。通过解说系统，自然遗产地可以将自身涉及的特定知识介绍给公众，如某种地貌的形成、特征，某些稀有动植物的生存方式等，并且向公众传递生态保护意识。

2. 提升游客旅游体验

自然遗产地以其独特的景观和价值吸引游客，能够很容易地满足游客猎奇的需求。但随着游客的日益成熟，人们已不再仅仅满足于游山玩水，而希望获得更丰富的体验。游客在自然遗产地，通过解说系统，可以了解到"丹霞地貌""高原生态"等日常生活通常无法接触到的知识，理解自然环境的变化与进化，了解人类在地球环境中的位置与地位。从某种程度上说，这已使旅游体验上升到了哲学层面。与单纯的审美体验相比，显然是一种更高级的旅游体验。

3. 加强自然遗产地的管理

与一般的风景名胜不同的是，世界遗产设立的根本目的是通过现代科学方法使这些全人类的遗产得以留存。这也就意味着自然遗产地作为一个景区，在环境保护方面责任更加重大。解说系统对自然遗产地来说，不仅是服务手段，也是管理手段。绝大多数情况下，游客的破坏行为并非源自故意，而是来自

好奇和无知。有效的解说系统，可以引导和改变游客的不恰当行为。通过解说，告知游客为什么有些行为是不被允许的，远比简单地张贴禁止告示更有效。

二、自然遗产地解说系统构建的原则

1. 科学性原则

科学性首先在游览路线的设计。游览路线直接决定了解说系统的设计。自然遗产地一般占地面积较大，仅有部分区域适合开发为旅游景区。那么，究竟开发哪些区域，以及在开发过程中如何对环境造成最小的影响，是首要考虑的问题。

其次，科学性更直接地体现在解说内容方面。我国有悠久灿烂的传统文化，通常对风景名胜区景物的解说都会穿插大量历史故事、传说，这是我国风景名胜的特色所在。但这种解说方式却不太适合自然遗产地。某些自然遗产地在编制解说词的时候，采用传统的编写方法，附会出"母子峰""望夫崖"之类的景点，还煞有介事地编出大同小异的故事。但不少自然遗产地往往原本是不太为人所知的地方，这些故事通常毫无本源，生搬硬套，不仅不能吸引游客，还降低了景区价值。其次，根据《保护世界文化与自然遗产公约》所列的自然遗产入选条件，列入名录的自然遗产无一例外地都具有很高的科学价值。可见，突出科学价值，普及科学知识才是自然遗产地的特色所在。

2. 整体性原则

解说系统是沟通公众和自然遗产地的媒介，提供全面完整的信息是其首要任务。每处自然遗产地都有自己的特色，解说的内容也要有意突出其特点。但解说不能就事论事，而应有全面的考量。首先游览区域内的各个部分的介绍除保证信息完整之外，还应有联系、呼应，形成一个整体，传递统一的价值。通过不同的方式、角度进行表达，将会得到更好的解说效果。其次，对自然遗产地的介绍应有延伸，如生态系统、地质现象在自然史大环境的变迁、变化，以及对人类的意义。这种置于长时段背景下的解说，不仅更有深度，还能加强游客与自然遗产地的联系，能够触动游客的人性、理想，从游览中获得更大的满足。

三、自然遗产地解说系统构建的策略

1. 专业人员承担设计

自然遗产地解说系统的设计工作应组建专门的团队，团队成员应由相关的专业人员构成。此处的专业人员不仅指自然遗产地涉及的相关领域的科技工作者，还应包括传播学者、语言文字工作者、自然遗产地的管理者等。科技工作者负责提供与自然遗产地有关的科学知识，这样信息才会准确。如前所述，解说系统是一种管理手段，管理者的任务：一是提供希望在解说系统中添加哪些有助于管理的信息；二是在构建解说系统之初，进行包括针对公众的调研，了解公众对自然遗产地的期待，把这种期待提供给具体负责设计的团队。

如果说科技工作者和管理者负责的是"讲解什么"，那么传播学者和语言工作者负责的就是"怎么讲解"。传播学者可以就如何更有效地传递信息提出专业建议。讲解不是堆砌信息，而是提炼和挑选信息的过程，传播学者可以帮助选择公众更容易接受的信息。同时传播学者还可以在信息传递的方式方面给出建议，如各种解说方式如何配合、信息传递的顺序等。语言文字工作者负责将专家的技术性语言转化为游客的日常用语。解说不是告知，不是简单地分列事实，生动形象的语言才能激发游客的兴趣，最终达到传递知识、提升旅游体验的目的。

2. 自导式解说与向导式解说并重

自导式解说是指借助于文字材料、公共信息图形符号、图画语音等无生命的设施、设备提供的解说，包括牌示解说、印刷物、音像、电子网络展示等。向导式解说是指由专门解说人员提供的主动的、动态的解说。与自导式解说相比，向导式解说能够实现与游客之间的双向交流，而且还可以针对不同特点的游客提供个性化服务。绝大多数景区都具备这两种解说系统，但真正发挥解说功能的往往是向导式解说。自导式解说虽然也有一定的解说内容，但更多的是发挥导览功能。对自然遗产地来说，由于特定的自然环境，需要更多地利用自导式解说系统。比如属于南方喀斯特的武隆天坑，由于景区内道路狭窄，出于安全考虑，景区禁止导游停留讲解，致使游客只是走马观花地看一圈，除了感叹一番大自然的神奇之外，很难了解到与遗产地相关的专业知识。但如果景区能提供便携式语音讲解设备，游客可以边走边听，就既避免了停留，又能对景区有更深入的了解。另一方面，在建设向导式解说系统的时候，需要特别注意对讲解人员的选拔与培训。多数景区（包括博物馆等机构）聘用讲解人员的时候主要关注的是外在形象与普通话水平，这两方面虽然是讲解人员必须具备的基本条件，但往往忽略了讲解人员的专业水平，导致信息的可靠性和准确性得不到保障。如果在一般景区这只是讲解系统的瑕疵的话，在自然遗产地则是致命缺陷。自然遗产地天然地带有科普功能，如果讲解人员不能传递准确的、科学的信息，不仅使游客的旅游体验大打折扣，更无法传递自然遗产地特有的价值，唤起公众的生态环保意识更是无从谈起。因此，自然遗产地的讲解员应在具有相应的专业背景的人员中进行选拔，平时的培训也应更注重专业科学知识。

3. 科技手段的运用

科技手段的运用主要体现在自导式解说中。目前，科技手段越来越多地运用到景区建设之中，这是智慧旅游的重要组成部分。但这些手段主要用于景区的管理，比如游客分流、景区营销等，在解说系统中使用较少，其手段仍仅限于图册、牌示、电子显示屏、语音导览器等。对自然遗产地来说，首先可以开发用于讲解的第三方应用程序（APP），这一应用程序不光是实现游线规划、产品销售，更应当有比较充实的讲解内容。其次，对现有的自导式解说工具进行完善。比如在便携式语音讲解设备中加入定位系统，到了特定的地点才能播放。当对讲解器设置不同的播放地点，由于只能在特定地点播放，就能有效避免游客集中在某个地点听取解说导致道路拥堵等状况的发生。

优秀、有效的解说系统是自然遗产地的管理水平的体现。通过解说，游客获得更美好体验的同时接受环境教育，提高环境意识、生态意识、科学素养，促进自然遗产地实现可持续发展。当然，由于目前我国整体对于解说系统的重视度不够，如何构建具有特色的、能够发挥综合功能的自然遗产地解说系统还任重道远。

参考文献

[1]　李振鹏，蔚东英，何亚琼，等. 国内外自然遗产地解说系统研究与初中综述及启示[J]. 地理与地理信息科学，2013，29（2）：105-111.

[2]　朱璇，朱海森. 国内自然遗产地的解说系统重构 ——注重启智教育功能开发[J]. 地域研究与开发，2011，30（3）：134-138.

[3]　钟永德，罗芬. 旅游解说规划[M]. 北京：中国林业出版社，2008.

作者简介

许颖（1972—），女，讲师，硕士，研究方向为旅行社经营管理与旅游文化影响。

基于和谐的景区旅游伦理系统构建研究

杨卫东

摘　要： 和谐社会建设必然要求每个领域人的和谐。大众旅游时代，旅游领域的和谐必然成为和谐社会建设的一个目标。作为旅游活动重要载体的景区，和谐景区建设成为需要讨论的课题。本文基于和谐的视野，探讨景区旅游伦理系统的构建要素，并提出构建思路和保障措施。

关键词： 旅游伦理；和谐；构建

和谐作为中国传统伦理学的基本准则之一，是中国传统文化的核心价值观，也是当代社会主义中国社会的核心价值观之一，是当代中国建设生态文明社会的基本目标之一。在大众旅游时代，各种不和谐因素导致的问题层出不穷，旅游的和谐已经成为人们关注的重要议题。作为旅游重要活动载体的景区，其和谐建设也日益引起人们的重视。本文以景区为研究对象，以和谐作为切入点，尝试探讨景区如何构建良性的旅游伦理系统。

一、和谐景区旅游伦理系统构建要素

伦理学讨论的核心是人与人之间、人与社会之间人们应该遵守的一系列准则和规范，旅游伦理是运用伦理学的理论和方法讨论旅游领域中的伦理问题。旅游伦理是指所有旅游活动中所涉及关系群需要遵守的道德规范的总和，其所涉关系群主要包括人与自然、人与人、人与文化、人与自我，从能动性看，排除自然动因引发的伦理结果，旅游伦理的核心能动关键要素指向的都是人。

景区从规划、开发建设到运营，直接关联要素包括旅游主管部门、旅游行业协会、旅游规划、旅游企业、旅游者和居民这些要素，本文仅从直接关联要素讨论景区旅游伦理系统的构建，不讨论自然动因要素和间接关联要素。景区旅游伦理系统所涉及的直接关联要素的能动主体核心是人，根据旅游伦理包含的关系群结合景区的实际情况，同时考虑和谐主题，景区旅游伦理系统构建的核心要素为生态和谐、人际和谐、人的自身和谐。

二、和谐景区旅游伦理系统构建

1. 生态和谐

生态包括自然生态和文化生态，主要涉及环境伦理。基于和谐视野，面对自然生态和文化生态，景区构建生态和谐的核心要素包含旅游规划与开发、经营、游客活动三个方面，结合这三要素，生态和谐的构建思路如下：

（1）尊重自然和文化生态，防止过度开发。

旅游规划与开发中，进行科学规划，各项建设遵循人与自然、人与文化的和谐，尊重自然生态，人工建筑与自然和谐统一，诸如在自然风景区出现的电梯、缆车、玻璃栈道、劈山、大量砍伐森林等，都是对自然生态的破坏；尊重文化生态，保持文化的多样性和原生性，保护景区特色文化，防止文化过度商业化、庸俗化，不出现假冒伪文化；开发恰当适度，充分考虑自然及文化生态的承受能力，把游客接待量控制在承受范围之内。

（2）防止经营中的破坏。

经营中出现的破坏，主要包括废水、废气、固体垃圾、乱搭乱建、道路过度硬化等对自然生态环境的破坏，同时包括欺诈、宰客、旅游接待方和服务人员粗暴对待游客、景区出现的黄赌以及迷信活动等对和谐文化生态的破坏。

（3）科学的游客管理。

游客对自然和文化生态的破坏主要包括乱扔垃圾、私刻乱画、行为不检、举止不端等不文明不道德行为，景区管理方面需要制定科学的游客管理制度，对游客进行引导，有效规范其不文明不道德行为。

2. 人际和谐

景区人际关系主要包含旅游企业与旅游者、旅游者与旅游者、旅游开发商与居民等。人际关系和谐的构建途径如下：

（1）旅游企业诚信经营，恪守职业道德。

旅游企业不断加强优秀的企业文化建设，加强制度建设，有强烈的社会责任感，强化员工服务意识，加强职业技能的培养和提升，坚持诚信经营，坚持公平正义；旅游企业经营方式和手段创新，企业间不进行恶性竞争，不打价格战，不进行价格欺诈，对待旅游者坚持旅游服务项目透明、价格透明，并提供优质的服务，不断提升游客的满意度和忠诚度。

（2）相互尊重，坚持生命伦理。

主要讨论旅游者与旅游者之间的人际和谐，充分发扬中华民族的传统美德，尊老爱幼；旅游者之间，不因为地域、身份、地位、受教育程度、贫富程度等的不同，高人一等或自降身份，对生命有同等的尊重和敬爱之心，平等交流交往；尊重不同民族的习俗和行为习惯，尊重不同宗教信仰者的信仰。

（3）关注居民利益。

景区开发建设中，涉及原住民拆迁、再建等事宜时，充分考虑原住民的利益及合理合法要求；景区经营中，恰当考虑吸收当地居民进入旅游业就业，保障其合法收入；景区的经营收入，尽量留在当地，支持当地经济的发展，并让未进入旅游业就业的居民，能切身感受到旅游发展给他们带来的好处。关注居民利益，提升居民的自豪感，最终让居民支持旅游的和谐可持续发展。

3. 人的自身和谐

主要指景区所涉及的所有关联人能实现自我身心的和谐。人自身的和谐途径包括实现自我、超越自我，承担应有的个人责任、家庭责任和社会责任。人自身的和谐，首先是坚守做人的底线，有所为有所不为，心底踏实而安；其次是实现自己的梦想，心有所依所属；再次是帮助家人和他人，人活着不仅仅为自己，需要履行对家人、他人及社会的责任，获得精神的圆满和收获。自身和谐的终极目标，是身心的自由，精神的最终满足。

三、和谐景区旅游伦理系统构建保障

1. 政策制度保障

旅游主管部门、行业协会、旅游企业不断完善各项法律法规、行业规范和规章制度，严守准入门槛，有法可依，有章可循，并坚持各项政策的科学性和连续性，不朝令夕改，也不墨守成规，政策性的法律法规，需要与时俱进，根据时代变化和发展需要，进行必要的改进和更新；坚持行业调研，制定恰当的规范；旅游企业自身制度建设，坚持以人为本，坚持制度的合法性、合理性、完整性。

2. 有效监管

严格执行相关政策和制度的规定，有效的监管是政策制度能够真正得以实施的保障。公平执法，不徇私枉法，对违法者实施相应的惩罚，提高违法的机会成本；坚持制度的严肃性和实际有效性，做到制度面前人人平等，同时注意把惩罚作为手段，而不是目的，强化制度的人性。实施有效监管的关键路径是，监管者与监管对象之间没有利益冲突，最好是独立的第三方机构。

3. 强化教育

实施公民生态伦理教育，强化生态伦理意识，自觉保护人类生存和旅游休闲的自然及文化生态环境，爱护旅游景区；培育公民的社会公德心，家庭、学校、社会三方共管，进行全方位的教育，探索采取有效的教育手段和措施，不断提升国民道德素养，实现《公民道德建设实施纲要》所提出的目标；加强自我约束，加强道德自律，坚守做人做事的底线。

四、结　论

和谐景区的旅游伦理系统构建，是一项庞大的系统工程，其建设不是一蹴而就的，需要政府、行业、企业自身、关联人等共同努力。和谐景区旅游系统构建所涉的生态和谐、人际和谐、人的自身和谐，三个要素不是独立的，而是经常关联的，三个要素中，最核心的要素最终都指向了人，从这种意义上说，和谐景区的旅游伦理系统构建，其实最终探讨的是人的伦理建设，只有景区所关联人的伦理道德素养真正提升，所有关联人之间的和谐、和谐景区旅游伦理系统的构建才能真正得以实现和成功。

参考文献

[1]　郭晓琳，刘炳辉. 旅游伦理研究的本土化反思[J]. 山西农业大学学报（社会科学版），2017，16（1）：71-76.

[2]　杨艳丽，李丽. 大众化背景下旅游主体伦理关怀探析[J]. 黑龙江教育学院学报，2017，36（8）：154-156.

[3]　谌莲莲. 旅游伦理视觉下旅游者道德行为研究[J]. 山东农业工程学院学报，2016，33（4）：122-123.

[4]　季轩民，崔家友. 生态旅游中的伦理思想研究[J]. 清远职业技术学院学报，2016，9（3）：37-40.

[5]　赵书虹，尹松波. 旅游伦理学概论[M]. 天津：南开大学出版社，2008.

作者简介

杨卫东（1970—），男，眉山人，讲师，研究方向为旅游文化。

饭店内部营销的理论及实施策略探析

杨 雁

摘 要： 对于劳动密集型和情感密集型的饭店服务业来说，人力资源的有效开发和管理是极其重要和棘手的问题。本文把内部营销理论引入饭店人力资源管理工作，把员工当作内部顾客，工作岗位、饭店文化等为内部产品，饭店通过招募、沟通、培训、激励等营销方式来造就满意员工。通过研究其实施策略，提出人力资源开发和管理的一种创新思路。

关键词： 饭店；内部营销；人力资源开发

一、前 言

随着我国饭店业的迅猛发展，其核心竞争力——人力资源的有效开发和管理也日趋重要。如何吸引和留住人才，调动其工作积极性，更好地发挥其能动性和创造性，已经成为饭店经营面临的重大问题之一。在人力资源管理方面的创新有利于增强饭店竞争优势。而内部营销理论的运用提供了一条解决途径。

"内部营销"（Internal Marketing）概念最早发端于 20 世纪 70 年代，是为了构建和提升服务业的竞争力而引入的一种管理手段。内部营销越来越受到学术界和企业界的广泛重视。

传统营销和管理都趋向于关注外部顾客和外部市场，强调吸引和留住顾客以获取利润，但越来越多的西方营销学者已经开始了内部市场的研究。罗伯特（Robert Mckim）认为内部营销是"人力资源管理的新途径"。其至菲力普·科特勒教授都在其权威论著中宣称："内部营销应先于外部营销"。同时，内部营销作为一种重塑管理和提升效率的方式开始被运用于企业。国外已有成功案例，如西尔斯（Sears）、斯堪的纳维亚航空公司（SAS）、马里奥特酒店等。在国内，海尔、邯钢等企业也开始了这方面的尝试。

内部营销是通过能够满足员工需求的分批生产来吸引、发展、刺激、保留能够胜任的员工，是一种把员工当成内部顾客，取悦员工的哲学。它把营销的视角从企业的外部转到企业的内部，是从营销管理的角度来管理组织的人力资源。

员工是饭店面对的第一个市场，是现代饭店的内部市场。内部营销是把员工视为"内部顾客"，把各岗位工作、营销战略、文化理念等视为"内部产品"；饭店致力于使"内部顾客"满意他们的"内部产品"，通过招募、培训、激励、沟通等内部营销活动，造就满意员工来达到提高服务质量的目标。

在学术和实践领域，内部营销作为一个重要课题正在快速兴起。但从某种程度上说，内部营销在理论研究上没有得到足够的重视和深入的研究，缺乏相应的理论依据；在实践工作中也没有得到很好的、广泛的运用。因此，加强内部营销研究、介绍、推广，并结合行业实际情况创新，不仅对整个学科的发展起到积极的推动作用，而且对饭店业的成功经营有着相当的意义。

二、饭店内部营销相关理论探析

1. 饭店内部营销的含义

关于内部营销，目前学术界并没有一个统一的解释。对内部营销最早做出定义的可能是格鲁诺斯：内部营销是企业或组织通过提供能够满足需要的工作来吸引发展、激励并保持合格员工的一种管理哲学。

贝瑞和帕拉苏曼在《营销服务——通过质量取胜》一书中给出如下定义：内部营销通过满足雇员需求的分批生产来吸引、发展、刺激、保留能够胜任的员工，它是一种把雇员当成消费者、取悦雇员的哲学，着重强调雇员和他们的需求。

若弗克和阿莫德认为，内部营销是从营销管理的视角来管理组织的人力资源。在组织能够成功地达到有关外部市场的目标之前，组织和雇员间的内部交换必须被有效地运作。

科威尔认为，内部营销是一种能激励企业雇员（无论是前台的服务人员还是后台的服务支持者）去发现自己的作用，采纳顾客导向和服务导向观念以满足外部顾客需求的管理办法。

由此可见，内部营销概念从属的领域涵盖了"市场营销""企业哲学""人力资源管理""组织科学"等，尤其是服务营销和组织行为学2门学科的交叉点。作为一个重要的服务行业，饭店业也可以运用这一理论指导实践工作。

综上所述，作者认为，饭店内部营销可以解释为一种从营销管理的视角来管理饭店组织的人力资源的哲学，是对传统人力资源管理理论的发展。它把员工当作消费者，强调员工和需求的重要性，通过提供能够满足其需要的工作产品，运用一种积极的营销方式，来吸引、发展、激励、保留、创造满意员工。同时，它是饭店内部员工之间、部门之间建立、保持和发展关系的过程，形成互相服务、协调运作的机制。

2. 员工需求和满意层次分析

研究员工需求状况是造就满意员工的先决条件。人有不同的需求和欲望。在著名心理学家马斯洛的需求层次理论基础上，耶鲁大学的阿德弗（Alderfer P Clayton）提出了ERG理论。他认为人类有三种核心需要。（1）生存需要（Existence Needs）：令人满意的工作回报能激发员工的积极性和主动性。具体包括：① 薪酬所得与付出的匹配程度和分配的公平程度。② 福利待遇的满意程度，具体包括员工餐厅、员工宿舍、社会保险、医疗娱乐等基本生活要求方面。安全需求是对环境、饭店规章制度等新事物、新情况不熟悉而产生的一种心理因素。（2）关联需要（Relatedness Needs）：员工的社交需求是指他们渴望获得友情，希望与同事精诚合作，盼望成为饭店组织的成员，产生归属感。员工也有尊重需求，他们需要饭店的尊重和重视、管理者与员工之间的相互尊重。对工作的认可、赞扬和鼓励是激发工作积极性的重要方法。（3）成长需要（Growth Needs）：员工有成就感、独立解决问题、自我实现等方面的需求。他们注重的是：① 工作的挑战性。② 职务晋升的公平程度。赋予能力强的员工以公平的晋升机会有利于激发上进心。③ 参与民主管理的机会。④ 对饭店价值观的满意程度。

ERG理论还证实：多种需要可同时存在，可同时起作用；如果高层次的需要得不到满足，那么低层次需要的愿望会更强烈，受挫折时可以使高层次需要倒退到低层次需要，如无法满足社交需要就可能导致对工资或工作条件的更强烈的需要。这也可以解释为什么基层员工对薪酬福利更看重的原因。

但笔者也认为，在知识经济时代，人们的思想方式、生活行为都发生了巨大的变化，需求个性化更加突出。所以在现实操作中对员工的期望、态度和关心把握得往往并不准确。从以下的一项价值调查表中可以看出员工的实际需要和饭店的假设需要之间的差异。

员工和管理者对什么是重要的事情有不同认识：管理者认为员工在意的是工资报酬，但员工更关心工作所带来的乐趣和个人价值的实现，如表1所示。

美国著名管理学家西蒙（Tony Simon）和恩兹（Cathy Enz）用序数效应的方法，对香港12家饭店278名员工就影响工作满意度诸因素进行问卷调查排序后发现，对员工而言，最重要的3个因素分别为职业发展机会、对员工的忠诚感和良好的工作报酬。香港理工大学旅游饭店管理系副教授Vickie Siu，哲学博士Nelson Tsang、Simon Wang运用基数效应的方法让香港64家饭店的1 245名员工对影响因素打分，得出的前3个要素与前者的结论一致。这些研究表明，饭店员工对自己的职业发展有着强烈的愿望，并将其看作实现自我价值、取得个人成长的重要途径；对员工的忠诚表明员工重视饭店对自己的尊重和信任，满足员工的合理需求；良好的报酬既满足员工生存需要，也能在某种程度上体现出个人的自我价值。

因此，正确把握员工的情感和需求，是饭店更好地吸引、开发、保留所需人力资源的必要手段。

表1　员工与管理者的不同认识

员　　工	管　理　者
1．有乐趣的工作	1．好的报酬
2．自己的工作得到充分赞赏	2．工作保障
3．事业感	3．得到晋升和发展
4．工作保障	4．良好的工作条件
5．好的报酬	5．有乐趣的工作
6．得到晋升和发展	6．公司对员工负责
7．良好的工作条件	7．良好的培训
8．公司对员工负责	8．自己的工作得到充分赞赏
9．良好的培训	9．对于个人问题的富有同情心的帮助
10．对于个人问题的富有同情心的帮助	10．事业感

三、饭店内部营销实施策略

在现代市场营销理论中，营销活动的实施过程是由以下几步程序构成的：选择并细分目标市场，设计开发产品，制订营销计划，组织、实施和控制营销活动。

内部营销是把组织视为一个内部市场，组织内发生的所有交换行为都被看作市场营销行为。因此，作者认为可以把外部市场营销理论引入组织内部，借鉴其营销活动的实施程序和步骤，形成内部营销的实施策略，来解决当前饭店人力资源管理中存在的上述问题。

1．树立内部营销意识

（1）员工是内部顾客。

现行人力资源管理理论认为，饭店为保证业务经营活动的顺利进行，招聘所需的员工，合理配置，予以相应的工作，通过培训、沟通、激励等方式刺激员工努力工作，然后饭店根据各自表现，付与相应的工资。在此，饭店与员工建立的是种雇佣关系和管理关系。饭店是员工劳动的"购买者"，员工是"提供者"。这种管理模式也提倡以人为本。但究其出发点，是因为员工能为饭店的发展服务，人是经营发展的工具。在这种关系下，饭店占据主导地位，员工处于从属地位。

内部营销则要求对饭店与员工的关系以及员工的作用进行重新认识和定位。

与外部顾客相同，员工也是饭店的"内部顾客"。两者的差异在于饭店服务的对象有所不同。而且，饭店产品是通过"内部顾客"提供给外部顾客的。在此，饭店成为"提供者"，员工是顾客，饭店必须根据顾客需求，开发设计出有吸引力的"内部产品"，积极营销，鼓励员工"购买"，成为忠诚的顾客。当然，对两种不同的顾客而言，饭店提供的产品有所不同：饭店是把工作、计划、理念等作为"内部产品"向员工营销。

这种管理模式就能打破现行的饭店与员工的雇佣关系，员工成为购买饭店"产品"的顾客，处于主导地位。为了达成员工满意，饭店必须满足他们从物质到精神的各项需求，如薪酬福利、信息沟通、参与管理、职业发展规划等目标。

（2）饭店内部服务提供者要为内部顾客服务。

饭店内部还存在着服务使用者（User）和服务提供者（Service Provider）的关系。内部顾客接受提供者的服务，又把服务依次传递下去，最终的输出就是外部顾客接受和感知的外部服务。

在饭店业务程序中，使用内部服务，与外部顾客产生互动的部门和员工被称为接触（一线）部门和员工，其中：

前台接触员工和部门：如前台接待、行李部、客房部、餐饮-服务部、康体部、销售部等。

后台接触员工和部门：不面对面接触，但通过电话、电传、信函等方式联系顾客，如预订部、电话总机等。随着互联网和电子商务的兴起，可以预见，后台接触员工的职能和作用会越来越大，在某些领域还可能替代前台人员目前的工作。

支持性部门和员工又称后台或二线部门和员工，为前者提供内部服务。这些部门包括人力资源部、管事部、餐饮-生产部、工程部、保安部、财务部等。他们提供管理、物质、计算机、文件档案等的系统支持。如果缺少了他们，员工也就无法正常工作。

在饭店管理工作中，内部各部门之间的利益矛盾和冲突，是影响内部服务质量的一个棘手问题。内部顾客概念为饭店内部工作提供了一个全新的视角，有助于各部门之间的协作和沟通，最大限度地减少部门冲突。

饭店管理者可以通过绘制服务流程图、内部沟通活动等方法，使员工理解他们的内部顾客的需要，即"下道工序是上道工序的顾客"。它强调员工之间、部门之间的相互服务，提倡团队精神和合作态度。"如果你不直接为顾客服务，那么，你最好为那些直接为顾客提供服务的人服务"。

饭店还可以通过制定服务质量承诺制度来协调，即要求服务提供者保证按规定的质量标准，为内部顾客服务，充分满足内部顾客的需要。如果没有履行诺言，就要接受惩罚。这样就可逐步消除误解和分歧，增强相互理解，加强各部门之间的协作和员工的工作责任感。

2. 设计开发员工满意产品

正如现代营销理论把"产品"因素视为外部营销组合中最关键的因素一样，在内部营销中，饭店能否设计并提供满意的"产品"也占据着重要的位置。当然，这只是用营销的理念来理解饭店与员工的关系，并不是真正意义上交易的产品。

实际上，内部营销的"产品"覆盖的范围十分广泛，涉及饭店希望员工认同和接受，并可从中获益的所有事务。例如，饭店文化和目标、愿景（vision）和使命、人事政策和相关程序（如招聘信息）。此外，它还涉及各职能部门需要与其他部门和员工沟通的信息，例如新产品向市场的推出（来自营销部门）、生产接待能力的提高（来自一线服务部门）、利润情况（来自财务部门）等。在本文中，只讨论两种最具有代表性的内部营销产品：

（1）内部营销产品 1 —— 愿景。

所谓一个饭店组织的愿景，第一是指这样一些信息：饭店是什么？它做些什么？为什么要这样做和应该怎样做？谁是它的顾客等问题。第二是指饭店未来发展的路标，即前进的方向、未来的业务定位和计划发展的相应能力等。

一个定义清晰的愿景具有强大的驱动力，能够激发员工的工作热情和创造力，提高饭店的凝聚力和向心力。许多著名饭店都有驱使全体成员团结行动的愿景，如表 2 所示。

表 2　各饭店愿景

希尔顿集团：力争成为公认的世界一流的饭店组织，使我们的事业繁荣昌盛
里兹·卡尔顿旅馆公司：我们是为女士和先生提供服务的女士和先生
假日饭店集团：为旅行者提供最经济、最方便、最令人舒畅的住宿条件
威斯丁饭店集团：提供高品质的产品和服务
地中海俱乐部：为大众的健康幸福提供度假娱乐设施和服务
上海锦江饭店：为国际商务、公务与休闲旅行者提供食宿等方面的服务

但饭店提出一个愿景是很容易的，而要使员工分享它，接受它，并高度地投入就有一定的难度。一个由上层领导制订并传达下来的愿景一般很难唤起下层员工的共鸣。加之领导者很少在第一线与顾客打交道，通常是一线员工的组织愿景对顾客和饭店的关系产生影响。所以，没有员工的积极参与，一个美

好的愿景也是不能激发员工的工作热情的。

（2）内部营销产品2——工作。

按照内部营销的观念，"工作"是饭店想要销售给员工的产品之一。员工是购买工作的顾客。正如贝瑞和帕拉苏曼所指出的，与别的产品必须符合顾客的需要才能获得成功一样，一份工作必须要满足员工的需求才能吸引和维持员工对工作进行时间、精力和自尊的投入。实际上它不仅仅是一份工作，它是人们购买的最重要的产品之一。

以整体产品概念方式能更好地对此加以认识。如果说工作岗位本身是核心产品，员工购买后会获得基本利益，如收入，那各种管理制度、沟通渠道、工作环境等就构成形式产品；期望产品层面的要素则是领导方式、员工培训、人际关系等；饭店形象、发展规划、企业文化等构成附加产品。通过购买并消费工作产品，员工可以认识到，饭店工作能够为他们提供可自由支配的收入、锻炼才干的机会、丰富的体验甚至是极大的乐趣，还有退休后生活的保障等，从而去享受工作带来的快乐。所以，饭店要想吸引、激励员工，必须为他们提供整体产品，特别是在期望产品和附加产品层面上让员工满意。

例如，对于不同的员工群体必须设计不同的产品。对于饭店中层管理人员来说，企业战略的执行可能是工作的重点，而对于一线人员而言，必要的工作技能就变得更加重要。

所以，工作调研是饭店内部营销中的重要一环。通过调研，了解到员工对工作的态度，再运用内部营销，激励他们从工作中找到乐趣，把工作看作是自身一种内在的需要。因此，饭店在给员工分配工作时要注意多样性（如工作轮换）、确定性（员工有机会看到自己的成果）、完整性（不要让员工只承担部分工作）、重要性（让员工理解，工作不仅仅是为了赚钱，而且承担着一定的责任），同时还要给予足够的工作自主权，并及时对其工作进行反馈。

3. 实施产品的营销推广活动

现代市场营销管理中饭店需要运用广告、人员推销等营销推广组合来达到吸引顾客、鼓励购买的目标。同样地，要将上述设计好的内部营销"产品"营销给员工并得到接受和"购买"，饭店也需要采取一系列"促销"手段。

（1）沟通：沟通是意义的传递和理解，是人与人之间传达思想、意见或交换情报、信息的过程。由于饭店内部缺乏沟通而导致顾客不满甚至投诉的例子不胜枚举。所以，饭店应重点处理好几个方面的关系：其一是不同部门之间的沟通；其二是部门内部员工之间的沟通；其三是管理人员和服务人员之间的沟通。

现代饭店为了应对激烈的市场竞争，逐渐有沟通体系的扁平化趋势。这主要是为了解决沟通效率和信息失真问题。然而内部营销观念的引入提供了另一个视角来看待饭店内部的沟通问题。

（2）培训：员工作为饭店的"内部顾客"，培训是提供给他们的"服务"之一，目的是使员工有愿望并有能力接受饭店"推销"给他们的"产品"。通过培训，全体员工不仅提高了服务、销售、沟通等技能，还能对饭店有个全面的认识并确定自己其中的位置，明确与其他员工、顾客的关系，在服务中充分发挥主动性。所有这些都有助于提高员工的满意度。

（3）激励：如果说在内部营销推广组合中，沟通和培训是使"产品"信息被员工了解和认同，那么，激励的使用能促进员工最终做出"购买决策"。

激励是通过高水平的努力实现组织目标的意愿，而这种努力以能够满足个体的某些需要为条件。虽然激励的目标是营销内部产品，但与整个内部营销的思想一样，激励必须充分考虑员工个体的需要并以此为前提，才能产生满意的效果。

四、结　语

内部营销从一个全新的视角审视市场营销，把员工当顾客，通过满足顾客需求来开发、培训、激励员工，从而达到满足外部顾客需求的目的。它把人力资源和市场营销有机结合，强调由内到外的出击市场是最为有效的手段，即内部顾客满意→外部顾客满意→饭店满意，是一种更先进、更人性化的管理理念。提高内部顾客满意度是饭店经营的基础。这对我国饭店改善内部管理、提高运作效率有很强的借鉴意义。

参考文献

[1] Richard J V. Barbare R L. Internal Marketing[M]. The Taylor&Francis Group, 2000.

[2] Robert M. Target Marketing[M]. March, 2000.

[3] Kenneth A K，Employment Relations Today[M]. New York：john wiley& Sons，Inc. 2004.

[4] 丹尼斯. 内部营销[M]. 刘京安，译. 北京：机械工业出版社. 2001.

[5] 斯蒂芬·罗宾斯. 管理学[M]. 李原，译. 北京：中国人民大学出版社，2012.

[6] 斯蒂芬·罗宾斯. 行为组织学[M]. 孙建敏，译. 北京：中国人民大学出版社，2007.

[7] 菲利普·科特勒.营销管理[M]. 王永贵，译. 北京：中国人民大学出版社，2012.

[8] 詹峻川，赵新元. 如何促进饭店可持续发展[J]. 中外饭店，2003（3）.

作者简介

杨雁（1967—），女，重庆工商大学旅游学院副教授，硕士，研究方向为旅游双语教学。

渝东南生态主体功能区
小城镇土地利用模式探讨

李 斌 石永明

摘 要：城镇是区域的核心和增长极，是区域社会经济发展水平的重要标志。《全国主体功能区规划》指出，生态主体功能区，要形成"点上开发，面上保护"的空间结构，城镇作为生态区重要开发的点，建设用地的开发强度、集约节约水平、空间布局的合理性以及城镇的生态水平等，不仅会影响城镇本身的可持续发展，更关系着生态主体功能区整体功能发挥。本文通过对渝东南生态主体功能区小城镇土地利用存在问题的分析，提出了处于生态功能区小城镇土地利用模式。

关键词：生态主体功能区；土地利用模式；渝东南

一、引 言

城镇是区域的核心和增长极，是区域社会经济发展水平的重要标志。城镇作为生态区重要开发的点，建设用地的开发强度、集约节约水平、空间布局的合理性以及城镇的生态水平等，不仅会影响城镇本身的可持续发展，更关系着生态主体功能区整体功能发挥。渝东南生态主体功能区发展区已形成 1 个区域中心城市、5 个中小城市和若干个小城镇的城镇体系格局，且多属于山地型城镇，对于塑造特色城镇和生态城镇具有良好的先天优势，将自然山水、乡村田园作为城市发展"图底"，实现城镇建设用地开发强度适宜、集约节约度高、空间布局合理的利用模式，将城镇生态化体现在城乡一体化之中。

二、渝东南生态主体功能区概况

渝东南生态主体功能区辖黔江区、武隆区、石柱土家族自治县、秀山土家族苗族自治县、酉阳土家族苗族自治县、彭水苗族土家族自治县六区县，约 1.98 万平方千米。该区域是中国西部四川盆地东南部大娄山和武陵山两大山系交汇的盆缘山地，与渝鄂湘黔四省市结合相连，是重庆唯一集中连片、也是全国为数不多的以土家族和苗族为主的少数民族聚居区。任务：把生态文明建设放在突出地位，规划用十年左右时间，引导转移人口 80 万，常住人口减少 200 万，森林覆盖率达到 50% 以上；加强扶贫开发与促进民族地区发展相结合，引导人口相对聚集和超载人口有序梯度转移。

其定位与路径为：国家重点生态功能区与重要生物多样性保护区，武陵山绿色经济发展高地、重要生态屏障、生态民俗文化旅游带和扶贫开发示范区，重庆市少数民族集聚区；突出保护生态的首要任务，加快经济社会发展与保护生态环境并重，建设生产空间集约高效、生活空间宜居宜业、生态空间山清水秀的美好家园。

2016 年，渝东南生态主体功能区实现地区生产总值 870.95 亿元，同比增长 10.0%。分产业看，第一产业增加值 124.29 亿元，增长 5.2%；第二产业增加值 386.28 亿元，增长 10.9%，其中工业增加值 272.71 亿元，增长 10.2%；第三产业增加值 360.38 亿元，增长 10.4%。2015 年，渝东南生态主体功能区完成固定资产投资 1 024.04 亿元，同比增长 9.8%。其中工业投资完成 219.81 亿元，下降 17.1%；房地产开发投资完成 109.03 亿元，增长 0.9%。另外，渝东南生态主体功能区实现社会消费品零售总额 335.86 亿元，增长 13.9%。

三、渝东南小城镇土地利用中的问题

1. 城镇用地规模扩大迅速，造成耕地大量被占用

城镇建设用地内涵挖潜不够，一般走外延扩展式的发展道路，导致郊区大面积良田、菜地被占用。据调查，近十年大生态区城镇用地面积多数都呈翻倍态势，除一部分是由原来农村居民点用地转化而来外，大部分新增用地靠的是城镇外延扩展。因此，在城镇外延式扩展过程中，如何通过划定城市开发边界，尽可能地把山水自然、原有生态本底守住，把城市放在大自然当中，对于改善城市生态环境，实现大生态区点上开发、以点带面的可持续发展具有非常重要的意义。

2. 城镇用地低效、粗放问题突出

向内挖潜已成为城市未来发展的必由之路。按照中央部署的"严控增量、盘活存量、优化结构、提升效率"总基调，一些开发强度已经过高的地区，在城镇用地上将更加突出盘活存量，尤其是盘活城镇低效存量用地。城镇低效土地是指城镇中布局乱，利用粗放，用途不合理但仍有调整利用空间的存量建设用地，包括旧村、旧居、旧厂房"三旧"用地以及夹心地、插花地、边角地和拆违形成的空置土地等。目前，大生态区城镇建设用地主要集中在：布局散乱的存量建设用地。具体为布局分散，不符合安全生产和环保要求等的产业用地；布局散乱、设施落后，规划确定需要改造的旧城镇、旧厂区。用途不合理的存量建设用地；因城乡规划调整，需"退二进三"或用于城市基础设施、公共设施建设的产业用地；产能落后、企业经营困难需要退出的产业用地；违法违章建筑拆除后形成的拆后土地。因此，挖潜是大生态区"点上开发"土地利用的主要模式。

3. 城镇建设用地结构不合理

合理的城镇建设用地结构是保证城市有序运转的重要基础，调查中发现，目前各个城镇建设用地结构的当中居住用地和工业用地占到整个用地的60%左右，尤其是工业用地比例接近国家城镇用地结构的30%的上限，而公共管理及公共服务用地、绿地及交通等用地比例较低，尤其城镇生态用地比例更低。按照重庆市区域规划，未来10年渝东南生态主体功能区大量人口向外有序转移，同时，通过产业升级，重点发展以旅游、农业为主的生态型产业，因此，处于生态功能区的城镇，应科学合理控制房地产开发，积极消化存量，提高工业用地的利用效率，把部分工业用地指标调整为城镇其他建设用地。

4. 工业用地产出强度不够

由于三峡库区产业空心化以及渝东南工业基础薄弱的特点，目前大生态区园区产出强度较低。根据相关资料，工业园区产出要求为70亿元/平方千米产出，而渝东南工业园区平均销售产值在30亿元/平方千米。同时，工业用地一方面存在供地难、难以满足园区快速发展需要；另一方面，又存在土地闲置现象，如有的企业长期圈而不建，有的企业建设好厂房却长期没有投入生产，有的企业倒闭后却依然占用园区土地；部分企业占地面积与企业规模不相称，企业占地面积太大；园区所建标准化厂房的空置还普遍存在。

四、渝东南生态主体功能区小城镇土地利用模式设计

1. 高挖潜+增量型土地利用类型

高挖潜+增量型土地利用类型，也可称作城镇高集约度扩展性土地利用类型。该土地利用类型以大生态区城镇内部存量土地的高度集约利用来增加城市土地的相对供给，满足城镇发展的主要用地需求量；少量扩展用土地通过增量进行补充。采用该土地利用类型主要是为了避免在达到一定规模、实现一定集约度的区域，由于外延土地的无效扩展降低整体区域土地的集约利用水平。

具体实施：一是合理定位城镇功能。确定生态主体功能区各城镇的发展定位，注重保护生态的同时，合理引导城镇的发展方向。二是划定城镇发展边界。协调区域规划、土地利用总体规划与城镇总体规划之间的关系，对于城镇土地用途，应清晰地界定土地适宜建设区与土地利用的限制区，明确城镇土地的功能分区，科学合理地引导城镇的用地规模，实施城镇边界划定工作。三是合理规划产业。结合五大功

能区布局发展定位，在保护生态的基础上，加快调整产业结构，重点发展环保性、特色产业，提高土地利用的社会效益、经济效益和生态效益。四是挖掘土地潜力。要通过旧城改造、土地置换等方式深挖内部潜力，从城市功能、布局、产业结构上进行调整，注重引导与调节，强调集中的综合功能，以实现集中集约的弹性与适应性，发挥土地的高效"生态-经济"效应。针对渝东南生态主体功能区，该用地模式不仅盘活了城镇内部土地闲置资产，而且还可解决目前生态区城镇建设用地指标不足的问题，对于大生态区内城镇发展起着积极的作用。

2. 低挖潜+增量型土地利用类型

低挖潜+增量型土地利用类型，也可称为城镇低集约度扩展性土地利用类型。该类型以城镇内部存量土地的低度集约利用来增加城市土地的相对供给和城镇土地外延扩展对用地的需求量。大生态区现有部分城镇的经济发展水平较低，城镇土地利用可能呈现粗放式的利用，城镇土地利用集约度相对较低，同时，城镇用地规模扩展应该针对区域发展的特性，合理加快扩展速度和规模，以吸收快速城镇化进程中的人口和产业转移，避免城镇出现空心化，发挥城镇的规模效益和聚集效益。

具体实施：一是科学编制土地利用总体规划。由于该类城镇经济基础较低，土地指标有限，应科学编制土地利用总体规划，在适度增加新增土地指标的基础上，实施适度集约利用。二是调整产业结构。在不破坏生态环境的前提下，大力发展生态型产业，发展生态农业，发展生态旅游业，有效引导土地集约利用。三是开展旧城改造。在城镇土地利用上，要积极鼓励旧城区挖潜改造，将粗放式的土地利用转变为适度集约利用，提高旧城区土地容积率和土地利用率。同时，城镇新增区域要合理利用土地指标，集约节约利用土地，使得旧城与新城兼顾发展。渝东南生态主体功能区各区县发展不平衡，导致区域经济发展不同，区域内土地集约度也不同。该用地模式既可实现发展相对滞后的区县城镇用地指标，又可适当地供给指标用于新城发展，有利于新型城镇的发展。

3. 城镇内部混合型土地利用类型

由于渝东南生态主体功能区产业发展定位以生态建设和集约利用为主，因此城镇发展要分散与集聚相结合，提高土地利用混合度，在产业集聚、土地集约利用的同时，合理建立生态屏障，做到开发与保护并存。兼顾生态安全与城镇发展，结合城镇现状，构建城镇内部混合型土地利用类型。该用地类型是在城镇内部采取集聚-分散混合型土地利用方式。在城镇组团内部单块宗地之间、组团整体以及组团之间提高土地的混合和集约程度，并注重在城镇过渡地带和沿轴区域预留生态空间和城市生态景观的打造。该土地利用类型，旨在提高城镇中心城区土地的利用效率和构建城镇健康的生态系统。

具体实施：一是城镇规划引导。通过规划引导，实现城镇宗地内部、宗地与宗地之间及组团与组团之间土地利用的混合程度，其方式主要通过旧城改造和土地置换实现。旧城改造以提高土地利用程度为目标，同时逐步带动周边市政设施和道路交通等方面的改造，实现城镇土地的利用效率和城镇中心的更新；针对土地置换，其目的亦是提高土地混合利用度为目的，通过置换实现彼此地块的多元化利用，从而提高土地的利用效率。二是科学的生态规划。分散利用过渡地带和自然的生态屏障，在组团内部及组团之间预留充足的生态空间，以便保障城镇土地能在生态安全约束下进行利用。该用地模式通过提高土地利用混合度，对组团土地进行集中集约利用，对分散的生态空间进行预留，以便打造生态景观，使得集中与分散互为一体，即集中包含着分散，同时分散也包含着集中，实现集约与生态的双重目标，最终达到土地经济效益、社会效益和生态效益的统一。

4. 生态型工业园区土地利用类型

根据重庆市区域发展战略，渝东南生态主体功能区工业园区主导产业为建成武陵山区工业聚集区和绿色制造基地。因此，生态工业园区土地利用类型旨在实施生态产业集群，培育生态产业链，实现工业园区产业协同发展，提高土地合理利用水平和土地节约集约利用效率。

具体实施：一是科学规划。按照生态工业园区规划的原理，积极修改和提升现有园区土地规划，同时，在园区规划设计中提高土地使用的投入产出，设置合理的容积率、建筑密度及绿地率等。二是开展科学评价。根据工业园区的自然条件、水资源、土地利用状况、绿化环境等分析，对工业园区生态型土地适宜度和土地生态敏感性进行评价。三是适当降低园区门槛。在生态工业园区内设立中小企业园区，主要接收返乡创业、小型投资等企业。尝试降低入园标准，引入土地置换模式，探索县区级工业园区与不同乡镇共同分担土地指标、共同获取收益机制。该类型适用于大生态区各区县工业园区的发展，要结合各区县工业园区的发展定位，逐步改变工业园区产业发展方向，引入环保性产业，坚持发展与保护并重，推进区域发展。该土地模式不仅可以解决生态主体功能保护与开发的矛盾，又可使得工业园区的土地更加集约利用；既注重了生态保护，又提高了当地的经济发展水平，达到土地效益、生态效益与经济效益的统一。

参考文献

[1]　刘绍星. 关于建设渝东北生态涵养发展区的对策思考[J]. 新重庆，2014（08）：34-35.

[2]　崔如波. 建立渝东北生态涵养发展区生态补偿长效机制[J]. 重庆行政（公共论坛），2013（05）：30-33.

[3]　王业侨. 海南省经济社会发展与土地利用相关分析[J]. 地域研究与开发，2006（03）：81-84.

[4]　陈佳. 重庆市五大功能区经济差异及协调发展研究[J]. 重庆理工大学学报（社会科学），2016（06）：39-44.

[5]　韩德军. 中国东西部生态功能区城市土地利用模式对比研究[J]. 资源开发与市场，2015（05）：543-547.

[6]　迟超月，朱道林，朝德军，等. 基于主体功能区的县域土地利用分区及模式选择 —— 以贵州省大方县 34 个乡镇为例[J]. 资源开发与市场，2014（06）：88-92.

作者简介

李斌（1976—），男，重庆工商大学系主任，副教授，主要从事土地利用与城乡规划方面研究。

重庆乡村旅游资源开发探析

余 新 吴金桂

摘 要： 发展乡村旅游对促进农村经济的发展、促使农民增收致富、劳动力就地转移、农村产业结构调整、加快城镇化建设进程以及推动新农村建设有着非常显著的作用。重庆位于我国西南地区，旅游资源发达，是一个典型的二元式结构城市，具有大城市、大乡村特点。重庆发展乡村旅游在新农村建设工程中具有更为重要的作用。

关键词： 重庆乡村旅游问题；对策

随着中国经济改革的深入，工业化和城市化进程加快，越来越多的人涌入城市。人们长年生活在城市中，这里灰尘遍地、空气污浊、高楼林立、喧嚣吵闹。城市居民离优美安静的大自然越来越远，再加上城市生活节奏快、社会竞争激烈、工作压力增大，使得许多人在闲暇之余产生了回归大自然的想法。重庆作为西南和长江上游的重要经济城市，有着丰富的乡村旅游资源及强大的区位优势。近年来重庆的乡村旅游呈现出蓬勃发展的上升趋势。发展乡村旅游是农业发展的新领域，对促进重庆市农村经济的发展、促使农民增收致富、劳动力就地转移、农村产业结构调整、加快城镇化建设进程以及推动新农村建设开辟了新的领域。人们希望在大自然中放松身心，休闲娱乐，进而提高自己的生活质量。乡村旅游作为人们回归自然的一种重要乡村旅游形式便应运而生了。但这种新兴的农业产业形式在飞速发展的同时，也显露出一些问题与不足。如何合理利用当地的乡村资源，发挥当地的特色，开发不同的旅游产品，避免乡村旅游的雷同化，已成为乡村旅游可持续发展的重要课题。

一、重庆乡村旅游资源开发的时代意义

（一）乡村旅游有利于农业产业结构的优化升级，促进农村经济的可持续发展

城镇居民到乡村去旅游，带动了其他产业的发展，促进农村经济的全面发展。发展乡村旅游是适应居民消费结构升级的需要，加快城乡经济融合和三次产业的联动发展，不仅扩大了城镇居民在农村地区的消费，还加快了城市信息、资金和技术等资源向农村的流动。而且城镇居民到乡村旅游，带动了农村服务业的兴起和发展，特别是餐饮业和酒店业的发展；也带动了农副产品的销售，促进了农副产品的加工，有利于农业产业结构的优化升级。

（二）乡村旅游是推动旅游业成为国民经济重要产业的主要力量

乡村旅游现实和潜在的消费需求都非常旺盛，不仅符合城镇居民回归自然的消费心理，而且有利于开拓农民眼界，成为中国旅游最大的客源市场。农村地区是旅游资源富集区，乡村旅游业的发展极大丰富了旅游产业的供给体系，将成为中国旅游产业的主要支撑力量。

（三）发展乡村旅游可以解决农村剩余劳动力的就业问题

发展乡村旅游，需要整体的配套措施，如交通、住宿、饮食这些不仅需要管理人员，还需要大量的服务人员。旅游业每创造1个就业岗位就会间接带动3个左右的人就业。而且乡村旅游的从业人员没有年龄限制，大部分从业人员是介于30至50岁年龄阶段的劳动力，这部分人往往处于"传统种地增收难，出门务工无技术"的两难境地。而在家乡从事乡村旅游工作，便可就近解决农村剩余劳动力问题。

（四）发展乡村旅游有利于促进农村社会的精神文明建设，推动农村社会的全面进步

发展乡村旅游有利于改善村容村貌，提高农民的综合素质。自从有了各具特色的农家乐建设，乡村面貌焕然一新，呈现出一派讲文明懂礼貌的景象。党和政府在人才培育方面加大力度，开展形式多样的免费行业职能培训。乡村旅游吸引了大批农民勇敢尝试创新，激发了他们的参与积极性。促进农村社会的精神文明建设，农民更加讲文明，更加有道德。

（五）发展乡村旅游有利于提高全民的环保意识，促进农村生态环境保护工作

乡村旅游的最大卖点是亲近大自然，接触原生态。旅游对于环境卫生及整洁景观的要求，将大大推动农村村容的改变，推动卫生条件的改善，推动环境治理，推动村庄整体建设的发展。乡村旅游的体验使得城镇居民感受到大自然的美，更加热爱大自然，更加希望保护环境；乡村旅游的丰厚收益使得农民更加珍惜这个让他们富起来的生态环境。

二、重庆乡村旅游资源开发存在的问题

（一）巴渝"乡土"特色不够明显

一些地方在进行整体扶贫搬迁发展乡村旅游过程，十里乡村"一个样"，民居民宿谱化、商业化、城市化，没有特色，无法使人体验到真正向往的田园风光和巴渝民居建筑特色，削弱了对城市消费者的吸引力。有的在开发乡村旅游项目中，片面强调对乡村自然资源的开发，忽视了重庆作为巴渝古国深厚的乡土文化、乡村民俗等文化内涵的开发，盲目性大，破坏性大，人工痕迹明显。

（二）管理服务不规范

重庆市乡村旅游缺乏能起到带头示范作用的高水平乡村旅游经营户。乡村旅游管理仍处于低层次的、自发的、缺少协作的管理阶段。绝大多数还停留在农家乐的发展模式。农户以自家农舍为依托，提供简单的餐饮、住宿、娱乐旅游服务，没有统一的管理与引导机制。家庭式的经营管理模式，使得乡村旅游的住房资源、土地资源不能集中，缺乏规模效应，经营发展粗放无序。从业人员多为亲友帮工性质为主，文化素质偏低，并且缺乏有效系统的培训，导致服务意识不强，服务技能不高，不能满足乡村旅游发展的需要。

（三）人才资源匮乏

重庆市乡村旅游的投资经营主体多是农民，家庭式、家族式管理，缺乏相关经营管理人才。从业人员多为亲友帮工性质为主，文化素质偏低，并且缺乏有效系统的培训，导致服务意识不强，服务技能不高。旅游的人才匮乏，导致乡村旅游服务滞后，管理不善。乡村旅游和其他文化一样，都是属于精神文化行为，崇尚回归自然、返璞归真；讲究心情愉快，追求怡情养身。而现阶段乡村旅游还处于粗放经营状态，如基础设施简陋、食宿卫生堪忧、从业人员缺乏专业培训、服务程序不规范、服务质量不过关、活动较单调等。

（四）宣传力度不够，营销渠道狭窄

重庆市乡村旅游由于政府主导作用发挥不足，宣传力度不够，主要表现在缺乏恰当的乡村旅游营销措施，缺乏完善的电子营销平台、广告平台、平面媒体宣传平台；缺乏具有特色的乡村旅游发展典型，尤其是缺乏连片式发展的典型；缺乏足够的精品线路，缺乏有引导意义的节会营销，营销渠道少，知名度和影响力严重不足。

（五）经济联动效应不充分

旅游业作为农村社会经济发展新的增长源和加速器，对旅游地的经济带动作用毋庸置疑。目前，重

庆乡村旅游在农村经济发展中的贡献率偏低，拉动作用不够大，经济联动效应不明显的问题依然突出。农业购销体制不畅，乡村旅游产业一体化体系尚未完全建立，乡村旅游经营缺乏分工合作，旅游经营者的特长与优势得不到充分发挥，导致乡村旅游经济联动效应不明显。

三、重庆乡村旅游资源开发的对策建议

（一）创新乡村旅游产品特色

重庆应根据其资源特色和现有的旅游产品基础，优化调整乡村旅游产品结构，重点打造四大乡村旅游主题区，即主城近郊休闲区、渝西农业体验区、渝东北乡村生态旅游区、渝东南乡村民俗风情区等精品品牌。重庆乡村旅游应充分利用当地旅游资源的地域优势与巴渝文化、山城文化、三峡文化、红岩文化、民俗文化等人文资源，塑造独一无二的特色。有温泉资源的乡村旅游地，可以将温泉景观与文化、民俗相结合，让旅游者体验"汤治文化"的独特魅力，用文化特色来提高旅游产品的质量、品质与价值。

（二）改善乡村旅游接待条件

营造拴心留人的环境是乡村旅游从"民俗游"到以"宿"为核心的"昆宿游"，乡村旅游景区景点配套及民宿建筑的规划设计，防止各自为政、五花八门。对农家乐、乡村酒店、民宿民居的接待条件、接待环境予以规范，提升服务质量。科学合理布局通信基站和光纤入户，改善手机信号、网络信号，满足游客信息生活的需要，让更多的都市游客住下来，从而带动相关产业的协同发展，形成乡村旅游的规模效益。支持重庆乡村旅游网做大做强，使之成为乡村旅游建设发展的重要信息平台和电子商务平台。

（三）多层次培训乡村旅游人才

充分利用现有的大学生村官制度，对有资源的乡村有计划地招收一些旅游专业的大学生当村官，以提高重点旅游乡村的组织能力。建立"政府+专业机构+协会+企业+农户"的层次性服务培训与协调管理体系，由区县政府搭建乡村旅游人力资源培训管理的平台，建立人力资源供求信息交换网络，鼓励旅游专业毕业生、艺术和科技工作者驻村帮扶，为乡村旅游发展提供智力支持。支持乡村旅游重点区县与重庆高等院校旅游学院、旅游企业建立专门的乡村旅游培训基地，全面负责区县旅游从业人员的培训教育工作。

（四）合理统筹规划乡村资源

要加快编制覆盖全市的"重庆市乡村旅游发展规划"；加强"一圈两翼"乡村旅游发展的分类指导，分别编制服务于主城的近郊型"1小时经济圈乡村旅游发展规划"和突出区域特色的远郊型"两翼"乡村旅游发展规划；同时要突出重点，根据全市乡村旅游规划纲要和区域性乡村旅游规划明确的发展重点，分别编制重点乡村旅游区的总体规划，最终形成"全市性规划纲要区域性发展规划、旅游区总体规划、旅游项目建设规划四级乡村旅游规划体系。

（五）实施多元旅游营销

创新网络营销、微博营销、手机营销、影视营销等新型营销方式。尤其是加强重庆乡村旅游网站建设。网站不仅要有丰富的乡村旅游资源、旅游产品、旅游线路、旅游企业信息，还要有即时信息查询、预订、互动交流等功能。在知名网站上建立乡村旅游网站的链接，提升网站的点击率，扩大宣传覆盖面。重点打造一批知名度高、影响力大的乡村旅游节庆活动，以展示重庆乡村旅游的品牌形象，扩大市场影响力。

重庆市是一个大城市带大农村的中西部唯一的直辖市，发展休闲农业与乡村旅游成为统筹城乡一体发展的重要载体和都市农业转型升级的必然选择。目前还存在一些问题，比如乡村旅游缺乏统筹规划，基础设施薄弱，经济效益不高，竞争优势不足，营销渠道狭窄，经营管理粗放，服务质量不高等。因此，

在进行乡村旅游开发时，必须对旅游地的区位条件、资源特色、生态环境、社会经济及客源市场等进行认真和翔实的调查与评价，在自然资源的基础上揉进反映当地民风民俗的文化内容，构建一种符合自然的农业景观，使其真正充满生机、原汁原味，控制人工化、同质化和城市化倾向。把乡村旅游摆到经济和社会发展的大局中去思考权衡，切实做到布局合理、规划科学，体现整体性、超前性和可操作性，鼓励区域分工，防止过度重复建设，杜绝相互模仿，体现独特的乡村旅游特色，为乡村旅游创立特色品牌。乡村旅游要实现产业化可持续发展，就必须走特色化、规范化、规模化、品牌化的道路。

参考文献

[1]　胡雪峰. 低碳旅游视角下的乡村生态旅游发展路径研究[J]. 农业经济，2015（5）：63-64.

[2]　李莉，陈雪钧. 重庆乡村旅游市场的特征与发展对策[J]. 重庆第二师范学院学报，2013，26（2）：17-20.

[3]　陈涛. 渝东北生态涵养发展研究[M]. 重庆：重庆出版社，2014.

作者简介

余新，教授，旅游与国土资源学院党支部副书记；研究方向：管理学。

全域旅游视野下的乡村扶贫旅游

郑春林

摘　要：全域旅游的概念提出后，因其对旅游各业态广泛的包容性，对当地经济发展和居民增收的带动作用，在业界和政府都引发了极大的关注。乡村扶贫旅游被寄予厚望，然后却可能陷入难以实现大面积扶贫脱贫的困境。以全域旅游来看待乡村扶贫旅游，应该能帮助解决其中的部分困境。从供给侧改革的角度分析，贫穷地区才有真正实现全域旅游的条件，以全域化旅游规划、全域化旅游市场营销、旅游为中心的综合执法，助推乡村扶贫旅游实现较大面积的扶贫脱贫。

关键词：全域旅游；扶贫；乡村；困境

全域旅游的概念提出后，因其对旅游各业态广泛的包容性，对当地经济发展和居民增收的带动作用，在业界和政府都引发了极大的关注。从 2009 年提出"全域旅游，全景昆山"的江苏昆山市开始，小到武隆全县，大到提出打造"国家公园省"的贵州全省，不断有地方政府提出发展全域旅游，在规划中明确提出依托全域旅游实现地方经济社会增长。以全域旅游来看待乡村扶贫旅游，应该能帮助解决其中的部分困境。

一、全域旅游的提出和发展

2009 年，江苏昆山市在修编的《昆山市旅游发展总体规划》中提出"将旅游业培育成为第三产业支柱产业的奋斗目标"。2011 年，《大连市旅游沿海经济圈产业发展规则》（2011—2020）提出以"全域旅游"促进实现"全域城市化"。2016 年，全国旅游工作会议上，国家旅游局李金早局长提出，中国的旅游发展要从"景点旅游"转变到"全域旅游"。

2015 年，国家旅游局发布《关于开展"国家全域旅游示范区"的通知》。经过地方人民政府申报，省级旅游部门推荐，专家评审，262 个市县成为首批国家全域旅游示范区创建单位，随即国家旅游局于 2016 年 2 月发布《关于公布首批"国家全域旅游示范区"名单的通知》。

全域旅游是从供给侧改革，以旅游业为核心，整合当地一、二、三产业，围绕和服务旅游业，为游客提供更好的旅游体验，同时以旅游业带动提升其他行业的发展。

二、乡村扶贫旅游的困境

1. 基础薄弱，投融资能力差

从供给侧分析，旅游业蓬勃发展的原因之一是不少地区由于自然、社会、历史、文化等多方面的因素，经济社会发展缓慢，从资源禀赋分析，也不具备独立发展规模化一、二产业的条件，旅游业几乎是其"扶贫脱贫"的唯一选择。发展乡村扶贫旅游的地区财政收入本就薄弱，交通情况亟须改善，住民自我投资能力弱，外来资本意愿不强。地方政府多依靠整合扶贫、农业、旅游等各种专项资金，集中力量从某一村、某一景开始突破，以求提高知名度，带动其余地区发展。即便开始成功，后续发展动力也堪忧。

2. 富民不富财政，自我造血能力弱

不少"老少边穷"地方政府想尽办法发展旅游后却发现，旅游收入体现为报表数字，却很难转化为财政收入。农民生活改善了，财政增长却不理想，难以支持其继续投入，难以满足改善基础、扩大旅游规模的需要。不少地方人大、政协委员提出"旅游富民不富财政"的困惑。多地乡村旅游最后发展为旅游地产，以土地换钱，追求财政收入的冲动应是主要原因。

3. 景区旅游难以实现大面积扶贫

景区旅游常常变成门票经济，就是一些非常著名的景区，也是景区内人头攒动，一墙之隔的景区外却是当地住民的破旧房屋。景区旅游能够带动旅游小镇的发展，住民为发展旅游业做出了很大牺牲，却经常被遗忘在发展之外。旅游公路两侧都有很多被遗忘的角落，更不用说高速公路两侧的偏远乡村了。住民新建住宅不断向公路靠近，超过红线，阻碍沿途景观美化和路面未来扩展，其主要原因应当是急于从发展的旅游中分一杯羹。行为虽不当，要求可以理解。

4. 经营主体需要培育

乡村扶贫旅游的经营主体应该主要是当地住民，但是一个奇怪的现象是，旅游搞得好的地区，经营主体经常是外来者，如开餐馆的四川人。当地住民在经营意识、理念上落后于经验丰富的外来者。一步落后，住民就可能成为单纯的出租者和帮工者，步步落后。如何帮助当地住民早期起步，成为合格的、友善的经营者，需要多方面的努力。实践中，扶贫口和农委口都有提供类似于乡村旅游创业培训的服务，但住民参与意愿不强，并未出现积极踊跃的局面，学习时目的性也不强，只能以坚持求成效了。

三、全域旅游是破解较大面积乡村扶贫难题的有效手段

虽然全域旅游为破解较大面积乡村扶贫难题提供了许多有效的手段选择，但也存在诸多限制，在其框架下未有效解决投融资难题，仍需以其他思路解决。

1. 贫穷地区才有真正实现全域旅游的条件

从供给侧改革的角度分析，贫穷地区才有真正实现全域旅游的条件。旅游业的带动效应比较明显，但难以转化为财政收入。相对而言，地方政府更喜欢能够直接拉动 GDP，增长财政收入的行业。

全域旅游不只是全地域旅游，还应是全产业参与。全域旅游要求以旅游业为核心，一、二、三产业围绕旅游做文章。地区政府各部门的观念首先要转变，要从发展旅游的角度来看待经济社会发展，其次是其他产业围绕旅游转，这在经济发达地区几乎是不可能的，只有在以旅游业为支柱产业的地区才有实现的可能性。

老少边穷地区，资源缺乏地区，既难以发展工矿业，规模农业发展条件也不理想，高山大河深沟密林，制约了一、二产业的发展，却恰是旅游业发展的良好基础。真正需要依托旅游业实现扶贫脱贫的地区，才有可能真正重视旅游业，围绕旅游业布局一、二、三产业。

2. 旅游规划全域化有助于统筹协调推进乡村扶贫旅游

传统旅游规划处于弱势地位，其编制长期服从和服务于地方各部门规划，基本属于做填空题。即便如此，也是"纸上画画，墙上挂挂"，起不了什么作用。而实行全域旅游，地方党政一把手重视，旅游规则的编制才能统筹协调国土、城建、环保、交通、农林等部门，将现有资源以新的形式组织起来，实现供给侧改革创新。

3. 全域旅游有助于实现较大面积扶贫

全域旅游能够通过旅游项目全地域布局，使旅游从"点""线"，发展到"面"，力争使全体住民参与旅游，使较大面积住民能够从旅游发展中获益，就地实现农副产品市场价格销售，手工业和小工业产品高附加值转化。二是当地住民就地实现就业能够获得稳定的收入。家庭式特色民宿与度假相结合，更为乡村扶贫旅游提供了有效的途径。

4. 旅游市场营销全域化有助于发挥政府主导作用

《旅游法》明确规定了政府在旅游市场营销中应起的作用，在经济不发达地区，地方政府可以成为旅游市场营销的主力，主导地方旅游形象的建立，有力推动地方旅游事业的发展。

5. 全域旅游有助于加强管理，改善旅游体验

近年来，旅游乱象不断，天价鱼虾、天价烧香、欺诈消费、强迫销售，政府管理不力应是原因之一。在传统旅游模式中，旅游局主要起协调沟通作用，其执法空间极为有限，而有执法权的物价、商务、交

通、文化、公安等部门并未建立起适应旅游发展的机制体制。各地政府也在积极探索打破旅游执法的体制性障碍，有的抽调各执法部门人员成立综合执法大队，也有地方政府开始尝试设立"旅游警察"，通过公开透明的执法，严厉打击各种涉旅违法犯罪行为，使旅游者能够在和谐的环境中愉快地消费。

参考文献

[1] 王明儒，张景胜，李金，等. 浪漫者大连：锁定全域旅游[J]. 城市住宅，2011（10）：46-47.

[2] 左文君，明庆忠，李圆圆. 全域旅游特征、发展动力和实现路径研究[J]. 乐山师范学院学报，2016，31（11）：91-96.

[3] 刘又堂. 全域旅游视阈下旅游目的地功能变化[J]. 社会科学家，2016（10）：90-94.

[4] 王杏丹，刘俊雅."全域旅游"对民族地区的文化涵化影响与涵化路径引导[J]. 中华文化论坛，2016，125（9）：142-147.

[5] 钟娟芳. 特色小镇与全域旅游融合发展探讨[J]. 开放导报，2017（2）：54-58.

[6] 厉新建. 全域旅游发展模式[N]. 中国旅游报，2015-12-28.

[7] 王莎莎. 全域旅游的发展策略研究[J]. 现代职业教育，2016（4）：88-89.

[8] 尹德俊. 实施全域旅游战略，奋力决胜脱贫攻坚[J]. 当代贵州，2016（9）：46-47.

[9] 李坤. 为全域旅游作示范[J]. 当代贵州，2016（15）：20.

作者简介

郑春林（1971—），男，重庆工商大学，硕士，讲师；主要研究方向为旅游管理。

重庆市标志性节事活动的社会认同度调查与研究

许　曦

摘　要： 随着旅游业和节事旅游的发展，节事及节事旅游活动研究已经成为西方旅游研究的热点之一。在国内，诸如会议、展览、节日和体育等事件日益众多、蓬勃发展，人们对城市节事活动的研究呈明显上升趋势，很多学者均对节事活动做了很多相关研究。本文以节事的影响研究为切入点，从旅游的角度使人们对节事的概念及其重要性有个正确的认知，有助于加快节事理论体系的建立，进而研究重庆市标志性节事活动，旨在通过对重庆标志性节事活动的调查研究，了解重庆市民对重庆标志性节事的认同度和满意度，选择最能代表重庆城市特色的标志性节事活动，促进重庆良好城市形象的塑造。

关键词： 节事活动；标志性节事；认知度

节事活动作为一种重要的城市经济、社会和文化活动形式，在我国城市的发展中扮演着越来越重要的角色。这些节事活动，既张扬了城市的个性，繁荣了城市经济、文化生活，又成为一个城市最具亲和力和感召力的事物。但是，目前我国城市节事活动尚处于不成熟阶段，需要进一步引导、规范和管理。本文以重庆三大节事活动的公众认知度和满意度为研究对象，以问卷的方式获得一手资料为基础，进行研究分析，以期能够指出重庆三大节事活动举办过程中存在的问题、原因及未来的发展方向。

一、节事活动与标志性节事活动

1. 节事活动

在西方事件及事件旅游的研究中，常常把节日和特殊事件合在一起作为一个整体来进行探讨，简称"节事"。它们都是以某一地区的地方特性、文脉和发展战略为基础举办的一系列活动或事件，形式上主要包括节日、庆典、展览会、交易会、博览会、会议，以及各种文化、体育等具有特色的活动。因此本文统一使用"节事活动"这一概念来统称上述各种术语。[1]

2. 标志性节事活动及其特征

标志性节事是一种重复举办的事件，对于举办地来说，标志性节事具有传统、吸引力、形象或名声等方面的重要性。标志性节事活动使得举办事件的场所、社区和目的地赢得市场的竞争优势。随着时间的消逝，标志性节事将与目的地融为一体。[2]为了判断一项节事是否是标志性节事，有关学者还提出了14个制约因素，也可以说成是标志性节事的特征，即目的多元化、节日精神、满足基本需要、独特性、质量、真实性、传统、适应性、殷勤好客、确切性、主题性、象征性、供给能力、便利性。[3]

二、重庆三大节事活动的社会认知度和满意度分析研究

1. 样本构成

本文主要采取问卷调查法获取资料。作者分别在重庆市渝中区、南岸区、江北区发放了主题为"关于重庆市三大节事活动的社会认同度与满意度的调查"的问卷共计100份，回收有效问卷92份，有效问卷率为92%。相关统计结果如下：

第一，关于性别结构。男性占被访者的53%，女性占被访者的47%。

第二，关于年龄结构。本次调查将年龄分成6个阶段，其中18岁及以下的青少年占6%，19~29岁

的青年占 44%，29～39 岁占 31%，39～49 岁占 8%，49～59 岁中老年人占 8%，60 岁及以上老年人占 3%。

第三，关于职业构成。政府机关人员 20%，企业员工 32%，个体工商业主 14%，离退休人员 10%，学生 15%，其他从业人员 9%。

从统计结果来看，年龄在 19～39 岁、政府机关、企业单位、个体工商业的青年及中青年群体占了很大的比重，这部分人是社会的中坚力量，他们思想独立活跃，文化程度较高，且具有稳定收入，是社会的主要消费群体，这为研究重庆节事活动的认知度和满意度的真实性和普遍性提供了有利的基础条件。

2. 重庆三大节事活动的知晓度分析

调查显示，知道三峡国际旅游节的人数最多，占 47.3%；知道武隆国际户外挑战赛的人数最少，只有 16.2%。而进一步调查发现，这种对节事的知晓也仅仅停留在知道有这个节，但具体每个节举办了多少届，每届在什么时间和地点举办的知晓度就很低了。对于一般举办的节事活动来说，举办的时间长，级别高，投入大，公众的知晓率也越高。重庆的三大节事中，三峡国际旅游节是举办的时间最长的，目前为止，重庆已成功举办 14 届，与湖北一起轮流举办的中国长江三峡国际旅游节也有 8 届；武隆国际户外运动公开赛已成功举办 14 届；而重庆火锅节仅举办了 9 届。所以，统计出现的结果也就不足为奇了。

从总体上看，公众对三大节事活动的认知渠道由主到次依次是电视、报刊、网络、亲朋、其他认知渠道。数据显示，传统媒体是公众获取三大节事活动信息的主要渠道。电视作为宣传方式的老大地位无可争锋，信息获取率高达 42%。而通过亲朋渠道认知的比例较低。此外，由于网络在我国的普及趋势，新兴媒体网络也是重要的认知渠道。

同时从调查中可以看出，39 岁及以下的年轻人，一半以上的人选择的认知渠道是网络，而 40 岁及以上的人主要的认知渠道则是电视、报纸杂志、广告等。由此可见，不同年龄层在不同的认知渠道选择上也是不同的。

3. 重庆三大节事活动的参与度分析

调查中发现，有 64.13% 的人参加过节事活动，35.87% 的人没有参加过，平均有 77.96% 以上的人一次或多次参加三峡国际旅游节和重庆火锅节，被调查者中没有一个参加过武隆国际户外公开赛。节事活动的参与条件主要是举办的时间和地点相对固定，每几年举办一次也固定，有相应的主题，内容有特色，并且还需要有广泛的认同度和参与度，这样才能具备吸引公众参与的能力，也才称得上是一个成功的节事活动。同样的，在您最想参与或再次参与的节事选择上，45% 的人选择三峡国际旅游节，51% 的人选择重庆火锅节，4% 的人想参加武隆国际户外公开赛。没参加过的群众中，63.64% 的人感兴趣但是没机会参与，27.27% 的人听说过但不感兴趣，9.09% 的人没听说过。

在参加节事活动的原因选择上，32.2% 的人选择好玩，15.25% 的人选择规模大、知名度高，27.12% 的人选择时间合适，22.03% 的人选择费用合理，而有少数大约 3.4% 的人选择从众心理。活动的娱乐性高不高，节日精神特色是否浓郁鲜明，时间安排是否合理，是决定参与度高低的主要因素。

4. 重庆三大节事活动的满意度分析

调查显示，有 15.25% 的人对参与过的节事活动很满意，44.07% 的人觉得比较满意，32.2% 的人觉得比较不满意，8.48% 的人觉得不满意。由此可见，公众对节事活动举办的满意度不高，节事活动的举办过程可能存在某些问题。

11.96% 的人认为节事举办过程的问题主要是活动宣传不到位，知名度低；27.17% 的人认为三峡国际旅游节的活动费用太高；15.22% 的人认为市民参与程度低，人气差；19.57% 的人认为问题主要是活动缺乏特色，没有内涵；7.61% 人认为是单位组织不力；17.39% 的人认为是活动举办时间不合理，1.08% 的人认为其他。影响满意度的因素主要有活动举办的质量，包括活动本身的娱乐性、特色内涵、参与度，还有活动的服务质量等。调查显示，重庆三大节事活动，很多人觉得费用高了，而且高费用与预期的产品质量不成正比，这也是影响顾客满意度的主要原因。

三、未来重庆节事旅游活动开展的相关建议

1. 节事活动举办应该有确定性与规范性

节事活动虽然是一种动态的吸引物，但又必须在动态中寻求某种确定性和规范性。严谨周密的管理和确定性是塑造节事主题的关键，是节事活动产品化的基本条件，也是著名节事获得巨大效益的成功秘诀。重庆的节事活动举办，也应该要有相对稳定的举办时间和地点，固定的举办周期，并且节事活动要有相应的固定的有特色的主题内容，同时应该尽量使活动举办的时间合理，这样才会有更多的公众参与。

2. 实施品牌战略

节事活动已经与一个国家、一个城市的品牌紧密相连。要打造自己的城市节事文化，必须从品牌入手，树立独特品牌、塑品牌、创名牌，重视并强调其个性化与影响力，以名牌推动发展，成功的节事活动品牌是一个城市的灵魂。为此，重庆必须加强节庆品牌创建，以品牌为中心和聚焦点，调动节事旅游产品开发、营销等全部力量，配合品牌策略，对受众的认知心理与行为进行管理，掌握顾客认知规律，创造强势品牌，抓住顾客的注意力，抓住顾客的心，才能赢得竞争。

3. 渐进式推进节事活动的市场化运作

根据中国的国情，节事活动采取"政府引导、社会参与、市场运作"模式，是比较适合我国大多数城市实际情况的。如青岛国际啤酒节、哈尔滨冰雪节、中国潍坊风筝节、广州国际美食节、南宁国际民歌节等几个国内著名的大型城市节事活动就是按照"政府引导、企业参加、市场运作"的模式来运作的。因此，政府在节事活动的举办中，必须把好关，同时还要为节事活动的举办提供种种优惠政策。政府应该在现有的会展、大型活动办公室的基础上，建立城市政府的专业节事管理部门，加强对节事活动的宏观管理和指导；同时建立节事专项资金，为节事活动提供公共服务保障，而节事本身的运作则由专业节事公司操作。

4. 加大宣传力度

调查中我们发现，目前尚存很多公众对三大节事的认知度较低，他们甚至都不知道本文提到的三大节事，明显地反映出宣传不到位的问题。所以，主办单位应该在节事活动举办的至少前一个月，在各大可能被公众接触的渠道对节事活动的举办时间、地点、内容主题等做一个详细的报告，让更多人可以通过更多的渠道了解到关于节事活动的信息，提高节事活动的认知度和参与度。同时，由于不同年龄层的人对认知渠道的选择是不一样的，所以主办单位应该适当地选择宣传方式。比如，像重庆的这三大节事活动，参与的公众主要是相对年轻的四十岁以下的公众，所以要尽量在网络及电视媒体上做相应的广告宣传，这样公众得到信息的途径也会相应增多，以强化宣传效果。

5. 积极引导公众参与

广泛的参与性是节事活动赖以成功的关键所在。节事活动的魅力不在于组织者为节事活动安排的活动项目，而在于亲临其境感受满街的人文气氛。只有根据市场需求，设计出群众喜闻乐见的活动，才能吸引当地居民的参与，进而引起其他地区人们的关注。因而，重庆节事活动必须大力倡导当地居民的参与意识，创建良好的节庆节事环境和节日氛围。同时，政府应该参与帮助，并给节事活动举办提供相应的支持。比如，政府可以提高相应的补助，这样可以在某些情况下，降低节事参与的门槛。

6. 最具代表性的重庆标志性节事活动

调查显示，有 68.47% 的人认为火锅节是最能体现重庆城市形象的，主要原因是有地方特色。对于节事活动的参加者来着，活动的主题是否具有特色是产生吸引力的根本所在。重庆的火锅已经享誉国内外，围绕火锅所形成的"火锅文化"是重庆所独有的城市文化。火锅在很大程度上可视为公众对山城重庆的一种认同感，火锅已基本上成为重庆美食的代表和城市名片。相比较而言，重庆三峡国际旅游节，随着三峡大坝工程的建设实施（三峡大坝位于湖北省三斗坪），三峡国际旅游节的重心已不断东移，重庆相应的竞争优势也下降了。同时，相关人士对重庆火锅文化的开发做了相应的研究，其中提到，为了扩大重庆在国内外的知名度，应整合各种资源和各方面力量，以火锅为名在重庆举办大型的国际火锅美食节，吸引全国各地甚至海外游客来到重庆，达到以"节"包装城市的效果。所以，重庆应该确立以火锅节为

其标志性节事，代表重庆的城市形象，打造出最具重庆特色，也是最能代表重庆形象的重庆火锅节。让火锅真正成为重庆的代名词，一提到火锅，就想到重庆。

参考文献

[1]　余青，吴必虎，廉华，等. 中国城市节事活动的开发与管理[J]. 地理研究，2004，23（6）：845-855.

[2]　戴光全，保继刚. 西方事件及事件旅游研究的概念、内容、方法与启发（上）[J]. 旅游学刊，2003（5）：26-34.

[3]　余青，吴必虎，廉华，等. 中国节事活动开发与管理研究综述[J]. 人文地理，2005（6）：56-59.

作者简介

许曦（1973—），女，经济学硕士，重庆工商大学旅游学院副教授，主要从事旅行企业管理与旅游规划研究。